高职高专"十三五"秘书专业规划教材

秘书实务

李兰英　张　唯　高　音　主　编
薛丽丽　刘　亮　纪如曼　郭　威　副主编

上海财经大学出版社

图书在版编目(CIP)数据

秘书实务/李兰英,张唯,高音主编. 一上海:上海财经大学出版社,2018.3
(高职高专"十三五"秘书专业规划教材)
ISBN 978-7-5642-2922-1/F·2922

Ⅰ.①秘… Ⅱ.①李…②张…③高… Ⅲ.①秘书学 Ⅳ.①C931.46

中国版本图书馆 CIP 数据核字(2018)第 000935 号

□ 责任编辑 邱 仿
□ 封面设计 钱宇辰 张启帆

MISHU SHIWU
秘书实务
李兰英 张 唯 高 音 主 编
薛丽丽 刘 亮 纪如曼 郭 威 副主编

上海财经大学出版社出版发行
(上海市中山北一路 369 号 邮编 200083)
网 址:http://www.sufep.com
电子邮箱:webmaster@sufep.com
全国新华书店经销
上海华业装璜印刷厂印刷装订
2018 年 3 月第 1 版 2021 年 8 月第 4 次印刷

787mm×1092mm 1/16 18.75 印张 468 千字
印数:5 001—6 500 定价:49.00 元

前言

随着时代对秘书职业标准的提升和高职高专秘书专业人才培养目标的不断提高，拓展秘书的理论视野和提高秘书的实践能力，已成为秘书职业行为的重要内容，且有愈加重要之势。在现代企业，秘书岗位已经成为公司发展过程中必不可少的一部分，秘书人才的培养也越来越受到企业界乃至社会各界的广泛重视。

秘书实务是文秘专业的主干课程，对提高文秘专业学生或秘书从业人员的职业能力起着很大的作用。全国各大院校的文秘专业都开设此课程，十几年来我们一直努力建设精品的文秘专业，致力于开发全新的文秘专业教材并在全国发行，将我们优秀的教学方法向各兄弟院校传递。我们结合目前多元化教学的需求和任务引领的教学模式，在上海市教委文秘专业“085 工程”建设成果的基础上，打造《秘书实务》教材，将先进的理念带到本教材中，为从事文秘专业教学的教师和文秘专业的学生服务。

编者们历经三年多来编写本教材，在立足于前辈们的优秀成果之上，增加本教材的特色，由浅入深地探讨文秘专业的一些专业知识。在本教材的编写过程中我们着重突出了以下五个特点：

第一，依据高职高专培养应用型人才的目标，我们以讲清理论、侧重引导的原则安排内容体系，将重点放在加强学生对秘书专业课实践技能的提升上。

第二，在征询和了解已经毕业的学生与在校学生的共同需要的基础上，遵循学生的认知规律编写教材，突出教材的逻辑性与实用性。

第三，理论讲解与实例分析相结合，我们在每章中安排了“项目导入”“微型案例”“小资料”“提醒您”等部分突出要点，增强了趣味性与实用性。

第四，在内容方面，注意吸收相关专业的新成果，保持案例教学的新颖性与趣味性。

第五，本教材采用任务引领的方式，启发式带动学生去动手操作，以职业人的精神去思考工作的每一个环节。每章都有“项目导入”和“实验实训”，将实训内容与课堂教学相融合，培养学生的实践操作能力和创新能力。富有时代气息，是本书着力凸显的新亮点。

本教材是一本注重创新、强调实用、独具特色、紧扣时代脉搏的秘书教材。教材的每章通过归纳各章教学重点、基本知识点和知识脉络图，让学生能够在最短的时间内了解自己所涉及的知识范畴；通过“引入案例”“项目导入”“实验实训”和“复习思考题”的强化，及时检验对相关内容掌握的程度，提高学生的职业技能。

本教材结合实践教学的需要，编者共安排了九个章节的相关内容，其内容涵盖了秘书实务概述、办公室日常事务管理、公务差旅与接待、有效沟通与协调、会议的组织与服务、组织商务活动、文书处理与档案管理、调查研究与信息管理、秘书参谋与督查等诸多方面，适用于文秘专业的高职高专学生以及成人教育的教学，也可供在企业中从事秘书工作的管理人员参考之用。

本教材的编者都是在高职高专一线从事多年文秘专业教学或国家秘书职业技能鉴定工作的中青年教师，具有较强的理论功底和娴熟的实务能力。具体分工如下：第一章、第八章和第九章由荆州职业技术学院高音老师编写；第二章由上海工商外国语职业学院张唯老师编写；第三章由上海工商外国语职业学院薛丽丽老师编写；第四章由上海科学技术职业学院郭威老师编写；第五章由威海职业学院刘亮老师编写；第六章由上海工商外国语职业学院李兰英老师编写；第七章由上海工商外国语职业学院纪如曼老师编写。上海工商外国语职业学院的李兰英老师设计了全书的框架与体系，并负责全书的统稿、修改与整理工作。

为编好这本教材，编写人员深入企业调研，付出了辛勤的汗水。在编写过程中，我们博采众家之长，参考颇多，在此深表谢意，参考资料的来源及作者姓名，我们已在书中和附录里注明。有些资料我们是参考互联网上发布或转发的信息，其中有些已经无法查明出处，在此编者向原作者所付出的辛勤劳动表示衷心感谢。同时，我们感谢上海财经大学出版社和上海工商外国语职业学院对《秘书实务》教材建设项目的重视和支持，感谢广大读者对本书的厚爱和建议，所有这一切将始终鞭策我们不懈地努力和不倦地追求。我们衷心希望本教材能够得到广大读者的认同，能为读者们的学习、工作提供应有的帮助。但是，由于我们水平有限，书中难免存在疏漏与不妥之处，敬请读者批评指正，以便在教材修订时进行完善。相关意见可发送电子邮件至：lshhl2001@163.com。

另外，为了方便教师的教学，上海财经大学出版社备有教师教学用的课件，如有需要，请致电或者 E-mail 联系。联系人：李成军，电话：021－65904706，E-mail：littlelcj2@163. com。

编　者

2018 年 1 月

目录

第一章
秘书实务概述

学习目标

知识目标：了解秘书和秘书实务的基本概念；了解秘书实务的性质和特点；了解秘书实务的学习内容；了解秘书实务的学习意义。

技能目标：掌握学习秘书实务的基本方法。

【引入案例】

公司的“万金油”

“秘书也有专业吗？”祁斌似乎是第一次听到世界上还有文秘专业，显得很惊讶，但他马上意识到了自己的失言，连忙说了句“有事再打电话” 走了。

玛丽幽怨地看了我一眼，文秘专业被一些人看不起，似乎是我这个做师姐的错。可我们学文秘专业又有什么错呢？

其实，不止祁斌，在我们公司，还有社会上许多人，都看不起文秘专业。在他们眼里，秘书工作没有什么职业特点，既不能像销售人员那样用销售业绩来证明自己的工作能力和成绩，也不能像研发人员那样在技术图纸上自豪地签上自己的大名；在他们眼里，秘书就像一盒“万金油”，什么病都能治，什么病都治不好。的确，秘书工作就是“打杂”，把它比作“万金油”并没有错。与鹿茸、人参这些药材相比，它既不名贵，也没有特效。但是，人不能一天到晚都吃鹿茸、人参，也不能一有病就吃鹿茸、人参吧？伤风感冒这类病天天都可能发生，而在辅助治疗这种常见病的时候，“万金油”既便宜又方便。从这个角度来说，“万金油”和鹿茸、人参一样也是药。

一个现代企业，就像一辆高级轿车，秘书在企业中的作用既不是发动机，也不是方向盘，只是一桶润滑油。不管是奔驰还是宝马，如果你只用汽油而不用润滑油，车能开得动吗？联想公司的广告词是：“人类失去了联想，世界将会变成怎样？”试想一下，假如一个公司没有了秘书，那么它又会变成什么样？

资料来源：谭一平著：《女秘书日记》，江苏文艺出版社2011年版。

问题：结合这个“万金油”理论，谈谈你对秘书工作的看法。

第一节 什么是秘书实务

项目导入

一、案例描述

秘书工作之杂家篇

立鑫公司的董事长兼总经理是一个“知识型”领导，他要求秘书是“杂家”，既能参与决策、出谋划策，又会草拟计划、方案并组织实施；既要懂得行政管理、经济学方面的知识，还要具备计算机操作、外事洽谈、组织管理、企业发展研究等能力。总之，这不只是过去的秘书工作所界定的那些职责。

公司的张秘书通过用心了解老总的议事风格，明察其关注的问题和事项，掌握公司的现状及前景，在参与决策时有了更多的主动性，看问题准了，提出的建议一般都可行，受到老总的好评。

在系列管理活动的策划方面，张秘书根据公司的阶段性发展目标，适时筹划了“信息网络化管理”“培训专兼并举”等活动，经过试行，都达到了预期的效果。

在外事活动中经常要接触一些不熟的人和事，张秘书运用公关知识和技巧化解了很多尴尬。虽然对电脑操作不是很在行，但他很注意在边学习边摸索的过程中督促有关人员搞好这方面的工作。

在企业文化建设方面，张秘书经过一段时间的潜心钻研，提出“早激励晚总结”“技能赛马”“每天一个新的自我”等企业文化建设新形式，并借助自办的《立鑫境界报》大力宣传。

资料来源：中国高等教育学会秘书专业委员会编：《秘书学导论》，人民出版社 2007 年版。

二、任务分析

秘书实务，是了解秘书日常工作内容和要求的一门基础课程。对于每一个准备进入秘书行业的人而言，正确地认识秘书实务，可以更全面地了解秘书与秘书工作，是走向这一行业所要迈出的第一步。认识秘书实务，应做到：

1. 了解秘书实务的含义。
2. 了解秘书实务的内容。
3. 了解秘书实务的课程地位。

一、秘书实务的含义

（一）秘书实务

所谓实务，从字面上看，可以简单地理解为：实际＋事务，即实际从事或开展的工作、事务。所以，秘书实务就是秘书人员在日常工作中所从事的各项业务工作的总和。这其中既包括了秘书工作的具体内容，也包括了秘书工作的操作方法。

（二）秘书实务课程

作为一门课程，秘书实务是秘书学在应用层面的发展。随着社会的发展，秘书工作开始有了新的变化，即职业化。职业化的发展方向，让秘书这一工作在实践中也产生了许多新的特征，社会也对其产生了许多新的要求。

为了更好地完成秘书工作，秘书学应运而生，并在实践中不断发展壮大，它的研究领域逐渐扩大，研究层面也不断深化。一些分支学科也逐步从秘书学当中分离出来。秘书实务就是其中之一。

秘书实务的研究对象是秘书业务工作，即指秘书人员在日常的秘书活动中所开展的业务性工作。与秘书学这种理论型课程相比，秘书实务更侧重于对秘书工作的应用性、操作性的研究和探索。在秘书实务课程中，主要讲授的是秘书工作的基本要求、工作规范、操作程序等一系列问题。如何开展秘书的各项业务工作，如何开展得更好，才是秘书实务所要解决的首要问题。

(三)秘书实务与秘书工作

秘书实务与秘书工作，是秘书学科中经常被提及，同时也容易混为一谈的两个概念。两者的异同主要表现在以下几个方面：

1. 涵盖范围

秘书实务与秘书工作，虽然在很多方面都有重合的部分，但两者并不能完全地画上等号。秘书工作是指秘书人员所完成的各项工作的总和，这其中既包括业务上的工作，也包括非业务上的工作。而只有业务上的那一部分工作，才是秘书实务主要探讨的部分。剩下的那些非业务上的工作，则是秘书人员综合素质能力培养课程所需研究的对象。

2. 内容要求

秘书实务，是为了解决秘书人员“做什么”而产生的，带有明显的问题导向，具有实用性和运用性的特征。同时，为了应对不同情景下秘书工作的需要，秘书实务还带有一定的指向性和引导性，从而起到举一反三的作用与效果。

而秘书工作，则是表述了秘书人员“做了什么”，带有鲜明的实践导向，具有实践性的特征。

3. 结构分类

虽然秘书实务与秘书工作在涵盖范围和内容要求上存在着一些差异，但在结构的分类上，两者还是具有一致性。因为这种分类，是基于秘书活动本身而划分的，故而在秘书实务与秘书工作中均采取了相似的分类标准。也正是这种分类标准的相似，使得人们对这两者容易产生混淆。

二、秘书实务的内容

秘书实务的内容涵盖四个方面(见图1－1－1)：

(一)常规事务

围绕办公室日常运转所开展的一系列工作，包括办公室环境管理、用品管理、值班管理、印章管理、时间管理等。

(二)会务服务

围绕会议、接待、商务活动所开展的一系列工作，包括会议组织与服务、差旅与接待、组织商务活动等。

(三)文书工作

围绕文件、文字材料所开展的一系列工作，包括文书处理、档案管理。

（四）综合事务

围绕体现秘书工作综合性、枢纽性的综合事务性工作，包括沟通管理、协调、信息管理、调研管理、参谋管理、督查管理。

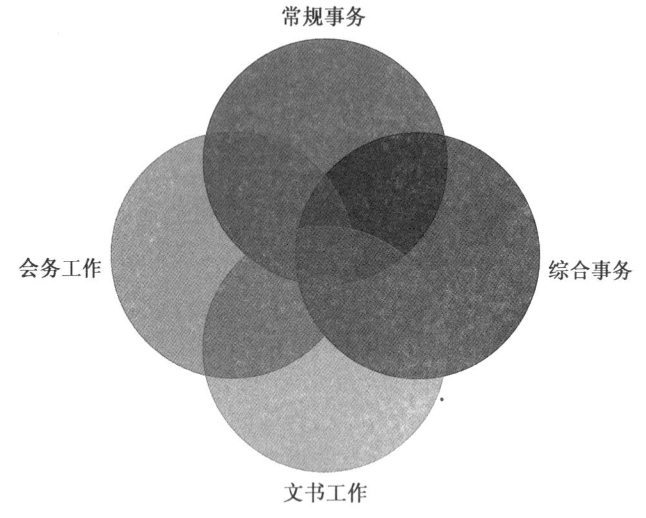

图 1—1—1 秘书实务的内容

但这个分类并不是绝对的。在实际的秘书工作中，有些工作都是相互交融在一起的。比如说，在会议组织工作中，可能存在撰写讲话稿、发言材料、会议简报的需要。在值班管理工作中，可能存在与本部门或外部门沟通和协调的需要。在调研工作中，可能存在以座谈会的形式调研的需要。这种相互交融，你中有我，我中有你，正是秘书工作复杂性的表现之一。

三、秘书实务的课程位置

作为一门综合性的专业课，秘书实务在秘书专业学习中起着承上启下的重要作用。从专业课系列来说，秘书实务正处在专业课系列的中间位置，如图 1—1—2 所示。

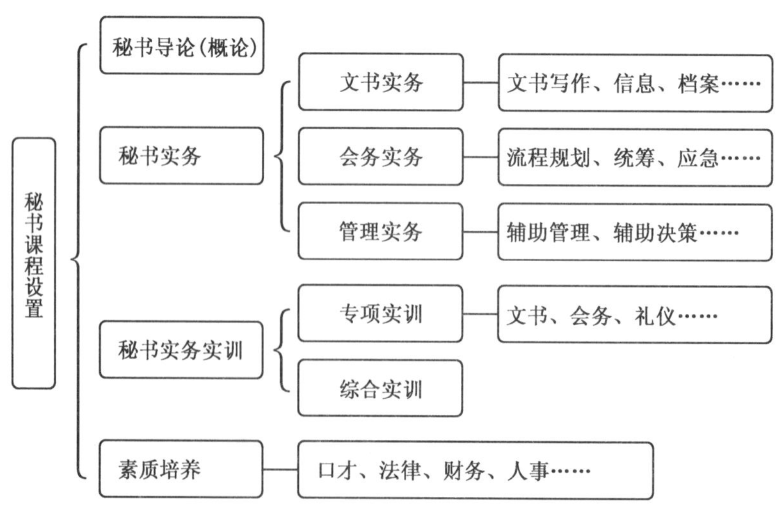

图 1—1—2 秘书课程设置

(一)秘书实务与秘书导论(概论)

之前开设的秘书导论(概论)课是专业课的起点,是引领大家走进秘书殿堂的引路人。通过对秘书导论的学习,在掌握了一定的秘书知识之后,接下来才能够真正开始走近秘书、走近秘书工作。而秘书实务课则是打开了秘书殿堂大门的那一双手,让我们有机会真正看到秘书工作的真实面貌。如果说,秘书导论告诉我们的是秘书是什么,秘书有什么作用,那么,秘书实务则是告诉我们秘书工作有哪些,秘书每天都要做什么。通过对秘书实务的学习,可以更准确地把握秘书的工作内容和工作要求。

(二)秘书实务与秘书实务实训

秘书实务是秘书实务实训的基础。只有掌握了秘书实务的知识要求与技能要求,才能真正了解秘书工作的实质,才能有理有据、有针对性地开展秘书实务实训。秘书实务实训,可以说是秘书实务的实操版、进阶版。如果说秘书实务解决的是做什么的问题,那么秘书实务实训解决的则是怎么做的问题。

微型案例

你尽力了吗?

美国前国务卿亨利·基辛格在接到他的参谋长呈递上的一份外交政策报告时,看也没看,便问:"你写这份报告尽了全力了吗?"参谋长想了一会儿,担心上司怀疑报告还不够尽善尽美,回答:"基辛格先生,我想我还能做得更好。"这样,基辛格把报告还给了他。两周后,参谋长又把改写过的报告交了上来。基辛格还是没看,只是把报告搁了一周,又把它送了回去,并附上一张纸条,上面写着:"你确信起草这份报告尽全力了吗?"参谋长意识到报告肯定又有什么遗漏,便又将它重写了一遍。当他再一次将报告交给基辛格时,他说:"基辛格先生,写这份报告我已经尽了全力了。"这一回,基辛格说:"既然这样,我要好好读一读你的报告。"

资料来源:http://www.360doc.com/content/12/0303/15/7006058_191355683.shtml。

问题:如何才能在学习中做到"尽力"?

第二节 秘书实务工作的性质与特点

一、案例描述

总也抄不对的报告

宋钦宗靖康元年(公元1126年),金兵第二次南下,围攻北宋都城开封。当时战争物资消耗极大,宋军"御敌器甲刓弊(破损严重)"。有人建议,太常寺用来祭祀的数十套旧服装,如今堆在仓库里闲着,可以用来衬垫战士的护身衣甲。太常少卿刘珏认为这一意见很好,当即命令书吏(即秘书)起草报告,打算把这批旧祭服献给朝廷。

负责公文誊写的书吏平时写字既快又好，很少发生差错。刘珏把马备好，站着等书吏抄好报告便送到朝廷去。文书抄好送到刘珏手上时，却发现落款处漏写了两个字，只好令他重抄。但连抄两遍，书吏都重复了刚才的错误。刘珏十分恼怒，狠狠地责骂了他一顿。书吏承认了自己的不是，并解释："不是我故意耽误您的时间，而是我私下认为，按《礼记》的要求，'祭服敝则焚之'，如今国家形势危急，虽然不能按常规论，但我们太常寺的职责是遵礼而行的，刘少卿固然体恤国家的困难，但主动提出献出祭服作军用毕竟违犯了礼的要求，不如等朝廷下令征用这批祭服时再送上去，这样做，比我们自己主动献上要好得多。"

资料来源：禾青：《古代秘书发挥参谋助手作用的范例》，《秘书工作》2009 年第 4 期。

二、任务分析

想要更深入地认识秘书实务，仅知道秘书实务的内容是远远不够的。作为秘书专业的学生，还应当通过秘书的具体工作内容，看到秘书实务的本质，从而发现其根本属性。具体来说，主要包括：

1. 了解秘书实务的基本性质。
2. 了解秘书实务的主要特点。

一、秘书实务的性质

（一）从业务上

秘书实务，与其所研究的对象——秘书工作——具有相同的属性，即：

1. 辅助性

秘书人员在整个管理活动当中，处于从属地位。所以秘书人员所开展的各项工作，也必然时刻注意其辅助性。在工作中，要注意与上级领导、主管的配合，与同级部门的协调。这种辅助性，要求秘书人员在工作中恪守本分，不越界，从当好领导的助手出发，逐渐发展为领导不可或缺的左右手。

2. 服务性

秘书实务从根本上来说，是为领导和领导工作服务的。这种服务性，是秘书实务的出发点和落脚点。秘书实务中所涉及的工作，均是为领导和决策工作服务的。这种服务性，也要求秘书人员在工作中时刻保持服务意识，以服务为先，主动为领导服务，为整个单位服务。

（二）从课程上

秘书实务是一门从理论走向实践的课程，具有半理论半实践的性质。作为一门承上启下的中间课程，秘书实务在进行实践指导的过程中，还穿插着理论指导。让学生在了解秘书工作流程与工作要求的同时，也了解到相当的理论依据，做到"知其然，知其所以然"。

从实践中提炼出理论要求，再通过理论知识进一步地指导操作实践。这是秘书实务学习的一个基本模式，借助这种模式实现从实践到理论，再从理论回归到实践的学习过程，通过这种螺旋上升的过程，完成学习层次上的逐步提升。

二、秘书实务的特点

（一）综合性

与秘书写作、商务礼仪等专项训练不同，秘书实务所涉及的内容，涵盖了秘书工作的方方面面。秘书实务旨在展示一个立体的秘书工作的模型。通过对秘书实务的学习、掌握，达到对秘书这一职业所需要掌握的各项基本工作要求和技能要求。

(二)规范性

秘书实务是秘书工作在实际工作中的运用,它的目的便是指导秘书更规范、更有效地开展实践。因此指导实践,让实践活动变得更为规范,也是秘书实务的重要特点之一。

(三)繁杂性

秘书工作是一项涉及面很广的综合性工作。秘书每天的工作在旁人来看,甚至可以说是千头万绪。而秘书实务,则是要将秘书人员在工作中可能遇到的实际问题指出来,并予以一一解决。因此秘书实务所包含的内容,也必然十分繁杂。

(四)程序性

秘书人员的每一项工作,其实都有很强的程序性,需要严格遵循一定的流程或规律来完成。这种程序性,也使得秘书人员的培养成为一种可能。秘书实务,就是将秘书工作中的那些可以提炼出来的程序、流程摆出来,用它们来指导秘书工作的开展。

微型案例

秘书小王××年4月10日工作时间表

时 间	事 项	地 点	备 注
8:30	接待××展览会办公室李先生,商量公司本年度参展和布展事项	会客室	1. 样品和产品介绍 2. 摊位费价格 3. 布展期限
10:00	向钱总汇报本年度参展及布展的计划	总经理室	
10:30	电话落实下午中层干部会议的出席情况		
11:00	检查下午干部会议会场布置和文件准备情况		重点:计财部和人力资源部下半年工作打算
11:30	电话预订晚上杏花楼包间		
13:00	列席中层干部会议并做记录	公司第一会议室	
14:30	起草中层干部会议纪要		11日印发
16:45	接××公司总经理	××机场	宝马车
18:00	陪同钱总宴请××公司总经理	杏花楼	记录、结账

资料来源:向国敏:《现代秘书实务》,首都经济贸易大学出版社2015年版。

问题:结合这些工作,谈谈你对秘书实务综合性的看法。

第三节 学习秘书实务的基本方法和意义

一、案例描述

迷茫的实习生

今年即将大学毕业的小云，前往某大型公司应聘。经过笔试、面试等几个环节的考核，小云成为最终被留下来的5个实习生之一。文字功底颇佳的小云，被安排到综合处，成为一名实习秘书。

小云自信满满地开始了她的准秘书生涯。可是没过几天，她就开始叫苦不迭。每天有接不完的电话、传不完的文件、开不完的会，所有的工作都只能在它们的空余中完成。还有经理冷不丁冒出的问题，明知是经理对她的考验，可是她的回答总是三个字，不是“不知道”，就是“您决定”。经理摇头的频率越来越高了。就连最擅长的写作，得到的评语不是“学生气太重”，就是“没新意，没亮点”。

为了改变这种现状，小云还专门去买了秘书学的书，准备给自己补补课。可是，看了几天之后，她却发现：理论是弄明白了，可是落实到具体的工作中，自己仍是一头雾水。工作仍是忙乱到一团糟。

短短一个月时间，小云越来越迷惑了，不知道身为秘书的自己，到底应该怎么做才能让领导满意，才能成长为一名合格的秘书？

二、任务分析

秘书实务作为秘书专业的一门专业必修课，对该课程的学习是秘书类专业学生所要进行的专业学习中的重要一环。对秘书实务的学习，有助于更好地了解和开展各项秘书工作，从而成长为一名合格的秘书。在正式开展秘书实务学习之前，应首先做到：

1. 掌握学习的基本方法。
2. 了解学习的重要意义。

秘书实务作为秘书专业的一门专业必修课，对该课程的学习是秘书类专业学生专业学习中的重要一环。

一、学习秘书实务的基本方法

掌握基本的学习方法，可以帮助我们更有效地开展秘书实务的学习。

(一)举一反三勤练习

秘书实务，并不是单纯的理论学习，并不是简简单单通过课堂学习就可以完成的，许多方式、方法只有通过大量的练习，才能真正地掌握。通过练习，尤其是不同情景下进行举一反三的运用，可以加深对相关知识点的理解，从而完成从理论到实践、从知识到技能的转化。

(二)相互交流共促进

在学习的过程中，加强彼此之间的相互交流。通过对学习心得的交流与辨析，可以让学习的体会在更大范围内进行相互交换，在交流中碰撞出新的火花，将一份学习心得产生的效果最大化。同时，在交流的过程中，还可以培养出合作意识。在合作的过程中，通过对对方的观察，一方面提出对方的不足，一方面借此反省自身，以查漏补缺的形式相互促进。

（三）留心生活善观察

秘书实务，虽然是一门秘书类的专业课程，可是它所涉及的很多内容，都可以在生活中找到关联项。所以，加强课堂之外的学习，也是学习秘书实务的重要途径之一。通过对生活的观察，可以发现许多书本上学不到的细节与技巧。对这种细节与技巧的了解和运用，是培养秘书意识的重要方式，也是学习秘书实务的有益补充。

二、学习秘书实务的意义

（一）全面了解秘书工作

秘书工作，是秘书人员在日常工作中所需要完成的工作的总称，而秘书实务则是系统而全面地介绍了秘书人员在实际工作中所需要完成的各项工作，比如，如何把办公室的日常工作管理得井井有条，如何与上级或同事进行沟通协调，如何组织好一次商务活动等。学习秘书实务，就是了解秘书人员应当会什么的过程，就是掌握秘书人员应当做什么的过程。通过对秘书实务的学习，可以初步满足社会对中、初级秘书的能力要求，从而达到胜任中、初级秘书工作的目的。

（二）构建秘书工作框架

秘书因为身处的位置和行业等的不同，所要开展的工作也不尽相同。单从秘书的具体工作出发，掌握到的秘书知识往往失于片面。而秘书实务，则是在具体秘书工作中提炼出来的，具有代表性意义的内容。学习秘书实务，有助于构建秘书工作框架，在头脑中形成秘书工作的整体形象。通过对秘书整个工作流程的了解与掌握，逐渐在头脑中构建出秘书工作的整体框架，为后续的深入学习与训练，奠定一个良好的基础。

（三）理论与实践相互促进

秘书实务作为一个半理论半实践的课程，它的内容决定了在学习的过程中必须要做到理论与实践相结合。从理论入手，用理论知识指导工作实践，让工作实践更规范、更高效。从实践回顾，用实践活动验证理论知识，让理论知识的掌握更有效、更深入。仅有理论，没有实践，则失掉了学习这门课程的意义。

（四）秘书职业化培养的需求

随着社会对秘书工作要求的提高，秘书这一职业向着更专业化、专门化的方向发展。职业化成为现代秘书的最显著的特点之一。如何彰显秘书的职业化特色，需要秘书人员从业之前，通过规范化、标准化的学习与培训，让自己的言行举止、思维方式、心理状态都向职业化的方向靠近，而对秘书实务课程的学习则正是这样一个过程。秘书实务的内容，既包括前人在实践中不断总结得出的秘书行业的职业道德与行为规范，也包括社会对职业化秘书及其未来发展所提出的各项要求。

微型案例

海伦·布朗的秘书职业守则

学会在苦差中潜水——大多数年轻人最初就业时，应该经历一番辛苦烦琐、单调乏味的工作。你必须把现在的工作当成你漫漫求索之旅的重要起点。

做个YES女孩——任何有助于老板的事，都要坚决执行。因为这不仅是在为别人尽心尽力，也是在为你自己开创美好的未来。

雄心勃勃而不张扬——真正的成功，除了智慧、人格魅力加努力，没有别的替代物。你应该暗地里雄心勃勃，随时睁大眼睛四处瞄瞄有没有合适的空缺，然后伺机而发。

性感点并无不妥——根据办公室家具变换穿着，是增强自信迈向成功的方法之一。可以按自己觉得满意的效果去打扮，只要不露肚脐眼就行。

让老板脸上有光——让主管脸上有光，同时又达到自己的目的。别每做一件事都企求回报，通常主管自然会有所考虑。要知道，人们自然会关注出色的干将，好口碑总会一传十、十传百，尽人皆知。

打电话有技巧——对于接你电话的人先问现在忙不忙，是否方便说话；对于职位比你高的人回了话，一定要表示感谢；对于浪费你时间的人，找个托词后再挂断。

与他人（尤其是领导）友好相处——友好顺畅的同事关系是成功的50%（甚至60%或70%）。许多聪明能干的人不得志的原因通常是性格过于张扬，亲和力太小，摩擦力太大。

做事主动，但要量力而行——要确信完全有能力处理自己所主动要求的工作，或能够全力投入。在岗位上努力不懈，多承担分外的责任，学习、工作，一步一个脚印，自然会赢得应有的认可。

准时露面——对于任何雇员来说，准时准点或者早到是一个非常重要的法则——尤其是在让别人充分了解自己之前。

立即行动——还没有取得什么实质性进展，要想引人注目又受人爱戴，就请"马上处理手头上任何事情"。老板最喜爱这样的雇员："绝对可靠，迅速高效地处理任何事情，不分大小"，没有之一。

资料来源：黄若茜、陈琼瑶：《秘书理论与实务》，清华大学出版社2007年版。

问题：这份职业守则带给你怎样的启示？

小　结

关键术语

秘书实务　　秘书工作　　课程位置　　性质与特点　　学习意义

本章小结

1. 秘书实务是秘书人员在日常工作中所从事的各项业务工作的总和。

2. 秘书实务课程，是秘书学在应用研究方面的分支，侧重于应用性、操作性研究。

3. 秘书实务与秘书工作的异同：(1)涵盖范围不同；(2)内容要求不同；(3)结构分类相似。

4. 秘书实务的内容：(1)常规事务；(2)会务服务；(3)文书工作；(4)综合事务。

5. 秘书实务的课程位置：(1)秘书导论(概论)是其前置课程，也是开展秘书实务学习的理论基础；(2)秘书实务实训是其后续课程，是对秘书实务学习的提升和实践操练。

6. 秘书实务的性质：(1)辅助性；(2)服务性。

7. 秘书实务的特点：(1)综合性；(2)规范性；(3)繁杂性；(4)程序性。

8. 学习秘书实务的基本方法：(1)举一反三勤练习；(2)相互交流共促进；(3)留心生活善观察。

9. 学习秘书实务的意义：(1)全面了解秘书工作；(2)构建秘书工作框架；(3)理论与实践相互促进；(4)秘书职业化培养的需求。

知识结构图

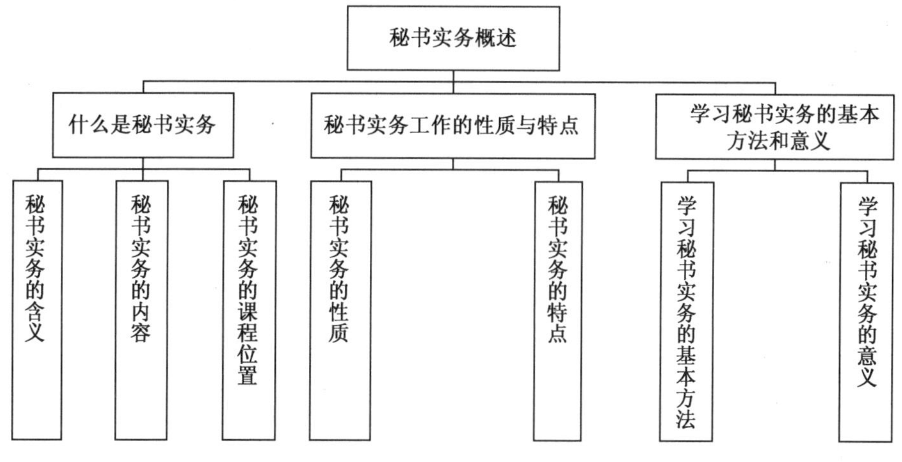

应　用

案例研究

案例一：

总经理请吃饭

年关将近，总经理让秘书小雪到办公室来一趟。在交代完工作之后，总经理看到桌上的销售情况汇报，想起一件事，说："今年的市场很不稳定，波动很大，不少同行都在赔钱赚吆喝，但我们不仅没亏，比去年还多赚了10%，真是不容易啊。销售部的几个人实在是功不可没。明天晚上，要是没什么事，我想请他们吃一顿。你去安排一下。"小雪就吃饭的时间、地点和标准进行了确认，回到办公室后小雪拿起电话，拨通了销售部李经理的电话："李经理，刘总想明天晚上和销售部的同事们一起吃个饭。明晚7点半，兴隆酒店三楼稻香厅。请您通知他们一下。”挂掉电话的李经理满腹牢骚，“忙了一年了，一直都没顾上家里。趁着这几天没事，刚把大家放回去，让大家放松放松，随便也可以忙忙家里的事。又要吃什么劳什子饭。这年头，谁还差这两顿饭啊！”

问题：

1. 请结合案例分析，是什么原因造成了李经理的不满？
2. 假如你是小雪，你应当怎样解决这个问题？

案例二：

1 000∶100∶10∶1

胡鞍钢(清华大学国情研究院院长)：“秘书工作的关键是智力服务。这种服务需要专业的素养，没有一定的积累不行，而且还要有研究能力。比如写一篇好文章，不只是靠文笔，更重要的是靠研究。我相信领导同志阅读量非常大、阅读速度非常快，能迅速抓住文章的精华。如果秘书工作者也有这个本事，5年之后就成精英了。我们也强调写作能力。我一直在学“愚公精神”，他每天挖山不止，我每天写作不止，天天读、天天记、天天写、天天改。假定每天阅读1 000字，真正记录下来的只有100字；有了100字的记录，真正能写出的也只有10个字；到了正式发表时，可能才有1个字，这之间是1 000∶100∶10∶1的关系，才能“字字值千金”。只有不断学习和积累，才能保证给领导提供的服务都是高水平、高质量、高效率的智力服务。”

问题：

1. 结合你的学习经历，谈谈你对“1 000∶100∶10∶1”的理解。
2. “1 000∶100∶10∶1”的关系，对我们开展秘书实务的学习有何启示？

实验实训

训练项目一：秘书工作的内容

1. 实训目标

(1)通过训练，让学生了解秘书与秘书工作。

(2)通过训练，让学生了解秘书工作的主要内容。

2. 实训内容

为了迎接一年一度的秘书节，××大学秘书协会计划开展一个“大家说秘书”的活动。他们将采访对象定为秘书专业的学生、秘书专业的授课老师、校内从事秘书工作的人员以及随机抽取的路人。请你帮他们设计几个问题。

3. 实训要求

(1)两人一组，分别扮演采访者和被采访者。

(2)根据模拟情景，依据情景设计出脚本与台词。

(3)分组演练时，其他同学进行评论和补充。

(4)教师指导总结，要求学生掌握参谋工作的基本步骤。

(5)递交实训报告。

训练项目二:秘书工作的性质

1. 实训目标

(1)通过训练,让学生了解秘书工作的服务性。

(2)通过训练,让学生了解秘书工作的辅助性。

2. 实训内容

作为新入职的秘书,今天是陈晓第一天报到。综合办主任肖易向她介绍综合办所负责的各项工作以及相关工作流程。陈晓拿着笔,飞快地记录着。介绍完后,一直微笑着的肖主任忽然一脸郑重地跟陈晓说了一番话后,便离开了。陈晓盯着笔记本上最后记下的两个词"服务""辅助"以及词下面那描了 N 遍的波浪线,陷入了沉思。肖主任最后说的一番话会是什么呢?

3. 实训要求

(1)两人一组,分别扮演陈晓和肖易。

(2)根据模拟情景,依据情景设计出脚本与台词。

(3)分组演练时,其他同学进行评论和补充。

(4)教师指导总结,要求学生了解不同类型办公部门所需负责的各项业务工作。

(5)递交实训报告。

训练项目三:秘书的学习方法

1. 实训目标

(1)通过训练,让学生了解学习秘书实务的方法。

(2)通过训练,让学生了解学习秘书实务的意义。

2. 实训内容

就要正式接触秘书工作了,何新心里有些忐忑,不知该如何去学。她在网上查了很多秘书前辈的经验与心得,颇受启发。可是自己的想法到底对还是不对,何新有些拿不准。这一天,她正好碰到一个熟悉的师兄(或师姐)。于是,她将自己心中的困惑说了出来,希望从已经开始实习的师兄(或师姐)那里得到启发。

3. 实训要求

(1)两人一组,采访上一届的师兄师姐,多多了解专业的情况。

(2)每组派一名代表上台汇报,其他同学进行评论和补充。

(3)教师指导总结,要求学生了解学习的意义和方法。

(4)递交实训报告。

复习思考题

一、单项选择题

1. 秘书实务是为了解决秘书人员(　　)的课程。

A. 是什么　　B. 为什么　　C. 做什么　　D. 有何用

2. 秘书实务与秘书工作在(　　)上存在一致。

A. 涵盖范围　　B. 内容要求　　C. 结构分类　　D. 以上均不是

3. 秘书导论(概论)是秘书实务的(　　)课程,秘书实训是秘书实务的(　　)课程。

A. 基础　实践　　B. 实践　基础　　C. 前置　衔接　　D. 衔接　后置

4. 学习秘书实务可以帮助我们更好地开展秘书工作。这体现了秘书实务的(　　)。

A. 综合性　　B. 指导性　　C. 繁杂性　　D. 程序性

5. 秘书实务是实现秘书工作职能的(　　)条件。

A. 充分　　B. 必要　　C. 充分且必要　　D. 以上均不是

6. 通过对秘书实务的学习,对提升(　　)有所帮助。

A. 沟通能力　　B. 创新能力　　C. 写作能力　　D. 思维能力

7. 加强(　　),可以有助于学好秘书实务。

A. 思维培训　　B. 情商培养　　C. 作风训练　　D. 实践操作

8. 学习秘书实务,可以让我们(　　)。

A. 更全面地认识秘书工作　　B. 更深入地了解秘书起源

C. 更细致地开展秘书工作　　D. 更有效地学习秘书理论

二、问答题

1. 简析秘书实务与秘书工作之间的关系。

2. 为什么说服务性是贯穿秘书实务始终的重要特征?

3. 学习秘书实务对秘书专业学习及个人发展有何用处?

第二章

办公室日常事务管理

学习目标

知识目标：理解并熟记办公室事务管理工作的基本内容、工作流程和操作规范。

技能目标：能够合理地运用办公设备和工具，完成办公室环境管理、办公用品的管理、电话接打、信件处理、印信及名片管理、领导日程安排、值班工作、保密工作等办公室日常工作。

【引入案例】

海尔集团的“日清卡”制度

自1984年引进当时亚洲第一条四星级电冰箱生产线，海尔经过30多年励精图治，从一家濒临倒闭的集体小厂，发展成为中国家电第一品牌的大型跨国企业集团，产品行销全球100多个国家和地区，在全球30多个国家建立了本土化研发中心和制造基地。其企业管理经验被美国哈佛商学院列为成功管理教学范例。

海尔的成功得益于一整套严格的日常管理制度和操作规范，例如“日清卡”制度：要求每位员工每天都要填写一张“日清卡”，将自己每天工作的七个要素（产量、质量、物耗、工艺操作、安全、文明生产、劳动纪律）量化为价值，由员工自我计算并填写日薪（员工收入与此直接挂钩），上交班长。不管多晚，班长都要收集员工的“日清卡”，检查并签字确认后上交车间主任，车间主任审核完毕再返还回来。就这样单调的工作天天填、月月填，不管几点钟下班都得完成。有一次，因运输公司驾驶员的原因，美国海尔贸易有限公司运往洛杉矶的洗衣机零部件多放了一箱，这件事本来并无多大影响，以后找机会调回来即可，特别是当时正值盛夏，洛杉矶地区的气温高达40℃，连路上也少有人走动。但零部件经理丹先生认为：当天的“日清卡”中定下了要调回来的内容，怎能把当日该完成的工作往后拖呢？于是他冒着酷暑把这箱零部件及时调换了回来。

正是这张“日清卡”，把每一项日常工作分解落实到了每一位员工身上，成为海尔不断追求卓越的有效手段。而一整套良好的日常工作管理机制,造就了海尔今日的辉煌。正如海尔总裁张瑞敏所言:“把每一件简单的事情做好,就是不简单。把每一件平凡的事情做好,就是不平凡。”

问题:海尔的“日清卡”制度对于办公室日常事务管理工作,有何借鉴意义?

第一节 办公室环境管理

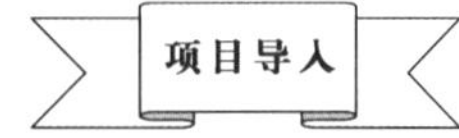

一、案例描述

李莉是一家贸易公司的经理,一次她到朋友王华的公司拜访,见对方的办公室非常凌乱,于是问为什么会这样,是不是公司遇到了什么困难?王华答道,困难倒没有,只是公司保洁员今天请假,办公室未能及时清扫整理。听了这番话,李莉非常诧异,问道:“那你的秘书小郭呢?她今天也不在吗?”

王华答道:“在啊。”

“那她怎么不打扫呢?”李莉觉得不解。

王华一脸无奈地摇了摇头说,“她说自己是秘书,不是清洁工。”

正说着,电话响了。透过办公室玻璃窗,李莉看见办公室的公用话机放在窗台上,秘书小郭正在办公桌电脑上查资料,这时正站起身来走到窗前去接电话。电话是找刘主管的,但他不在办公室,对方要求留言,小郭又走回办公桌在抽屉里翻找可以用来做记录的纸和笔。留言记录完毕,挂上电话,小郭把留言条直接压到了刘主管办公桌上的茶杯底下。刚回到自己办公桌电脑前坐下,人事主管进来要一份资料,小郭又赶忙起身到资料柜去找。拿着找好的资料,小郭正准备到办公室门口的复印机处复印资料,不料自己高跟鞋鞋跟绊到了拖在地上的电脑电源线,电脑屏幕顿时黑了屏,小郭也差点跌倒,幸亏人事主管眼疾手快扶了她一把。不到10分钟,小郭已经在办公室里转了好几圈,真是够辛苦的。

见此情景,李莉对王华意味深长地说道:“秘书固然不是清洁工,但管理好办公室环境,营造一个良好的办公氛围,是秘书应尽的职责,你得提醒小郭在这方面多多学习啊!”

二、任务分析

营造和维护一个整洁、舒适、便捷、安全的办公环境,有利于办公室日常工作的有序开展,有利于工作效率的提升,也有利于员工的身心健康。办公室环境管理,是办公室日常事务的重要组成部分,是秘书应尽的工作职责,具体应做到:

1. 了解办公室布局的基本类型。
2. 了解办公室环境的构成要素。
3. 了解办公室布置的基本原则。
4. 掌握办公室整理的具体要求。
5. 掌握办公室环境的安全管理。

一、办公环境概述

办公环境,是指单位组织的文职或管理人员从事具体办公活动的室内场所及使用的办公设备,也称办公室环境。

(一)办公室布局的基本类型

办公室是企业文化的物质载体,其布局是指对办公室环境加以合理的设计。就目前的办公室布局而言,可大致分为两种类型。

(1)封闭式布局。传统的办公楼多为中间一条走廊,两边是若干有独立门窗的小办公室,每个房间容纳一人或多人办公,配有独立的办公家具、办公设备等(图 2—1—1)。封闭式办公室至今仍然是一些单位办公场所主要采用的布局方式。

图 2—1—1　封闭式办公室(图片来自网络)

传统的办公室优点:第一,可满足单独办公和无噪音办公的理想要求,易于集中精力,避免受到外界干扰;第二,保密性强,比较安全,适合于从事专业性强、需大量脑力消耗的工作。其缺点:建筑成本和能源成本高,空间消耗大,不利于整体监督和指导,影响管理经营效益。

(2)开放式布局。新式的办公室多为 100～200 平方米的大厅,按照工作职能、业务活动和技术分工来确定不同的工作部门或团队,用隔板划分出每位员工的个人办公区,通常包括办公桌椅、电脑、电话、办公文具等常用设备。当员工站起身来时,仍然可以看到其他员工的座位(图 2—1—2)。

随着创业的兴起,一种新兴的开放式布局——LOFT 办公室,被越来越多的小型组织,特别是创意产业所采用。LOFT 原意"阁楼",现在流行的 LOFT 办公室层高 3.6～5.2 米之间,由业主自行决定室内布局和风格(图 2—1—3)。

图 2—1—2　开放式办公室(图片来自网络)

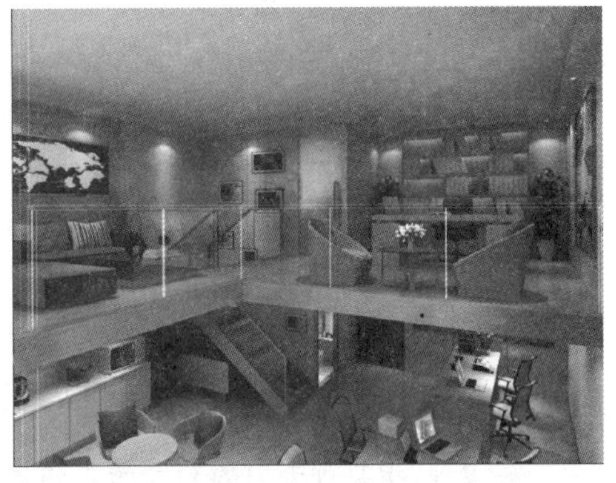

图 2—1—3　LOFT 办公室(图片来自网络)

作为新式的办公室类型，开放式布局的主要优点：一是提高了办公室的空间利用率，降低了能源损耗，可以共享办公设备，有利于建筑成本、能源成本和办公成本的控制；二是易于沟通，员工之间联系便利，管理者能直接观察员工的工作状况，便于监督和指导。缺点：办公区域噪音大，容易分散注意力；缺少单独办公的机会，部分员工感到自己的一举一动都处于别人的监控之下，从而产生不适感。

（二）办公室的布局原则

办公室的布局应按照工作职能、业务流程和职位分工进行合理设计，方便快捷，井然有序，提高工作效率。具体原则如下：

(1)接待区域设置在近门的地方，方便访客出入。

(2)相关的部门及设备应尽可能安排在相邻位置，使工作流程呈直线对称布置，避免倒退、交叉。

(3)主管办公区安排在下属后方，便于观察工作进程，及时进行监督和指导。

(4)领导应设立独立办公室，避免干扰，集中精力处理重要事务。

(5)秘书办公区应位于上司办公室门外一侧，便于工作沟通。

图 2—1—4 为某公司办公室布局图。

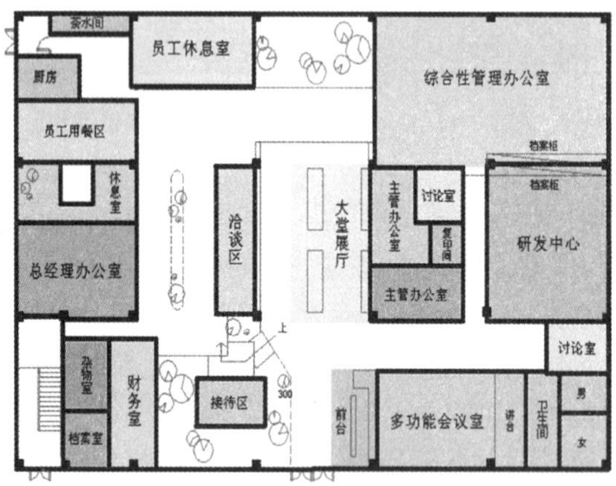

图 2—1—4 某公司办公室布局(图片来自网络)

小资料

办公室的含义

办公室，即办公的场所，有着多种含义：

第一种，泛指一切办公场所，区别于用于教学的教室、用于生产的车间，或是医疗室、实验室等。

第二种，指某一类职业人员或某一级职务人员的办公场所。如教师、护士、厂长、院长办公室等。

第三种，指党政机关、企事业单位内的综合办事机构。如中共中央办公厅、三星公司办公室等。

第四种，指某种专门的独立的工作机构。如国务院台湾事务办公室等。

二、办公环境管理

办公环境的优劣是企业经营管理是否到位的具体体现。对办公室环境进行管理和优化，创造安全、有序、高效的办公环境，有利于办公室日常工作的开展，也有利于提高工作效率、增进员工身心健康。

（一）办公环境的构成要素

办公环境是指办公室的外在客观条件，包括工作区的空间、温度、采光、通风等设施；办公室墙壁、门窗的装修和装饰；办公桌椅、柜架、各种办公设备、办公用品、耗材和饮水设备的样式和摆放方式等。一般来说，构成健康安全的办公环境的基本要素有：

（1）空气。办公室应具备良好的通风条件，室内禁烟，安装空调，保证适宜的温度与湿度。一般而言，室内温度夏季在23℃～26℃之间，冬季在20℃～22℃之间，较为适宜。室内湿度尽量保持在40％～60％之间为宜。

（2）光线。办公室的光线应充足，尽量采用自然光，人工光源作为补充；合理布置灯具，使办公室亮度均匀、适中，局部照明要达到要求。

（3）声音。办公室要保持肃静、安宁的气氛，禁止大声喧哗，地面、墙面、天花板应有一定的吸音、静音装置。

（4）空间。办公室建筑必须坚固安全，布局合理，空间适当，座位间要留有通道；办公设备的摆放应整齐，尽量靠墙，保证安全。

（5）色彩。办公室内建筑、家具、设备和用品的颜色尽量和谐统一，减少刺激；摆放一些绿色植物，可使办公室内空气清新，氛围优雅。

（二）办公室布置的基本原则

秘书的主要工作场所是办公室，办公室布置得如何，是衡量一个秘书业务能力的重要指标。布置办公室应遵循以下原则：

（1）舒适整洁。无论是办公室、办公桌椅，还是各种办公设备和用具等，都需要摆放整齐，井然有序，不放置与办公无关的东西。

（2）和谐统一。办公家具、办公设备、办公用具等的大小、格式、颜色等协调统一，创造出和谐一致的工作环境，强化成员之间的平等观念。

（3）安全。即布置办公室时要留意附近的办公环境和办公室存放财物的安全条件。要保障纸质文件、计算机数据等的安全和保密；确保电器电源、电线的摆放安全。

三、秘书整理办公室的具体要求

秘书对办公室进行整理的负责区域包括：个人办公区、上司的办公区以及公用的办公区。

（一）秘书个人办公区的整理要求

（1）办公桌上，一般电话放左边，便于接打电话时，左手持听筒，右手做记录。电脑放中间或右边。

（2）坐在办公桌前，伸手能直接拿取的范围内摆放常用的工作相关物品。

（3）利用文件夹将各类文件资料分别存放，按照常用和不常用来分开，每天要用的文件放在上层，不常用的放底层，处理完毕的文件放在文件柜里。

（4）将各种办公用品分门别类放在文具盒内。

(5)办公桌抽屉里的物品摆放整齐,定期清理,易打翻的墨水和较重的物品放置在底层。

(6)公章、介绍信、机密文件等存放在带锁的抽屉里。

(7)每天下班前,整理好自己的办公桌,把文件收藏好,仔细检查电脑、复印机、空调开关是否关上,抽屉、橱门是否锁好,确保万无一失。

(二)秘书对上司办公区、公用办公区的整理要求

办公室整理最基本的原则是整洁。应注意以下几个方面:

(1)每天上班提前10分钟到办公室,开窗透气,接通电源,打开开关。

(2)调节办公室内温湿度,可适当喷空气清新剂。

(3)清洁上司和公用的桌椅,上司办公桌上的用品摆放整齐,清理杂物,桌椅对位。

(4)将日历翻至当天,核对时钟是否准时。

(5)整理书报架,保证架上的报纸、杂志实时更新。

(6)定期给植物花卉浇水,整理枯叶。

(7)定期用酒精消毒电话听筒。

四、办公环境的安全管理

办公环境的安全因素不仅制约着办公效率,更直接影响着员工的身心健康。秘书在办公环境管理中,一定要加强安全意识,识别安全隐患,减少危险的发生。

(一)办公室常见的安全隐患

(1)火灾隐患。日常工作中应避免火源,并设置消防灭火设施,熟练掌握操作方法。

(2)用电隐患。办公室中电气设备多、线路多,应注意避免超负荷用电,做好绝缘及自我防护。

(3)设备隐患。部分办公设备存在人身伤害隐患,如电子辐射等,工作中需强化安全意识,合理摆放办公设备。

(4)建筑隐患。要注意办公室地面防滑,天花板防水防漏,墙面防止开裂,以及门窗的密封性等。

(5)人为隐患。工作中细致认真,避免因人为操作失误导致安全隐患,如复印后将原件留在复印机中,下班忘记锁门等。

(二)定期安全检查

秘书在工作中因防患于未然,定期对办公环境和办公设备进行安全检查,及时发现并处理隐患,确保办公环境安全。

(1)确定检查周期,将安全检查列入每日工作流程,同时,可根据组织实际情况安排每月或每季度的全面大检查。

(2)做好检查记录,发现隐患应及时报告解决。检查中需认真做好记录(表2—1—1、表2—1—2),发现安全隐患时,应及时报告,寻求解决方案。

表 2—1—1 某公司办公室安全检查登记表

日期/星期	例行检查项目					检查人	离开时间
	前台正大门是否上锁（是√、否×）	前台打印机、网络路由器是否切断电源（是√、否×）	饮水机是否切断电源（是√、否×）	办公大厅照明灯和空调是否切断电源（是√、否×）	办公大厅门窗是否关闭上锁（是√、否×）		
9月1日（星期四）							
9月2日（星期五）							
9月3日（星期六）							
9月4日（星期日）							
9月5日（星期一）							
9月6日（星期二）							
9月7日（星期三）							
9月8日（星期四）							
9月9日（星期五）							
9月10日（星期六）							
9月11日（星期日）							
9月12日（星期一）							
9月13日（星期二）							
9月14日（星期三）							
9月15日（星期四）							

表 2—1—2 设备故障记录表

序号	设备名称	故障时间	维修完毕时间	解决办法/更换配件	维修后设备状态	维修人	备注

微型案例

公司办公环境的安全隐患

王华所在的公司规模较小，所有员工都挤在一间不大的办公室中办公，10张办公桌紧紧挨着，过道狭小拥挤，电源线、电话线散乱地堆在地上。一次，一位客户到公司拜访，刚进屋就差点儿被地上的电线绊倒。王华为客户冲茶时，一不小心碰到了正在文件柜旁翻文件的同事，热水洒了同事一身，办公室里一阵大乱。临近下班，天色渐暗，他送客户出门，没想到客户走到门口时，一头撞到了玻璃门上，疼得直叫。原来，当天公司的玻璃门刚擦拭过，非常干净，而且门上没贴任何警示标志，所以从里往外看就好像没有门一样。

问题：从这个案例，你能分析出办公环境中常见的安全隐患有哪些？应如何改进呢？

第二节　办公用品管理

一、案例描述

小张到行政部就职已有一段时间了，部门经理想好好培养他。于是试着让他负责办公设备和办公用品的采购、保管和分发，同时又交给他一份采购清单，让他本周之内务必备齐清单上的物品，采购单上列有如下用品：货架2个，储藏文件夹2个，打印纸5箱，打印墨盒15个，信封300个，记事本200本，稿纸300本，铅笔、油笔、签字笔各10盒，大头针、曲别针各40盒，订书机10个，碎纸机2台，备忘录100个，纸篓20个。此外，还特意嘱咐他在分发办公用品时做好登记，避免浪费。第一次接到这样的工作，小张不知道如何是好。

二、任务分析

办公用品的采购、库存、发放、使用及管理，有一整套相应的程序和方法，只有遵循程序，才能有效利用办公资源。具体程序包括：

1. 了解办公用品的基本种类。
2. 了解办公用品的采购程序。
3. 了解办公用品的保存规范。
4. 了解办公用品的发放流程。

一、办公用品的种类

一般而言，办公用品按功能可分为以下种类：

纸簿类：复印纸、复写纸、标签纸、笔记本、普通白纸、带单位抬头的纸等。

笔尺类：铅笔、圆珠笔、钢笔、橡皮、白板笔、各种尺子、修正液等。

装订类：大头针、打孔机、剪刀、订书机等。

归档用品：文件夹、档案袋等。

办公设备专用易耗品：复印机用墨粉、打印机墨盒、计算机磁盘等。

办公家具、设备类：办公桌椅、计算机桌椅、会议桌椅、沙发茶几、文件柜、电话机、传真机、复印机、照相机、空调、电扇等。

二、办公用品的采购

由需要购买用品的人填写公司内部的购买申请表（见表 2—2—1）并签字，说明需要购买的理由和采购要求，经部门主管及领导批准后交给采购人员。

表 2—2—1　办公用品申购表

<table>
<tr><td colspan="2">申购、认购品</td><td rowspan="2">规格参数</td><td rowspan="2">单位数量</td><td rowspan="2">品牌型号</td><td rowspan="2">用处用途</td><td rowspan="2">备注</td><td colspan="2">认购意见（同意）</td></tr>
<tr><td>序号</td><td>商品名称</td><td rowspan="2">部门领导</td><td rowspan="2"></td></tr>
<tr><td>1</td><td></td><td></td><td></td><td></td><td></td><td></td></tr>
<tr><td>2</td><td></td><td></td><td></td><td></td><td></td><td></td><td rowspan="2">执行总监</td><td rowspan="2"></td></tr>
<tr><td>3</td><td></td><td></td><td></td><td></td><td></td><td></td></tr>
<tr><td colspan="5">紧急程度：□一般；□急；□紧急</td><td colspan="2">采购经办人（签字）</td><td colspan="2"></td></tr>
</table>

采购人员向供应商发出购买需求，各供应商回复对应的报价单或估价单，经过采购人员比较、筛选。

填写正式订购单并签字，说明订购货物的详细情况，发送给选定的供应商，该订购单需要被授权人（即公司高级主管）签字批准，同时要复制一份给会计部门，表示开始购货，准备付款。

收到供应商货物后，要对照供应商的交货单和自己的订购单检查货物，查验货物的数量、质量均符合要求，将签收后的交货单送会计部门。

采购人员要根据收到的货物填写入库单，货物入库，库房人员要签字表示货物进库。

会计部门收到发票后，对照交货单、入库单、订购单，三单数字应当相符，经财会主管签字批准，支付货款。

微型案例

采购过程中的各类函件

询价函

丫丫办公设备公司：

贵公司与我司自 2006 年开始合作以来，至今已近 12 年。贵公司销售市场庞大，产品畅销，尤其在华东一带拥有稳定的客户群，并且口碑十分好。良好的信誉及过硬的产品质量让我们之间的合作非常愉快，业务上的往来也逐年增加。

目前，我司需要购置下列办公设备，拟向贵公司采购，可否请贵公司就下表产品清单惠寄一份报价函，详述有关价目。还请贵公司考虑给我司最优惠的价格。盼复！

即颂商祺！

本项目联系人：

联系电话：

星星商贸有限公司
2017 年 6 月 8 日

附：购物清单

拟购置产品清单

序号	产品名称	规格型号	购置数量

报价函

星星商贸有限公司：

贵公司6月8日关于查询有关办公设备价格的函已收悉。现就贵公司询价进行如下报价：

序号	产品名称	规格型号	单价	单位

为答谢贵公司长期以来对我司的惠顾，特给予此报价，该价格为最优惠价。如贵公司一次性购买金额3万元以上，我司将提供免费送货上门服务，并赠送3年售后服务。

交货日期：接到订单后1周内。

支付方式：交货1周之内支付全款。

我们期待着收到贵公司的订单。收到订单后，我们将立即为贵公司办理。

此复。

丫丫办公设备公司

2017年6月11日

小资料

办公设备和易耗品的订购方式

▶ 电话订购。通过电话从供应商处订购。

▶ 传真订购。有些设备和办公易耗品的订购，需给供应商发传真，详细列出订购货物名称、数量、类型、送货时间等细节，供应商在接到传真后，会按要求送货上门。

▶ 网上订购。现在物流非常发达，利用网络平台进行订购已成为主流。

▶ 专有订购。有些单位有正规的货物订购单，在订购时需将订购单写好，邮寄或传真给供应商，供应商根据要求送货上门。

三、办公用品的入库保存

采购回来的办公用品，在入库存放前，应先将本单位订货单与供货商的交货单及货物进行核对，确认无误方能登记入库；若有出入，应立即通知采购部门联系供应商。将接收的货物按照实际数量和规格如实登记（表 2—2—2），及时更新库存余额。各类物品要分类存放，清楚地贴标签，表明类别和存放地，以便查找。新物品置于旧物品的下面或后面，先来的物品先发出去，保证物品不会因过期而不得不销毁。体积小的、常用的物品放在前面，防止被较大的物品挡住；体积大的、分量重的物品放置在最下面，以减少取物时发生事故的风险。保证储藏间良好的通风和照明。储藏间或物品柜要上锁，保证安全。

表 2—2—2　　库存物品分类登记表

品　名	单　位	数　量	入库日期	出库日期	领用单号	当前库存
HP 惠普 51629A 喷墨打印机墨盒	个	5	10 月 8 日			5
……	……	……	……			
齐心 A1180PP 档案盒	个	67	10 月 8 日			67

四、办公用品的发放

指定专人，按照公司规定的发放时间进行发放。

员工领取办公用品时，必须填写物品申领表（见表 2—2—3），表中申领部门、物品名称、数量等栏目要填写清楚，由发放人、领取人和领导签字并填写日期后，方能发放。在交付领取人之前，要清点核实所发放的办公用品。提醒使用人注意节约，杜绝浪费。

表 2—2—3　　物品申领表

申领部门：		
物品名称	数　量	特殊要求
发放人签字：	领取人签字：	批准人签字：
日期：　年　月　日	日期：　年　月　日	日期：　年　月　日

微型案例

如何健全办公用品管理制度

小张是公司的办公室秘书，管理着办公用品的采购、保管和分发。公司办公用品的管理一直处于无序状态，办公用品管理比较模糊，漏洞比较大，完全不正规，差什么就去采购什么，没有一个总体采购计划。发放就更不用说了，哪个部门缺少什么派个人就来领，也不用办理领取手续。一年下来，办公用品的消耗或费用根本无法准确清晰地统计出来。鉴于此，领导要求严格整顿办公室物品的管理，建立健全规范的办公用品的管理制度。

思考：小张接下来应该如何做？

第三节 接打电话与信件处理

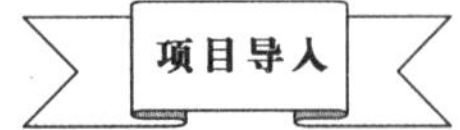

一、案例描述

在通达公司实习的秘书小周第一天上班，被安排在前台接听电话。由于心情十分激动，第一次遇到外来电话，铃声刚起，他就积极地抓起电话："喂，你找谁？"

第二次接电话时，是对方打错了，小周一听就直接说："你打错了！"然后挂上了电话。

第三次接电话时，对方没有说明来意就直接要找总经理："请李总接电话。"小周很兴奋地说："我上午看到李总和他的秘书出了公司，听他们的谈话，好像是约了吉利公司的张老板打高尔夫球去。"对方说："你知道李总的手机号码吗？"小周热情地帮对方查了号，并在对方的道谢声中说了再见。

请问：小周在接听电话时有哪些做错的地方？

二、任务分析

在秘书日常事务中，电话和信件是不可缺少的沟通形式。公务电话和信件常常出于业务、工作的需要，带有很强的公务性，受到纪律、权力、角色分工的限制，很少带有个人的感情色彩。因此，秘书在工作中正确接打电话、收发邮件，有助于创造良好的沟通气氛，提高办事效率，树立个人和组织的良好形象。具体要求包括：

1. 掌握接打电话的基本要求。
2. 掌握拨打、接听电话的流程。
3. 掌握特殊来电的处理方法。
4. 掌握邮件接收与寄发的流程。
5. 掌握电子邮件收发的规范。

一、接打电话的基本要求

(一)表达规范、正确

使用规范用语接打电话，如"您好！这里是××公司。请问有什么可以帮您的吗？"公务通话中尽量使用普通话表达，说话时清楚达意，听话时听清记准。

(二)用语礼貌、热情

通话中使用礼貌用语，如"麻烦您，请接××董事长。谢谢！"。说话时面带微笑，保持语气积极热情。

(三)语言简洁、高效

遵循"通话3分钟原则"，长话短说，表达简练，有意识地将每次通话时间控制在3分钟内。

(四)做好记录

无论打电话还是接电话，都要有电话记录，要依据电话内容做好电话记录工作，认真填写通话记录单(见表2—3—1)。记录时，要注意通话中的五要素是否齐全，这五要素通常称为“5W1H”，即 Who（是谁）、What（什么事）、When（什么时候）、Where（什么地方）、Why（为什么）、How（怎么样）。

（五）内容保密

在接打公务电话过程中，要注意通话内容保密，控制音量，尽量不要在人员嘈杂的地方接打重要的公务电话。

表 2—3—1　**通话记录单**

时　间	2017 年 7 月 27 日上午 9:00	地　点	公司办公室
来电人员	张君（业务员）	来电单位	恒达文化传播有限公司
通话内容	我公司委托该公司制作的电视广告已完成，对方约我公司公关部汪经理于 7 月 29 日前往该公司查看成片效果		
备注	已将相关信息传达到公关部秘书刘丽，联系电话 135××××××××		

二、秘书拨打电话

（一）拨打电话的基本流程

秘书拨打电话的基本流程见图 2—3—1。

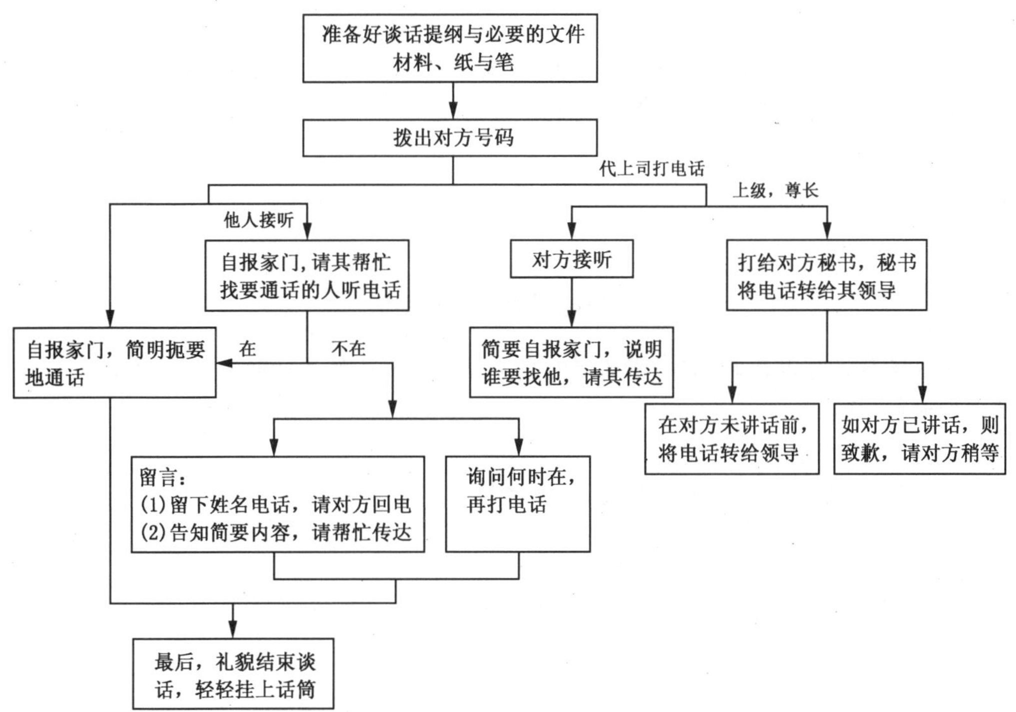

图 2—3—1　秘书拨打电话的基本流程

（二）秘书拨打电话的规范

（1）熟悉本单位电话的分布情况、各部门电话号码、单位领导电话号码以及主要业务联系单位的电话号码和近期有业务往来的电话号码。办公桌上常备电话号码查询资料。

（2）打电话前列提纲，理清自己的思路：我的电话要打给谁？我要说几件事情？它们之间的顺序怎么样？我需要准备哪些文件资料？对方可能会问什么样的问题？我该如何答？

(3)打出电话后，尽量多等待一段时间，如无人接听，等铃声响过六七声后再挂断。

(4)电话接通后，立即问好，随后表明自己的身份，表明自己打电话的目的，确定对方是否具有合适的通话时间。

(5)说话时，语速适中，给对方足够的时间做出反应，并随时确认对方收到的信息是否准确。

(6)代上司拨打电话时，要准确传达上司所要表达的信息和态度。说话语气要注意分寸，切忌以个人口吻传达。通话结束时应说声“再见”，然后轻轻地放下话筒。一般而言，由上级、长辈、重要客户等尊者先挂电话。

(7)拨错号码应及时道歉。

微型案例

这样打电话对吗？

1. 秘书小李一次给客户打电话，铃声响了 3 声之后还没有人接，他就挂了电话。她做得对吗？

2. 秘书小欧一次早上 8:00 就给新疆的一位老板打电话，“喂，是张总吗？”“你是谁？”“我是××集团人力资源部的办公室秘书。”“对不起，我正准备吃早餐，等会儿打过来好吗？”“噢，好的。”如果你是秘书小欧，会如何做？

提醒您

打电话时的礼貌用语

当你给他人打电话时，你并不确定对方是否具有合适的通话时间，为了向对方表明尊重他们的时间，你应该如何说？

——“您现在接电话方便吗？”

——“您现在忙吗？有时间与我谈话吗？”

——“对不起，请问我能耽误一下您的时间吗？”

——“不知现在给您打电话是否合适？”

——“您能给我一分钟时间，让我简单地给您说一下吗？”

三、秘书接听电话

(一)接听电话的基本流程

秘书接听电话的基本流程见图 2—3—2。

(二)秘书接听电话的规范

(1)电话铃声响两遍后，应尽快去接，最好不要超过 5 声。左手持听筒，右手执笔做记录。

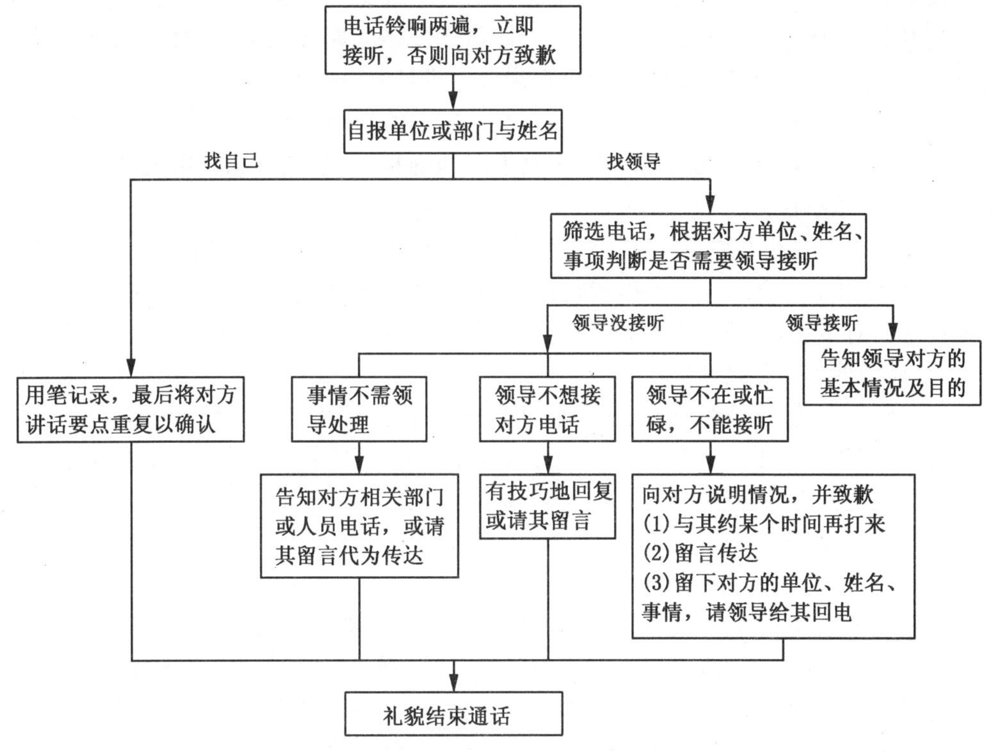

图 2—3—2　秘书接听电话的基本流程

(2)听电话时要注意力集中，回答问题要有耐心和热情，不能用生硬、厌烦、冷淡的语调说话。

(3)通话中，详细记录通话内容，并进行复述，以便得到确认。

(4)接到打错的电话时，应该说："这是××公司，电话是××××××××，您是不是打错了？"，而不应该直接说"打错了"，就"啪"的一声挂上电话。

(5)电话交谈完毕，应尽量让对方先结束对话。通话结束后应等对方放下话筒后，再轻轻放下话筒，以示尊重。

(三)秘书处理特殊来电的技巧

(1)如何处理同时打来的几个电话？

请正在交谈的一方稍等，告诉他有电话打进来，需要马上处理。迅速接听另一部电话，快速处理完，赶快回到第一个电话上。如果第二个电话一时不能处理完，也不属于紧急内容，则应该告诉他还有一个电话没有结束，建议一会儿再给他回电话；然后马上回到第一个电话上。如果第二个电话是紧急的事情，则要马上向第一个来电者道歉，建议他先挂上电话稍等或快速处理完第一个电话。

无论怎样，回到第一个电话时，都要向来电者致歉。

(2)如何处理直接找上司的电话？

先问清楚对方的单位、姓名、身份等，然后根据具体情况再作进一步的处理，要注意说话要有弹性、留余地，如："经理现在不在这儿，请您稍等一下，我马上去找找看。请问您找他有什么事吗？"

如果上司正在开会、会客或通话，应转告对方会议或通话预计何时结束，并询问是否由自己这方重打，还是请对方留言。若遇急事，可用便条与领导联系，把对方的单位、姓名、身份、事由等写在便条上，请求指示，切忌直接口述或对上司耳语。

如果上司不在，尽量不要将原因直言相告，应委婉告知对方，如："实在对不起，让您久等了，这会儿找不到经理。见到他以后，我马上向他通报，好吗？"切忌直接说："经理还没来上班！""××经理不在！"。

如果上司不想接电话，则需要态度明确地拒绝，如："经理出去办事，今天不回来了。您有什么事找他吗？方便留言的话，等他回来，我可以转告他。"若对方仍固执纠缠下去，应礼貌地拒绝："对不起，我还有急事要办。我见到他，会转告他的，好吗？"

(3)如何处理告急电话？

当遇到反映情况、请求帮助、请示解决办法等告急电话时，首先不能慌张，要保持沉着冷静，尽快弄清楚发生了什么事，在什么地方，有什么人，事情的严重程度等。如果情况紧急又是自己职权范围内的事务，当机立断，马上提出防范措施或初步处理意见。如果不能自行决定，应马上请示汇报上司，并协助有关部门即刻处理。

(4)如何处理匿名电话？

当遇到不愿报姓名、不愿说明动机而要直接找某人的来电时，态度要彬彬有礼，但同时坚持"不报姓名或不说明来意就不能代为转接"的原则，如："很抱歉，经理此刻不在办公室。如果您不愿意告诉我您是谁，有什么事，那么请您最好写一封信来，注明'亲启'字样，我会尽快交到经理手上。"特别是接到匿名打来反映有关情况或举报的电话，先不要明确表态，也不要听到风便是雨，到处乱说，而应向有关负责人反映。

微型案例

这样接电话对吗？

刘秘书在接到一位重要客户王先生电话后，要请示上司该如何处理。此时上司正在会见一位来自韩国的客户，洽谈下一年该客户公司旗下偶像团体组合代言本公司产品的相关事宜。这时，刘秘书敲门请总经理出来，请总经理马上给王先生回个电话，给予答复。针对刘秘书的这种处理方法，你的看法如何？

思考：1.刘秘书当时的处理方法是否合理？

2.你认为怎样处理合适。

四、处理邮件

办公室日常事务中接触的邮件，既包括各种邮政系统传递的信件、印刷品、邮包等，也包括电报、电传、传真、电子邮件等。办公室的主要工作是对信息的处理，而信息处理的每个环节，都与处理邮件有着极为密切的关系。因此，秘书必须掌握邮件处理的基本流程和方法，做好日常邮件处理工作。

(一)邮件的接收与转交工作

1. 邮件的接收工作

是指对本单位接收到的邮件做出准确判断和记录，并及时送达转交具体接收办理人的过程，包括：签收、分拣、拆封、登记、分送等环节。

(1)签收。秘书收到送达本单位的信件，认真清点后，在送件人的投递单上签名。主要任务包括：第一，清点。清点件数是否与投递单一致。第二，检查。查封套上的地址、单位是否相符；查包装是否有损。第三，签字。签署姓名、注明日期。

(2)分拣。收到的邮件可以按一定标准进行分拣：第一，按照收件人的姓名进行分拣。可以将私人邮件与公司邮件分开。第二，按照收件部门的名称进行分拣。第三，按照邮件的重要性进行分拣。一般挂号信、机要信、特快专递、带回执是重要邮件的标志。此外，还可以根据本单位实际情况进行分拣，比如分为订单、票据、印刷品、报纸、杂志、上级文件、一般公函等。

(3)拆封。大部分公务邮件需要由秘书拆封后再交由上司或相关部门处理。

拆封的范围：一般情况下，文书人员可以对发至本单位的信函拆封，但两类不能拆，一是信封上有“亲启”字样；二是标有机密、绝密的机要件，应送机要人员拆封。

拆封步骤：第一，竖起信封，在桌上“齐”几下，用剪刀沿右侧剪，注意信封信息的完整；第二，取出信件，不能遗漏；第三，清点文件是否缺页、重页、倒页，核对标题、主送、正文、附件等是否与实际相符，发现信息有出入、错投、手续不全等情况应及时电话联系寄信人，及时处理；第四，保留信封，用曲别针夹在信笺之上。

(4)登记。根据所收邮件情况，如实填写邮件登记表(见表2—3—2)。

表2—3—2　邮件登记表

编号	收到日期	收到时间	发件人	发出日期	收件人	来件种类	处理日期	办理情况	备注

(5)分送。秘书在分送邮件之前，必须对邮件再次分类，主要分为：呈送给上司处理的，转送给有关部门或人员处理的，按职责规定留下由秘书自己处理的。

提醒您

误拆邮件的处理

当你发现误拆邮件时，应当如何处理呢？

正确的处理方式：立刻停止阅读，将信件按原样折好、装回信封。在信封上贴一张字条，注明“误拆”，并签上名字。随后，尽快送交收信人，并当面致歉。

切忌重新粘贴信封，更不能将邮件私自销毁或藏匿。

2. 呈送给领导

呈送前，应做好相应准备工作：第一，再次阅读，确保必须领导受理；第二，标出重点，如需在原件上做标记，应使用黄色荧光笔，以便复印时不留痕迹；第三，附上上司处理邮件时可能需要的参考资料。

提醒您

领导外出时秘书处理邮件的方法

1. 把寄给领导的信件或邮件连续编号。

2. 主动与领导联系，告知需要领导亲自处理的邮件。

3. 根据领导的授权，把邮件交给公司有权处理的人回复。

4. 把需要领导亲自处理的信件或邮件保存下来，通知发件人已收到，并告诉对方何时可以得到回复。

5. 把积压的信件或邮件分别装入纸袋中，标上“需要××处理”的字样。

3. 转交相关部门或人员

秘书无权处理的邮件，或应当转交其他部门的邮件，转交前需填写邮件流转单（见表2—3—3），如果邮件需要多部门或多人传阅，需设计一份文件传阅单（见表2—3—4），提示传阅顺序，并要求传阅人签字。

表 2—3—3　　**邮件流转单**

«	公 文 流 转			
····公文流转	发起时间	2009-03-11		
	发起部门	集团电脑部		
	发起人	代维雅		
	流转类型	⊙任意流 ○固定流		
	文件标题			
	备注			
	审批相关			
	审批人		查询	
	抄送		查询	
		开始流转		
	附件列表			
		浏览...	添加文件	
	附件名称		大小	格式
集团共用				

表 2—3—4 **文件传阅单**

<table>
<tr><td>文件名称</td><td></td><td>文件编号</td><td></td></tr>
<tr><td>行文时间</td><td></td><td>文件页数</td><td></td></tr>
<tr><td colspan="4">审　批</td></tr>
<tr><td>拟件部门意见</td><td colspan="3">签字：
日期：</td></tr>
<tr><td>审批人意见</td><td colspan="3">签字：
日期：</td></tr>
<tr><td colspan="4">传阅人信息</td></tr>
<tr><td>姓　名</td><td>送阅时间</td><td>送还时间</td><td>备　注</td></tr>
<tr><td></td><td></td><td></td><td></td></tr>
</table>

4. 秘书自行处理

对自身职责范围内的邮件须及时回复，并根据邮件信息做出准确的处理。

微型案例

刘秘书的回信

刘秘书收到一封对本公司提出业务方面意见的客户来信。按照惯例，这样的信件应由她来处理，于是刘秘书坐在电脑前开始拟写复信：

王思甜女士：

非常感谢您对我公司的关心。您所提到的服务质量和态度问题，我们正在研究改进，相信不久之后，您将看到我们在业务办理效率方面的提升。

希望我们继续合作。再次向您致谢。

××公司　敬上

2017 年 10 月 6 日

拟好复信，本已准备将信件打印出来的刘秘书想了一下，还是拿出了钢笔，手写誊抄了一遍，并写好了信封，填好了发函登记。

思考：1. 刘秘书为何要如此处理回信？

2. 你认为怎样处理合适。

(二)邮件的发送工作

邮件的发送工作，是指将需要发送的邮件准确及时发送出去的过程，包括内容校核、领导签发、备份存档、邮件查对、登记、装封、寄发等过程。

(1)内容校核。信函拟写完毕后，应按规范的格式打印或誊写，并检查信函内容是否完整、清晰，同时校对字、词、句、标点使用是否正确。

(2)领导签发。有些邮件在发出前需经过领导签发，特别是一些涉及重要内容的邮件，有领导的亲笔签名更能引起收件方的重视。一般情况下，秘书可将需要领导签发的邮件集中在一起，在恰当的时机交给领导统一签字。

(3)备份存档。重要邮件在发出前，应当做好备份，并登记存档。

(4)邮件查对。在装封寄发前，要对邮件进行仔细的查对。一是查对邮件是否完整，特别是附件是否齐全；二是查对信封或外包装，检查封皮信息，如收信人姓名、地址等填写是否准确无误，附加信息如“急件”“亲启”等是否标注(见图 2—3—3 和图 2—3—4)。

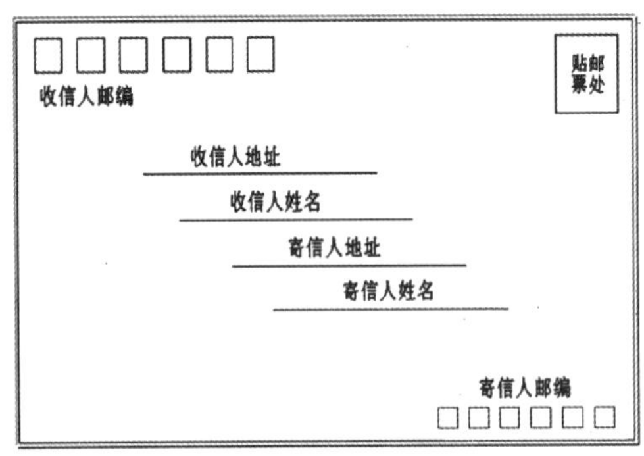

图 2—3—3　中文信封填写格式

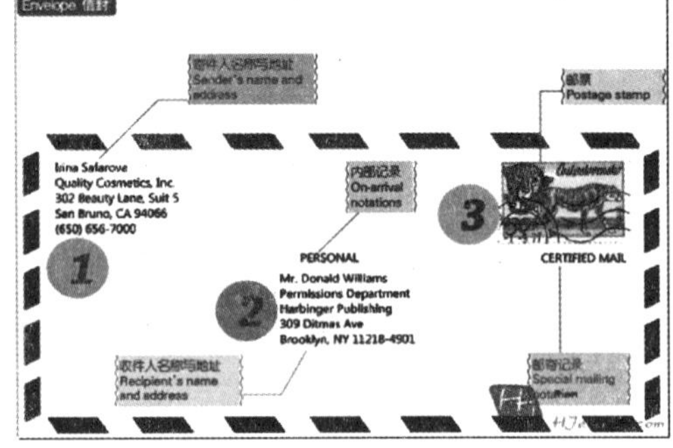

图 2—3—4　英文信封填写格式

(5)登记。重要邮件在寄出前需要登记发出邮件登记簿(见表 2—3—5)。

表 2—3—5　　　　发出邮件登记簿

序号	发件日期	寄发单位	邮件标题	密级	发件部门	经办人	备注

(6)封装。封装前，应把信笺上的曲别针、小夹子等装订工具取下来。装封时，应注意折叠信纸，一般信封需将信纸三等分，文字朝内；小号信封需先将信纸二等分，然后三等分；开窗信或账单信，则需将信纸上含邮件收发信息的文字朝外，具体内容的文字朝内。

(7)寄发。不同的邮件需要不同的寄发要求，因此，秘书要了解常规的邮件寄发方式、邮政方面的规章制度和邮局工作时间，选择恰当的邮寄方式。

小资料

常规的邮寄方式

▶平邮。价格便宜，需要去邮局发，一般5～10天到达，所以不急需、追求经济实惠时可选择。

▶邮政特快专递(EMS)。价格贵，视送达区域1～4天到达，上门取货，可以淘宝下单或电话11185下单，送货上门，可网上查单。

▶邮政E邮宝。价格较EMS略低，一般一周到达，必须淘宝下单，上门取货，送货上门，可网上查单。

▶各类民营快递。如顺丰、申通、中通、圆通等。收费较EMS便宜，网点多，到达快，上门取货，可以淘宝下单或电话下单，送货上门，可网上查单。

五、电子邮件的处理

随着互联网技术的日益发展，无纸化办公越来越普及，电子邮件已经逐渐代替传统的邮件，成为现代社会职场办公最主要的信息交流方式。因此，在秘书的工作中，必须掌握电子邮件的收发处理。

(一)撰写与发送电子邮件

(1)认真撰写。在撰写电子邮件时，应保证邮件主题明确、内容简洁。在写作时，应将相关信息分段说明、记述完整，应注意控制邮件篇幅，最好不要在一封邮件中谈多件事情，尽量做到“一文一事”。如果所谈事情涉及信息太多，可以在邮件正文做简要说明，将具体内容单独撰写成文，作为附件一同发送。

同时，在撰写电子邮件时，应注意用语及格式规范，遵循信函写作的基本要求，如称谓语、祝颂语、落款署名等，不要省略，以示对收件方的尊重。要避免QQ、微信等即时在线沟通工具使用过程中，用语过于网络化、口语化的现象，更不能在邮件正文中使用各种颜文字或表情包。

(2)仔细核对。在发送电子邮件之前，仔细检查邮件内容，确保语句顺畅、文字及标点使用无误；核对收件人地址是否准确；邮件主题是否清晰明确，不能空白主题。在回复邮件时，可根据回复内容更改主题，不要只是单纯“Re:原主题”。

(3)避免滥用。在发送电子邮件之前，认真确认沟通对象，确保收到邮件的人确实需要该信息，不滥发“垃圾邮件”。

(4)慎选功能。在使用电子邮件过程中，应当慎重选择，正确使用附件、抄送、密送等功能。

附件功能。在邮件中粘贴附件时，首先要在正文中提示收件人查看，同时要根据内容为附件命名，让收件人能够通过名称迅速知晓附件大体内容。如附件较大，或需要在同一邮件中粘贴多个附件，应提前压缩或打包，以免占用收件人邮箱过多空间。如附件为特殊格式文件，应在正文中说明打开方式，以免附件不能正常提取阅读。

抄送与密送功能。如需将同一封电子邮件发送给多人，一般使用抄送功能，所有收件人可以共享邮件内容，以及彼此的邮箱地址。因此，在填写收件人邮箱地址时，要注意各个收件人的前后排序，应遵循一定规则，如职位等级、部门排序等。如果只想让收件人共享邮件，而不愿让他们知晓彼此的邮箱地址，则需要使用密送功能，这样，收件人不会知道还有其他人也收到相同邮件(见图2—3—5)。

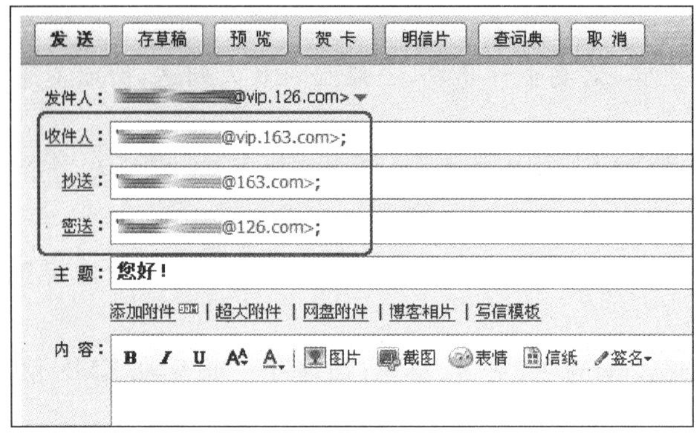

图2—3—5 电子邮件抄送、密送功能

(5)注意格式。由于汉字编码的问题，中文邮件在我国港、澳、台及境外一些地区出现乱码的情况时有发生。因此，在发送邮件时，应注意不同地区使用的汉字编码系统。一般而言，尽量使用汉字"宋体"，英文"Arial"，字号10号，不要使用非常规的字体或过大过小的字号，也不要使用信纸背景等修饰功能。这样不仅方便收件人阅读，也可以降低乱码出现的概率。

(二)接收与回复电子邮件

(1)及时回复。查看邮箱应当是秘书每天到办公室的第一项正式工作，以免遗漏重要邮件信息。凡公务邮件，一般是24小时内告知对方已经收到信件，特别紧急、重要的邮件，应即刻回复。如因出差等原因未能及时回复，应在回复时致歉。

(2)信息明确。收到邮件，应注意辨明来信的真实意图，在回复时，有针对性地提供信息。如果双方就同一事项邮件往复超过3次，说明沟通不畅，应采用电话、面谈等其他交流方式，不应当再在电子邮件上浪费时间和资源。

(3)定期整理。秘书在日常处理电子邮件的工作中，要定期整理邮箱，将邮件按主题、发件人、日期等项目分类保存，重要邮件应另行备份并打印成纸质文件存档。同时，及时清理失效邮件和垃圾邮件。

(4)注意保密。电子邮件属于重要的公务和个人信息。秘书应将公务邮箱与私人邮箱分开，不要用私人邮箱处理公务，做到公私分明。在使用电子邮件的过程中，尽量使用个人专属计算机，如果需要在公共计算机上收发邮件，要注意保密问题。可以通过"Internet"选项中的"常规"选项卡删除Cookie、清除历史记录。同时，应妥善保管好电子邮箱地址，不要在各种公共交流平台上透露个人和单位领导的公务邮箱地址。

微型案例

希拉里的"邮件门"

轰轰烈烈的第58届美国总统大选以共和党候选人唐纳德·特朗普大获全胜，民主党候选人希拉里·克林顿黯然落选的结局落幕。希拉里·克林顿的败选原因很多，"邮件门"

事件是其中的重要一环。

2015 年,希拉里在国会接受由共和党主导的调查委员会听证会,承认在任职国务卿期间使用私人邮箱处理约 6 万封邮件,其中 3 万封因涉及私人生活已被其团队删除,剩余约 3 万封公务邮件已于 2014 年底全部上交国务院。

2016 年 7 月,正值美国大选前的关键时期,美国联邦调查局(FBI)宣布,希拉里在担任美国国务卿期间使用私人邮箱和私人服务器处理公务的行为说明她和她的高级助手在处理政府机密时"极度草率"。随后,美国国务院称联邦调查局在调查希拉里"邮件门"时发现了另外约 1.5 万封未被希拉里团队上交国务院的邮件,国务院正就邮件内容进行审查。

"邮件门"事件及其牵连到的民主党其他高层官员的问题,导致原本在大选中占尽优势,民调一直领先的希拉里情势急转直下。尽管在大选开始投票的前一天,FBI 突然表示现有证据不足以起诉希拉里,但是最终也没能挽回其大选落败的结局。

思考:1. 从希拉里的"邮件门"事件中,可以得出哪些教训?

2. 秘书应如何规范日常的公务电子邮件使用?

第四节 印信及名片管理

一、案例描述

通达公司的公章因为使用过久而损坏了,需要刻制一枚新的印章,行政部经理李路具体负责这项任务。李路回想当初为公司刻制印章的情景,手续非常麻烦。正巧自己有一个朋友认识刻印章的,于是他想:反正都是一模一样的,按原来的印章刻一枚新的应该不成问题,干脆走捷径,请公司出一份介绍信,再附上自己的名片,请朋友直接找刻印章的帮忙刻制一枚算了,省事。他把这个想法跟总经理一说,不料受到总经理严厉的批评,并且让他认真学习印章刻制与启用的相关规章制度后再行动。

请问:1. 李路的想法到底错在哪里? 如何才是印章刻制与启用的正确做法呢?

2. 在商务活动中,名片的使用有哪些需要注意的地方?

二、任务分析

印信是指印章和介绍信,是单位行使各项职能的标志,更是单位权威性、法定性的表现形式。在日常工作生活中,人们出于各种业务需要,经常到行政或秘书部门给各种材料盖章或开具介绍信。因此,每个单位对印信的制发、保管和使用都有严格的规定,所有人必须严格履行,否则一旦出现问题可能会给单位带来巨大损失。

名片在现代社会的使用相当普遍,初次见面的双方要交换名片,向客商赠送礼品时需要附上名片,写介绍信时会将被介绍人的名片附在信中,邀请熟悉的客人来访时可用名片代替请柬……名片虽小,作用很大,因此,商务活动中,加强对名片使用的管理,也是秘书重要的工作职责。具体要求包括:

1. 掌握印章的作用与基本分类;
2. 掌握印章刻制启用、保管与使用的相关流程及规定;

3. 掌握介绍信的使用流程与管理方法；

4. 掌握名片的种类与使用礼仪。

一、印章管理

印章是刻在固定质料上的代表机关、组织或个人权力、职责的依据。清代史学家朱简所著的《印章要记》指出“印始于商周，盛于汉。”秦代开始有印、玺之分，皇帝之印为“玺”，大臣之印为“印”；到了汉代，官印中又有了“章”“印章”之称。

（一）印章的特性

现代的印章有三个特性：

(1)法定性。合法成立的组织其印章才是合法的。

(2)权威性。印章是权威的象征。

(3)效用性。经过印章鉴证的文件才能被承认和执行。

（二）印章的作用

印章有三种作用：

(1)代表作用。印章的使用代表了单位的正式署名。

(2)权威作用。权威作用来自于组织和领导人权职的法定性。

(3)凭信作用。公文与各种函件、介绍信需盖章才合法有效，才能获得对方的信任，否则无效。

（三）印章的种类

秘书部门掌管使用的印章有三种：

(1)单位的公章或钢印。用单位的全称，是单位对外行使权力的标志。前者加盖于文件材料上，后者（不用印色，用力压于纸上凹凸成型）加盖于证件上，盖于照片右下角。

(2)单位负责人的公用私章，也称“公务名章”，根据负责人的手写字体制成，为领导行使职权而用，一般用于对信函和文件的签署，多为方形。

(3)秘书部门公章，一般只用于单位内部事务的管理，不能代表单位单独用于发文、出具证明等。

（四）印章的管理

(1)印章的刻制。公务印章一律不准私自刻制。印章刻制有两种办法：一是由上级主管单位刻制；另一种是由本单位按照印章刻制规定按程序办理。

首先，刻制印章单位应持主管单位介绍信到市公安局办理刻制印章的批准文书；

其次，持市公安局的批准文书，到公安部门定点的印章刻制企业刻制印章；

最后，印章刻制完毕，刻制印章单位持本单位介绍信和刻制印章，到上级主管单位登记备案。

(2)印章的启用。印章启用应发出正式启用通知，告知有关单位。启用通知的日期就是印章生效的日期。启用通知上须加盖印模。

(3)印章的停用。单位撤销、变更，原印章应立即停用。需要制发停用通知，通知附印模，写明停用日期。印章停用时，管理人员要将停用印章的单位、时间、原因登记清楚，停用印章统一由主管单位（移交档案部门）封存，或根据国家规定销毁。

(4)印章的保管。印章必须由专人保管。一般而言，印章保管员由政治可靠、工作负责、原则性强的秘书人员担任。保管员应保证印章的正常使用和绝对安全，不能轻易将印章交给他人代管,更不能将印章带出办公室。印章的存放要安全、保密,最好放置于保险柜内,用印时即时取出,用完后立即锁好。一旦发生印章丢失的情况,必须立即报公安机关备案,并以登报声明的方式通知有关单位印章作废。同时,保管员应定期对印章进行清洗保养,保持印章表面清洁。

(5)印章的销毁。一般废止印章定期销毁。销毁印章应经主管领导(如办公室主任)签字审核。所有须销毁的印章都要留下印模存档,以备日后查考。销毁时,应有主管印章人员监销。

小资料

××公司印章管理办法

第一条 印章是公司经营管理活动中行使职权的重要凭证和工具,印章的管理关系到公司正常的经营管理活动的开展,甚至影响公司的生存和发展,为防止不必要事件的发生,维护公司的利益,制定本方法。

第二条 公司总经理授权由办公室全面负责公司的印章管理工作:发放、回收印章,监督印章的保管和使用。

第三条 公司各类印章由各级和各岗位专人依职领取并保管。

第四条 印章必须由各保管人妥善保管,不得转借他人。

第五条 印章持有情况纳入人员离职时移交工作的一部分,如员工持公司印章的,须办理归还印章手续后方可办理离职手续。

第六条 公司各级人员需使用印章须按要求填写印章使用单,将其与所需印的文件逐级上报,经公司有关人员审核,并最终由该印章使用决定权的人员批准后,方可交印章保管人盖章。

第七条 印章保管人应对文件内容和印章使用单上载明的签署情况予以核对,经核对无误的方可盖章。

第八条 公司总经理对公司所有的印章使用拥有绝对的决定权。

第九条 涉及法律等重要事项需使用印章的,须以有关规定经法律顾问审核签字。

第十条 财务人员依日常的权限及常规工作内容自行使用财务印章无须经上述程序。

第十一条 用印后该印章使用单作为用印凭据由印章保管人留存,定期整理后交办公室归档。

第十二条 印章原则上不许带出公司,确因工作需要将印章带出使用的,应事先填写印章使用单,载明事项,经公司总经理批准后由两人以上共同携带使用。

第十三条 印章保管人必须妥善保管印章,如有遗失,必须及时向公司办公室报告。

第十四条 任何人员必须严格依照本办法规定程序使用印章,未经本办法规定的程序,不得擅自使用。

第十五条 违反本办法的规定,给公司造成损失的,由公司对违纪者予以行政处分,造成严重损失或情节严重的,移送有关机关处理。

××公司

2017 年 2 月

(五)印章的使用

各单位都应当制订印章的使用规定,印章管理人员必须严格遵照规定使用印章,具体使用程序为:

用印人提出使用申请——负责人审核批准——印章保管人员审核——用印——登记。

(1)提出申请。由用印人或部门填写用印申请表(见表2—4—1),提交上级负责人。不同印章,使用的范围和审核的主管领导是不一样的。

表2—4—1　用印申请表

序号	日期	用印单位	文件标题	印章类别	用印数	批准人	备注

(2)负责人审核。使用某单位或部门印章,需由本单位或部门负责领导审核签字。

(3)印章保管人审核。印章保管人员在用印前,一方面要仔细查看用印申请表,特别是领导的审核签字;另一方面,还要认真审阅将要用印的文件,检查文件内容是否属于所盖印章的职权范围,文件格式是否规范完备,如发现任何问题,需责成用印人改正,否则不能用印。尤其需要注意的是,印章保管人不允许在空白凭证上用印。

(4)用印。用印时,实际盖印的数量必须与用印申请表所填数量完全一致,不能多盖。落印时,要求端正、清晰,印章应盖在落款单位和日期上,即所谓"骑年压月",具体分为两种方式:一种为"下套"式,适用于印章下弧没有文字的印章,印章图案和文字不压成文日期,仅以下弧压在成文日期上(见图2—4—1);另一种为"中套"式,适用于印章下弧有文字的印章,印章中心线压在成文日期上,让下弧文字能够清楚地显示出来(见图2—4—2)。

图2—4—1　"下套"式盖章(图片来自网络)

图2—4—2　"中套"式盖章(图片来自网络)

(5)登记。用印后,印章保管人员需填写用印登记表(见表2—4—2),详细记录用印情况。对于领导人签批的草稿、合同、协议书、各类证书的样本、批准颁发文件等需留存的用印材料,应留存一份归档保存。

表2—4—2　用印登记表

序号	用印日期	文件标题	发往单位	份数	用印人	批准人	经办人	备注

提醒您

不同位置公章的作用

公章加盖在文书的不同位置上，作用各不相同，最常见的有以下五种：

(1)落款章。盖在文书结尾落款处，表明法定作者及文书的有效性。

(2)更正章。对文书书写错误进行更正后，应在更正处加盖更正章，以作为法定作者更正的凭证。

(3)骑缝章。盖在介绍信与存根衔接的虚线处，以便核查。

(4)骑边章。重要文件除盖落款章，还必须将文件多页沿边取齐后均匀错开，从首页至末页骑页边加盖一个完整的公章，以证明该文件材料各页是同时形成的，避免被篡改或更换。

(5)密封章。盖在公文封套的封口处，以确保文件在传递过程中不会被私拆。

微型案例

刘某犯诈骗、伪造公司印章罪一案一审刑事判决书(节选)

被告人刘某，男，42岁。因涉嫌诈骗犯罪于2010年5月7日被博爱县公安局刑事拘留，同年5月22日被逮捕。

博爱县人民检察院以博检刑诉〔2010〕81号起诉书指控被告人刘某犯诈骗、伪造公司印章罪。经审理查明，2009年8月9日，被告人刘某使用伪造的郑州市环宇加油有限公司的印章，假借郑州市环宇加油有限公司的名义与中国水电建设集团十五工程有限公司南水北调中线温博段项目经理部签订了供油协议。签订协议后，刘某开始向工地供给柴油。在此期间，刘某认识了被害人张某，并自称是南水北调工程焦作至南阳段负责油料供给和绿化的负责人，于是张某便多次与刘某协商向工地供应柴油的生意。2009年10月9日，温博段Ⅲ标项目部发现刘某向工地送油的油罐车存在较大的计量误差，遂将情况上报了博爱县质量技术监督局，并于同年10月16日与刘某结算了油款，不再让刘某向工地送油。2009年10月21日被告人刘某隐瞒真相，以收取油料质量风险保证金后让张某向中国水电建设集团十五工程局有限公司南水北调中线温博段Ⅲ标段工地送油为由，骗走张某50 000元现金。

以上事实清楚，证据确实充分，足以认定。

本院认为，被告人刘某伪造公司印章，又虚构事实、隐瞒真相，骗取他人财物，数额巨大，已构成伪造公司印章罪、诈骗罪。博爱县人民检察院指控被告人刘某犯伪造公司印章罪、诈骗罪成立。

我国刑法规定，伪造公司、企业、事业单位、人民团体的印章的，处三年以下有期徒刑、拘役、管制或者剥夺政治权利。诈骗公私财物，数额巨大或者有其他严重情节的，处三年以上十年以下有期徒刑，并处罚金。

依照《中华人民共和国刑法》第二百八十条第二款、第二百六十六条、第六十四条、第六十五条第一款、第六十九条之规定对被告人刘某进行处罚：

一、被告人刘某犯伪造公司印章罪，判处有期徒刑一年零六个月；被告人刘某犯诈骗罪，判处有期徒刑五年零六个月，并处罚金50 000元。两罪并罚，决定执行有期徒刑六年，并处罚金50 000元。（刑期从判决执行之日起计算。判决执行以前先行羁押的，羁押一日折抵刑期一日，即至2010年5月1日起至2016年4月30日止）

二、非法所得50 000元，予以追缴。

资料来源："110"判裁案例网，网址：http://www.110.com/panli/panli_15552011.html。

思考：1. 从此案件中，可以得出哪些教训？

2. 秘书应如何规范日常的印章使用？

二、介绍信管理

介绍信是一种用于证明被派遣人员身份和简要说明联系事项的公文。一般分为通用介绍信和专用介绍信两种。通用介绍信可以用于各种公务场合，专用介绍信只能用于某一专门工作，如党团组织关系介绍信。秘书部门一般负责通用介绍信的管理与使用。

（一）介绍信的保管

一般而言，介绍信与印章放在一起由专人保管，要求安全保密，放保险柜里，随用随取，用完立即放回原处，谨防丢失。介绍信持有人如发生遗失情况，应及时报告单位负责人，涉及重要事项的还应通知前往办事的单位，以防冒名顶替。

（二）介绍信的使用

1. 介绍信格式

从书写形式看，有固定式介绍信和便函式介绍信两种。

（1）固定式介绍信。固定式介绍信事先印制好，即用即填，这种介绍信包括正本联和存根联两部分，中间虚线隔开（见图2—4—3）。

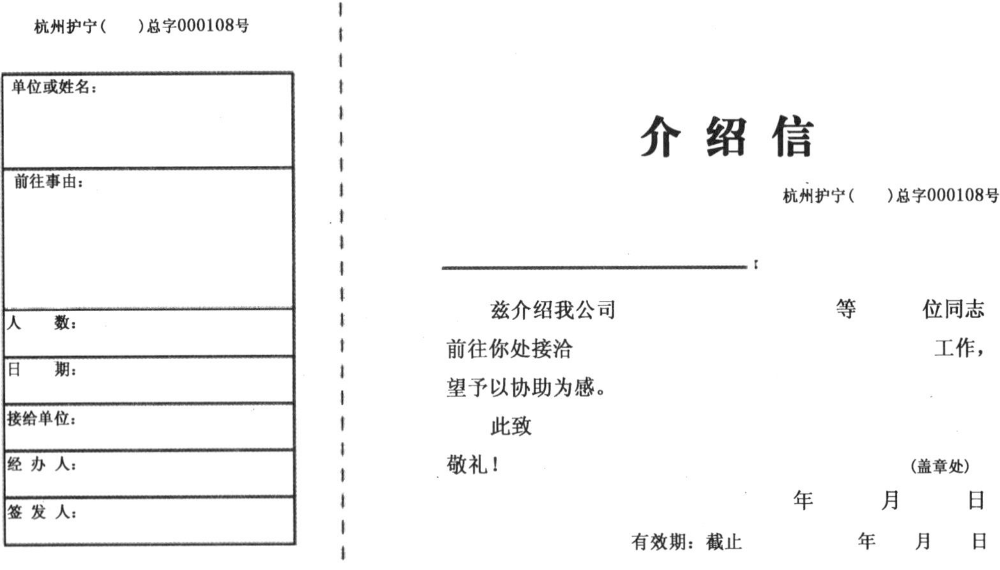
杭州护宁（ ）总字000108号

单位或姓名：
前往事由：
人　　数：
日　　期：
接洽单位：
经 办 人：
签 发 人：

介 绍 信

杭州护宁（ ）总字000108号

＿＿＿＿＿＿＿＿：

兹介绍我公司　　　　等　　位同志

前往你处接洽　　　　工作，

望予以协助为感。

此致

敬礼！

（盖章处）

年　月　日

有效期：截止　　年　月　日

图2—4—3 固定式介绍信

（2）便函式介绍信。便函式介绍信用信笺书写。例文：

介绍信

____________(单位)负责人：

兹介绍我单位______________等____位同志前往贵处办理事宜，望予以接洽协助为盼。

(有效期30天)

××公司

年　月　日

2. 使用程序

介绍信使用需认真履行审批手续，按要求填写。具体程序：

提出使用申请——负责人审批——填写介绍信——盖章、登记——保留存根。

提醒您

使用介绍信的注意事项

1. 介绍信填写内容须保证真实有效，正本联与存根联完全一致，不得有出入。
2. 介绍信必须填写有效期，有效期内可反复使用，超过有效期则不具有效力。
3. 介绍信填写要用黑色钢笔，禁止使用铅笔、圆珠笔。
4. 一份介绍信只能用于一个接收单位。
5. 不得开空白介绍信。
6. 介绍信应盖“骑缝章”，即印章盖在正本与存根的虚线接缝处。
7. 开出后因情况变化而未使用的介绍信，需及时收回。收回后，应将其贴在对应存根处，并注明情况。

微型案例

这样的介绍信该不该开？

一天，销售部小王找到公司行政部秘书李丽，说自己下周因公出差，需要公司开具介绍信。两人平时关系不错，小王就请李丽给自己多开几张空白介绍信，事先盖上单位公章，说以后外出办事方便些。为此李丽有些为难，但经不住好友的再三恳求，还是照小王的要求做了。

思考：1. 李丽的做法妥当吗？为什么？

2. 秘书在开具介绍信时应遵循哪些程序？

三、名片管理

(一)名片的种类

随着现代商业社会的发展，各类社交活动涉及面越来越广，名片的使用也越来越频繁。依据不同的标准，名片有许多不同的种类，最常见的根据所使用的场合与目的不同，划分为三种：

(1)商业名片:主要是企业进行各类商业活动中使用的名片,大多以经营为目的。商业名片的主要特点是:印有显眼的企业标志、注册商标,印有企业业务范围,有统一的印刷格式,名片信息不含员工的私人信息。

(2)公务名片:主要是为政府机关、事业单位或社会团体在对外交往活动中所使用的名片,主要用于对外交往与服务,不是以经营为目的。公务名片的主要特点是:名片常常使用单位标志,部分印有单位业务范围,没有统一的印刷格式,注重个人的公务头衔和信息,不包含私人家庭信息。

(3)个人名片:主要是个人用于结识新朋友时所使用的名片,主要用于朋友间的交往。个人名片的主要特点是:没有单位标志,设计个性化,可自由发挥,常印有个人照片、爱好、头衔和职业,名片信息中含有私人家庭信息。

此外,名片还可按材质,分为纸质名片、塑料名片、木制名片、金属名片等;按印刷排版分为横式名片、竖式名片、折卡名片等。

(二)名片的使用

1. 使用名片的场合与时机

当初次相识,见面伊始自我介绍或别人为你介绍时,可出示名片;如果自己即将发表意见,则在说话之前发名片给周围的人,可帮助他们认识你;当双方谈得较融洽,表示愿意建立联系时,应出示名片;当双方告辞时,可顺手取出自己的名片递给对方,以示愿结识对方并希望能再次相见;出席重大的社交活动,一定要记住带名片;参加会议时,应该在会前或会后交换名片,不要在会中擅自与别人交换名片。

同时,要注意不宜交换名片的场合:处在一群陌生人中,不宜在谈话中过早发送名片,因为这种热情一方面会打扰别人,另一方面有推销自己之嫌;在商业社交活动中,不宜到处发放自己的名片,这会让人误以为你想搞推销、拉业务,反而引起反感;除非对方要求,否则不要在年长的领导面前主动出示名片;无论参加私人或商业餐宴,都不能在用餐时发送名片,因为此时只宜从事社交而非商业性的活动。

2. 使用名片的礼仪

出示名片的礼节:首先要把自己的名片准备好,整齐地放在易于掏出的口袋或手提包里。向对方递送名片时,应面带微笑,稍欠身,注视对方,将名片正对着对方,用双手的拇指和食指分别持握名片上端的两角送给对方,同时说:“我是××,这是我的名片,请笑纳”“我的名片,请你收下”“这是我的名片,请多关照”之类的客气话。

接受名片的礼节:接受他人递过来的名片时,应尽快起身或欠身,面带微笑,用双手的拇指和食指接住名片的下方两角,态度也要毕恭毕敬,使对方感到你对名片很感兴趣,接到名片时要认真地看一下,可以说:“谢谢!”“能得到您的名片,真是十分荣幸!”等。然后郑重地放入自己的口袋、名片夹或其他稳妥的地方。切忌接过对方的名片一眼不看就随手放在一边,也不要在手中随意玩弄,否则会伤害对方的自尊,影响彼此的交往。当对方递给你名片之后,如果自己没有名片或没带名片,应当表示歉意,如实说明理由,如“很抱歉,我没有名片”“对不起,今天我带的名片用完了,过几天我会亲自寄一张给您”。

3. 名片的放置

一般来说,名片应放在专门的名片夹中,置于容易拿出的地方,不要将它与杂物混在一起,以免要用时手忙脚乱,甚至拿不出来;若穿西装,宜将名片夹置于左上方口袋;若有手提包,可放于包内伸手可得的部位。不要把名片放在钱夹、工作证里,甚至裤袋内,这是一种很失礼的行为。

提醒您

如何礼貌地索要名片

向他人索要名片最好不要直来直去，要尽量委婉地说出自己的要求：

1. 积极进取，可主动提议："×先生，我们交换一下名片吧"，而不是单要别人的。

2. 投石问路，即先将自己的名片递给对方，以求得对方"呼应"。

3. 虚心请教，比如："今后怎样向您求教"，以暗示对方给出自己的名片。

4. 建立合作，可以说："今后希望有进一步合作的机会，如何与您联系？"这也是要对方留下名片。

微型案例

这样接名片对不对？

一天，某公司王经理约见了一个重要的客户赵经理。见面寒暄之后，客户赵经理就将名片递上。王经理一只手接过名片，看完后就随手放到了桌子上，两人继续谈事。过了一会儿，服务人员将咖啡端上桌，王经理喝了一口，将杯子放在桌子上，刚好压到了赵经理名片上，赵经理皱了皱眉头，而他自己不以为然。不多时，赵经理就起身告辞，之后便没了联系，合作的事情也不了了之。

思考题：结合名片使用的礼仪规范，王经理有哪些失礼之处？

第五节　领导时间管理

项目导入

一、案例描述

小周是上海东方商贸有限公司的总裁秘书，上班第一件事先查看领导的工作安排。这两天总裁的日程都安排得满满的：今天上午9:00参加市经贸委组织的企业家座谈会，15:00公司部门经理例会；明天上午10:00接待美国ED公司代表，洽谈双方合作事宜，14:00出席与天津伟海商贸集团达成合作的签约仪式……正在他准备电话提醒总裁今早工作日程时，接到美国ED公司方面来电，表示由于特殊原因，他们必须于明天中午回国，因此希望将来访时间改在今天。

请问：小周如何按照实际情况调整领导的工作日程？

二、任务分析

领导时间管理，即秘书在领导的授意下，安排领导的活动，使领导科学、有序地开展工

作,提高工作效率。具体要求包括:

1. 树立时间管理的正确观念。
2. 掌握时间管理的基本原则与方法。
3. 掌握制订领导工作计划表的步骤与原则。
4. 掌握常见工作计划表的基本内容。
5. 掌握工作计划表的跟进落实。

一、时间管理

时间管理是指对时间进行有效的计划和控制,从而在既定的单位时间内创造最大的效益。

(一)秘书树立时间管理的正确观念

时间是一种宝贵的资源。作为秘书,日常工作繁杂且时间多不能自主,学会科学合理地进行时间管理,对各项工作做出合理安排,是提升工作效率的必然要求。因此,秘书应该有很强的时间计划观念:一方面需要安排好自己的生活和工作,特别是对自己的工作事项应该有很好的统筹能力;另一方面,能够全面、及时地跟进领导的工作及活动,判断工作的重要、急迫程度,以及领导人的兴趣和“生物钟”状况,从而合理安排领导的活动。

(二)时间管理的基本原则

(1)有序性原则。有序性,就是先做什么后做什么。要做到时间的有序性,必须掌握领导的工作脉络及其与公司内外的关联性,并向领导请示。

(2)二八法则。二八法则又叫帕累托法则,由意大利经济学家帕累托(Pareto)在 20 世纪初发现。他认为,在任何一组东西中,最重要的只占其中一小部分,约 20%,而其余 80%尽管占大多数,却是次要的。比如:全世界 80%的财富是被 20%的富人掌握着;公司 80%的业绩是由 20%的重要客户带来的;生活中 80%的成果几乎仅源于 20%的行动。因此,人应当将 80%的精力和时间花在 20%最重要的事情上。

反映在秘书的工作中,就是需要分清事情的轻重缓急,要将最佳的时间用于做最重要的事情。而了解最佳的时间,就要对领导的“生物钟”有清楚的了解,知道领导什么时候精力最好,什么时候精力最差,从而做好工作安排。

(3)弹性安排原则。相关试验结果显示,大脑长时间接受同一种信息刺激,会导致工作效率降低。因此,在工作时间的安排上适当保留空缺,把即定工作任务安排在 60%的时间里,留下 40%的弹性时间,增加领导的可控时间。这样做,一方面有利于灵活机动地处理一些未纳入计划的工作或突发事件,一方面也可以将领导从满档的工作中解脱出来,穿插其他活动,保持大脑新鲜感,提高工作效率。

(三)时间管理的基本方法

(1)ABCD 管理法。美国管理学家斯蒂芬·科维(Stephen R. Covey)将需要处理的事项按重要程度与紧迫程度两个维度分列于四个象限中,形成 A、B、C、D 四个等级(见图 2—5—1),然后依次完成任务。

在实际工作中,要特别注意在处理四类事项时,合理地分配时间和精力。第一象限的 A 类事项往往时间紧、任务重、压力大,需要优先处理,但如果长期把注意力集中在此类事项上,往往让人疲于奔命、精疲力竭,既不利于工作效率的提高,又不利于个人身心健康。相

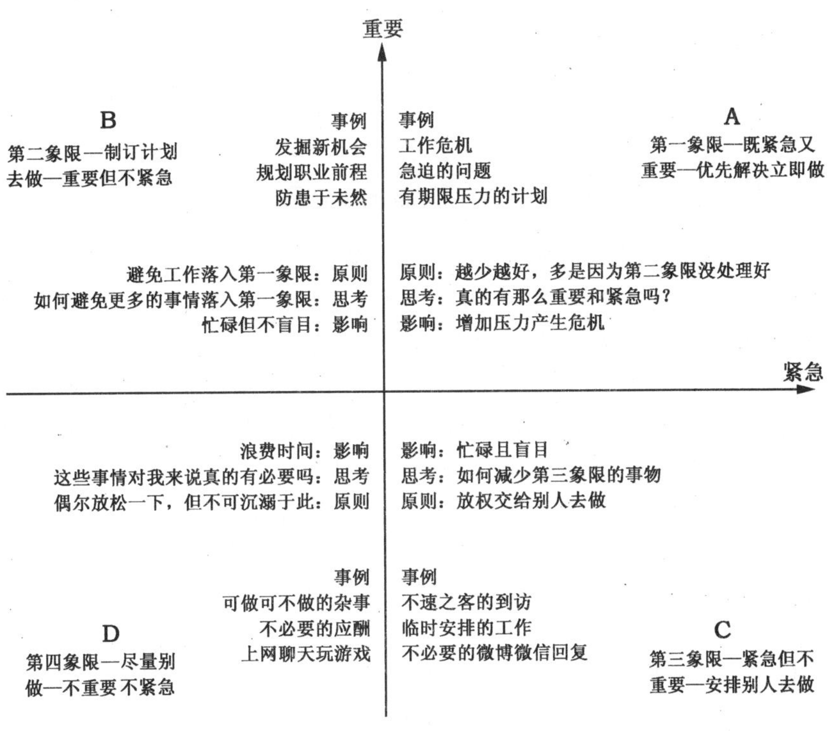

图 2—5—1 时间管理“四象限”

反，如果把日常工作的重点放在处理第二象限的 B 类事情上，做到重点工作早计划、早行动，未雨绸缪，自然就减少了 A 类事项的发生。而第三、四象限中重要性较低的事项，基本的处理方式是：压缩 C 类事项，马上着手，在尽可能短的时间内完成；舍弃 D 类事项，不要浪费时间。

(2)集中处理工作。生活和工作中有很多事情是可以一起做，甚至批量去做的，比如：打电话、发邮件、写报告等。因此，尽量将同一类型的工作累积到一定量，一次性完成。特别是当重复做一些简单任务时，熟能生巧，一方面能提高工作效率，一方面能提升信心。

(3)运用时间管理的简单工具。合理运用时间管理的简单工具，可以帮助秘书安排好领导和个人的各项工作任务，高效地完成工作。目前，时间管理的工具非常多，不仅有传统的工作计划表、备忘录、工作日志等，还有各种基于网络的在线电子办公管理平台和手机时间管理 APP。但是，对于个人而言，太多的管理工具只会让自己陷入选择的困境，因为“没有最好的，只有最适合的”。所以，不妨只选择最简单的时间管理工具，比如日历与纸笔。

(4)15 分钟工作术。正常“朝九晚五”的工作时间通常以“小时”为单位，一天只有 8 个单位的时间可用，总让人感到时间不够用。而另一方面，如果一项工作预定 1 小时做完，实际 40 分钟就完成了，那么剩下的 20 分钟，往往就在闲散中浪费了。以“小时”为单位，时间跨度越大，则空隙就越大，越容易浪费、流失；相反，如果以“15 分钟”为单位，一天可利用的单位时间会增加为四五十个，时间跨度小，空隙也小，许多零碎的时间就能得到很好的利用。依照工作的重要性，灵活分配适当的时间单位，以每 15 分钟一个休息空档，喝杯茶补充水分、眺望窗外让眼睛休息一下，也有利于让脑力恢复最佳状态，再继续投入工作。

提醒您

时间管理的小技巧

1. 把每天要做的事情列出清单。每一天的早上或是前一天晚上，把一天要做的事情列一份清单出来。这份清单包括公务和私事两类内容，在一天的工作过程中，经常查阅。在完成工作后通过检查每一个项目，你体会到一种满足感。

2. 对当天没有完成的工作进行重新安排。对一天下来没完成的工作，可以选择顺延至第二天，添加到明天的工作清单中。但是，不要成为一个办事拖拉的人，每天总会有干不完的事情，这样，每天的任务清单都会比前一天有所膨胀。

3. 把未来某一时间要完成的工作记录下来。可以利用电子日历的提醒功能记住这件事，并在未来的某个时间提醒你。

4. 定期清理文件资料。把做每件事所需要的文件材料放在一个固定的地方，以便查找。彻底完成了一项工作时，把相关资料集体转移到另一个地方。

5. 备份并清理计算机。重要资料备份到光盘上，并马上删除机器中不再需要的文件。

6. 工作中远离手机。智能手机越来越成为绑架现代人生活的“时间杀手”，非常容易让人分心、沉迷。因此，在工作中明智的做法是“放下手机，集中精力”。

7. 保持工作环境整洁。一个人的办公室一片狼藉，他不会是一个优秀的时间管理者。

微型案例

小张的“拖延症”

某天清晨，小张在上班途中信誓旦旦地下定决心，一到办公室就着手草拟下年度的部门预算。

小张 9:00 准时走进办公室，但并没有立刻开始预算的草拟工作，因为他突然想到不如先将办公桌及办公室整理一下，以便在进行重要的工作之前为自己提供一个干净与舒适的环境。他总共花了 30 分钟的时间，使办公环境变得整洁有序。虽然未能按原定计划在9:00开始工作，但小张丝毫不感到后悔，因为 30 分钟的清理工作不但获得显而易见的成就，而且有利于提高随后的工作效率。于是，他面露得意神色，泡了一杯咖啡，随手翻阅书报架上的报纸，稍作休息。此时，他无意中发现报纸上的彩图照片是自己喜欢的一位明星，于是情不自禁地拿起报纸来。等他把报纸放回报架，时间又过了 10 分钟。他略感不自在，不过报纸毕竟是精神食粮，也是重要的沟通媒体，身为企业的部门主管怎能不看报，何况上午不看报，下午或晚上也一样要看。这样一开脱，心也就放宽了。

正当小张正襟危坐地准备埋头工作时，电话响了，是一位顾客的投诉电话。他连解释带赔罪地花了 20 分钟的时间才说服对方平息怒气。挂上电话，小张去了趟洗手间，在回办公室途中，遇到了另一部门的同事小林，两人闲聊了一阵。回到办公室后，小张满以为可以开始“正式工作了”——拟订预算。可是，一看表，已经 10:45 了！距离 11:00 的部门例会只剩下15分钟。他想，反正在这么短的时间内也不太适合做比较庞大耗时的工作，干脆把草拟预算的工作留到明天算了。

资料来源：孟庆荣：《秘书工作案例与分析》，清华大学出版社2010年版。

思考：1. 小张的做法和想法妥当吗？为什么？

2. 如何运用恰当的时间管理方法重新安排自己的工作呢？

二、领导时间管理原则与方法

秘书的工作根本上就是为了辅助领导将其精力集中在最为重要的工作上，因此辅助领导管理时间，制订合理有效的工作计划表，是秘书工作的重要职责。

（一）制订领导工作计划表的原则

(1)统筹安排。给领导安排活动，秘书要事先统筹，提高效率。比如：领导要到几家单位拜访，安排最佳行车线路；领导出差或休假回来，等着他批阅的文件往往比平时多，所以领导回来后的第一天，一般不要安排会议、约会，以便领导处理各种文件。

(2)留有余地。工作活动不要安排得太满，要留出适当的空隙，以便领导安排临时性的工作或必要的休整。

(3)事先同意。领导的活动安排必须经领导本人同意，同时还需取得有关单位、人员的认同，可将所涉及的人员明确列出，以便有关人员提前准备。

(4)适当保密。领导的活动安排一般制成日程表，不要记录领导不愿意让人知道的、有保密要求的事务；分发时一定要注意保密，控制分发范围，一般只发给单位内有直接关系的人员，以防泄密。

（一）制订领导工作计划表的一般步骤

(1)明确单位常规工作的例行安排，确定工作计划表的完成时间。月计划表要在前一个月月底做好，周计划表要在前一周周末做好，日计划表要在前一日下班前做好。

(2)向领导征求意见，明确需要列入计划表的工作内容。一般而言，记录在工作计划表上的重要事项有：会议、面谈、访问、出差、演讲、深入基层以及庆典、私人事件等。

(3)将工作计划绘制成清晰的表格，包括时间、地点、人员、具体事项、备注等栏目。

(4)如发现工作计划中有冲突，及时与相关负责人沟通协调。

(5)制订好的工作表交给领导审阅确认。

(6)按计划开展工作，定期跟进与反馈。

（三）常见的工作计划表

单位的重大活动一般都在年计划表中做了安排，秘书在领导日程安排方面的经常性工作就是月计划表、周计划表和日程表。

(1)月计划表。秘书在年计划表的基础上，向领导确认活动信息，将领导在当月中的重要活动编制成计划表，成表后需经过领导审定。计划表尽可能在一页内，以方便查阅。计划的变更和信息的补充都要写进计划表，并将更改情况及时通知。编制月计划表时，一定将已知的时间、地点等事项汇入表中(见表2—5—1)。

表 2—5—1 **×公司总经理 2017 年 3 月工作计划表**

2017 年 3 月			
日期	周序	内　容	备　注
1	周三	出差北京参观拜访国安集团	往 3 月 1 日 10:00 虹桥 G14 返 3 月 2 日 15:00 北京南 G18
2	周四		
3	周五	9:00 部门经理例会 14:00 会见万豪公司董事长	
4	周六	18:00××俱乐部董事会	××酒店 3 楼宴会厅,需穿正装
……	……	……	
31	周五		

(2)周计划表。制作步骤与月计划表相同,记录的时间一般以上午 8:00 到晚上 10:00 为限。周计划表不仅要记领导的重要活动,还要将一些关键信息,如地点、涉及部门、人员等信息纳入(见表 2—5—2)。

表 2—5—2 **×公司总经理周工作计划表**

5 月 8 日～14 日		
周　序	工作内容	备　注
周一 (5 月 8 日)	8:30～10:00 部门负责人例会,汇总各部门工作计划 14:00～15:30 考察车间生产流程,生产部李主任陪同	
周二 (5 月 9 日)	9:00～11:00 A 公司 H 先生来访,商讨 M 项目合作计划 14:30～16:00 主持季度先进销售员奖励会议 18:00 公司赴欧洲考察团归来欢迎宴会	2 楼会客室 4 楼报告厅 长城饭店
……	……	
周五～周日 (5 月 12 日～14 日)	深圳出差,参加年度行业新产品展销会,销售部王经理陪同 往:5 月 12 日 9:00 虹桥国际机场 T2 MU5353 11:30 到达 住:深圳华侨城洲际大酒店 返:5 月 14 日 15:30 宝安国际机场 T3 MU5352 17:55 到达	12 日早 7:00 司机小孙到家等候送机

(3)日程表。日程表是根据周计划表将领导一天的活动列出,时间要精确到时、分,工作内容、地点、人员等都要尽可能的具体、细致(见表 2—5—3)。同时,秘书还要根据领导的工作日程,合理安排好个人的工作。

表 2—5—3 **×分公司经理工作日志 2017 年 4 月 5 日(周三)**

主题工作:接待公司总部总裁王明一行五人对本公司进行视察

时　间	活动内容	地　点	备　注
9:00～11:00	总裁听取本公司领导述职	公司主楼 第二会议室	工作报告 PPT 在红色 U 盘 文字稿在 1 号文件夹内
11:30～12:30	午餐	公司宾馆餐厅 海王星厅	陪同人员:总经理、副经理、办公室主任、公关部部长、经理秘书(共 5 人)

续表

时　间	活动内容	地　点	备　注
13:30～15:00	出席本公司科技人员获国家科技奖表彰大会	公司礼堂	演讲稿在2号文件夹内
15:20～16:20	检查实验大楼建设情况	工地现场	需佩戴安全帽
17:00～19:00	晚餐	公司宾馆餐厅海王星厅	同午餐

(四)工作计划表的跟进落实

(1)所有工作计划,应以书面形式落实。

(2)工作计划应提前跟领导核对,月末核对下月计划,周末核对下周计划,每天早晨一上班即核对当天日程,重点活动应以询问的口吻提醒领导不要忘记。

(3)活动前1～2天,与相关负责人联系,再次确认活动时间、地点、设备、资料等情况。

(4)访客或会议时间往往不好控制,若时间延长,迫近下一项安排时,应以适当的方式提醒领导。比如:利用会间续茶水的时机提醒领导会议时间,或以写便条的形式提醒领导,还可以事先将会客室时钟设置为整点报时。

(5)如工作计划变动,计划表需调整或变更时,必须立即与领导联系,经领导确认后,即时更新计划表,并将变更情况通知相关单位和人员。

(6)及时记录工作计划的完成情况。

微型案例

为领导制订会议计划表

销售部李经理今天的工作任务较多,具体情况如下:

各部门沟通联席会议,接待从香港来访的老客户Jackson先生,审阅2份合同草稿,下某工地视察工人现场施工情况,面试3名销售业务员。

思考:请帮李经理制订一份工作日程表。

第六节　值班工作

一、案例描述

春节期间,华强公司按国务院有关规定,放假7天。其间,为了加强公司安全保卫工作,安排了值班。办公室秘书周影恰巧轮到除夕夜值班,当天夜里11:00左右,周影正在值班室收看央视春节联欢晚会,突然接到一陌生男子电话,声称看到有人在公司易燃物仓库前燃放烟花爆竹。

请问:周影接到电话后该如何做呢?

二、任务分析

一般单位都实行8小时工作制，但很多工作业务联系、信息传递、突发事件都有可能超出工作时间，这就要求有值班工作。值班工作是秘书部门的日常工作之一，值班室是进出单位的通道、集散信息的窗口。特别节假日期间，值班工作对于单位的安全保卫和业务运转，具有重要意义。具体要求包括：

1. 了解值班工作的主要任务。

2. 掌握值班工作的管理制度。

一、值班工作

广义的值班，是指工作人员在办公时间之外和节假日中，处理单位内外常规性或非常规性事务，目的是保证单位能快速获取信息、准确做出决策。

(一)值班工作的分类

按照不同的分类方法，值班工作可分为以下三类：

(1)按时间分为常设性值班和节假日值班。常设性值班，一些单位需24小时配备专职值班员，如：公安110报警中心、医院急诊室、铁路调度中心等；节假日值班，一般单位下班后的非工作时间和节假日，由专人负责处理各项事务。

(2)按业务分为行政值班和专业值班。行政值班，临时处理各项突发事件、综合性内外事务；专业值班，由专业人员负责某项专门事务，如：急诊室值班医生、公交调度室值班员、供电所值班员等。

(3)按人员分为领导值班和工作人员值班。领导值班，全面负责各项临时工作的处理决策；工作人员值班，具体负责各项临时工作的信息传递和具体实施。

(二)值班工作的意义

一般而言，单位的值班工作安排都归属于秘书部门管理。因此，对于秘书人员来说，值班工作既是本人当值期间的具体工作，也包括协助领导做好值班管理工作，其意义在于：(1)保持单位工作连续性；(2)能够及时应付各种突发事件；(3)由值班人员代替单位领导处理节假日期间的日常事务。

二、值班工作的主要任务

(一)编制值班安排表

值班安排表是明确记录值班人员和值班日期等重要信息的表格，由秘书编制，交主管领导审核确认后，印发给有关值班人员，以保证值班工作的连续性。特别是针对一些临时值班的工作人员，对值班工作的内容和要求不太了解，秘书应把“值班注意事项”注明在值班安排表上，供值班人员参照执行(见表2—6—1)。

表 2－6－1　　××学院 2017 年暑期值班表

<table>
<tr><td colspan="5">2017 年暑期值班表</td></tr>
<tr><td>时　间</td><td>教师值班</td><td>学生值班</td><td>带班领导</td><td>备注</td></tr>
<tr><td>2017 年 7 月 1 日～15 日</td><td>刘伟</td><td rowspan="2">黄安
136××××××××</td><td rowspan="2">安庆祥
139××××××××</td><td></td></tr>
<tr><td>2017 年 7 月 16 日～31 日</td><td>颜冰</td><td></td></tr>
<tr><td>2017 年 8 月 1 日～15 日</td><td>章军</td><td rowspan="2">李洋
137××××××××</td><td rowspan="2">杜思源
139××××××××</td><td></td></tr>
<tr><td>2017 年 8 月 16 日～31 日</td><td>朱源</td><td></td></tr>
<tr><td colspan="5">注意事项：
(1)教师值班时间：8:30～17:00，18:30～22:00，学生值班时间为全天 24 小时。
(2)值班地点：综合教学楼值班室；值班范围：学院南、北校区，学生宿舍区。
(3)值班人员必须坚守岗位，认真做好值班记录，严格交接班制度，不得擅自离岗，如遇特殊情况需向带班领导请假，批准后方可离开。
(4)如遇突发事件，及时上报带班领导，并积极妥善处理。

××学院办公室
2017 年 6 月 25 日</td></tr>
</table>

（二）文电处理

值班期间收到的邮件、电话、电报，秘书应该根据要求及时进行处理，重要紧急的要立即交到领导或当事人手里。接听电话，要做好完整的记录。值班室应保证通信畅通，密切保持与单位负责人的联系。

（三）接待来访

值班期间接待来访是一项常规工作，值班人员应认真记录来访客人的身份信息、访问时间、对象、事项和紧急程度。能够答复的应及时处理，如不能解决的，尽量给予帮助。紧急事项随时传递相关负责人。

（四）处理突发事件

如发生生产事故、失火、偷盗、自然灾害等，马上向领导汇报，并立即通过各种渠道核实信息，对突发事件的具体情况、时间、地点、影响范围等了解清楚，不能满足于“大概”“差不多”。随后，将所了解到的情况及时反馈领导，按领导意见部署工作。同时，在值班室提前准备本单位后勤保障部门、公安、消防、急救等单位的联络电话号码，以备使用。

（五）确保单位安全

值班期间负责非工作时间和节假日单位内部文件资料和设备的保护工作。无警卫门岗的单位，值班人员还需担负门卫的职责，严格审核外来人员，履行登记、验证手续，保障单位防火、防盗工作。

（六）编写值班日志

值班日志是值班室内的记事本，作用在于让下一班人员了解本班期间发生的事情，以确保上下班处理问题的连续性，有利于领导掌握值班工作的情况（见表 2－6－2）。

表 2—6—2 值班日志

值班人：	年 月 日 星期
上班时间：	下班时间：
值班情况记录：	
备注：	

三、值班工作的管理制度

（一）岗位责任制度

明确值班工作的职责范围和值班纪律。值班人员必须坚守岗位，不能擅离职守，有事提前请假，由主管领导另行安排人员值班。值班室不能干私活，不能进行娱乐活动。

（二）交接班制度

有面对面的口头交接和书面的值班日志交接两种形式，也有这两种形式的结合，交接的内容包括：一些重要事项，正在进行的工作，一些物件，如值班的设备、值班室钥匙、文件、登记册、值班日志等。对以上交接内容，双方确认无误后，交班人员方可离开。

（三）请示报告制度

值班人员应充分掌握本单位及往来单位的有关情况，熟悉本单位基本工作程序和工作方法。遇到重大事项或无法把握的问题，不可擅自主张，应先请示、后处理；也不可拖延或知而不报。同时，手边备有常用的地址、电话，以随时联系。

（四）安全保密制度

值班人员应严格遵守保密纪律，不得将非值班人员带入值班室，不得接受私人来访，不能将领导的家庭地址、电话号码透露给别人，不得在接待访客时谈论本单位机密事项，不得擅自拆阅机要信件、文件。

微型案例

今天我值班

恒达科技有限公司实行专职值班，三班倒制度。李达是办公室值班组成员，今天刚好轮到他值班。13:00李达来到值班室值班，上一班的小孙正在处理一份文件，经理要求17:00下班前必须完成上交。与小孙交接工作完毕后，李达接手文件，继续处理。14:30，文件处理完毕，李达开始填写值班记录表上的基本信息。随后，在15:00之前打电话给经理办公室秘书小王，请她把文件送给经理。此后，李达又接收了3封邮件、2份快递，接待了1位访客，并在值班记录表上一一做了登记。20:00，李达在公司巡查了一遍，检查了各个办公室门窗是否关好。21:00，下一班值班员来到，两人交接好工作，李达下班回家。

第七节 保密工作

项目导入

一、案例描述

林娜是公司市场部宋经理的秘书。这天，宋经理临时到公司刘总办公室商讨工作，其间宋经理打电话给林娜，让她到自己办公室取一份项目文件送过去。林娜到宋经理办公室取文件时，发现经理办公桌上一份印有“公司机密不得外传”的文件翻开放着。林娜犯了难：是任由它这样放着，还是放进保险柜呢？或是用其他材料盖住？

请问：面对这种情况，林娜该怎么办？

二、任务分析

秘书作为工作在领导身边的特殊身份，工作中往往知晓各种秘密，稍不注意就有可能因泄密而造成严重后果。因此，秘书要严守保密工作相关规定，谨言慎行，具体要求包括：

1. 了解保密工作的含义和内容。
2. 了解秘密的种类。
3. 掌握秘书部门保密工作的范围。
4. 掌握秘书保密工作的要求。

一、保密工作的含义和内容

秘密是指在一定的时间内，只限一定范围的人员知悉的事项。将秘密控制在一定的时间和范围内称为保密。保密工作是指特定组织及其成员为达到保守组织秘密的目的所采取的一切手段和措施。

（一）保密工作的内容

保密工作是一项系统工程，从宏观角度来讲，其内容包括制定保密法律、法规以及组织内部相应的保密规章，建立保密机构，开展保密宣传教育，研制开发和应用保密技术，进行保密检查督促，查处泄密事件，开展保密理论研究等。

（二）秘书部门与保密工作

秘书部门身份特殊，作为身处领导周围、为之参谋的助手，工作范围往往涉及各种秘密事项，比如：秘书部门负责为本单位撰写各种文书，并负责文书的收发处理工作，而这些文书之中，记录着各种秘密事项；秘书部门为领导出席或组织各种会议提供服务，了解会议的议题、讨论情况和表决结果，而有些会议具有一定的秘密性质；秘书部门负责接打、办理领导电话，而这些电话大多数涉及单位重要事务，其中不少具有秘密性质；秘书在领导身边工作，了解领导人的活动，知道组织的内部情况，而领导的一些言行举止，态度意见乃至他们之间的分歧等，也是应该保守的秘密。

由于秘书部门特殊位置，这就决定了这里是保密工作的前沿阵地，秘书必须慎而又慎地做好保密工作。

二、秘密的种类

（一）按秘密的性质分

（1）国家秘密。国家秘密是关系到国家的安全和利益，依照法定程序确定，在一定时间内只限一定范围的人知悉的事项。这类秘密关系国家的政治安全、经济安全、信息安全，必须严格保守。

（2）商业秘密。商业秘密是指不为公众所知悉、能为权利人带来经济利益、具有实用性并经权利人采取保密措施的技术信息、经济信息。有些商业秘密同时也是国家秘密。

（3）组织内部秘密。组织内部秘密是指特定组织内部在一定时间内只限一定范围的人知悉、不对外公开的事项。如正在酝酿而尚未确定的干部任免事项、招聘信息、高薪方案、领导人之间的意见分歧等。这类秘密一旦泄露，轻则使领导工作被动，重则损害领导班子内部团结，破坏干部和群众关系，危害组织的内部氛围，干扰领导的工作部署，甚至败坏组织在社会上的形象，导致不可挽回的政治和经济损失。

（二）按秘密等级分

（1）绝密级，即国家核心机密，一旦泄露会给国家的安全和利益造成特别严重的损害。

（2）机密级，即国家的重要秘密，一旦泄露会给国家的安全和利益造成严重的损害。

（3）秘密级，即国家一般机密，一旦泄露会给国家的安全和利益造成一定的损害。

以上三类属于国家法定秘密等级。

（4）内部级，包括商业秘密和组织内部秘密，密级和保密期限由组织自行确定。

（三）按秘密存在的方式分

（1）有形秘密。所谓有形秘密，是指那些看得见、摸得着、具有秘密特征的实物。有形秘密主要有以下四类：

第一类，文献类秘密，即运用纸质文书记载的秘密信息，如记载秘密信息的文件、资料、电报、信函、数据、图表、档案、报刊、书籍等。

第二类，物体类秘密，即含有秘密信息的物体。比如，使用关键性的技术，通过观察、测试或分析等手段能够获得其中秘密信息的设备和产品，统称密品。

第三类，声像类秘密，即运用录音录像和多媒体保存的秘密信息，如用于存储秘密信息的录音磁带、录像带、照片、影片。

第四类，电子类秘密，即通过计算机系统和网络传递、接收、处理、存储的秘密。这类秘密包括存储秘密信息的计算机（包括软盘、硬盘、光盘）、内部局域网等。

（2）无形秘密。所谓无形秘密，是指不具有一定的物体形态的、存在于人脑的、具有秘密特征的意识、思维、技能等。无形秘密主要有以下两类：

第一类，口头类秘密。口头类秘密看不见、摸不着，却普遍存在，如会议上口头传达的、需要保密的精神，领导人口头交代给秘书的工作意图，领导班子内部的不同意见等。

第二类，技术类秘密。技术类秘密即以技术、技能方式存在的秘密。如产品设计和制造过程中的关键性技术；再如，技术诀窍、传统工艺、设计方法等。

有形秘密和无形秘密在一定条件下是可以相互转换的，如秘书将领导的内部指示和讲话记录下来，形成文件、资料，无形秘密就转化为有形秘密，秘书在处理秘密文件时，有形的秘密就会被大脑摄取并储存，转化为无形秘密。

三、秘书部门保密工作范围

秘书部门是单位里承上启下、内外联络的中枢机构，所以保密工作范围很广泛。

（一）文件保密

包括秘密公文、资料、图表等的保密。在公文草拟、审批过程中、印制过程中和传递过程中均应注意保密，要控制文件的发布范围、阅读范围和复制翻印权限，严格公文登记制度、保管制度和清退销毁制度。需列入保密范围的文件，应在其产生的同时，由制文单位确定密级和保密期限。

密级和保密期限应在文件首页的右上角做出明显并易于识别的标志。书面形式的密件，国家秘密的标志为“★”，“★”前标密级，后标保密期限，如“秘密★五年”。商业秘密的标志由商家自行标志，但不得出现“★”。

（二）会议保密

召开内容涉密的会议，会前，与会人员、会期、会址、会议公文等方面要保密；会议进行中，不得擅自变更与会人员，规定不得记录时不得记录，公文要坚持登记与清退；会后，会议内容是否公开，何时公开，都应由领导决定，在未正式公开之前不得泄露。对会议上领导的重要讲话或其他重要发言不得随意扩散。对会场和与会人员住地要进行检查，如发现有重要会议文件遗失，应及时交由有关部门统一处理。

（三）印信保密

印章是单位行使职能的象征，要由专人保管，严格用印规范。同时，秘书对用印的正式介绍信必须掌握，协助领导把关，涉密内容严禁外传。

（四）值班保密

值班是秘书部门经常性的工作之一。值班人员要对领导活动、领导电话以及领导对突发事件的批示等，都加以保密。

（五）新闻出版保密

随着近年来公关意识的不断加强，各单位与新闻媒体的合作日益密切。但是，在媒体报道、发布新闻时，无论是撰写稿件还是接受记者的采访，都应注意报道范围，涉及国家或组织秘密的都要加以处理，要坚持重要稿件呈送领导审查的制度。

（六）通信设备保密

随着网络通信技术飞速发展，几乎所有单位都在使用各种有线和无线通信设备，包括电脑、电话、电报、对讲机、传真机等，使用这些设备，要按照有关保密规定进行，防止被监控、窃听。比如：使用复印机时，要及时取走原件；使用传真机时，应注意在安全环境下操作；使用有图像记忆功能的扫描仪时，要及时删除存储图像；使用对讲机时，应选择有加密功能的，防止被监听。

（七）档案保密

档案是历史记录，保密档案的管理和利用，密级的变更和解密，必须按照国家有关保密法律和行政法规的规定办理。

（八）环境保密

环境保密是从办公环境方面给予安全保证。合理安排办公室布局，为涉密工作的部门和人员选择合适的办公地点，重要的部门要有人守护，必要时应配保安人员从外围加以守护。

(九)涉外保密

秘书部门是对外的窗口，秘书大多承担一定的外事接待任务。在对外接待中，要加强保密观念，遇到问题及时主动地请示有关领导，要防止别有用心之徒以参观、游览等到合法活动为名，窃取我国国家秘密和单位秘密。同时，接打涉外电话、收发国际邮件时，不要涉及秘密事项。

四、秘书保密工作的要求

一般而言，秘书要防止工作中泄密，必须养成良好的工作习惯，具体要求包括：

(1)增强意识。认识到自身岗位的特殊性，提高保密防范意识，随时将保密工作贯穿到各项具体工作中。

(2)严守口风。对一些涉密的事项，不管自己是否知情，当被人问起时，一律回答“不知道”。

(3)公私分明。非工作时间，不管是在公共场合还是在家，都不要谈论工作上的事情。

提醒您

秘书如何做好计算机保密工作?

1. 计算的显示器应放置在他人看不到屏幕的地方，如果来访者走近，应迅速关闭页面或调小亮度，或保存信息关闭显示器。
2. 暂时离开时，计算机必须关机或待机(设置密码)。
3. 计算机打印保密材料要人不离机，负责保存和传递。
4. 计算机专人专用，配备密码，密码必须保密，并定期更换。
5. 计算机必须经常查毒、杀毒，不要安装来路不明的程序。
6. 重要文件要做光盘备份或打印成纸质文稿，并存储在安全、加锁的地方。
7. 避免他人在自己计算机上使用U盘、移动硬盘等移动性存储设备。
8. 有保密信息的移动存储设备不应带出单位，以防丢失。
9. 存放单位内部核心资料/数据库的计算机不能连入互联网。
10. 在提交电子信息之前，应向上级核对，不能传给未经授权的人。

微型案例

被美国政府通缉的斯诺登

爱德华·斯诺登(Edward Snowden)，1983年6月21日出生于美国北卡罗来纳州伊丽莎白市，曾是美国中央情报局(CIA)技术分析员，后供职于国防项目承包商博思艾伦咨询公司。

2013年6月，斯诺登将美国国家安全局关于PRISM监听项目的秘密文档披露给了《卫报》和《华盛顿邮报》，引发世界舆论一片哗然，美国政府“棱镜门”事件爆发。随后，美国国家安全局向美国司法部申请对斯诺登的行为进行犯罪调查，国家情报总监James Clapper认为斯诺登的"鲁莽的披露"已经在媒体中造成"显著的错误印象"。斯诺登的雇主发表了一份声明,谴责他的行为是"令人吃惊的""严重违反了我们公司的行为准则与核心价值"。美国众议院情报特别委员会主席 Mike Rogers 对他的评价是"我绝对认为他应受到检控"。随后,斯诺登遭美国政府通缉。

事发时,斯诺登在香港,随后飞往俄罗斯。2013 年 6 月 21 日,斯诺登通过《卫报》再次曝光英国"颞颥"秘密情报监视项目。2013 年 8 月 1 日,斯诺登获批俄罗斯避难申请,并在俄罗斯居留至今。

思考:1. 为什么美国政府要通缉斯诺登?

2. 作为公司雇员,斯诺登的做法妥当吗? 为什么?

小　结

关键术语

办公室环境管理　办公用品的管理　电话接打　信件处理　印信及名片管理　时间管理　领导日程安排　值班工作　保密工作

本章小结

1. 办公室布置的基本原则:舒适整洁、和谐统一、安全。

2. 秘书办公室整理的区域:个人办公区,上司的办公区以及公用的办公区。

3. 办公用品采购流程:填写购买申请表——领导批准——发出购买需求——比较、筛选——填写正式订购单——主管签字批准——开始购货——收货核对、签收——货物入库填写入库单——会计部门核对交货单、入库单、订购单——财会主管签字批准——支付货款。

4. 办公用品申领流程:填写物品申领表——领导签字批准——专人发放。

5. 接打电话的基本要求:(1)表达规范、正确;(2)用语礼貌、热情;(3)语言简洁、高效;(4)做好记录;(5)内容保密。

6. 秘书拨打电话的规范:(1)熟悉本单位各部门电话号码;(2)打电话前列提纲;(3)打出电话后,尽量多等待一段时间;(4)电话接通后,立即表明自己的身份、打电话的目的;(5)语速适中;(6)代上司拨打电话时,要准确传达上司所要表达的信息和态度;(7)拨错电话号码应及时道歉。

7. 秘书接听电话的规范:(1)电话铃声响两遍后接;(2)听电话时要注意力集中;(3)详细记录通话内容,并复述确认;(4)接到打错的电话时礼貌应答。

8. 邮件接收工作流程:签收——分拣——拆封——登记——分送。

9. 邮件发送工作流程:内容校核——领导签发——备份存档——邮件查对——登记——装封——寄发。

10. 收发电子邮件注意事项:(1)认真撰写;(2)仔细核对;(3)避免滥用;(4)慎选功能;

(5)注意格式;(6)及时回复;(7)信息明确;(8)定期整理;(9)注意保密。

11. 印章使用程序:提出使用申请——负责人审核批准——印章保管人员审核——用印——登记。

12. 介绍信使用程序:提出使用申请——负责人审批——填写介绍信——盖章、登记——保留存根。

13. 使用名片的场合与时机:(1)当初次相识;(2)自己发表意见前;(3)双方交谈融洽;(4)告辞时;(5)重大社交活动时;(6)会议前或会议后。

14. 时间管理的基本原则:(1)有序性原则;(2)二八法则;(3)弹性安排原则。

15. 时间管理的基本方法:(1)ABCD管理法;(2)集中处理工作;(3)运用时间管理的简单工具;(4)15分钟工作术。

16. 制订领导工作计划表的原则:(1)统筹安排;(2)留有余地;(3)事先同意;(4)适当保密。

17. 制订领导工作计划表的步骤:明确单位常规工作的例行安排——确定工作计划表的完成时间——向领导征求意见——明确需要列入计划表的工作内容——将工作计划绘制成清晰的表格——如发现冲突及时协调——制订好的工作表交给领导审阅确认——按计划开展工作,定期跟进与反馈。

18. 常见的工作计划表:月计划表、周计划表和日程表。

19. 值班工作主要任务:(1)编制值班安排表;(2)文电处理;(3)接待来访;(4)处理突发事件;(5)确保单位安全;(6)编写值班日志。

20. 值班工作的管理制度:(1)岗位责任制度;(2)交接班制度;(3)请示报告制度;(4)安全保密制度。

21. 秘书部门保密工作范围:(1)文件保密;(2)会议保密;(3)印信保密;(4)值班保密;(5)新闻出版保密;(6)通信设备保密;(7)档案保密;(8)环境保密;(9)涉外保密。

22. 秘书保密工作的要求:(1)增强意识;(2)严守口风;(3)公私分明。

知识结构图

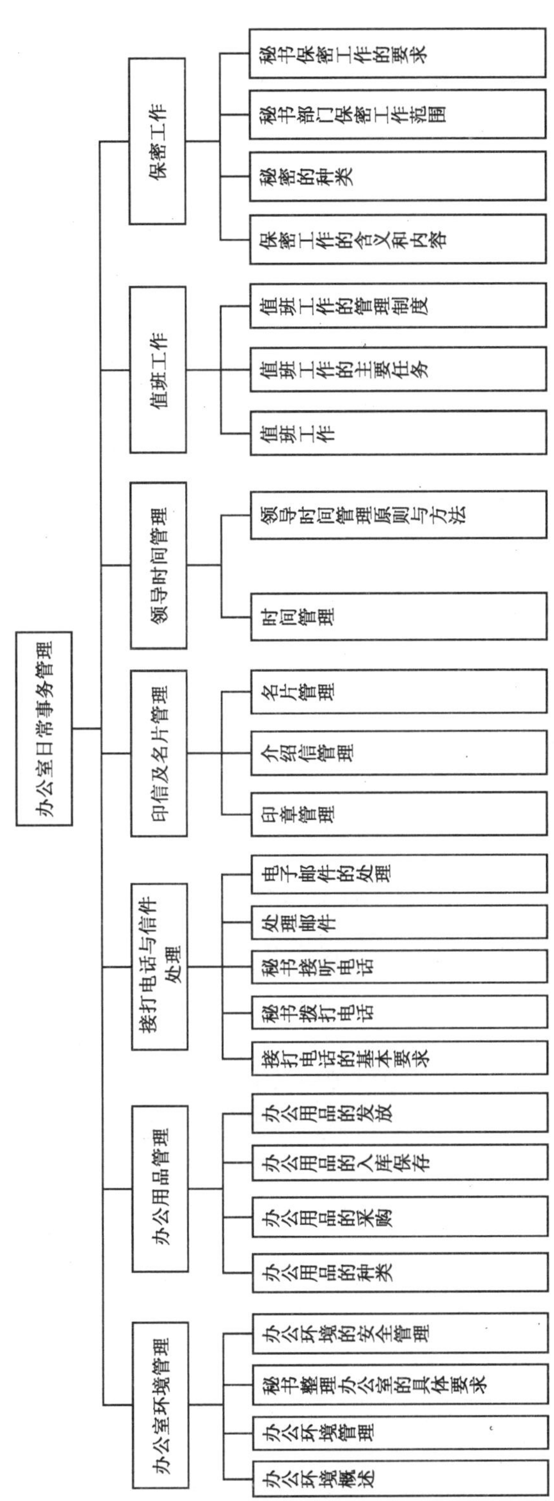
办公室日常事务管理
办公室环境管理
办公环境概述
办公环境管理
秘书整理办公室的具体要求
办公环境的安全管理
办公用品管理
办公用品的种类
办公用品的采购
办公用品的入库保存
办公用品的发放
接打电话与信件处理
接打电话的基本要求
秘书拨打电话
秘书接听电话
处理邮件
电子邮件的处理
印信及名片管理
印章管理
介绍信管理
名片管理
领导时间管理
时间管理
领导时间管理原则与方法
值班工作
值班工作
值班工作的主要任务
值班工作的管理制度
保密工作
保密工作的含义和内容
秘密的种类
秘书部门保密工作范围
秘书保密工作的要求

应 用

案例研究

案例一：

电话“挡驾”的艺术

星辉公司的钟秘书正埋头起草一份文件，电话铃响起，她拿起电话，一听对方的声音就知道又是那位推销员刘磊。当第一次他来电时，钟秘书听着他的自我介绍，判断这电话不是经理正在等的电话，也不是紧急要事，于是答道：“很抱歉，经理不在。请您留下姓名、地址、电话号码，我会转达给经理的。”可对方非要找经理不可。她挂断电话后把此事汇报给了经理，经理说曾在一次展会上见过此人，印象不佳，不想和他有生意上的来往。十天前，刘磊又来电话，钟秘书说：“对不起，经理仍然不在。我已将你的情况和要求转告给经理，目前他非常繁忙，尚未考虑与你联系。”随即主动挂断了电话。

现在，刘磊第三次来电，钟秘书应该怎么办？

资料来源：朱欣文：《通用秘书实务与案例分析》，广西民族出版社2011年版。

问题：

1. 假如是你，你会怎样做？
2. 秘书在电话中应怎样做，才能既为领导“挡驾”，又不在言语上失礼？

案例二：

秘书该怎样管理办公环境？

公司办公室有3位秘书：小张、小李、小王。小张每天上下班之前都把自己的办公区域整理一遍，办公桌上物品文件摆放得整整齐齐。同时，她还主动清理公用的复印机、打印机、饮水机、档案柜等。

小李也每天把自己的办公桌清理得清清爽爽，但从不清理公共办公区，有时还会把公用的电话簿、文件夹用完随手就放在自己抽屉里，导致别人常常找不到。

小王办公桌上各种文件堆积如山，办公用品随手放得到处都是，每天上班都慌慌张张，需要用的文件或物品总是在东翻西找，更无暇顾及其他。

资料来源：李强华：《办公室事务管理》，华中科技大学出版社2011年版。

问题：

结合书上的知识点，分析一下3位秘书的表现，谈谈秘书应该如何管理办公环境。

案例三：

小刘应当如何安排工作？

周一上班，助理小刘要完成以下工作。她迅速地开始逐一工作，搞得手忙脚乱，临近下班时间，仍有部分工作没有完成。

1. 给某客户打电话，联系下周五上司与他会面的事宜。

2. 复印下午部门经理会议所要讨论的经理报告资料及会议议程表，每人一份(10 人，每份 10 页)。

3. 向人力资源部门写报告，申请今年的休假日。

4. 复印给某客户的回复信，以备存，原件邮寄给对方。

5. 拆封、分类和传递今天收到的邮件。

6. 布置下午要使用的会议室，准备茶歇。

7. 为上司预订周末去广州的机票(上海出发)。

8. 将财务部新发的《办公经费报销规定》复印一份备存，原件放置文件传阅夹中交各部门同事传阅。

9. 在做这些事情的同时，她还接待了 2 位访客，接听电话若干。

问题：

1. 小刘的做法妥当吗？为什么？

2. 如何运用恰当的时间管理方法重新安排这些工作呢？

实验实训

训练项目一：办公室布局与办公用品整理

1. 实训目标

(1)通过训练让学生掌握办公室布局的一般方法和提交简单的设计图。

(2)通过训练让学生掌握办公室物品摆放的基本原则。

2. 实训内容

某服装公司刚成立，打算对公司办公区进行规划布局，初步设立销售科、财务科、办公室 3 个部门，设置一个办公大厅。该公司刘总要求他的助理李娜提交一份办公场所布置设计方案。

(1)如图所示的 8 间小办公室，哪间是领导的？哪间是秘书的？3 个部门分别是哪间？领导接待室、复印室、洗手间又是哪间？

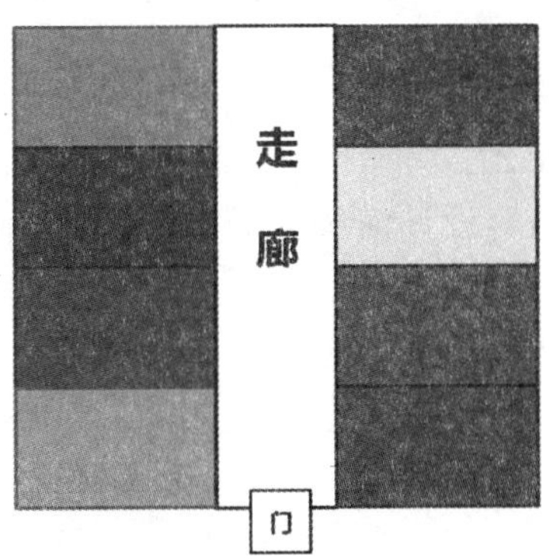

(2)按照实际情况布置该服装公司办公大厅，绘制出前台、接待区、会议室、员工办公区

域、洗手间的具体位置，并画出每间门的位置。

(3)每天上班，李娜第一件事就是整理自己的办公桌，如下物品应该如何摆放？

3. 实训要求

(1)分组进行，其中一人扮演李娜，一人扮演上司，其他人扮演办公室的同事，每人分工不同，到办公室后分别要干什么？

(2)每个小组按照实训内容设计演练的脚本(包括情节和台词)，并给本小组成员分派角色。

(3)分组演练后，其他同学进行评论。

(4)教师指导总结，要求学生掌握办公室布局的一般方法和办公室物品摆放的基本要求。

(5)递交实训报告。

训练项目二:接打电话

1. 实训目标

(1)掌握接打电话的基本礼仪。

(2)掌握拨打电话的基本步骤和操作规范。

(3)掌握接听电话的基本步骤和操作规范。

(4)掌握特殊电话的接听技巧。

2. 实训内容

秘书于雪第一天正式到恒达科技公司上班。由于总经理李文涛上午在自己的办公室开小型销售工作会议,不便接听电话,所以安排她帮助接打电话。

(1)公司客户部经理刘明来电话,有急事要找李总,本公司的产品质量出现问题,消费者投诉闹着要向媒体曝光。

(2)大客户盈科公司总经理王琦秘书小辛来电话,更改下周的到访会谈时间,具体时间需重新商定。

(3)某消费者电话要求直接找李总,反映本公司产品质量问题,并要求赔偿,态度恶劣,言辞激烈。同时,另一部电话响起,接听才发现是打错的电话。

(4)接到李总指示后,分别给刘明、小辛回电话。

3. 实训要求

(1)分组进行,每个小组按照实训内容设计演练的脚本(包括情节和台词),并给本小组成员分派角色。

(2)根据实际情景,认真演练电话的接听和拨打操作规范。

(3)分组演练后,其他同学进行评论。

(4)教师指导总结,要求学生掌握接打电话的基本礼仪、基本步骤和操作规范。能够在领导不方便时代为接打电话。

(5)递交实训报告。

训练项目三:处理邮件

1. 实训目标

(1)掌握处理邮件的业务流程和操作规范。

(2)能够在领导外出时处理相关邮件。

2. 实训内容

新欣化工公司的总经理余英达出差了,行程安排为 3 月 5 日～12 日,预定 12 日上午回来。秘书小王负责处理公司的各类邮件。小王从收发室取回了邮件,其中上司亲启的信 1 封,公司负责人收信 1 封,总经理办公室收件 3 封,其中有 1 封寄自河南分公司的信总经理曾关照过让销售科科长处理。另外还有报纸 2 份,电话账单 1 份,1 个邮包,广告宣传单若干。

正好销售科的小李走过办公室,小王说:"小李,把这封信交给你们科长",小李把信带走了。小王把总经理亲启件放在总经理办公桌的抽屉里,拆开公司负责人收件,发现是一封客户投诉信,于是动笔写了回信,并填好信封准备下午寄出。随后,小王拆开总经理办公室收件,一封是邀请总经理参加定于 3 月 12 日下午的研讨会,小王想,总经理前几天还谈到准备参加这次研讨会,12 日他正好回来,一定会参加的。于是小王打印了接受邀请的回信,明确告知对方总经理将参加会议，并替总经理签了名。拆开第二封信，拿出信纸，里面还有两张产品样品的照片，小王看了信的内容，附件里说有3张照片，小王不知道如何处理，她把照片又放回了信封中。拆开第3封信，是上级主管单位下发的一份红头文件，内容是对本年度本市化工企业安全生产的指导意见，要求公司各部门传阅。

最后，小王拆开邮包，发现是产品研发中心为了开发新产品，在前几天订购的新型材料，一共有5个品种，小王凭印象觉得订购的是3种，多了2种。心想，是供应商主动送来的，不拿白不拿，于是她打电话让研发中心的人取走了。

(1)对所收邮件进行分类，填写邮件登记表。

编号	收到日期	收到时间	发件人	发出日期	收件人	来件种类	处理日期	办理情况	备注

(2)对需要自己处理的邮件进行拆封处理。

(3)根据情景提示对邮件进行阅办处理。

(4)根据邮件处理要求，制作一份文件传阅单。

(5)小组讨论，指出小王在处理邮件过程中的做法哪些是正确的，哪些是错误的？错误之处需纠正后按正确方式重新演练。

3. 实训要求

(1)分组进行，每个小组按照实训内容设计演练的脚本(包括情节和台词)，认真准备实训所需信件和包裹道具，并给本小组成员分派角色。

(2)根据实际情景，认真演练信件处理的操作规范。

(3)分组演练后，其他同学进行评论。

(4)教师指导总结，要求学生掌握处理邮件的业务流程和操作规范。

(5)递交实训报告。

训练项目四：印信管理与保密工作

1. 实训目标

(1)掌握印章管理与使用的基本原则和操作规范。

(2)掌握介绍信、证明信的管理与使用的基本原则和操作规范。

(3)掌握办公室保密工作的基本原则。

2. 实训内容

李强是信宜公司总经理助理，管着公司大大小小十几个公章，包括业务专用章、合同专用章、总经理签名章等。同时，单位介绍信、证明信的开具事宜也由他负责。

(1)收集各类公章样式的图片，根据情景提示制作实训所需的道具公章。按公章管理规范，放置妥当。

(2)信宜公司目前正在收购某公司，谈判已进入实质性阶段。这天，本公司负责项目谈判的汪经理跑来找李强盖章,称是收购案的一份“补充协议”,但上面没有总经理的审批意见,也没有我方代表人的签字。此事应该怎样处理?

(3)公司销售部最近需要处理大量合同,需要较长时间使用公司合同专用章和总经理的签名章,销售部经理派秘书小张来找李强,想直接把公章借走,等用完再一起归还。此事应该如何处理?

(4)公司办公室不幸被盗,李强的办公桌抽屉锁被撬,遗失公章3枚,重要合同2份,电脑也有被动过的痕迹。此事应该如何处理?

(5)公司财务处的小林刚刚新婚,准备买房。房子看好了,首付也凑得差不多了。向银行贷款时被要求单位出具一份月薪5 000元以上的收入证明,问题是小林每月的收入只有4 000元。为此,他向李强求助,请他行个方便。此事应该如何处理?

(6)市场部汪华、施琳准备到外地走访一些相关企业,进行市场调研,需要李强为他们开具一份介绍信。

3. 实训要求

(1)分组进行,每个小组按照实训内容设计演练的脚本(包括情节和台词),认真准备实训所需印章、信件道具,并给本小组成员分派角色。

(2)根据实际情景,认真演练印信管理和使用的操作规范。

(3)分组演练后,其他同学进行评论。

(4)教师指导总结,要求学生掌握印信管理与使用的基本原则和操作规范,了解办公室保密工作的基本内容。

(5)递交实训报告。

训练项目五:领导日程安排

1. 实训目标

(1)掌握领导日程安排的工作流程。

(2)能够制订领导工作日程安排表。

2. 实训内容

吕经理是上海某汽车零部件股份有限公司的销售主管。秘书钟甜负责他工作的日程安排。

下周一有许多工作安排:

每周星期一8:30在办公室举行部门工作例会,所有经理都参加;

要安排时间去财务处报销上月经理出差费;

12:00吕经理与林子言先生(广州代理商)在锦华大酒店共进午餐;

14:00安排陈经理找DA项目负责人朱小姐商讨下一步谈判策略;

在某一适当时间,必须空出半个小时安排经理与自己商谈下一次销售工作会议的日程安排,但不能占用10:00～11:00的时间,因为吕经理想在这段时间里处理他的信件;

吕经理和夫人19:30分出发去康特公寓,出席20:00的俱乐部聚餐会;

钟甜在19:00要参加行业协会组织的一个联谊会。

另外,吕经理第二季度会议较多:

每月最后一个星期五上午是销售部固定的部门例会;

7月的前两周要在上海参加行业年会;

7 月的第三周星期二要在公司开销售会议，传达上海会议精神；

8 月第一周的星期一要面试 3 名营销员；

8 月的第二周要去香港参加 5 天的行业展销会；

8 月最后一个星期三要参加公司的中层干部办公会议；

9 月的前两周希望安排休假。

(1)请把下星期一的有关活动安排填写在工作日志上。

(2)为吕经理制订一份会议安排表。

(3)根据情景提示，自行设计工作日志和会议安排表样式。

3. 实训要求

(1)分组进行，每个小组按照实训内容设计演练的脚本(包括情节和台词)，并给本小组成员分派角色。

(2)完成工作日志和会议安排表。

(3)根据实际情景，认真演练，其他的同学进行评论。

(4)教师指导总结，要求学生掌握领导日程安排的工作流程，能够制订领导工作日程安排表。

(5)递交实训报告。

训练项目六:值班工作

1. 实训目标

办公室值班工作的基本工作内容。

2. 实训内容

陈小姐是上海某实木门制造公司的秘书，2016 年 12 月 28 日星期六，她在公司值班。

(1)陈秘书翻开记事本，发现今天记有售后服务部工作任务，分别是：9:00，到家美花园 E 幢 701 室安装服务，门的型号为 E8-11；14:00 新华新村 5 幢 303 室进行上门维修。因为今天是休息天，售后服务部只有安装工人小李一人值班，维修工人小宋今天正好轮休。陈秘书电话督促售后服务部完成任务，请演示。

(2)10:00，接到宜山路门店营业员小张电话，说一位家住在静安区的顾客所需 N2-71 型号的实木门缺货。陈秘书翻看仓库记录，发现仓库也没有存货，只有从浦山路门店调货。陈小姐先打电话与浦山路门店店长崔赫联系，要求调货给宜山路店；然后让营业员小张请顾客留下地址、电话与押金，并开出收货凭证，回家等候，一小时后为其上门服务，请演示。

(3)当天 16:30，还有半个小时就可以下班了。所有事情已经做完，陈秘书觉得有必要将今天的值班情况整理一下，编写在值班日志上，请完成。

(4)17:00，陈秘书准备下班，请演示下班过程。

3. 实训要求

(1)分组进行，每个小组按照实训内容设计演练的脚本(包括情节和台词)，并给本小组成员分派角色。

(2)根据实际情景，认真演练，其他的同学进行评论。

(3)教师指导总结，要求学生掌握领导日程安排的工作流程，能够制订领导工作日程安排表。

(4)递交实训报告。

复习思考题

一、单项选择题

1. 办公室环境的布置，首先应考虑（　　）。
A. 安全　B. 美观　C. 便捷　D. 时尚

2. 办公用品管理工作不包括（　　）。
A. 办公用品采购　B. 办公用品保管　C. 办公用品发放　D. 办公用品节约

3. 办公室常见的安全隐患不包括（　　）。
A. 火灾　B. 气候　C. 设备　D. 人为

4. 接听电话的正确姿势是（　　）。
A. 左手持听筒，右手拿笔　B. 右手持听筒，左手拿笔
C. 写字时将听筒夹在肩膀上　D. 左手持听筒，右手翻资料

5. 拨打电话的恰当时间是（　　）。
A. 刚刚上班时　B. 上班后 1 小时之内
C. 有事可以随时打电话　D. 临近下班时

6. 邮件的接收工作包括：签收、分拣、拆封、（　　）。
A. 回复和登记　B. 回复和批阅
C. 登记和分送　D. 分送和批阅

7. （　　）是各党政机关、企事业单位、社会团体对外联系的标志和行使职权的凭证。
A. 单位公章　B. 个人印章
C. 秘书部门印章　D. 单位钢印

8. 介绍信一般由（　　）保管。
A. 单位领导　B. 秘书部门领导
C. 单位工龄最长的员工　D. 领导授权的秘书

9. 无预约访客在时间管理“四象限”中属于（　　）类事项。
A. 重要又紧急　B. 重要但不紧急
C. 不重要但紧急　D. 不重要也不紧急

10. 秘书工作计划表中不包括的内容是（　　）。
A. 撰写个人年终总结　B. 为领导准备会议发言稿
C. 领导假期中的私人聚会　D. 领导参加重要客户的婚礼宴会

11. 秘书在值班时，不需要做的任务是（　　）。
A. 记好值班日志　B. 做好访客登记
C. 记好值班电话记录　D. 编制好值班管理制度

12. 文件首页出现“★”标志，则代表这份文件是（　　）。
A. 国家秘密　B. 单位秘密　C. 商业秘密　D. 军事秘密

二、问答题

1. 秘书整理办公室应注意哪些方面？
2. 简述办公用品发放的基本流程。

3. 秘书接到领导不愿应答的来电时应如何处理?
4. 秘书在撰写与发送电子邮件时有哪些注意事项?
5. 在使用名片时应注意哪些问题?
6. 秘书时间管理的方法有哪些?
7. 简述值班工作的管理制度。
8. 秘书部门的保密工作有哪些要求?

第三章
公务差旅与接待

学习目标

知识目标：掌握公务差旅与接待工作的基本内容。

技能目标：熟悉国内公务差旅；了解出国公务差旅；掌握接待的准备工作；掌握接待的基本程序；了解接待计划的制订；掌握对个体来访者的接待工作；熟悉重要团体和外事接待工作。

【引入案例】

如此待客惹了祸

公司业务很多，前台秘书小王每天迎来送往很是忙碌。正在她低头吃饭的时候，听见轻轻敲桌子的声音。小王抬头一看，一个50岁左右的中年人，穿着一件普通的夹克衫，夹着一个黑色的公文包，正在敲前台的桌子。小王就有点不高兴，心想，这人真没礼貌，没看见我在吃饭吗？敲什么敲！所以屁股也没抬，面无表情地问："请问你有什么事？"来人说："对不起，耽误你吃饭了，请问张总经理在吗？我想见他。"小王说："现在中午休息时间，你有预约吗？"来人回答说："之前没来得及。"小王心想看他的样子，说不定是来推销东西的。就说："我们总经理不在，请你下次预约再来吧。"那人说："你打电话问问，说不定他现在回来了。"小王面露不快，说："不在就是不在，请回吧。"来人说："怎么这样呢？那我可就回去了。"这位客人走后，中午再没客人来，小王吃完饭后，美美地小睡了一会儿。下午正式上班后，小王又开始忙碌起来。大约下午1:30左右，总经理秘书张丽打电话到前台，询问中午是否来了一位深圳的客人，他是总经理非常重要的客人，现在人在哪里？小王告诉张丽说："中午是来过一个客人，是不是深圳来的我忘记问了，因办公室没提前打招呼，我也不知道来人是总经理的重要客人，觉得那个客人像是推销东西的，又没预约，所以就让他回去了。"张丽说："那可麻烦了，今天下午深圳亨达公司的总经理秘书打电话过来询问他们老总到了没有，说他们老总是到这边开会，顺便过来找我们老总再谈谈深圳那边合作项目的事情，所以他们老总没让提前打招呼，说自己过来就行了。现在人走了，这怎么向总经理交代？"小王一听也傻了眼。过了几天，小王被停职去参加培训，因为公司认为她要学的东西还很多。

资料来源:http://www.docin.com/p-717353318.html。

问题:小王作为前台秘书在接待客人时,行为很不规范,你知道如何做好接待工作吗?

第一节 国内公务差旅

一、案例描述

恒峰科技有限公司董事长祝泽凯因扩展业务需要,拟于2017年7月12日上午赶赴广州科技有限公司进行合作考察。恒峰科技有限公司董事长要求秘书小李协助其做好此次国内差旅工作。

二、任务分析

秘书小李要协助董事长做好此次国内公务差旅工作,应该从这三个阶段着手:

第一,做好公务差旅前的准备工作,例如:了解公务差旅的基本情况,公务差旅的目的、时间、地点、人员与事务安排等;预支差旅费用;预订交通工具、宾馆等;准备相关资料和物品;领导出差当天秘书应完成的其他事项等。

第二,完成公务差旅期间的工作。例如:负责携带、看管相关物品;听从领导安排,与公司保持联系,协助处理相关事务;照顾领导日常生活,确保商务差旅顺利进行。

第三,完成公务差旅结束后的工作,例如:整理资料,撰写出差总结报告;报销差旅费等。

一、公务差旅前的准备工作

(一)了解情况

1. 公务差旅的目的

公务差旅的目的主要有:洽谈业务、参观访问、出席会议、实地考察等。了解领导公务差旅的目的是秘书做好差旅准备工作的前提。领导公务差旅是参加行业会议还是洽谈业务,或是其他的商务活动,会影响秘书为其准备文件资料等或具体时间安排等一系列工作。秘书只有了解了领导公务差旅的原因和具体工作内容才能做好公务差旅的准备工作。

2. 公务差旅的地点

一次公务差旅的地点可能是在一座城市的不同地点,也可能跨越几个城市,即在不同城市的不同地点进行。因此秘书一定要弄清楚领导出差的具体地点,并尽量详细准确。

如果可以,秘书应提前与领导出差的接待方先取得联系,了解领导差旅的具体地点。如果不便提前通知接待方,秘书则需要通过网络或者其他途径多了解出差地点的相关情况。秘书可以通过城市地图来了解领导出差地点的一些情况,比如该城市的交通路线、宾馆分布、会议中心、商业区、风景点等与出差有关的一些信息。

3. 公务差旅的时间

公务差旅的地点确定下来后,秘书应充分了解差旅的启程时间、途中所用时间、到达时间、返程时间、各项活动的具体时间等,并以此作为预订车船票、飞机票和安排接送的依据,合理恰当的安排时间也是领导出差顺利的重要保障。

4. 公务差旅的人员及事务安排

公务差旅人员主要是指出差方的出差人员。一次公务差旅，是一人前往还是多人前往；是企业内同一部门的多人前往还是不同部门的多人前往，对企业的正常运转具有非常重要的影响。秘书必须提前明确差旅的人数、职务等，并通知到相关人员，以便他们提前处理好手头工作，并及时为接下来的出差工作做好文件资料等的准备。

此外，秘书还应提前明确公务差旅的主要接待人员、陪同人员等人员安排。明确住宿、餐饮、参加活动等的具体事务安排。如果双方人员因宗教、民族等原因对饮食、住宿等有特殊的要求，秘书应事先跟接待方讲清楚，以免发生不必要的误会。

（二）预支差旅费

差旅费是行政事业单位和企业的一项重要的经常性支出项目，主要包括因公出差期间所产生的交通费、住宿费、伙食费和公杂费等各项费用。根据 2014 年 1 月 1 日起实施的《中央和国家机关差旅费管理办法》规定，国家机关工作人员出差的住宿费、机票支出等一律用公务卡结算。住宿费在标准限额之内凭发票据实报销。伙食补助费按出差目的地的标准报销，在途期间的伙食补助费按当天最后到达目的地的标准报销。

其他组织或公司企业一般采取预支差旅费制度。秘书在差旅前要明确差旅中的哪些费用由己方支付，哪些费用由接待方支付，做好差旅费用预算，填写好出差费用申请表（见表 3－1－1）才能预支差旅费。在出差费用申请表中必须要详细填写使用经费的人员、时间、用途、金额等信息，并由申请人本人签字确认。

表 3－1－1 **出差费用申请表**

部门： 申请人： 填表时间： 年 月 日

<table>
<tr><td>出差人员</td><td colspan="2"></td><td>出差地点</td><td></td></tr>
<tr><td>出差日期</td><td colspan="4">自 年 月 日 时起至 年 月 日 时止计 天</td></tr>
<tr><td>出差事由</td><td colspan="4"></td></tr>
<tr><td rowspan="5">预计差旅费用</td><td>住宿费</td><td></td><td>飞机票费</td><td></td></tr>
<tr><td>伙食补贴</td><td></td><td>火车票费</td><td></td></tr>
<tr><td>通信补贴</td><td></td><td>车费</td><td></td></tr>
<tr><td>当地交通费</td><td></td><td></td><td></td></tr>
<tr><td>其他</td><td></td><td>小计</td><td></td></tr>
<tr><td rowspan="4">预计招待费用</td><td>招待费</td><td></td><td></td><td></td></tr>
<tr><td>礼品费</td><td></td><td></td><td></td></tr>
<tr><td></td><td></td><td></td><td></td></tr>
<tr><td></td><td></td><td>小计</td><td></td></tr>
<tr><td>费用合计（大写）</td><td colspan="4">元。 ￥：</td></tr>
<tr><td>部门负责人
（签字）</td><td colspan="2"></td><td>财务审核
（签字）</td><td></td></tr>
<tr><td>分管领导
（签字）</td><td colspan="2"></td><td>总经理
（签字）</td><td></td></tr>
</table>

差旅费采用现金、旅行支票、信用卡、在线支付等方式都可以，但是必须要保存好支付凭证，以便差旅结束后进行报销。

(三)预订交通工具、宾馆

1. 预订交通工具

交通工具的选择应考虑三个主要因素：(1)公司的财务制度；(2)差旅的时间是否紧迫；(3)领导的个人习惯和爱好。

代领导选择什么样的交通方式，首先要根据所在的政府机关或企事业单位的差旅费管理规定，在符合领导出差报销标准的范围内选择；然后根据领导出差的目的地、时间、安全性、舒适度和领导的喜好等因素来选择出行的交通工具。经领导同意，确定交通方式后，开始购票。

预订车票时要明确告诉对方目的地、日期、车次(或自己希望的时间)、座位档次(软卧、硬卧、硬座)。有一些车次可以预订返程车票，需要时可以将返程车票一并预订。

预订机票可以在国内各航空公司及其官方网站、售票代理点办理。预订机票时，乘客的姓名一定要清楚地报给对方，必要时还需要对姓名进行说明(比如乘客的工作单位或职务等)，以免因同名同姓而造成误会。要根据公司的规定确定机票的等级。飞机票一定要提前预购，至少提前一周。如有需要可同时预订返程机票。

支付订票费用时，政府机关或国企的人员需使用公务卡，其他单位或企业则需留存好票据(车票、机票等)。

2. 预订宾馆

宾馆酒店的选择应考虑三个主要因素：(1)公司的财务制度；(2)业务的重要程度；(3)领导的个人习惯和爱好。

秘书可以通过旅行社、各旅游网站、目的地商会或当地与我方有合作关系的公司预订。某些航空公司也有旅馆预订业务。

告诉旅馆客人姓名、性别、到达和离开的时间，预订房间的类型、朝向以及其他要求。有些旅馆要求在旅客入住前几天或一两周再确认预订，否则会取消预订房间。另外，一定要向旅馆索要确认预订的收据或认可书，与领导的出差日程表放在一起，以便到达时即可拿出。如果要取消预订，应在旅馆结账前通知对方，否则就要支付当天的费用。

(四)准备资料和物品

对于需要携带的资料和物品，可以按类列出，让领导过目，并检查是否遗漏。

1. 根据公务活动内容选择所需资料、文件

如演讲稿、谈判提纲、合同草本、意向书草本、备忘录、报价资料、工程图表、公司宣传资料、对方公司的背景资料、领导层人事资料等。

2. 出差资料

如所去地方的地图或城区交通图、请柬、介绍信、通知、日程表，与此次公务出差相关的人的通讯录，旅馆预订的确认凭证。

3. 办公用品

如笔记本电脑、U盘、光盘、移动硬盘、印有公司标识的信笺或信封等。

4. 个人用品

包括机票(车票、船票)、身份证、工作证、手机、手机备用电池及充电器、照相机或摄像机、信用卡、公务卡、常用药品(如感冒药、晕车药、止泻药等)。

(五)领导出差当天秘书应完成的其他事项

1. 安排好送站车辆

出发当天,不论领导是从公司、单位出发还是直接从家里出发,都要安排好送站的车辆。出发当天,要最后检查一下火车或飞机的运行情况,特别是飞机因气象条件不佳而误点的情况经常发生,因此,如果是乘坐飞机,一定要向飞机场方面咨询一下当天的航班情况。

2. 再次检查资料物品

出发之前,务必再仔细检查一遍各种出差资料和物品是否携带齐全,以免遗漏。

3. 电话通知接待方

领导启程后,秘书把领导送上火车或飞机,就要立即打电话通知对方接站的时间。特别是在改变原定的车次和航班的情况下,一定要将新的变化告诉对方,以免对方浪费人力、物力及时间却接不到你的领导,造成不必要的损失和麻烦。

二、公务差旅期间的工作

(一)负责携带、看管相关物品

差旅途中,秘书应主动替领导携带、看管行李,对于携带的一些机密文件、企业重要资料、资金等物品,秘书人员应谨慎保管,确保万无一失。

(二)听从领导安排,与公司保持联系,协助处理相关事务

差旅过程中,公司内外的重要事项仍需要领导来进行决策,因此,秘书人员应该服从领导安排,随时与公司保持联系,了解公司各重要事项进展情况,及时请示汇报领导。根据差旅计划,辅助领导完成差旅期间的其他工作事务。

(三)照顾领导日常生活,确保商务差旅顺利进行

到达目的地后,秘书要尽快熟悉出差目的地的交通情况,安排好住宿。向领导介绍与出差目的地有关的情况,并在途中做好领导的生活服务工作,比如:食宿卫生、安全等。

三、公务差旅结束后应完成的工作

(一)整理资料,撰写总结报告

领导出差回来之后,秘书要做的第一件事就是向出差目的地的有关单位表示感谢。如果自己与领导一起出差,也可以自己的名义向对方的秘书表示感谢;如果自己没有与领导一起出差,则要以领导的名义来表示感谢。

在单位值班的秘书要及时向出差回来的领导汇报近期的有关情况。

秘书要整理领导带回的各类文件、物品和资料;帮领导整理出差总结报告。出差总结报告主要是把出差的经过和结果写出来,交给有关部门传阅。出差总结报告,各单位一般都有统一固定的格式。如果秘书与领导同行,就根据自己的记录和参考领导的谈话记录来写总结报告;如果秘书没有与领导一起出差,则要先听领导的介绍后,再写总结报告。

(二)报销差旅费

差旅费报销时应当提供出差审批单、机票、车票、住宿费发票等凭证;要确保开支范围和标准符合报销规定;确保票据来源合法,内容真实完整、合规。

领导出差回来后,秘书应代领导整理好各种出差票据,填写差旅报销单,到财务部门报销。

微型案例

某公司员工出差及费用报销管理制度

1. 适用范围

本标准适用于公司所有正式员工。

2. 目的

为了进一步规范公司员工出差管理工作，强化成本管理意识，合理控制差旅费开支，特制定本标准。

3. 出差审批程序和权限

3.1 出差申请审批权限。

3.1.1 按出差期限划分：3日以内由部门经理批准，超过3日由总经理核准。

3.1.2 按出差人员划分：总经理、副总、部门经理出差一律由董事长核准。

3.2 员工出差需要填写出差申请单，并详细填写目的、行程，按相应权限审批后，转人力资源部备案。如情形特殊事情来不及办理时，应于出差回来后3日内补填；否则，按缺勤处理。

3.3 出差人员预借差旅费，需填写"借据"，由部门经理、董事长或总经理签批方可借款。

3.4 因工作需要参加外出培训，须按公司培训制度审批通过后，再按相应出差审批权限，方可外出参加培训。

3.5 出差报告。

3.5.1 出差人员参加行业会、设备交易会、展览会等大型的与企业发展有关的重要会议以及培训学习，出差回来后要及时以书面形式报告总经理及相关人员。

3.5.2 其他的出差以口头形式向有关人员汇报事情的完成情况。

4. 费用标准

4.1 住宿费标准：

项 目	直辖市、深圳	省会城市	地级市	县级市及以下
董事长	实报实销			
总经理/副总经理/总监	480	400	300	200
部门主管(经理)级人员	400	350	240	150
其他人员	340	300	200	120

4.1.1 50公里内出差，原则上应于当日返回，确因工作需要，经领导同意后按规定住宿标准报销。

4.1.2 出差人员住宿费遵照"据实报销、超额自负"的原则，按实际出差住宿天数计算，在规定标准内报销，凡未实际住宿或采取其他方法住宿未取得正规住宿发票者，一律不予报销。业务人员出差在同一城市住宿7天以上，住宿费按8折报销，超过一月以上者按6折报销。

4.1.3 长期在外地出差和长期驻外机构，应按照低于住宿标准的原则包租房住宿，包租房住宿应与出租方签订合同，并经主管同意，公司据合同报销。

4.2 伙食补助费标准：

项　目	直辖市、深圳	省会城市	地级市	县级市及以下
董事长	实报实销			
总经理/副总经理	80	60	50	40
经理级人员	70	50	40	30
其他人员	60	40	30	20

4.2.1 补助费按标准填写差旅费报销单报销，超支自负，节约归己。

4.2.2 出差补助天数采用计算方法为算头不算尾(特殊情况早上走晚上回的需由考勤人员签字确认)。

4.2.3 出租车费除公司经理以上人员外其他人员不报销，特殊情况须分管副总批准后报销。

4.2.4 伙食补助的时间为6:00～18:00，凡是在此时段内离开公司不超过6小时者享受伙食补助标准的50%。

4.3 交通费报销标准：

<table>
<tr><th>交通工具</th><th>飞　机</th><th>火　车</th><th>轮　船</th><th>汽　车</th></tr>
<tr><td>董事长</td><td colspan="4">实报实销</td></tr>
<tr><td>总经理/副总经理</td><td>董事长批准</td><td>软卧及以下
据实报实销</td><td>二等舱及以下
据实报实销</td><td rowspan="3">实报实销</td></tr>
<tr><td>经理级人员</td><td rowspan="2">董事长批准</td><td rowspan="2">硬卧及以下
据实报实销</td><td rowspan="2">三等舱及以下
据实报实销</td></tr>
<tr><td>其他人员</td></tr>
</table>

4.3.1 旅途中符合乘卧铺(从晚8:00至次日晨7:00之间，在车上过夜6小时以上或连续乘车时间超过12小时)而未乘坐卧铺：特快及空调快车按票价50%，其他列车按票价60%予以补助。

4.3.2 出差人员在跨地区途中可享受30元/人/天的伙食补助和40元/人/天的住宿补助。

4.3.3 出差人员应按最简便快捷的线路乘坐车船，不得绕行，否则多支付的费用均由个人自理，期间按事假考勤。遇有特殊情况的，如春运无法购票的，其超标费用经主管经理同意且按权限审批后方可报销。

5. 报销

5.1 对方单位提供住宿、餐饮招待的或已报支交际费用者，不享受相应补助。

5.2 出差期间必需的招待费、礼品费、手机费等费用，报销时说明原因，需由部门经理、总经理、董事长批准后方可报销。

5.3 自驾车出差的，报销过桥、过路费，不再报销车费。

5.4 出差人员到外地参加会议或各种培训，需提供参加会议或培训的通知。会务费或培训费凭发票报销，若会务费或培训费含住宿费、伙食补助的，与会人员不再享受补助；只享受市内交通费据实报销。

5.5 陪同客户出差原则上按上述标准执行，特殊情况需要提高标准的，经董事长批准方可实报实销。

5.6 出差人员应保留完整的车(船)票、住宿发票作为计算费用的依据。

5.7 两人以上人员出差，报销标准原则上按规定标准执行，随同上级领导一同出差的，按上级领导标准报销。

5.8 出差返回公司，须在15天内填写差旅费用报销单，到财务报销差费，结清欠款；否则其预借差旅费在当月开工资时一次性扣除，不足扣除金额按公司同期个人活期贷款利率计息。

5.9 国外出差标准依据《临时出国人员费用开支标准和管理办法》执行。

6. 附则

6.1 本标准解释权归财务部。

6.2 员工出差期间，应与公司保持联络，不得关机，以便公司及时了解工作进展及员工安全情况。

6.3 本标准自2015年1月1日起执行。公司其他规章制度里面若有与本条款相抵触的有关条款，以本标准为准。

第二节 出国公务差旅

一、案例描述

小董刚刚被提升为董事长秘书，就被董事长指派下个月与他一起到新加坡进行商务会谈。此次商务会谈活动对于公司未来5年，在国外市场尤其是东南亚市场的发展，具有至关重要的影响，除了董事长和秘书小董之外，公司还指派了由研发部负责人、市场部负责人等8人组成的出国考察团一同前往。小董心里清楚董事长对此次商务会谈非常重视，因此也暗下决心，一定要做好此次出国差旅工作。

二、任务分析

秘书小董要协助董事长及考察团做好此次出国差旅，必须完成以下工作：

第一，办理出国公务差旅手续。出国前秘书要协助领导办理好护照、签证、出境登记卡、保险等。

第二，做好出国公务差旅的其他准备工作。了解所到国的背景资料和时差；准备业务资料和各种证件；准备个人用品、行李箱、出访礼品、应急药品、兑换外币等。

一、办理出国公务差旅手续

(一)办理护照

护照是一个国家的公民出入本国国境和在外旅游或居留时，由本国发给的、证明该公民身份的合法证件。凡出国人员均应持有本国政府颁发的护照。如果持照人在国外发生意外，所在国必须依照其所持护照判明其身份和国籍，才能决定如何处理。同样，护照颁发国的驻外机构也要根据护照来决定怎样对其提供帮助或外交保护。

小资料

各国颁发的护照种类不尽相同。中国的护照分为外交护照、公务护照和普通护照，普通护照又分因公普通护照和因私普通护照。

外交护照主要发给副部长、副省级以上的中国政府官员，党、政、军等重要代表团正、副团长，外交官员、领事官员及其随行配偶、未成年子女、外交信使等。

公务护照主要发给中国各级政府部门的工作人员、中国驻外国的外交代表机关、领事机关和驻联合国组织系统及其有关专门机构的工作人员，以及随行配偶、未成年子女等。

因公普通护照主要发给中国国有企业、事业单位出国从事经济、贸易、文化、体育、卫生、科学技术交流等公务活动的人员、公派留学、进修人员、访问学者及公派出国从事劳务的人员等。

因私普通护照发给定居、探亲、访友、继承遗产、自费留学、就业、旅游和其他因私人事务出国和定居国外的中国公民。

办理护照时需携带主管部门的出国任务批件、出国人员政审批件、所到有关公司的邀请书、正面免冠半身照等。因公出国人员的护照应到外交部或其授权的机构办理，因私出国人员的护照，由公安部授权的机关办理。

小资料

办理普通护照的程序和注意事项

中国公民申领因私普通护照须向户口所在地的市、县公安局出入境管理部门申请，其一般程序是：

1. 在出入境部门的社会服务照相点采集出入境证件电子照(一年内已采集的可免)。

2. 提交填写完整并贴有申请人近期正面免冠照片的《中国公民出入境证件申请表》(自助填表机打印的申请表已印有照片的无须再贴)。

3. 提交本人居民身份证(或临时居民身份证)；未满十六周岁的申请人如未办理居民身份证，应提交本人户口簿。

办理普通护照的注意事项：

1. 首次申领、换发、补发、失效重新申领护照的，申请人须亲自办理。未满十六周岁的申请人应当由监护人陪同申请。除提交上述规定的相应材料外，申请人还应当提交本人的《出生医学证明》或者监护关系公证书，以及监护人的居民身份证。监护人无法陪同的，可以委托他人陪同，陪同人还应当提交本人的居民身份证以及监护人的委托书。

2. 国家工作人员和现役的人民解放军军人、人民武装警察申请普通护照，除提交上述规定的相应材料外，还应当提交本人所属工作单位或者上级主管单位出具的同意办理出入境证件的证明。现役的人民解放军军人、人民武装警察，应当提交军官证、士兵证或者警官证作为本人的身份证明。

3. 十六周岁(含)以上的申请人申请护照的,均应当采集或者核验指纹,因指纹缺失、损坏原因无法采集指纹除外;对十六周岁以下的,根据监护人的意见确定是否采集指纹。

4. 七周岁(含)以上申请人须当场采集个人签名。

5. 有以下情形之一的,可申请换发、补发护照:

(1)普通护照签证页即将使用完毕的;

(2)普通护照有效期不足六个月的,或者经公安机关认可的有效期在六个月以上但有材料证明该有效期不符合前往国要求的;

(3)户口簿上的姓名、性别、公民身份证号码、出生地、出生日期变更的;

(4)申请人已在户政部门变更人口照片的;

(5)原护照在有效期内损毁、遗失、被盗的;

(6)公安出入境管理部门认可的其他情形。

6. 申请被盗、遗失补发,须在申请表内注明,并填写《申办出入境证件确认书》。申请换发护照的,原持证须一并提交,由受理民警核验后,当场剪角发还。

资料来源:上海市公安局出入境管理局电子政务平台:http://crj.police.sh.cn。

办理护照的时间至少要提前1个月,因为有时可能因为材料不够齐全而花费更多的时间。持照人拿到护照后,应认真检查姓名、出生年月、地点等内容是否填写正确,并检查姓名的汉语拼音是否正确,钢印、发照机关印章、签署是否齐全。持照人应用钢笔在护照持照人签名栏签名。如护照上的姓名有误,则暂不签名,并向发照机关报告。

(二)办理签证

签证是一个国家的主权机关在本国或外国公民所持的护照或其他旅行证件上的签注、盖印,以表示允许其出入本国国境或者经过国境的手续。如果说护照是持有者的国籍和身份证明,那么,签证则是主权国家准许外国公民或者本国公民出入境或者经过国境的许可证明。一个国家的公民如果希望到其他国家旅行、定居、商贸、留学等,除必须拥有本人的护照或旅行证件外,另一个必备条件,就是必须获得前往国家的签证,否则是不能成行的。

签证的种类:签证一般按出入境性质分为出境签证、入境签证、出入境签证、入出境签证、再入境签证和过境签证6种类型。

办理签证时,要由出国人员本人亲自持护照、对方公司邀请信和其他申请签证的材料,到所去国驻我国大使馆或领事馆申请办理签证;或是委托可靠的签证代办机构(如中国旅行总社签证代办处等)代办,也可以委托发出邀请的公司在其所在国的有关部门办理。

签证一般都签注在护照上,也有的签注在代替护照的其他旅行证件上,有的还颁发另纸签证。如美国和加拿大的移民签证是一张A4大的纸张,新加坡对外国人也发一种另纸签证,签证须与护照同时使用,方有效力。

办理签证有时要花费较多时间,因此要尽量提前办理;避免影响出国差旅。

领到签证后,要注意查看签证的有效期和是否签字盖章。要在有效期内入境。

(三)办理出境登记卡

办理完上述手续后,需携带出国人员的护照、签证、户口本、身份证等证件办理出国登记手续。

(四)办理保险

预订机票时应购买航空意外险,如果订票时没有此内容,可在登机前到机场有关窗口办理。此外，还应通过代理人由保险公司办理出国人员的有关保险，以便在发生意外事故、疾病、行李丢失等问题时，把损失降到最低。

二、出国公务差旅的其他准备工作

(一)了解所到国的背景资料和时差

要对所到国的文化、风俗、礼仪、基本国情等有所了解，这不仅可以使我们在国际交往中树立良好的形象，同时，也能更好地促进商务活动的开展。如果条件允许，秘书可以建议自己的领导，让全体出国人员学习一些基本的国际交往礼仪和出访常识，这将对与外国同行的交流起到积极的作用。

秘书要清楚各国之间的时差转换方法。国际上规定以英国格林尼治时间为世界标准时间。地球的两个半球分为东八区和西八区，东八区时间比标准时间早，西八区时间比标准时间晚。

时差的计算方法：两个时区标准时间(即时区数)相减就是时差，时区的数值大的时间早。比如中国是东八区(＋8)，美国东部是西五区(－5)，两地的时差是13小时。

对于出国人员来说，调整时差必不可少。飞机航班时刻表上一般注有两种时间，当地时间和标准时间。而机场标出的飞机起飞和降落的时间都是当地时间。

小资料

"时差综合征"

我们在乘坐飞机到国外旅行时，由于时差的变化，会引起人体内生物钟混乱，使人感到眩晕，医学上称为"时差综合征"，严重的病人可能出现头痛、耳鸣、心悸、恶心、腹痛、腹泻，以及判断力和注意力下降等。那么在乘坐飞机出国差旅时，如何减轻这种时差对人体造成的影响呢？下面三种方法可以一用：

1. 在飞机上应当大量喝水，不要喝含酒精的饮料，以避免体内脱水，脱水会加剧时差的影响。
2. 宜穿宽松的衣服，以便体内的血液流动。
3. 飞行过程中可以在机舱内多走动，舒展筋骨。

此外，出国差旅前做好心理准备，调整好自己的作息时间，保持良好的心态都有助于减轻"时差综合征"。

(二)准备业务资料和各种证件

携带哪些业务资料主要取决于出国差旅的目的。

如果出国差旅的目的是去推销商品、寻求合作，那么，样品、产品说明书、同类商品厂牌目录、商品价目表、统计资料和图表、买主名单一览表、企业介绍、公众对本企业的评价资料、合同等则是必带的业务资料；如果是去参加行业会议，则应提前准备好会议文件、演讲材料等。

与国内公务差旅一样，资料准备要充分。少量的纸质资料尽量做到随身携带，大批的纸质资料要做好防潮措施；对于存在手提电脑里的有关资料，一定要备份，对其中的机密文件、资料，还需要加密保护；与此次公务差旅无关的文件绝不要带出去，以免泄露商业机密。

同时，在国际商务差旅中，为便于工作，应将护照、工作证件等交与某一固定人员统一保管，以免因个人疏忽或不慎造成遗失与损坏，给自己带来麻烦甚至影响整个团队的行程。

（三）准备个人用品、行李箱、出访礼品、应急药品等

秘书要查看对方的日程安排，针对不同的活动，确定并建议领导及其随行人员的应带服饰和个人用品。必要时把此项内容列入日程表中。为了保证不落下重要的物件，秘书应该把应带的东西分类并列表打印出来，发给每个出国人员一份，自己留存一份。

如果条件允许，秘书应向领导申请，为领导和整个考察团购置统一样式、具有明显标识的行李箱，以免在差旅过程中出现遗忘、丢失行李的情况。

国际公务交流活动中不必送太过贵重的礼品，但是可以准备一些有公司代表性的小礼物，或者是具有中国特色的小手工制品作为礼物，同时要考虑到宗教信仰、民族风俗和禁忌等。

出国公务差旅，须携带一些常用药品和紧急医疗用品，以备不时之需。对于身体需长期服用药物的人员，应备好足量的药物，以免在境外出现不必要的麻烦。

（四）兑换外币

人民币是我国的法定货币，但是，在国外并不通用，因此，国外公务差旅前，要预备一些当地货币及美元。国外公务差旅前，秘书要根据国家规定的数额兑换外币。如果能换一些零钱更好，因为到达目的地后有零钱会比较方便。

第三节 接待工作的原则

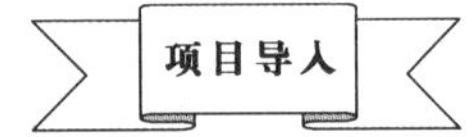

一、案例描述

李雯经过了激烈的面试竞争，终于进入了上海恒峰科技有限公司，她准备在公司好好表现，争取早日获得公司同事和领导的认可。一天，总经理找到李雯，说："北京顺达公司是我们公司的重要客户，他们公司总经理王斌一行6人要来我们公司参观两天，你去负责接待吧。"李雯心想，接待工作不就是迎来送往嘛，只要让顺达公司一行人吃好喝好住好，带他们在公司转转看看，然后再安排一些旅游或者文娱节目就行了。

二、任务分析

秘书李雯的想法是错误的，接待工作不是简单的迎来送往，让对方吃好喝好住好。李雯要做好此次接待工作，必须要先弄清楚以下三个问题：

第一，接待工作的内容及其基本要素。

第二，接待工作的具体类型。

第三，接待工作的基本原则。

一、接待与接待要素

接待是指社会组织对公务活动中的来访者所进行的迎接、接洽和招待活动，是社会组织

间人员相互交往的方式，是对来访客人给予相应的礼遇。接待是一项展示企业形象、体现企业管理水平、彰显企业实力的工作。接待水平可以从一定程度上反映一个企业整体的工作水平。文秘人员热情礼貌、耐心细致的接待能够使来访者有宾至如归的感觉，无形中提升了企业的知名度和影响力。

接待要素是指接待工作的各个组成因素，主要包括来访者、接待者、接待目的、接待形式。

(1)来访者：接待的对象。

(2)接待者：接待的主体，包括参加接待工作的所有人员，主要指领导及秘书工作人员等。

(3)接待目的：接待者进行接待活动期望达到的目标。

(4)接待形式：接待者根据来访者情况而确定的接待规格、程序、方式等。

二、接待的类型

合理划分接待类型有助于做好接待的准备工作，制订切实可行的接待计划。接待工作按照不同的标准可以分为不同的类型：

(一)按照接待的规格进行划分

(1)高规格接待：指主方的主要陪同人员的职务比客方主要人员高。

(2)对等接待：指主方的主要陪同人员与客方的主要人员职务、级别相当。这是最常用的接待规格。

(3)低规格接待：指主方的主要陪同人员的职务低于客方主要人员。

(二)按照来访者有无预约进行划分

(1)预约来访者接待：指已经就来访事宜和时间进行了预约的来访者的接待。

(2)无预约来访者接待：指临时来访者的接待。

(三)按照来访者人数的多少进行划分

可以分为个体性来访者接待、团体性来访者接待。

(四)按照接待的性质进行划分

可以分为工作接待、生活接待和事务接待。

(五)按照来访者的国别进行划分

可以分为内宾接待和外宾接待。

微型案例

小娜的困惑

这天下午，市房管局的张局长顺路来找李总。李总到市里开会，作为李总的秘书，小娜知道张局长与李总是读研究生时的同学，张局长告诉小娜说，他们导师的夫人昨晚突然去世了，他想约李总明早一起去看看恩师。正说着，电话铃响了，小娜匆匆用手指了一下椅子，赶快接电话。接完两个电话，小娜为客人送上了一杯水，与张局长接着闲聊。因为关系很熟，所以张局长说话也比较随意，他请小娜转告李总，希望看老师的时候，多少送点钱，表示一下心意，同时希望他俩最好送一样多，请小娜转告。李总下午7点多才回到办公室。小娜马上把张局长的意思向李总做了汇报。李总沉思片刻，反问小娜送多少钱合适？明天还要带些什么东西去？小娜摇摇头。她看到了李总眼里流露出的失望。

问题：小娜的接待过程是否恰当？应该怎样做？

资料来源：朱欣文、杨剑宇：《秘书实务》，华东师范大学出版社2013年版。

三、接待工作的基本原则

（一）平等相待

秘书面对不同的来访者，接待时必须按照先来后到的原则，做到一视同仁，应热情真诚相迎，平等对待。

（二）注重细节

在接待工作中秘书应以礼待人，注重细节。接待时要精神饱满、态度端正，不能把不良情绪带入工作中；来访者讲话时要注意倾听，不随意打断对方，也不要思想开小差做其他事；与来客交谈时语气要亲切自然，音量要适中，说话要留有余地，为了避免出错，对于客人说的重要事项要再确认一遍。

（三）勤俭节约

接待工作是一项消费型的事务活动，任何接待不仅需要投入人力、精力，还需要投入财力和物力。秘书必须按照单位接待工作的有关规定，按章办事。同时，秘书还应该本着勤俭节约的原则，精打细算，避免超标准接待。绝对不能为了只考虑公司所谓的"面子"和"形象"而铺张浪费，大搞形式主义，更不能借接待之名为个人谋取利益。

（四）安全保密

安全保密是接待工作中必须坚持的一项重要原则。安全包括重要来宾的驻地安全、交通安全、饮食安全、工作事宜等的安全。另外，秘书在接待各色人等、迎来送往的过程中，还要注意把握言谈举止的分寸，做到内外有别，严守组织的各种机密。

（五）善始善终

笑脸相迎是接待工作的首要环节，也是所有的接待者都力图做好的工作；而笑脸相送是接待工作的最后一个环节，很多接待者往往会忽视它的重要性。经过一系列的具体接待活动安排，无论接待者是否达到了接待的目的，礼貌送客都非常重要。即便在此次接待活动中双方没有达成合作协议，接待方也应该笑脸相迎、笑脸相送，做到善始善终。买卖不成仁义在，礼貌相送可为以后可能的合作奠定良好的基础。

第四节　接待的准备工作

一、案例描述

早上7:30，秘书小李在公司接待室忙碌着，因为经理昨天已经确定下来，今天早上8:30要在公司接待一位重要客户。小李把公司的接待室从内到外打扫得干干净净，给绿色植物浇水并摆放整齐，调整好窗帘的位置，打开空调，将温度调到26℃，检查茶具是否齐全，并将架上的书报按照日期整理完毕,然后才长舒一口气,带着自信和热情的微笑走出接待室,等待着经理和客户的到来。

二、任务分析

秘书小李的做法是完全正确的。小李为重要客户的接待工作做了充分的心理准备和物质准备。在接待前要做好相关的准备工作:

1. 心理准备,接待人员要把自己的心理调适到最佳状态。
2. 物质准备,接待人员应做到物质方面的查缺补漏,做好环境与物品的双重准备工作。

在秘书的众多常规性工作中,接待工作是很重要的一个组成部分,接待工作的好坏直接影响来访者对企业的第一印象,而要想做好接待工作,必须事先进行周密细致的准备工作,做好接待的准备工作是做好接待工作的前提条件。

一、心理准备

心态决定一切,良好的心态不仅可以保证工作的质量,还可以转化为习惯,塑造成气质,因此,接待工作的心理准备至关重要。

(一)诚恳热情

无论来访的客人是有预约的还是未预约的,是易于沟通的还是脾气急躁的,都要让对方感到自己是受到欢迎和尊重的。接待工作中,诚恳让人信赖,热情令人亲切,秘书在进行接待时,要始终坚持“来者都是客”的基本理念,采用灵活的方法和适当的语言接待来访者。

(二)严谨专注

严谨是指在接待过程中不可因为过度热情而言语随意、举止不雅,应当注重接待语言的严谨性,举止的规范性。秘书人员应善于在各种情景中开展接待工作。专注是指秘书人员在进行接待时不可“身在曹营心在汉”,人在此而意在彼,更不可以在接待来访者的同时进行其他与接待无关的工作,以免使来访者产生腻烦心理,进而对企业组织产生负面印象。

(三)沟通合作

沟通是秘书人员必备的一项职业技能,在接待工作中,有效地与来访者进行沟通十分重要,它不仅有助于秘书人员做好此次接待工作,更有利于客户关系的维护,为长期的友好合作奠定基础。对于来访者,秘书人员如果能够本着给予帮助,积极沟通,通力合作的心态来进行接待,就会表现出主动性与亲和力,体现出良好的职业素养,展现出企业的文化内涵。

二、物质准备

做好接待工作的心理准备之后,物质准备尤其必不可少,物质准备主要包括环境准备和接待用品准备。

(一)环境准备

接待环境可以分为硬环境和软环境。

1. 硬环境

硬环境主要包括前台、会客厅、办公室内的空气、光线、色彩、办公设备及其内部布置等外在环境,也包括客人来访所经过的与企业有关的所有场所,如大门、前厅、走廊、楼梯等处,这些地方都应该保持清洁、整齐、明亮、美观。秘书人员在进行环境准备工作时,应尤其注意以下几点：

(1)做好室内绿化工作。前台、会客厅、办公室等处的绿化相当重要，根据空间的大小适当摆放一些绿色植物和花卉，不仅可以改善办公环境的空气质量，更可以提升办公环境的美感。

(2)调整好室内空气的温度与湿度。室内空气的温度和湿度直接影响着来访者的心理状态，一般情况下，接待室内均安装有空调、加湿器和通风设备。夏天室内温度应调整在26℃左右为宜，冬天室内温度则应调整在18℃左右为宜，这样节约用电，又可避免因室内外温差过大给来访者带来不便。在天气非常干燥的情况下则必须使用加湿器，保持空气的湿度。此外，秘书人员还应注意多开窗通风，以保持空气清新。

(3)控制好室内光线。室内应有适当的照明，一般以自然光源为主，人造光源为辅。在采用人造光源照明时要注意不可使光线过强，更不可使光线从正前方正向对准来访者，以免刺激眼睛；室内光线也不宜过弱，太暗会引起视觉疲劳，容易使人昏昏欲睡。

(4)消除噪音，保持安静。接待室一般不适合安排在楼梯或电梯口等声音嘈杂的位置，秘书在进行接待工作时要注意消除室内外噪音，保持室内外环境的安静。

(5)合理布置会客厅和办公室。会客厅和办公室往往是来访者逗留时间最长的地方，因此会客厅和办公室内的合理布局直接彰显企业的专业水平。这些地方的大型办公用品应摆放合理，小型物品要进行归类并摆放整齐。秘书要合理利用室内空间，合理悬挂公司徽章奖状、荣誉证书、宣传图片等，时刻注意塑造和宣传企业的良好形象。

提醒您

适合养在办公室的植物

➤ 吊兰、文竹和非洲菊：能够吸收甲醛，也能分解复印机、打印机等排放出来的苯，还能吸收尼古丁。

➤ 万年青、龙血树和雏菊：可清除来源于复印机、激光打印机和存在于洗涤剂和黏合剂中的三氯乙烯。

➤ 铁树、常春藤和菊花：能分解甲醛、甲苯、二甲苯等有害物质。

➤ 美人蕉、金银花：对二氧化碳有强烈的吸收作用。

➤ 仙人掌科的仙人球、仙人掌等：能吸收甲醛、乙醚等装修产生的有毒有害气体，吸收电脑辐射。

➤ 散尾槐：被称为天然加湿器，能调节室内空气湿度。

➤ 这些植物通过光合作用，吸收二氧化碳，放出氧气，使封闭式办公室内的空气变得清爽。对于长时间坐在电脑前的工作人员而言，看看这些绿色植物既可以缓解眼睛疲劳，又能使自己保持头脑清醒。

2. 软环境

软环境主要是指办公室的工作氛围、接待人员的协作关系、办事效率、个人素养等在接待过程中体现出来的人文环境，具体包括企业文化环境和接待礼仪环境。

企业文化环境主要通过企业长期的文化积淀，潜移默化地影响着公司职员，然后形成的一个企业固有的精神氛围，它是公司精神面貌的整体体现。

接待礼仪环境主要包括接待人员的态度、礼仪修养、接待过程的安排与衔接等。接待过程中接待者的精神面貌和接待环境中表现出来的氛围、内涵等是可以让客人感知到的东西，可以说是给客人呈现出来的企业的“感觉”。因此，在接待过程中，接待人员应该精神抖擞、大方得体。

(二)接待用品准备

接待过程中涉及的用品主要包括必备用品和辅助用品。

必备用品主要包括桌椅、沙发、笔、便笺纸、书报架等办公用品和饮水机、茶叶、一次性茶杯、整套茶具、矿泉水、饮料、纸巾等生活必需品。企业的接待室一般是禁烟区，因此烟灰缸是绝对不应该出现的。企业简介和其他一些宣传资料也是接待过程中的必备用品，这些宣传资料可供来访者在等待的时间中阅读，对企业而言，这也是一种有效的宣传方式。

辅助用品主要包括接待标志(如横幅、指示牌等)、接待设备(如扩音器、摄像机等)、接待用车和接待礼品等。

第五节　接待工作的基本程序

一、案例描述

研发部办公室秘书刘依然正忙于打印一份重要的研发报告，她想集中精力赶紧把报告打完，谁知道，一会儿一个电话，叫她通知这通知那；一会儿又让她解决这事那事。弄得刘秘书心烦意乱。

正在懊恼之际，听见有人敲门，心想又是谁呀？推门而进的是一位40多岁的中年男士。刘秘书问他：“您好！请问有什么需要帮忙的?”来人说：“我是泰达公司的洪金龙，想见你们李经理，今天早上我跟他约好10:00见面。”

刘秘书看了一眼墙上的挂钟，还差10分钟到10:00，就说：“那您先坐会儿吧。”接着，就又低头忙碌起来。紧接着，刘秘书又听见有人敲门，这次推门而进的是李经理的老同学——市政府科技处的张处长。刘秘书马上热情地迎上去，沏好茶端给了张处长。张处长接过茶说：“今天有时间就直接过来了，想跟你们经理谈谈市里那个项目的事情，他今天上午没别的事吧?”刘秘书忙说：“李经理上午没什么事，我这就带您过去。”

这时，站在旁边的客人生气了，大声说：“你这个秘书懂不懂先来后到的道理？难道这就是你们公司的待客之道？我是小公司的人，不配受你这大公司秘书的接待，既然我在你们公司是不受欢迎的人，那我就先告辞了。”说完，摔门而去。

刘秘书瞬时愣住了，脸唰地一下红到耳根，张处长也尴尬地站在原地。

二、任务分析

日常接待工作是秘书工作的重要组成部分。日常接待工作分为预约接待和无预约接待。刘秘书明显没有根据预约接待和无预约接待的工作程序对双方进行接待，造成了来访者的不满和尴尬。秘书在做接待工作时，应了解以下两方面的具体内容：

1. 有预约客人的接待工作。

2. 无预约客人的接待工作。

任何客人的来访都不应该绕开公司前台或有关秘书而直接去找被访者。那么,公司前台和秘书的工作任务之一就是甄别客人,起到“过滤”“分流”的作用。一般而言,来访者可分为预约来访者和无预约来访者。公司前台和秘书要促使预约来访者能够按时与被访者见面,此外,针对不同的无预约来访者,秘书要能迅速甄别,并给予合适的接待与分流。

一、预约接待的基本程序

(一)亲切迎客

1. “3S”服务

有来访者走近时,秘书应立即停下手头的工作,以站立姿态面带微笑主动问候。即 Stand up (站立),See(注视对方), Smile(面带微笑),这就是我们所说的“3S”服务。

如果来访者已经走进门,而秘书正在接听电话,此时应该马上向客人点头致意,迅速结束电话,接待来访者。

2. 礼貌而热情地招呼来宾

常用语可以是“您好,欢迎光临”“您好,有什么可以帮到您吗?”“您好,我能为您做些什么?”

3. 了解来访者约定见面的部门或人员

如果事先已经知道来访者的预约对象,可以说“您好! 请稍等,我与××经理联系一下。”“您好,欢迎光临,××经理已经在会客厅等您了”。

4. 通知被访者

来访者依约前来,秘书应及时以电话或其他方式通知被访者,遵从被访者的意见安排双方见面。如果被访者一时不方便会见来访者,秘书要代替被访者向来访者诚恳地道歉,说明原因,请其稍等,并立即奉上茶水,递送书报资料等供来访者消遣时间。来访者等待期间,秘书要及时为其续水,让来访者知道秘书一直在关注他的事情。如果需要来访者等待的时间很长或者需要重新约定见面时间,秘书同样要向来访者说明情况,并征询来访者的意见是要等待还是重新约定见面时间,如需重新约定见面时间,秘书应充分考虑来访者与被访者双方均方便的时间,不可私自替被访者允诺。

(二)热情待客

1. 引领来访者

引领来访者到被访的部门,或按单位要求安排专门工作人员接待。引见来访者途中,应配合其步调,尽量处在他(她)的左前方稍前的位置,并可与来访者进行适当的寒暄、交谈。转弯或上楼时,应稍停并指示方向,礼貌地用手示意。乘电梯时,应先告知到几楼,并按住电梯开关,让来访者先入先出。到达目的地,应示意,说明“就在这里”,或先行敲门,得到应允后,请来访者先入内,并向被访部门人员做介绍。

微型案例

当来访客人走进某药业集团有限公司经理办公室时,秘书小李正在打印一份重要的材料，他向客人点点头，并伸手示意客人先坐下。15分钟后，小李打印好文件资料，他起身为客人端茶水，并打电话通知客人要找的部门，然后在自己的办公桌前坐着跟客人道别。为此事，小李受到了办公室主任的批评。你知道小李挨批的原因是什么吗？

2. 招待来访者

秘书将来访者引领至被访者的办公室或会客室后，如需介绍，秘书应遵循“让尊者先了解对方的原则”为双方进行介绍。

在来访者与被访者进行寒暄的时候，秘书应适时地奉上茶水，且不可在双方谈话进入正题以后再端茶倒水打断双方的谈话，退出后，轻轻将门关好。

在给客人沏茶时应注意：

(1)保持茶杯清洁。杯口绝对不可以有裂口或者污渍，接待一般客人可用一次性纸杯，接待重要客人要用带盖子有把儿的瓷茶杯，接待地位十分尊贵的客人要用质地优良、工艺讲究的成套茶具。

(2)确保茶叶质量良好，茶水保持七分满。国内客人大多喜欢喝绿茶、红茶和花茶，招待国外客人最好先征求对方意见，根据要求奉上茶水或饮料。招待客人，一般冬季用红茶，夏季用绿茶，春秋季用花茶。

(3)端茶进入会客厅之前应先敲门再进入。

(4)上茶时，应该将托盘放置在桌子或茶几上，双手端出托盘上的茶杯放到客人面前。

(5)送茶顺序应遵循“先客人后主人”的原则。即先给客人奉茶，然后再给本公司的人员奉茶。

(6)注意客人杯中的茶水残留量。如果已经喝去一半，秘书就要及时地为客人添加开水，使茶水浓度基本保持前后一致。若茶水过淡，应换上新茶杯和茶叶。

(三)礼貌送客

当来访者离开时，应礼貌送客，如：“请您走好”“欢迎下次光临”等，并为客人开门，帮客人取衣帽等物或是陪同客人到门口。若有必要，可帮助来访者预订车辆。即使双方没有达成一致意见，客人临走时有不悦的神情，秘书也应以礼相送，这样可以显示自己的风度，对树立企业良好形象也有极大的帮助。

微型案例

康先生依照约定时间来到恒峰科技有限公司办公室，要求拜见公司董事长祝泽凯，可是恒峰科技有限公司的董事长却完全忘了这个约见，且此时正在某俱乐部与另一位客户打网球。要知道康先生可是公司的重要客人。这下可急坏了董事长秘书小李，接下来她应该如何处理呢？

二、无预约接待的基本程序

(一)坚持“3S”服务

预约来访是现代社交中的一般规矩，但是对于那些不速之客，秘书也绝不能因为没有预约而怠慢他们，坚持“来者是客”和“3S”服务是秘书接待工作的基本准则，也是秘书职业行为规范的内在要求。

(二)了解来访者身份和意图

秘书面对来访者,可客气地询问:“您好,请问您事先约好时间了吗?”“您好,请问您之前有预约吗?”当了解到对方与被访者没有预约时,仍应以欢迎的态度、礼貌友好的接待为其服务。现在秘书要做的工作是通过语言的交流,准确地了解来访者的身份和意图,再根据实际情况安排会见或者婉拒对方。

微型案例

秘书小徐正在公司前台接电话,电话是一个重要客户打来的,事情较为复杂。这时候进来两位客人,一位声称自己有预约要见公司总经理,另一位还未预约,但是坚持说自己有急事也要见公司总经理。

问题:此时秘书应该怎样处理才能使电话里的客户和来访客人都满意?

(三)分流处理

面对没有预约的来访者,秘书切不可直接将其带到领导办公室或者其他相关部门,应事先对来访者迅速进行甄别,做好分流与接待工作。无预约来访者一般可分为以下几类:

(1)固执任性的推销类人员:秘书初步判断其推销的产品本公司是否需要,如可能有需要则打电话咨询采购部门,如无需要则可以直接明确、大方地告诉对方。对于特别固执的推销人员秘书可以请他留下名片或产品说明书,告诉他公司有需要时再联系或代为转达给采购部。

(2)情绪激动的投诉类人员:面对情绪激动的投诉人员,秘书应保持冷静,认真听取投诉者的叙述,心平气和地与对方交谈,与售后服务部取得联系,请售后服务部的工作人员给予专业的解答和接待。

(3)上司熟知的重要客户或亲戚朋友等:热情接待,了解对方的基本情况后及时与上司联系,按照被访者的指示进行处理。值得注意的是,很多无预约来访者会假冒上司的亲戚朋友之名要求会见,秘书必须灵活应对,准确甄别来访者的身份和意图,切不可贸然引领至上司办公室。

如果被访者虽有时间,但是不想接见来访者。秘书可以视情况而定,直接告诉来访者不能接见的原因,或是以被访者没有时间或不在公司等为借口,告诉客人被访者不能接见,以免客人不悦。

(4)不明身份的来访者:有一些不速之客会直接点名要与某某会谈,但拒绝告之秘书自己的身份和来意,此时秘书不能直接告诉对方被访者是不是在办公室,应先请来访者就座,并热情地对他说“请您稍等一会儿,我帮您去看看他在不在办公室”,然后及时地通知被访者,根据被访者的指示安排见面或者婉拒客人。

(四)礼貌送客

如果来访者是不速之客且不受欢迎,秘书也应该以礼相待、以礼相送。这样既可以安抚来访者的情绪,又可以展示企业的良好形象。

微型案例

迎来送往各路人马 方法技巧应对自如

新天地公司行政办公室的小王刚上班，就来了一位自称是总经理大学同学的张斌，小王将其引到招待室，端上茶水，“张先生，请稍等，您先看下这份报纸上关于王总的专访，我给王总打个电话。”小王打电话告知王总。

刚安排好王总到招待室会客，办公室就来了位怒气冲冲的女士，“你们怎么搞的，说好送激光笔，到了却是耳机！我要投诉！”小王忙说：“女士，您先别着急，先请坐，我是行政办公室的小王，您喝杯水，慢慢说，我记一下。”小王拿出投诉记录单，原来这位孙女士购买公司产品时说好赠品是激光笔，送货时赠的却是耳机。小王打电话到销售部，因为激光笔赠完了，就换成了耳机。不过激光笔明天到货。小王连忙解释说：“大姐，确实是我们工作未做到位，赠品没了没及时说，送货时换成别的也没事先通知您，真不好意思。”此时，孙女士已经平静了很多，“你们这不是出尔反尔吗？”“是，是，大姐，您留下地址，激光笔一到货我就给您快递一支，您看怎样？”孙女士连声称谢，满意离去。

看看表，30 分钟过去了，小王敲敲招待室的门，得到允许，刚进去，就看见王总的左手握成了拳头，小手指又从握拳状伸出来，看到暗号，小王忙说：“老同学见面，真有说不完的话！可是，王总，您和李总的约见时间到了，李总已经在等您了，您看？”“哦，差点忘了，张斌，我这有点重要的事情，事先定好的。咱俩改天再好好聚聚！”送走张斌，王总说：“老同学叙旧是幌子，实则推销金融产品，幸好你帮我解了围！”。

资料来源：赵雪静：《办公室事务管理》，华东师范大学出版社 2015 年版。

问题：从小王的接待工作中，你学到了什么？

第六节 接待规格与接待计划

一、案例描述

一上班，某公司经理便交代秘书小李，下周四(2017 年 7 月 27 日)广州奥科公司王总经理要带着 7 人团队到公司来学习先进的管理经验，为期 4 天。经理要求秘书小李尽快制订出接待计划，以便做好相应的接待工作。

二、任务分析

与接待个体性来访者相比，接待团体来访所涉及的人员多、时间长，来访人员所提的要求和问题也多，因此，必须提前了解来访者的具体情况和来访意图，确定好接待规格，制定好接待计划。因此，秘书小李要先了解：

第一，什么是接待规格，以及如何确定接待规格？

第二，接待计划的制订原则、内容和制订流程等。

第三，做好接待筹备表。

一、接待规格

(一)接待规格

接待规格是指接待者向来访者提供的招待标准的总称。接待规格分为高规格接待、对等规格接待和低规格接待，一般而言，企业间以对等规格接待为主。

(二)接待规格的确定

1. 经费

经费是指一次接待工作中各项开支的总额及具体环节所需要的费用支出。接待规格越高，则接待费用越高。

2. 规模

规模是指在接待的过程中，尤其是在迎送、宴请、陪同等重要环节上，接待方人员参与的具体范围以及实际到场的人数。接待规模越大，则说明在整个接待活动中参与的人员数量越多，也表明接待方对接待活动的重视。

3. 身份

身份是指到场的接待方主要人士的身份高低。在商务接待活动中，接待方身份的高低一般指负责接待的主要人员在公司中行政职务的高低。接待方到场的身份越高，则说明对被接待方的重视。

4. 惯例

惯例是在现代商务活动中，一般采用对等规格接待，即接待方和被接待方主要人士的职务相当，或是接待方参照被接待方在此之前接待己方人员时所采用的礼宾规格执行，以示礼尚往来。

秘书在确定接待规格时应慎重考虑以上要素，最后由上司决定。接待规格一旦确定就要具体考虑由哪一位高级管理人员负责这次接待，由谁担任专职陪同人员及接待人员，来访者的住宿地点、标准、房间数量等。

微型案例

某企业长期向某贸易公司提供产品，前些年此类产品销路很好，供不应求，其厂长进京公干都是由贸易公司总经理出面接待。而现在此类产品供需已趋于平衡。其厂长此次再来，是否仍按原规格接待?

二、制订接待计划的原则

接待来访者尤其是重要来访者或来访团体，秘书应在接待之前制订详细周密的接待方案，即我们通常所说的接待计划。

(一)针对性原则

制订接待计划要有针对性，即针对具体的来访者或来访团体，针对具体的接待目的和接待任务。

(二)可行性原则

制订接待计划要切实可行,不可盲目节俭或盲目攀比,要符合当时当地具体的主客观条件。

三、接待计划的内容

接待计划的基本内容包括接待原则、接待规格、接待日程安排、接待形式和接待费用等。

接待原则:即接待所依据的制度。

接待规格:接待的规格和接待的费用成正比。

接待日程安排:主要包括工作安排、生活安排、文娱安排等内容。接待日程安排往往以接待日程表的形式呈现,日程表应该经过领导审批,如果领导同意,则可将日程表以电邮或传真的形式发给对方确认,如对方要修改,可再商榷修改直至定稿。定稿后要再发对方确认,同时为确保接待工作顺利完成,定稿的日程表还应发给本企业相关部门和人员,以便他们明确自己在接待工作中的具体任务。日程表的制作应清晰合理,各项活动的时间、地点、负责人员、任务要求等均应明确。

接待形式:指具体的接待方式、方法。接待形式是接待规格的具体体现,如在迎宾环节是直接去机场迎接还是举办隆重的迎宾仪式,在餐饮方面是选择中餐还是西餐。

接待经费:主要包括住宿费、餐饮费、劳务费(讲课、做报告等费用)、交通费、工作经费(租借会议室、打印资料、通信等费用)、考察参观及娱乐费、纪念品费和其他费用等。

微型案例

接待日程表

北京某轮胎制造公司总经理康先生及随行人员共3人,将于2016年4月10～13日来上海某机械制造有限公司洽谈业务,交流轮胎制造机械方面的技术问题。届时上海公司总经理赵先生将出面接待康先生并与其洽谈。接待日程表如下:

北京某轮胎制造公司代表团来访的接待日程表

<table>
<tr><th>日　期</th><th>时　间</th><th>地　点</th><th>参与人</th><th>事　项</th></tr>
<tr><td rowspan="3">4月10日
(周三)</td><td>15:45</td><td>机场</td><td>赵总经理在机场迎接</td><td>接机</td></tr>
<tr><td>19:00</td><td>喜来登酒店</td><td>赵总经理</td><td>拜访康先生</td></tr>
<tr><td>19:30</td><td>喜来登酒店宴会厅</td><td>赵总经理及客人</td><td>共进晚餐</td></tr>
<tr><td rowspan="4">4月11日
(周四)</td><td>10:00～11:30</td><td>庆林公司会议室</td><td>赵总经理、业务部经理林强及客人</td><td>交流、洽谈</td></tr>
<tr><td>12:00</td><td>喜来登酒店</td><td>赵总经理、业务部经理林强及客人</td><td>共进午餐</td></tr>
<tr><td>14:00～18:00</td><td>3号车间</td><td>赵总经理及秘书小周陪同客人</td><td>参观机械化生产线</td></tr>
<tr><td>18:30</td><td>喜来登酒店</td><td>赵总经理、业务部经理林强及客人</td><td>共进晚餐</td></tr>
<tr><td>4月12日
(周五)</td><td>10:00</td><td>外滩、豫园等</td><td>总经理秘书小周陪同</td><td>参观、游览</td></tr>
<tr><td>4月13日
(周六)</td><td>10:30</td><td>喜来登酒店</td><td>赵总经理到宾馆为客人送行,秘书小周送到机场</td><td>送行</td></tr>
</table>

四、接待计划的制订

接待计划的制订见图 3—6—1。

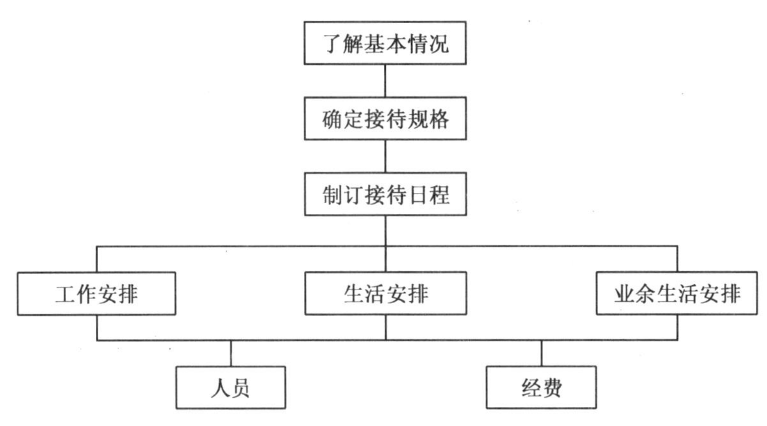

图 3—6—1 接待计划的制订

五、接待筹备表

接待筹备表是在接待日程表的基础上，结合接待工作的具体要求，将每项接待工作细化，并落实到具体负责人。接待筹备表也需要领导审批，并在主管领导的带领下至少召开一次协调会，明确分工与责任。秘书起着全程跟踪与协调的作用。

接待筹备表应包括以下内容：筹备活动事项、完成时间、负责部门、主要负责人（经办人）、完成情况、备注等。

微型案例

接待工作筹备表

上海某机械制造有限公司与北京某轮胎制造公司经过多次磋商，对合同的条款达成一致，决定于 2016 年 6 月 20 日在上海某机械制造有限公司正式签约。上海某机械制造有限公司为圆满做好此次接待工作，特制订接待工作筹备表，如下：

关于接待北京某轮胎制造公司的工作筹备表

负责秘书：周欣桐　　电话：021—××××××××　　制订日期：2016 年 6 月 5 日

完成日期	工作内容	负责部门	经办人	完成情况	备注
6 月 1 日	了解来宾的基本情况	总办	周欣桐		
6 月 2 日	拟订接待初步意见	总办	周欣桐		
6 月 2 日	确定陪同人员名单	总办	周欣桐		
6 月 3 日	确定并印发活动日程表	总办	周欣桐		
6 月 3 日	安排好接站及返程票的预定、预购	后勤办	郑飞		
6 月 4 日	安排好来宾住宿	办公室	何娜		
6 月 4 日	安排好餐饮及宴请	办公室	何娜		

续表

完成日期	工作内容	负责部门	经办人	完成情况	备注
6月4日	安排好工作用车	后勤办	周欣桐		
6月10日	安排好会谈、参观事宜	总办	周欣桐		
6月10日	准备好签约所需的资料和物品	总办	周欣桐		
6月10日	安排文化娱乐及体育活动	总办	周欣桐		
6月17日	安排新闻报道	办公室	何娜		
6月17日	准备纪念品或合影留念	办公室	何娜		
6月17日	做好接待经费预付及结算	办公室	何娜		
6月17日	安排好送行工作	后勤办	周欣桐		
6月19日	布置好签约会场	总办	周欣桐		

第七节 重要团体与外事工作的接待

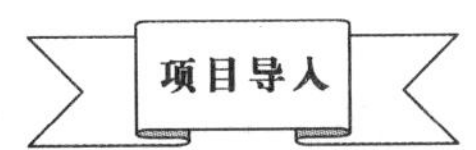

一、案例描述

小敏是公司总经理办公室秘书，负责公司的外事接待。这天，公司一位重要的客户要从新加坡过来，王总经理让小敏到机场接这位客户。

小敏接受任务后，不敢怠慢，她向接待过这位客户的老秘书询问了这位客户的一些基本情况，要了辆车就出发了。

接到客户后，她开始和客户寒暄，新加坡的天气比南京要热很多，小敏说："李总，南京天气较冷，您还适应吧？"客户点了点头。

接着她又和客户聊到客户老家的一些基本情况，客户对小敏的表现非常满意。在和公司总经理谈下年度合作时，李总说："你们那个小敏很能干，希望下次王总和小敏一起到新加坡去。"

就这样，两家公司达成了长期合作的共识。

二、任务分析

小敏在进行外事接待之前，做了充分的准备工作，例如，向接待过这位客户的老秘书询问客户的基本情况，并在接待过程中用合适的话题与客户进行交流。由案例可知，进行重要团体接待或者外事接待，首先要了解来访者的基本情况，然后再根据来访者的具体情况和接待程序进行接待。

第一，了解接待团体性来访者的基本程序。

第二，掌握重要团体的接待程序。

第三，了解外事工作的接待程序。

一、接待团体性来访者的基本程序

由于接待人数、内容、性质等的不同，接待的程序也不尽相同，但一般的程序如下：

(一)接待前的准备工作

接待前的准备工作主要包括我们前面所讲的心理准备和物质准备,此处不再赘述。

此外,就一次具体的接待活动而言,秘书须及时了解来宾的基本情况和来访意图。来宾的基本情况包括姓名、性别、年龄、民族、身份和职务等。秘书能否及时有效地获取来访者的各种信息是做好接待工作的关键。

(二)拟订接待方案

接待方案的基本内容包括接待规格、接待日程安排、接待形式和接待费用等。

拟订接待方案以后,秘书应提前准备有关的文字材料,如参考材料、谈判材料、发言材料、欢迎辞、祝酒辞、协议书等。会议纪要、会议简报等文字材料则可以在接待过程中撰写。

(三)接待工作的实施

即秘书人员在接待方案经双方同意后,据此加以精心组织和实施的过程。接待工作的具体内容全面,工作环节较多,主要包括迎接、拜会、宴请、会见会谈、参观游览、送别,还包括吃、住、行和安全等相关内容。接待工作的实施是接待的中心环节,是对接待方案的具体落实。

(四)接待工作后的总结

秘书在接待工作结束后要根据实际情况做好总结工作。如接待工作的经验、教训、成果等应主动向有关领导汇报;对相关文字资料进行整理归档,来访者接待工作的记录,是重要的档案资料之一,一定要收集齐全,及时整理,按照档案管理规定的要求整理归档;写好接待工作小结,如有必要,可编印简报;另外在送走来访者后,应结算接待经费,做好会议善后事情的处理,力求事事落实到位。

二、重要团体的接待程序

团体来访一般人数较多,事情重要且繁杂,来访时间一般较长,接待工作往往涉及多个部门,因此要提前做好接待准备。

(一)接待准备

主要包括收集了解来访者的基本情况(包括一行几人、男女比例、职位等),及时报告主管领导、听取领导对接待工作的具体意见,制订接待计划报领导审批,准备接待的各种材料,协调有关部门落实接待计划等。

(二)接待实施

1. 迎接

主人应提前到达机场、车站恭候客人的到来,绝对不能迟到让客人久等。原则上去迎接的人应该与来访者的身份对等,若因特殊原因,相应身份的人不能前往,前去迎接的人应向客人做出礼貌的解释。乘车活动贯穿整个接待活动的始终,乘车时应注意乘车礼仪,不同类型的车或不同身份的人驾车,乘车时座次的排列也不尽相同。

对于团体接待,一般采用旅行车接送客人,这样可以避免出现因来访者人数较多而造成的座位不够的问题。旅行车以司机座位后第一排右侧第一个座位为尊位,越靠前靠右越好,依次为:第一排右座、中座、左座,第二排右座、中座、左座……

2. 活动组织

按照接待方案,精心做好工作安排、生活安排和文娱安排。

工作安排应充分尊重来访者的意见,宜张弛有度;生活安排和文娱安排则既要体现主人的友好热情和地方特色,又要尊重来访者的习惯爱好、宗教信仰和民族禁忌等。接待过程中,对客人提出的意见要及时向领导反映,客人提出的要求尽可能地满足。

(三)善后工作

秘书将代购的回程车、船、飞机票交到来访者手中,落实返程安排及送行车辆与人员,一般迎接的人员应该参加送别,送行人员可以前往来访者住处陪同出发,也可以直接到交通场所恭候送客。

秘书将接待活动中所涉及的各项费用进行清算整理,如实报账;将接待活动中所涉及的文件资料等统一整理归档,做好接待工作总结,及时向领导汇报情况。

三、外事工作的接待程序

(一)了解外宾的基本情况

尤其应注意了解外宾的国别、个人兴趣爱好、民族禁忌、政治倾向、宗教信仰等。外事接待中一般应避开政治和宗教问题,在商言商。

(二)与客方确认日程安排

各项活动安排一旦确定下来,不应再轻易修改,各项活动的具体组织也要把握好时间,准时进行。守时是国际交往礼仪的一项基本要求。

(三)预订宾馆酒店

先了解客人对宾馆酒店的要求,再根据预算情况预订酒店。

(四)举办欢迎仪式

可以举办简单的欢迎仪式,主办方领导致欢迎辞或祝酒辞。提前调试好翻译设备,做好翻译工作。

(五)准时开展会见会谈等商务活动

以会见会谈为例,会见会谈前秘书应根据具体的出席人数、职务等安排好座次。会见会谈时,要做好记录。会见会谈结束时,要安排合影留念,应事先安排好合影人的位置。安排合影留念时一般主人居中,遵循"以右为尊"的原则让主客双方间隔排列,如果人多要分成多行,则按"前高后低"进行排列。注意尽量不要让客人站在边上。

(六)陪同参观、游览

提前安排好参观游览路线,带领外宾参观当地的名胜古迹或与业务相关的企事业单位等,参观游览过程中应适当与外宾进行交流。与外宾交谈时应表情自然、态度诚恳、用语文明、表达得体,当外宾相互间进行交流时不要轻易打断别人的对话,交谈中应避免个人家庭、收入、年龄等私人话题。在陪同参观游览时要做好安全保卫工作,如需要,可通知公安部门做好外事安全保卫工作。

(七)对外宣传与报道

如果来宾身份重要或活动具有重要意义,应通知有关新闻媒体派人进行采访报道,并对新闻稿件进行审核把关,确保宣传报道的内容真实有效。

(八)馈赠礼品并举办欢送仪式

根据工作需要向外宾赠送纪念品或小礼品,在选择礼品时应注意形式恰当、尊重对方的需求、不可以触犯对方禁忌。举办正式的欢送仪式,礼送客人。

微型案例

北京某外贸公司的丁文秘书，对阿拉伯国家的民俗礼仪进行了一些研究。原来，为了开展与中东某国的出口业务，该外贸公司的经理同秘书丁文一同前往中东的这个国家洽谈业务并推销产品。到了该国，经理和丁文注重阿拉伯国家的习惯，穿上素服，带上头巾不漏秀发，深得客户信任。在客户应邀来北京谈判时，她又处处注意礼仪，商务谈判坚持平等互利。每逢伊斯兰教节日，便中止谈判，安排客户前往清真寺进行宗教活动，这样既建立了友谊，也取得了对方的信任和尊重，不但签署了上百万元的出口合同，而且这位客户以后所有的进口业务都想找丁文所在的外贸公司。

来源资料：赵锁龙：《管理秘书实务》，中国人民大学出版社 2004 年版。

问题：

1. 在外事接待中，秘书应注意哪些问题？
2. 请简单说说阿拉伯国家的礼仪禁忌。
3. 外事接待中，安排文娱活动有哪些要求？

资料阅读

苏轼的拒绝

《宋史・苏轼传》记载，元丰末年，杭州僧人净源死后，他的徒弟乘海船到高丽，将净源的死讯告知高丽王子义天，义天则派僧徒来中国祭奠净源，同时，带来了高丽国国母所送的两个金塔，为宋朝皇帝和皇后祝寿。当时苏轼任杭州知州，面对高丽国僧徒向皇帝转呈礼物的请求，他果断地拒绝了，并立即上表朝廷报告这件事的原委，提出周详的处理意见。苏轼在上奏的公文中这样说："我认为高丽国因为派人来祭奠一位亡僧，顺便让他带来了高丽国国母给本朝帝后的礼物，这样做真是轻率无礼到了极点！要是朝廷收了而不回赠，或者回赠太轻薄，那么他们今后就有了对我们无礼的借口；要是收了礼物而回赠很丰厚，那就是以重金来回报他们轻微而失礼的馈赠了。我已经令主管的官吏将他们带来的进奉状退还了，并特别对那位高丽僧人说：朝廷的制度很严，地方官不敢擅自奏闻外国僧人来往的事情。我料这个僧人一定不肯善罢甘休，他会说本国派他来进献礼品，若不给他上奏，回国后就要重重得罪。我打算在他的状书上写个批语：'地方官不能向朝廷上奏不是他职权范围内的事情，高丽国没有正式发文，因此这件进奉状我不能转呈给朝廷，请持状回国复命。'这样的处理，是以我地方官的名义给他们的答复，不是朝廷拒绝他的礼物，似乎是一个比较稳妥的办法。陛下如认为可以，请下诏批准施行。"

从现代秘书的接待工作和为老板挡驾的角度来分析，苏轼在处理这件事情时有 3 点做得十分到位：(1)定位准确。苏轼认为，高丽国国母送礼给宋朝帝后，这是两国元首间很重要的外交事务，高丽国应该派专使，上呈专文。现在却通过转呈的形式顺便而为，这是无礼的行为。(2)采取最佳解决方案。苏轼的处理方式又不是鲁莽的，他仔细分析了可能遇到的几种情况，从维护皇帝尊严的角度，果断将进奉状退回。考虑到那个僧徒可能会纠缠，又机智地以职权所限作借口，既不失泱泱大国的气度，又为当朝皇帝保存了威严。(3)主动说明事情原委。决策正确与否，往往关系事业的成败，苏轼作为一代名臣，辅助决策时主动果断，不明哲保身，事后能坦陈主张，决不贪功，真正做到了主动辅助而不越权，体现了挡驾的艺术和技巧。

小 结

关键术语

国内公务差旅　出国公务差旅　接待　“3S”服务　接待规格　接待计划　团体接待　外事接待

本章小结

1. 国内公务差旅前的准备工作：(1)了解公务差旅的基本情况，公务差旅的目的、时间、地点、人员与事务安排等；(2)预支差旅费用；(3)预订交通工具、宾馆等；(4)准备相关资料和物品；(5)领导出差当天秘书应完成的其他事项等。

2. 国内公务差旅期间的工作：(1)负责携带、看管相关物品；(2)听从领导安排，与公司保持联系，协助处理相关事务；(3)照顾领导日常生活，确保商务差旅顺利进行。

3. 国内公务差旅结束后的工作：(1)整理资料，撰写出差总结报告；(2)报销差旅费等。

4. 出国公务差旅前，秘书要协助领导办理好护照、签证、出境登记卡、旅行保险等。

5. 出国公务差旅的其他准备工作：(1)了解所到国的背景资料和时差；(2)准备业务资料和各种证件；(3)准备个人用品、行李箱、出访礼品、应急药品等；(4)兑换外币。

6. 接待是一定的社会组织对公务活动中的来访者所进行的迎接、接洽和招待活动，是社会组织间人员相互交往的方式，是对来访客人给予相应的礼遇。接待是一项展示企业形象、体现企业管理水平、彰显企业实力的工作。

7. 接待要素是指接待工作的各个组成因素。主要包括来访者、接待者、接待目的、接待形式等。

8. 按照接待的规格，接待可以分为：高规格接待、对等接待和低规格接待。

9. 按照来访者有无预约，接待可以分为：预约来访者接待和无预约来访者接待。

10. 接待工作的基本原则：(1)平等相待；(2)注重细节；(3)勤俭节约；(4)安全保密；(5)善始善终。

11. 接待的准备工作包括：(1)心理准备；(2)物质准备。

12. 预约接待的基本程序：亲切迎客、热情待客、礼貌送客。

13. 无预约接待的基本程序：(1)坚持“3S”服务；(2)了解来访者身份和意图；(3)分流处理；(4)礼貌送客。

14. 接待规格是指接待者向来访者提供的各种待遇的总称。

15. 接待规格的确定：(1)经费；(2)规模；(3)身份；(4)惯例。

16. 接待计划的基本内容包括接待原则、接待规格、接待日程安排、接待形式和接待费用等。

17. 接待团体性来访者的基本程序：(1)接待前的准备工作；(2)拟订接待方案；(3)接待工作的实施；(4)接待工作后的总结。

18. 外事工作的接待程序：(1)了解来宾的基本情况；(2)与客方确认日程安排；(3)预订宾馆酒店；(4)举办欢迎仪式；(5)准时开展会见、会谈等商务活动；(6)陪同参观、游览；(7)对外宣传与报道；(8)馈赠礼品，欢送。

知识结构图

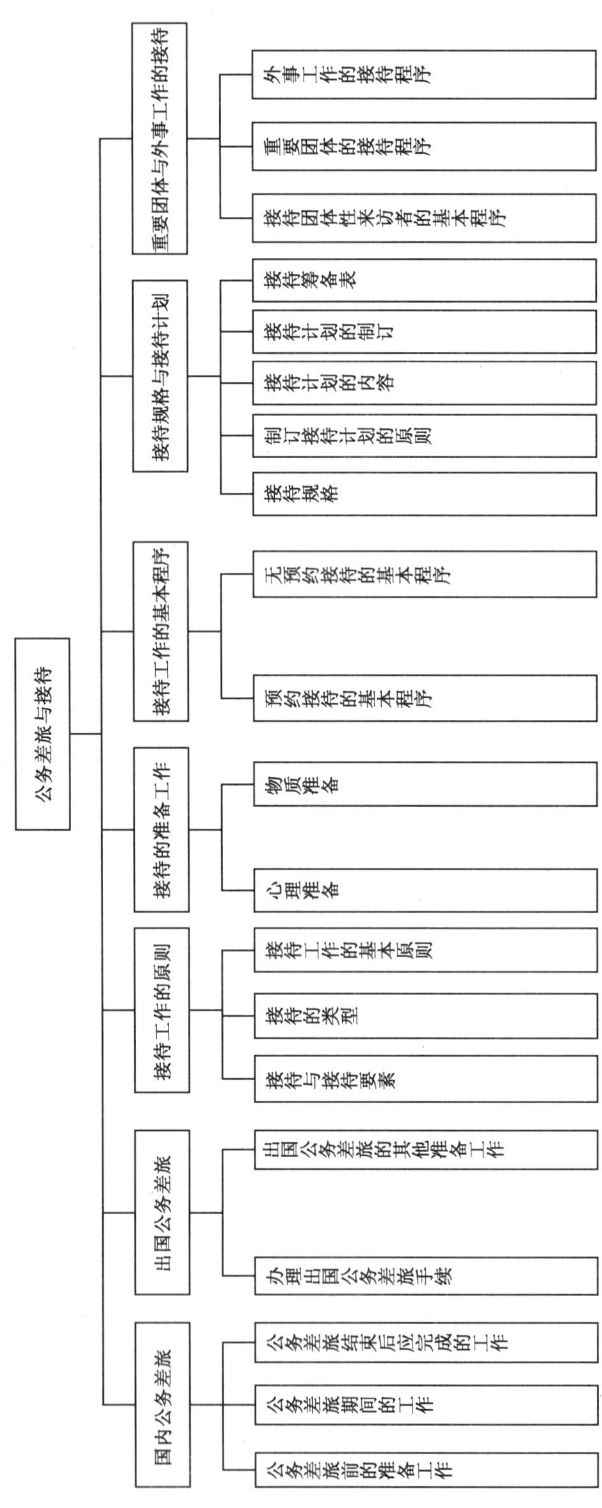
公务差旅与接待
国内公务差旅
公务差旅前的准备工作
公务差旅期间的工作
公务差旅结束后应完成的工作
出国公务差旅
办理出国公务差旅手续
出国公务差旅的其他准备工作
接待工作的原则
接待与接待要素
接待的类型
接待工作的基本原则
接待的准备工作
心理准备
物质准备
接待工作的基本程序
预约接待的基本程序
无预约接待的基本程序
接待规格与接待计划
接待规格
制订接待计划的原则
接待计划的内容
接待计划的制订
接待筹备表
重要团体与外事工作的接待
接待团体性来访者的基本程序
重要团体的接待程序
外事工作的接待程序

应 用

案例研究

案例一：

大意的小周

经理交代给秘书小周一项工作，下午有一位重要客户要来公司洽谈业务，经理让小周提前做好接待准备工作。小周想了想，觉得这项工作太简单了，于是随口答应下来，继续忙自己手头的工作。

下午客户来到公司后，小周将客户引领至会客厅，然后自己去通知公司经理。当公司经理走进会客厅的时候发现会客厅内光线暗淡，茶几上凌乱不堪，上次会见客人时使用过的茶杯仍摆放着，屋里还有一股浓郁的香烟味……而客户早已不见了踪影。经理暴跳如雷，对小周说“你是怎么做的接待准备工作，你去把客户给我追回来……”

小周怅然，接待准备工作到底该怎么做呢？

问题：

1. 接待前的准备工作主要有哪些？
2. 秘书应如何做好接待前的准备工作？

案例二：

来的都是客

今天是星期一，上午来公司的客人似乎特别多。10 点多钟，我陪经理外出办事，在等电梯的时候，遇到一个 40 多岁的中年人，穿一件印有某快递公司字样的工作服，满脸的不高兴，嘴里似乎念念有词。看样子，这位客人没有什么经验，值班的艾丽丝可能也没接待好。我注意到经理的眉头锁得特别紧。

下午 4 点多钟，我们一回到办公室，经理就问艾丽丝，今天快递公司那位客人是怎么回事。

“没有什么。”艾丽丝毫不在意地说，“上午 10 点来钟，快递公司的人刚进来，我问他预约了没有；正在这时，中国银行的荣行长就来了。他约好是 10:00 跟姜总见面。荣行长进来之后，我给荣行长和他的秘书沏了两杯茶。我给姜总打过电话之后，领着荣行长去接待室，当时我对那位快递公司的先生说对不起，我太忙，要喝茶，茶杯在饮水机旁，自己倒一下。等我从接待室回来，那个人就走了。”

“艾丽丝，知道吗，你今天犯了两个方面的错误。”经理开门见山，毫不客气地说，“第一，你没有坚持接待客人先来后到的原则。”

“可是荣行长是姜总的老朋友，而且还是预约好的。”

“我知道荣行长是姜总的老朋友，他们中行也是我们多年的开户行，但是，在值班接待客人的时候，无论如何你也不能违反先来后到这条公平的原则。你在接待快递公司的客人时，见到荣行长进来，你只要朝荣行长稍微笑笑，跟他说声请稍等就行了；正因为荣行长是我们的老朋友，所以他肯定会理解你的做法。今天快递公司那位先生我也见了，估计是位下岗再就业不久的人，没有多少经验，再加上可能有点自卑，所以他也只好带着一肚子怨气走了。如果要是换了一个脾气急躁的，看你这么厚此薄彼，当时跟你吵起来，说你势利眼，你怎么办？这会给荣行长和其他客人一个什么印象？当然，荣行长嘴上当时肯定不会说什么，但一定会把这事记在心里。他甚至会想，你东岩公司平时不老说自己把顾客当作上帝，原来就是这么对待上帝的呀！如果要是真的这样，你艾丽丝怎么办？”

艾丽丝把头低下来了。

“第二，你今天在接待客人时，犯了以貌取人的错误。”

“我没有以貌取人。”艾丽丝小声反驳。

“你没有以貌取人？”经理狠狠地问。“作为秘书，他预约没预约，你心里没数？你问他预约了没有，实际上就是看他是个推销快递的，告诉他是个不受欢迎的人。不要问客人预约没预约，我已经说过多次了，你们怎么就改不了这个毛病？”

艾丽丝不敢反驳了。

“的确，现在有许多送水、送饭、文具、快递公司的人上门推销，会影响一些我们前台的接待工作，即使如此，你见了他们，也不能表现出一副不耐烦的样子，摆出一副高高在上的架势。你无形的优越感会让他们产生自卑感，甚至产生怨气。当他们推销的时候，你只要婉言谢绝，他们一般不会胡搅蛮缠。”

“可这也挺烦人的。”玛丽说。

“这就是秘书的工作。何况婉言谢绝也不费什么事。”经理说，“重要的是，我们不能给别人一种店大欺客的感觉。我们公司是希望在中国扎根，成为一家百年老店。作为百年老店靠什么？靠的是诚信！诚信是什么？诚信就是童叟无欺！你们经常去麦当劳，为什么不学学人家？据说前些天高考，很多考生拿着复习课本去麦当劳，许多人只要一杯饮料，有的甚至连一杯饮料都不买，在麦当劳一待就是好几个小时。对于这些考生，麦当劳不但不赶他们走，反而特意为他们延长了营业时间。”

办公室里鸦雀无声。

“话又说回来，你们以貌取人，要是那位穿快递服装的客人并不是快递公司的，而是公司某位老总的亲戚，或其他重要单位的客人，你们怎么收拾局面？！”经理盯着大家问。

“作为前台的值班秘书，用现在时髦的话来说，你就是公司形象的代言人。许多客人对公司的第一印象，就是来自于你们这些前台值班秘书的态度，他们往往会把你们的态度当作公司对他们的态度，他们也会把你们的态度当作公司领导对他们的态度。所以，你们大家都要真正记住‘来的都是客’这句古训！这不是老生常谈唱高调！客人就是我们的衣食父母。你们今天用什么态度接待客人，客人明天就会用什么态度对待我们的公司！”

办公室的空气似乎凝固了，让人感到有些压抑。

“另外还有一点，要提醒你们注意，接待客人不只是值班秘书一个人的事。客人是公司的客人，但现在有些人在走廊上碰到客人，却视而不见。在你们看来，这只是一件小事，但在客人看来，这是你们做秘书的缺乏教养的表现，是你们公司管理不严的表现。不是你值班，不一定要专门停下来打招呼，但是，点个头，问声好的礼貌还是要有的。下次谁见了客人点头打招呼都没有，只要让我发现了，我将严惩不贷！”

资料来源：谭一平：《女秘书日记》，江苏文艺出版社 2011 年版。

问题:

1. 上述案例中的经理是如何要求秘书做好前台的接待工作的?

2. 对于有预约的和没有预约的客人,秘书应如何去接待?

实验实训

训练项目一:接待的准备工作

1. 实训目标

(1)掌握接待工作前的心理准备。

(2)掌握接待工作前的物质准备。

2. 实训内容

一大早,上海宏达分公司的经理王明就把秘书小周叫到了办公室,"今天下午北京总部的刘总经理要到我们这里来考察,我和公司的几位副总会亲自到机场接机,小周,你就负责做好接待的准备工作吧。李总经理有个特殊的习惯,特别爱干净,接待室一定要布置好。"小周接到任务后,开始认真地做起接待的准备工作。

下午,王明经理和刘总经理在接待室进行了愉快的洽谈,刘总经理对上海宏达分公司的工作给予了高度评价,并特别表扬了秘书小周的接待准备工作做得非常到位。

3. 实训要求

(1)请三位同学分别扮演王经理、秘书小周、刘总经理,根据上述内容进行演练。

(2)请演示秘书小周如何完成接待的准备工作。

训练项目二:日常接待工作

1. 实训目标

(1)掌握有预约接待的程序及处理办法。

(2)掌握无预约接待的程序及处理办法。

2. 实训内容

小夏系恒达商业公司办公室行政助理。这天一上班,公司总经理王伟交代她,港商叶先生马上要来公司洽谈一个项目的合作事宜,王经理让小夏负责叶先生的接待事宜。大约过了半个小时,前台来了两个人,一位是有预约的叶先生,另一位则是没有预约的客人,小夏一下子犯难了。请你来安排一下有预约客人和没有预约客人的接待工作。

3. 实训要求

(1)分组进行演练,每个小组按照实训内容设计演练的脚本。

(2)演练时,应注意接待的正确的方式方法。

(3)演练结束后,教师应根据学生演练情况进行知识点的讲解,给予点评。

训练项目三:团体的接待工作

1. 实训目标

(1)掌握接待规格的确定。

(2)掌握接待计划的制定。

(3)掌握重要团体的接待流程。

2. 实训内容

小夏今早一到公司，公司的李经理就告诉她，下周宏大公司的王经理一行要来公司考察，并准备签订具体的合作意向书，李经理告诉小夏，务必做好宏大公司王经理一行的接待工作。

3. 实训要求

(1)请以小组为单位，根据上述案例，设计演练的脚本，组员分角色进行情景展演。

(2)小组成员自行选择合适的实训场地，做好接待的准备工作：环境准备、接待用品准备；

(3)组员分角色进行情景展演，需模拟展演整个接待过程，可适当增删情节。

复习思考题

一、单项选择题

1. 下列选项中(　　)不是公务差旅的目的。

A. 洽谈业务　　B. 参观访问　　C. 游览名胜　　D. 参加会议

2. (　　)是一个国家的主权机关在本国或外国公民所持的护照或其他旅行证件上的签注、盖印，以表示允许其出入本国国境或者经过国境的手续。

A. 护照　　B. 签证　　C. 黄皮书　　D. 出境登记卡

3. 国际公务差旅中，可以提前准备一些具有(　　)的小礼品送给接待方。

A. 较高经济价值　　B. 花哨时髦　　C. 浪漫唯美　　D. 具有公司代表性

4. 接待要素是指接待工作的各个组成因素，主要包括：(　　)、接待者、接待目的、接待形式。

A. 被访者　　B. 来访者　　C. 秘书　　D. 公司管理层

5. 关于接待环境的准备，下列说法中不正确的是(　　)。

A. 客人来访所经过的与企业有关的所有场所，如大门、前厅、走廊、楼梯等处都应该保持清洁、整齐、明亮、美观

B. 夏天接待室内温度应调整在26℃左右为宜

C. 接待室内应有适当的照明，一般以自然光源为主

D. 接待室最好安排在楼梯或电梯口等位置，便于来访者进出

6. 接待工作所需的必备物品不包括(　　)。

A. 茶具　　B. 桌椅或沙发　　C. 接待标志　　D. 茶叶

7. 针对不同的未预约者，秘书要能迅速甄别，并给予适当的接待与(　　)。

A. 送客　　B. 引导　　C. 分流　　D. 陪同

8. 亲切迎客、(　　)、礼貌送客是秘书接待工资的三个主要环节。

A. 热情待客　　B. 热情引导　　C. 亲切问候　　D. 招待茶水

9. 一般的商务活动中，采用最多的是(　　)接待。

A. 高规格接待　　B. 低规格接待　　C. 对等规格　　D. 预约接待

10. 接待规格与接待费用成(　　)关系，即接待规格越高，则接待费用也越高。

A. 正比例　　B. 反比例　　C. 无关　　D. 不明确

11. 接待筹备表应包括以下内容：筹备活动事项、(　　)、负责部门、主要负责人(经办

人)、完成情况、备注等。

A. 完成时间　　B. 开始时间　　C. 检查时间　　D. 领导时间

12. 接待来访者尤其是重要来访者或来访团体,秘书应在接待之前制订详细周密的接待方案,即我们通常所说的(　　)。

A. 接待计划　　B. 接待筹备表　　C. 日程表　　D. 差旅计划

二、问答题

1. 国内公务差旅前,秘书应完成的准备工作有哪些?
2. 出国公务差旅前,应办理的手续有哪些?
3. 如何为一次重要的接待工作布置公司接待室?
4. 预约接待的基本程序是什么?
5. 重要团体接待的注意事项有哪些?
6. 外事接待的基本程序有哪些?

第四章
有效沟通与协调

学习目标

知识目标：了解沟通和协调的基本概念。

技能目标：掌握沟通与协调的具体方法和基本技巧。

【引入案例】

善于协调的陈秘书

李总经理上午接到公司老客户永达公司刘经理的电话。刘经理在电话里抱怨说："老李，你们公司是怎么搞的，售后服务总是不及时，我们的电脑、打印机出了故障，通知你们那来人修理，总是今天推明天、明天推后天，给我们的工作带来很大的不便。"然后半开玩笑地说："你们要是不采取点措施，老李，我看以后我们没法合作了。"李总经理在电话里连声道歉，向对方保证会调查清楚，加以改进。放下电话后，总经理马上让陈秘书去找客服部和维修部的经理过来问话。陈秘书却提醒总经理，没时间了，该出发去机场到广州出差了。总经理临走时交代陈秘书说："永达公司是我们的老客户，现在出现服务不及时的问题，一定要妥善解决。我把这件事交给你处理，等我回来向我汇报。"

总经理走后，陈秘书请来两个部门的经理了解情况，把总经理的意思转达给了两位经理。客服部的周经理感到很委屈说："我们每次接到维修电话，都详细做了记录，及时转给了维修部，让他们派人去维修。"维修部的胡经理一听，非常生气，大声说："那你的意思是说都是我们的责任了？你们一会儿通知这个公司要去维修，一会儿又通知另一个公司要去维修，一点章法也没有。我哪有那么多人手？再说，每个公司都离得很远，交通又那么堵，一个维修工一天能跑几个公司？还有，你们也不问清楚机器出了什么问题，有时跑了老远过去就一点小毛病，完全可以自己修一下。反正我们已经尽力了，每天我的手下都累得筋疲力尽，经常很晚才能回家。"陈秘书边认真地听两位经理诉说，边仔细地记录下来。

看到两位经理各不相让，争论起来，陈秘书马上诚恳地说："情况我了解了，的确有很多困难，两位经理的工作都很不容易。不过，这事情还得靠我们团结合作才能解决。"一句话说得两位经理马上点头表示同意。陈秘书接着说："我提个建议两位经理看看是否合适：维修部的人手在维修高峰时的确不够，能否在我们客户公司附近就近聘请一些临时的专业维修人员，既可节省人工成本，又可在需要时及时解决问题。客服部是否可以向我们的客户公司做个调查，统计一下都是什么部门什么人员的机器经常出问题，然后能否针对这些人做几次上门免费维修培训，这样一些小毛病，他们自己就能解决了，又省力又省时。我只是提个思路，如果你们觉得可行，咱们再仔细研究研究，提出个详细方案，等总经理回来向他汇报。”两位经理情绪缓和下来，马上投入到方案的研讨中。

等总经理从广州回来，陈秘书向他汇报，并把解决方案给总经理过目，总经理对陈秘书的表现很满意。

资料来源：孟庆荣：《秘书工作案例及分析》，清华大学出版社 2007 年版。

问题：案例中的陈秘书是如何进行沟通与协调的？

第一节　沟通概述

项目导入

一、案例描述

研发部梁经理才进公司不到一年，工作表现颇受主管赞赏，不管是专业能力还是管理绩效，都获得大家肯定。

部门主管李副总发现，梁经理到研发部以来，几乎每天加班。他经常第 2 天来看到梁经理电子邮件的发送时间是前一天晚上 10 点多，甚至还有当天早上 7 点多发送的另一封邮件。这个部门下班时总是梁经理最晚离开，上班时第一个到。但是，即使在工作量吃紧的时候，其他同仁似乎都准时走，很少跟着他留下来。平常也难得见到梁经理和他的部下或是同级主管进行沟通。

李副总对梁经理怎么和其他同事沟通工作觉得好奇，开始观察他的沟通方式。原来，梁经理总是以电子邮件交代部门员工工作。部门员工也都是以电子邮件回复工作进度及提出问题，很少找他当面报告或讨论。对其他部门同事也是如此，电子邮件似乎被梁经理当作和同仁们合作的最佳沟通工具。

梁经理的部门员工对部门逐渐没有向心力，除了不配合加班，还只执行交办的工作，不太主动提出企划或问题。而其他各部门主管，也不会像梁经理刚到研发部时，主动到他房间聊聊，大家见了面，只是客气地点个头。开会时的讨论，也都是公事公办的味道居多。

一天，李副总刚好经过梁经理房间门口，听到他打电话，讨论内容似乎和陈经理业务范围有关。他到陈经理那里，刚好陈经理也在说电话。李副总听谈话内容，确定是两位经理在谈话。之后，他找了陈经理，问他怎么一回事。明明两个主管的办公房间就在隔邻，为什么不直接走过去说，竟然是用电话谈。

陈经理笑答，这个电话是梁经理打来的，梁经理似乎比较希望用电话讨论工作，而不是当面沟通。陈经理曾试着要在梁经理房间谈，而梁经理不是最短的时间结束谈话，就是眼睛还一直盯着计算机屏幕，让他不得不赶紧离开。陈经理说，几次以后，他也宁愿用电话的方式沟通，免得让别人觉得自己过于热情。

了解这些情形后，李副总找了梁经理聊聊，原来梁经理觉得效率应该是最需要追求的目标，所以他希望用最节省时间的方式，达到工作要求，为公司带来最大的利益。

二、任务分析

你认为梁经理在与员工沟通方面有什么问题。应该如何改进？在工作中，秘书人员需要与其他领导、同事、客户之间保持良好的沟通，要做好沟通工作，需要做好以下几点：

1. 了解沟通的含义与种类。
2. 理解秘书人员沟通的作用。

现今社会，沟通和协调能力是人与人之间必不可少的交往手段，同时也是我们达到与人和谐相处的一种有效途径。新时代的秘书，不仅仅要具备一定的办文、办事、办会的能力，更要学会在工作中与上司、下属、同事、客户进行沟通和协调，秘书的沟通协调能力能够有效地帮助秘书从业者与组织内外不同职位的人员进行友好合作，是必不可少的基本技能。那么，什么是沟通？什么又是协调呢？本节我们首先来了解一下沟通的相关概念。

一、沟通的含义与种类

（一）沟通的含义

沟通是一种信息传递和交流的过程，不仅包括公务信息的传递和交流，也包括个人情感、思想和观点的交流。对于秘书而言，沟通工作不仅仅是在组织内外不同人员之间传递公务信息，还包括与各类人员的个人情感、思想和观点的交流，比如：与领导沟通，搞好上下级关系；与同事沟通，维护同事感情；与客户沟通，做好客户关系管理等。

（二）沟通的种类

(1)按照沟通方式，可以分为口头沟通、书面沟通和非语言沟通。口头沟通和书面沟通比较容易理解，非语言沟通是指通过口头语言和书面语言之外的非语言符号，进行信息传递的沟通形式，例如语调、手势、表情、肢体动作等。

(2)按照组织内部信息沟通的方向，可以分为上行沟通、下行沟通、平行沟通和斜向沟通。其中，上行沟通是下级向上级传递信息，是领导了解基层情况和员工思想状态的有效渠道；下行沟通是上级将信息传达给下级，可帮助下级明确工作任务、目标等；平行沟通是组织中处于同一层面的人员或职能部门间的信息传递、交流的沟通方式；而斜向沟通通常是指没有直接隶属关系的人员之间的信息沟通方式。

(3)按照信息沟通是否存在反馈，可以分为单向沟通和双向沟通。单向沟通是指信息发送者单方面向接受者传递信息。它的缺点是缺乏民主，容易使接受者产生抵触情绪。双向沟通是指信息发送者与接受者就信息进行双向交流。它有助于增进彼此的了解，加深感情并建立良好的人际关系。

微型案例

我们一起来画图

请同学们根据教师的描述画图：第一次描述时，同学们只允许听，不许提问，进行单向沟通。第二次描述时，同学们可以发问，类似双向沟通。比较两次画图的结果，看哪幅图更接近正确答案?

注意两次图片的风格和难易程度要尽量一致,避免因为图片风格不同或者难易程度不同而影响实验结果。

通过这个小游戏不难发现,双向沟通能够使交流的信息更加精准,画出的图案更加接近正确答案。因此,秘书在日常工作中,如果条件允许,应该多使用双向沟通,发挥民主,多听对方反馈。

微型案例

沟通的意义

陈阿土是个暴发户,他觉得自己有钱了就该出国去玩玩了,于是,他跟随旅行团到了国外,住了家五星级的酒店,酒店的服务很好,每天早上陈阿土打开房门就有个服务生对他热情地说:

“Good morning,Sir”,陈阿土愣住了。这是什么意思呢?在自己的家乡,一般陌生人见面都会问:“您贵姓?”于是陈阿土大声叫道:“我叫陈阿土!”

如此这般,连着3天,都是那个服务生来敲门,每天都大声说:“Good morning,Sir!”而陈阿土亦大声回道:“我叫陈阿土!”但他非常生气。这个服务生也太笨了,天天问自己叫什么,告诉他又记不住,很烦的。

终于,他忍不住去问导游,“Good morning,Sir!”是什么意思,导游告诉他 ,那是人家在跟你问好呢!啊!陈阿土恍然大悟,心里别提多难受了,于是他也跟导游学了“Good morning,Sir”,想在第二天早上和服务生好好地打个招呼。

第二天早上,陈阿土早早起床在房内练习这句话,等他一开门,果然这位服务生很礼貌地出现并向他微笑,还没等他开口,陈阿土先说了:“Good morning,Sir”,服务生一愣,于是回答道:“我叫陈阿土。”

与人交往,不是你影响他,就是他影响你。那么我们为什么要沟通,沟通有什么样的作用呢?

二、秘书人员沟通的作用

秘书人员沟通的作用主要有两点:

(1)传递和获得信息。信息的采集、传送、整理、交换,无一不是沟通的过程。通过沟通,交换有意义、有价值的各种信息,生活中的大小事务才得以开展。秘书是组织内部“承上启下”的关键人员,掌握必要的沟通技巧、了解如何有效地传递信息,才能提高秘书人员的办事效率,而积极地获得信息更会提高秘书人员的竞争优势。

(2)改善人际关系。社会是由人们互相沟通所组成的网,人们相互交流是因为需要同周围的社会环境相联系。沟通与人际关系两者相互促进、相互影响。有效的沟通可以赢得和谐的人际关系,而和谐的人际关系又使沟通更加顺畅。相反,人际关系不良会使沟通难以开展,而不恰当的沟通又会使人际关系变得更坏。秘书人员通过有效的沟通能够改善人际关系，搭建坚实的人际关系网，从而拓宽办事渠道、开阔眼界，提高工作效率，为组织工作的开展带来便利。

微型案例

难道错了吗?

周秘书最近很郁闷，她向自己的好朋友抱怨，这秘书的工作真不好做，不想干了。她有个形象的比喻："猪八戒照镜子，里外不是人。"

原来，她们公司有些部门的员工最近一段时间比较懒散，经常不按时上班打卡，上班期间也经常借故开溜，找不到人。老总发现这些情况后很生气，责成周秘书调查清楚，如果确有其事，一定要严惩不贷。对情况属实的缺勤职工一定要按规定给予处罚，扣发工资奖金，严重的予以开除。

周秘书接到命令后，很认真地到各个部门进行走访，严肃地要求各部门缺勤的人员必须向她说清楚缺勤的原因，对于说不清楚原因或她认为缺勤原因不适当的，她都要汇报总经理给予处罚。一时间闹得公司人心惶惶，很多人都来找她，说原因的、求情的都有。周秘书根据自己的判断，总结了一个缺勤人员的情况，列出了缺勤、迟到、早退人员的名单报给了总经理，并向总经理简单地汇报了她的调查情况。总经理根据周秘书汇报的结果，对一些缺勤人员做出了相应的处罚。

这件事情之后，周秘书发现公司里很多人见着她都不再热情了，有的虽然也跟她打招呼，但总觉得有点假。还有人在受到处罚后，不服气，找到总经理说明情况，总经理进行了解后，觉得周秘书有些情况的确了解得不够细致清楚，妄下判断，因此还批评了她。

周秘书感到很委屈，她按照领导的意思办，难道错了吗?

资料来源：孟庆荣：《秘书工作案例及分析》，清华大学出版社2007年版。

第二节 有效沟通和沟通技巧

一、案例描述

1910年美军的一次部队的命令传递是这样的：

营长对值班军官：明晚大约8点钟，在这个地区将可能看到哈雷彗星，这种彗星每隔76年才能见到一次。命令所有士兵穿着野战服在操场上集合，我将向他们解释这一罕见的现象。如果下雨的话，就在礼堂集合，我为他们放一部有关彗星的影片。

值班军官对连长：根据营长的命令，明晚8点哈雷彗星将在操场上空出现。如果下雨的话，就让士兵穿着野战服列队前往礼堂，这一罕见的现象将在那里出现。

连长对排长：根据营长的命令，明晚8点，非凡的哈雷彗星将身穿野战服在礼堂中出现。如果操场上下雨，营长将下达另一个命令，这种命令每隔76年才会出现一次。

排长对班长：明晚8点，营长将带着哈雷彗星在礼堂中出现，这是每隔76年才有的事。

如果下雨的话,营长将命令彗星穿上野战服到操场上去。

班长对士兵:在明晚 8 点下雨的时候,著名的 76 岁哈雷将军将在营长的陪同下身着野战服,开着他那彗星牌汽车,经过操场前往礼堂。

为什么营长的命令传到士兵,会完全颠覆原本的意思?是什么影响了沟通的有效性?这种情况在生活中真实存在吗?

二、任务分析

沟通的内容在传递过程中会因为各种各样的原因而造成损失,最后大家得到的信息和最初传递出来的信息有误差。为了尽可能减少误差的出现,保证沟通的有效性,秘书人员在进行沟通时,应掌握以下内容:

1. 什么是有效沟通?
2. 有效沟通的技巧有哪些?

微型案例

传话接龙

教师将班级同学分成若干组,每组派一名同学上台完成下面传话接龙,注意两人在传话接龙过程中,说话声音要放轻,不要让其他台上同学听见。

参考传话内容(教师可自行修改或重新准备):

明天上午 9:55,阿尔法利兰电器有限公司销售部经理要来我公司推销其生产的最新款 JH26201 型打印机,你与办公室联系一下 10 楼的 20 人会客室,并通知采购部王经理及技术部欧阳经理参加。

请最后一个接到话的同学把听到的具体内容写在黑板上,他写的内容与第一个同学传递出的内容相差多少?为什么?这个游戏说明了什么问题。请小组成员每人在纸条上写下一个体会,组长和组员一起把类似的体会合并,总结出小组的体会,进行汇报。

这个游戏告诉我们:传话内容通常会因为中间环节的差错而使表达者的初衷与接收者得到的信息大相径庭,正如本节开篇案例一样。这充分说明了选择正确的方法有效沟通的重要性。那么什么是有效沟通呢?

一、有效沟通

(一)有效沟通的条件

有效沟通必须满足的三个条件:

第一,信息发送者所发出的信息完整而准确;

第二,信息在传递过程中没有损失;

第三,接受者必须真正理解接收到的信息。

三个条件,缺一不可。缺少任何一个条件都不能构成有效沟通。比如,领导给秘书布置任务的时候,秘书表面在听,但是完全没有听进去,没有领会领导的意思。这就违背了第三个条件,沟通无效。

（二）影响有效沟通的因素

1. 信息发送者方面

（1）表达能力的欠缺。发送者是否具有较强的口头表达能力、书面表达能力、逻辑表达能力？这些都会在一定程度上影响有效沟通。比如，秘书由于口头表达能力较弱，不能将领导的意思完整地传递给下级，这就导致信息的完整性在源头上就发生折损。这会使得下级不能充分理解领导意图，在很大程度上影响沟通的有效性。

（2）知识或经验的缺乏。任何人都无法很好地传递和接收自己不了解的东西。这就要求秘书要具有一定的专业性，除了具备一定的秘书技能外，更要了解行业知识、企业文化；同时，要在工作中总结和积累经验，这样才能更好地传递和接收各种信息，保证沟通的有效性。

（3）发送者影响力的欠缺。一个被信任、被尊重的人，信息的沟通会顺畅得多。比如，比起普通教师的讲解，你可能会更信赖行业专家，即便两个人所传授的思想和观点是一样的。这就要求秘书人员要在工作和学习中不断积累经验，当你的工作能力和工作态度被广泛认可时，就会有更多的人愿意相信和聆听你所传递的信息，沟通也自然更加有效。

2. 信息传递渠道方面

（1）信息传递环节过多。信息传递环节过多，会导致信息损耗大，使得信息失真、曲解，甚至丢失。正如本节开篇的传话游戏一样，参与人数越多（环节越多），信息遗漏、丢失越严重，传话的结果越偏离正确答案。

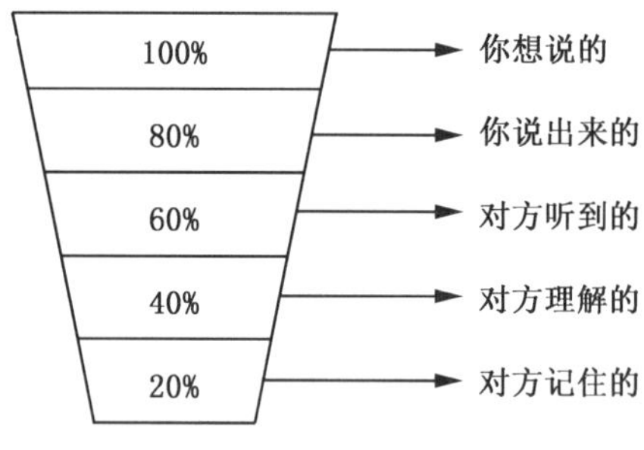

图 4—2—1　沟通漏斗

就像沟通漏斗（见图 4—2—1）所描述的那样，假如你想说出来的信息有 100%，你能说出来并且表达清楚的可能只有 80%，而这 80%中，对方听到的占 60%，对方听到并且真正理解的可能只有 40%，对方理解并记住的很可能仅剩下 20%。也就是说，一条完整的信息，从信息的发出者经过一定的渠道传播，最后传递到接收者，可能只剩 20%的信息，当中 80%的信息都在这个传递的过程中折损掉了。这当中还没有考虑更为复杂的传递环节，如果增加几个传递环节，信息折损会更严重。

（2）沟通方式选择不当。信息在传递过程中，方式的选择很重要。比如，我们普遍认为“口头沟通”没有下发文件等形式的“书面沟通”有效。正如本节开篇的游戏环节，如果传话游戏不是口口相传，而是传话的第一个人就拿笔记录要传递的信息，并将信息进行总结和梳理后传递书面记录，那么无论传递多少个人，只要书面记录保持完好，接收者们都能够获取详细而完整的信息。

（3）信息传递受外界环境的干扰。在信息传递过程中，外界环境的干扰，包括噪音、通信信号中断、第三人的干扰等都会影响沟通的有效性。比如，公司领导在给秘书布置工作时，外面时不时地传来装修的噪音，就会在一定程度上影响秘书的记录和理解；再如，秘书在开会时，突然有工作人员进来与其低声交谈，就很可能导致秘书错过重要的会议内容。

3. 信息接收者方面

(1)理解能力偏低。一个人的理解能力高低取决于两个方面，一是智力水平，二是专业水平。一般来讲，一个人的理解能力与其智力水平、专业水平正相关。也就是说，越聪明、越专业的人，理解能力越强。比如，一个领导很难向不懂财务知识的秘书布置财务方面的工作，因为该秘书可能根本听不懂领导所传递的财务术语，自然也就很难完成任务。

(2)传递的信息量太大。一个正常人在短时间内能够接受并理解、记忆的信息是有限的。如果信息的传递者在短时间内传递的信息量过大，就会导致信息接收者遗漏、丢失信息，影响沟通效果。比如，某公司培训师为了以最快的速度向新进的秘书人员培训秘书实务技能，用一天的时间，以极快的语速，将所有知识点全部"倾倒"给新进秘书人员。看似高效率地完成了培训任务，实际上培训的效果会很差。因为短时间内传递的信息过大、过杂，会在很大程度上影响沟通的效率，甚至会引起信息接收者的心理排斥。

(3)接收者的情绪低落。情绪对信息沟通的影响十分明显。例如，信息接收者在兴奋时会乐于与别人沟通，在情绪低落时，可能会对与人沟通产生抵触情绪。一项调查显示，相比较男性，女性更容易在工作中受到情绪的影响。被领导批评、失恋、家人健康问题，甚至是发现自己长胖了，都可能带来女性情绪上的波动，进而影响沟通信息的接收。

微型案例

良好沟通

"孙总，今天研发部来找我，是有关派人去美国的事。他们问起报告来，我找了一遍，不在我那里，是不是已送到您这里来了？"

孙总在一大堆文件里翻出研发部的报告，一目十行地看了一下，便签了字。他把文件交给小方，让他送到人力资源部去，并让他通知研发部的L，17:30到他办公室来一趟，他要了解这个项目的一些具体情况。

小方把文件送到人力资源部后，就给L打电话。"L吗？我是小方，你的报告孙总已经批了，我已把它送到人力资源部去了，他们马上给你办手续。"L连忙说谢谢。"另外，今天17:30，你去一趟孙总的办公室，孙总想跟你谈谈，了解项目的一些具体情况，请你好好准备一下。"

放下电话，小马就对小方说："像他这种不知好歹的人，你说一句'孙总找你'就得了，他已经占了那么大的便宜，还有必要跟他说那么多吗？"

"小马，别看L个头那么高，脾气那么大，可他实际工作时间不长，经验不足。如果在电话里我只对他说'孙总找你'这几个字，他心里说不定有多紧张，甚至会以为孙总不让他去美国了。如果真是这样，作为一名新员工，他在毫无准备、心情又紧张的情况下去见孙总，他能把项目的情况说清楚吗？他如果说不清楚，让孙总不高兴，孙总真的有可能让研发部换人。因此，帮L消除紧张心理，让他提前做些准备，是我们秘书的责任。再说，我们也只是做个顺水人情。"

资料来源：孟庆荣：《秘书工作案例及分析》，清华大学出版社2007年版。

二、有效沟通的技巧

既然有这么多的因素会影响沟通的有效性，我们有什么办法防范和改善呢？

（一）保持“空杯心态”

什么是“空杯心态”呢？举个简单的例子，一只装满水的杯子无法再倒入水，油箱满了就无法再加进去油。所谓“空杯心态”，就是我们要将心里的“杯子”倒空，将自己所重视、在乎的很多东西以及曾经辉煌的过去，从心态上彻底了结清空。只有将心倒空了，才会有空间吸收外面更多的东西，才能拥有更大的成功。

秘书与客户沟通时更要有“空杯心态”，不管你为公司的发展出过多少力、立过多少功，在客户面前，你不代表你自己，而是代表整个公司。保持“空杯心态”能帮助秘书人员虚心地接纳更多的意见和建议，更加宽容地对待身边的人。当你保持“空杯心态”与人沟通时，自然会更加亲切、随和，人与人的情感交流是相互的，对方一定会感觉到你的态度。这对提高公司业绩和形象是很有帮助的。

反过来，当客户向你抱怨的时候，你也可以利用“空杯心态”。先让对方说个够，耐心地等他们脑中的油表指针降到零，等待最后一滴油漏尽。只有这么做，才能确定他们心中的噪音已除，可以开始接受你的想法了。

（二）经常换位思考

所谓换位思考，就是当你做出任何决策、阐述任何观点时，不但考虑到己方的情况，而且还能站在对方的立场上思考问题。

比如秘书人员在与部门同事沟通的时候，应该站在对方的角度去思考问题、解决问题，才能够顺利找出矛盾、对症下药，避免激发内部矛盾；秘书人员在与客户沟通的时候，要站在客户的角度，根据客户的需要做决定，才能发现和满足客户真正的需求，赢得客户的信任，建立和提升品牌形象。

（三）运用笑的技巧

我们每个人都会笑，也几乎每天都在笑。笑有什么技巧呢？笑对提高沟通的有效性有什么帮助呢？

笑的技巧就在于笑的层次感，对每个人绽放的笑容必须有所区别。如果你给每一个人的笑一成不变，就像便宜的纪念币一样，会失去价值，没有记忆点。要让你认为重要的人记住你，对你产生印象，提升存在感，就要给这个人一个最灿烂、最特别的笑容。

比如秘书人员在接待工作中就可以运用笑的技巧提升沟通的有效性。面对不同身份、不同级别、不同熟悉程度的来宾，笑的程度是有层次的。对于重要的来宾，应该先注视对方一秒钟，停一下，把他的脸输入脑子里，然后以灿烂温暖的笑容扩散到整个脸庞，让眼里也充满笑意。这种笑容会将对方仿佛吸入温暖的水流中，让对方感觉你的笑容十分真诚，而且是他独享的特别待遇。然后，你会发现你为接下来的谈判开了一个好头。

（四）点燃“心灵之窗”

眼睛是心灵的窗口。所谓点燃“心灵之窗”，实际上就是要求我们在沟通中学会运用你的眼睛。在商务谈判或日常沟通时，要时时刻刻注意眼睛的作用。

不论多成功的人士，都喜欢被别人认可，享受被人崇拜或者追随的感觉。如果对方能感觉到你是崇拜他的、信任他的，他自然会对你格外关照。那如何让对方感觉到你是崇拜并且信任他的呢？除了用一定语言表达之外，眼神也是一个强有力的工具。眼神要像超级强力胶！不论在当前环境中说话的人是谁，每当说话人讲到一个段落，你的眼神要顺势溜转到对方身上。这样对方就会感受到你对他的注意。当对方发言或者讲话的时候，你的眼神要一直注视对方，尽量不要移开。如果必须移开，做得慢一点，百般不情愿似的，好像糖丝拉到细得断了线才要放开。

(五)沟通从“你”开始

秘书在与人沟通的过程当中，只要场合及语法恰当，尽可能用“你”或者“您”做每个句子的开头。这样会立刻抓住对方的注意力。这种做法也能得到对方正面的回应，因为你触动了人的自负心理。

(六)迅速捕捉兴趣点

秘书在与领导、同事或者客户进行沟通的时候，如果能够迅速地捕捉到对方的兴趣爱好，并针对对方的兴趣爱好展开讨论。对方喜欢园艺吗？不妨试试种瓜得瓜的比喻；对方喜欢体育运动吗？那就跟他谈谈最近举行的各项赛事；对方喜欢海淘吗？那就聊聊你最近海淘的宝贝……总之，你要唤醒对方的兴趣或生活方式，然后编织一幅图像。告诉对方，你和他志同道合，兴趣相投。

(七)学会使用行话

什么是行话？就是各种职业使用的语言。天生赢家懂得说每一行的行话，对他们来说，那就像是第二语言一样。为什么要说行话？因为听在别人耳里，会觉得你是内行人。

那么行话容易学吗？各行各业的行话要学得精通很难，但学个行话开场白，能够日常沟通却很容易。秘书的工作性质和工作内容决定了秘书人员不必学太多行话，与行内人沟通前，花点时间和精力查点资料，补充点行业知识，就会发现收获非常大。

此外，秘书人员也不能每日只是忙于工作而忽略了工作外的信息补充。出门须知天下事。每天应该养成看新闻、翻报纸的好习惯，因为当天所发生的任何事件，都是谈话的好题材。

(八)记住要“继续沟通”

秘书的工作非常琐碎，有时在与人沟通的时候，会有紧急事情打断与对方的谈话。这时，秘书一方面要处理好紧急事件，另一方面要记住刚才与人沟通到哪里，说了什么具体内容。等紧急事情处理完毕，秘书人员就可以和对方说，“请您继续刚才的话题……”更理想的是，如果记得对方讲到哪里，就可以说“对了，您刚说到……后来怎么了？”

学会“继续沟通”也许并不会让对方多增好感，但如果忘记“继续沟通”，就会让对方感觉到不够被重视，有受冷落和轻视的感觉。

(九)好记性不如烂笔头

现代社会竞争越来越激烈，职场人士压力越来越大。很多人都会感觉到，自己就像得了健忘症一样，有些人明明见过，就是想不起具体是什么职位、什么身份；有些信息明明特意记过，需要调用时却怎么也想不起来。

俗话说“好记性不如烂笔头”，在与人沟通的时候，记住他人是最好的赞美。比如，在宴会中和某客户谈完话之后，拿出你的笔和记事本，就谈及的细节做好笔记，以便能唤起你对这段话的记忆。他最喜欢哪家餐厅、做什么运动、看什么电影，喝咖啡是否加糖；她崇拜谁、在哪里长大、读书的时候得过什么奖。下一次和对方联络，顺便提起这些小细节：餐厅、电影、酒、家乡、高中奖状，或者回味一下当时令人爆笑的笑话，与对方的距离马上就拉近了，瞬间就成了久未碰面的老友，越聊越有话题，沟通自然变得顺畅。

上述这些沟通方法和技巧，不仅仅秘书人员适用，绝大多数职场人士也一样适用。也许只是一个动作、一个眼神、一个笑容、一句不经意间的话，都会使沟通变得很容易、很简单。

小资料

成为沟通达人

我一直致力于与公司的所有人进行良好的沟通。我上班到公司遇到的第一个人就是公司的门卫了。之后便是保洁阿姨。有时候我会和他们简单地打个招呼，有时候则会停下来嘘寒问暖一番。

和一个人聊一聊，你便可以对他的人生观、价值观有所了解。正所谓三人行，必有我师，多和大家聊一聊，总会有一些收获的。比如，我经常和保洁阿姨打招呼，有时候便也会向她请教把会长室打扫得更干净的方法、让会长室保持整洁的方法等。一学到新招，立刻学以致用，把这些打扫秘诀用到了会长室和我家里。

我经常教导我的后辈们要拥有“教皇的胸怀”。据说教皇经常倾听与宗教毫无瓜葛的地球物理学家、哲学家的讲话。他这样做，是为了培养自己客观思考的能力和积累更多的知识。

秘书也是如此。不能因为自己侍奉上司就只看得到上司一个人。正如同上司会关注每一个员工一样，秘书也需要同大家多做沟通。多和大家交谈，这样不仅能开阔视野、增长见识，还能培养自己的沟通能力。

人在职场，难免会有需要别人帮助的时候。若是能够为自己找到几位“顾问”，在你遇到难题时为你指点迷津，那该有多好。

1. 开门见山，直入主题

要想成为沟通达人，就要先学会倾听。所谓倾听，一边听一边揣摩对方的心思是不正确的，应该一心一意、专心致志地听对方所讲的。听的时候也不要去猜对方接下来要说什么。每个人根据自己所处立场的不同，想法也会不尽相同，所以去猜别人的心思是毫无意义的。

打断别人的话或是转移话题也是很失礼的行为。一定要让对方把话说完，把握中心思想，了解对方的意图。只有这样，接下来与对方说的话才会有针对性，才不会使你们的谈话成为一场无休止的废话大战。

正如“听”并不容易一样，“说”也一样不容易。滔滔不绝的高谈阔论固然有其魅力，但在业务上，简明扼要的论述才更受欢迎。

我和上司说话时，一般会直接把我的结论说出来。无论是报告、商议、电话，上司最想知道的其实就是结论。只有你自己简明扼要地把结论说出来，上司才能有的放矢地进行应对，这样的对话，才是有效率的对话，才能在更短的时间内交流更多的内容。

2. 思想要积极，说话方式也要积极

还有一点非常重要，那就是学会多说积极的话。很多人总是带有消极的思考方式。这种人的消极心理从他们说话的习惯上就可见一斑。“真的能行吗?”“估计困难噢”，这些泄气话便是他们的口头禅，无怪乎好多事情还没开始干他们就打退堂鼓了。

这种消极的人，无论做什么事情都会往消极的方面想。同一件事，不同心态的人所看到的结果也是完全不同的。积极的人会看到这件事积极的一面，认为这件事是有希望做到的；

消极的人则会看到消极的一面，认为这件事注定会失败。

这种不同心态导致的视角差异，有可能会影响到一件事的最终结果。也就是说，消极的人总是看到事情不好的一面，所以要达成目标也很困难。相比之下，积极的人在每一件事上都看得到可能性，所以做事的时候也就更有激情，成功率也会相应高许多。

细心观察一下你周围的人们吧。在任何领域中，出类拔萃的人总是那些喜欢用积极的方式说话的人。说话的习惯就是这样重要。做事的时候也是一样，要能够找到这件事积极的一面。积极的心态不仅可以为你带来热情，还能够指引你走向成功。

资料来源：金圣姬著，关启锐译：《沈夫人致后辈书》，现代教育出版社 2010 年版。

微型案例

“牛”秘书的辛酸事

2015 年 4 月 7 日，EMC 大中华区总裁陆纯初回办公室取东西，到门口才发现自己没带钥匙。此时他的私人秘书瑞贝卡已经下班。总裁联系秘书未果。数小时后，总裁对秘书的怨气仍未削减，于是在凌晨 1:13 分通过内部电子邮件系统给瑞贝卡发了一封措辞严厉的“谴责信”。信是这样写的：瑞贝卡，我曾告诉过你，想东西、做事情，不要想当然！结果今天晚上你就把我锁在门外，我要取的东西都还在办公室里。问题在于你自以为是地认为我随身带了钥匙。从现在起，无论是午餐时段还是晚上下班后，你要跟你服务的每一名经理都确认无事后才能离开办公室，明白了吗？

总裁把这封邮件同时传递给了公司几位高管。结果瑞贝卡回复了一封咄咄逼人的邮件，并让 EMC 大中华区的所有人都收到了这封邮件。

瑞贝卡是这样回复的：

第一，我做这件事是完全正确的，我锁门是从安全角度上考虑的。公司里不是没有丢过东西，如果一旦丢了东西，我无法承担这个责任。

第二，您有钥匙，您自己忘了带，还要说别人不对。造成这件事的主要原因都在于您自己，不要把自己的错误转移到别人的身上。

第三，您无权干涉和控制我的私人时间，我一天就 8 小时工作时间，请您记住，中午和晚上下班的时间都是我的私人时间。

第四，从我到 EMC 的第一天到现在为止，我工作尽职尽责，也加过很多次班，我没有任何怨言，但是如果您要求我加班是为了工作以外的事情，我无法做到。

第五，虽然我们是上下级关系，但也请您注意一下您说话的语气，这是做人最基本的礼貌问题。

第六，我要在这里强调一下，我并没有猜想或者假定什么，因为我没有这个时间也没有这个必要。

这件事在网上吵得沸沸扬扬，形成几千人转发的局面。一些网友称瑞贝卡为“史上最牛女秘书”。瑞贝卡在“秘书门”事件不久后离开公司。据说她于 2015 年 9 月 12 日开始在 IBM 上班。而 EMC 大中华区原总裁陆纯初也于 2015 年 5 月 8 日离开了 EMC。

资料来源：杨锋：《秘书工作案例与分析》，暨南大学出版社 2016 年版。

第三节 协调工作概述

一、案例描述

上海某服装厂有四大车间，分别是布料、剪裁、缝纫、包装车间，生产流程互相衔接，人员配备平衡。一天，包装车间有6人同时请病假，但这天有一批订单急需完成发货。包装车间主任急忙打电话报告厂长办公室，不巧，正副厂长都到外地接业务去了，只有厂办秘书董小平在，董秘书接到电话后应该怎么办？

(1)是否需要打长途电话向外地的正副厂长请示？还是自己来处置？

(2)厂办一共只有3个人，是否都派到包装车间去临时顶班？

(3)是否打电话到职业介绍所，找6个临时工来帮忙？

(4)与另外3个车间主任协调商量，从他们那里临时调做过包装的人到包装车间去，仍然保持生产流程的衔接和人员的平衡。如果3个车间主任都同意，那么，每个车间调几个人最合适？为什么？

(5)如果其他车间主任不同意，董秘书还有什么办法协调解决？

资料来源：上海市职业培训发展中心组编：《秘书(四级)指导手册》，中国劳动社会保障出版社2010年版。

二、任务分析

要想完成上述问题，首先要知道什么是协调，其次要掌握协调的方法和技巧。本节我们首先来学习协调工作的一些基本概念。

一般来讲，协调是指两个以上的个人、部门或单位经过协商，使各种关系融洽、和谐，工作相互协作配合、利益相互补偿的过程和形态。秘书工作比较特殊，上听领导指示，下要各个部门配合。可以说，秘书的日常工作具有很强的协作性，需要协调各部门，不论是策划活动、组织会议，还是写一份材料、搜集一些信息，都需要各个部门的大力配合，才能使各个局部协同起来，步调一致，发挥出总体优势，确保各项工作落实，最终取得最佳效益。

一、协调工作的意义

协调是秘书工作生活中经常遇到的课题，也是秘书工作必不可少的基本环节。其重要性和必要性主要表现在以下方面：

第一，协调是秘书人员的工作职责。组织内部各部门的职责和分工不同，认识问题的角度、处理问题的方法、人员的基本素质也不一样。有时很难在全局上达成共识。要使各个部门、各个环节、各道“工序”衔接紧密、良性运转，就需要靠领导加强协调，把个体目标聚焦到共同目标，把各方面的有利因素有机地组合起来，彼此配合，形成合力。但在日常生活中领导的精力有限，不可能事必躬亲，大量的协调工作需要靠秘书人员进行，这样才能使工作有条不紊地进行，让领导集中精力抓大事，谋划指导全局性工作。

第二，协调是发挥组织整体优势的重要保证。组织内部工作各有职责、各有分工，但又相互依存、密切联系。许多工作涉及各个部门。组织整体功效发挥和工作效率高低，主要取决于信息是否流畅、内部是否和谐等因素。协调的目的就是克服各种各样的不协调因素，谋求组织和人员思想、行动的一致，使本部门与其他部门之间、与其他机关干部之间建立起相互理解、支持、协作、配合的关系，并使各业务部门、各机关人员在其分工的基础上各司其职、各负其责，提高整体效能，圆满完成任务。

第三，协调是提高秘书人员业务水平的有效途径。事实表明，办文、办事、办会是一种能力，搞好协调同样是一种非常重要的能力。协调是秘书人员的重要职责，是每个秘书人员必备的基本功之一。秘书人员通过参与承办大量事务性工作、组织各类会务活动、理顺上下左右关系等协调实践的全过程，可以从语言规范交流、情况简明介绍、委婉回答问题、细致做出决策、严格制作文书中，不断提高语言表达能力、文字写作能力、灵活处置问题能力和协调指挥能力。成为领导信赖的“协调通”“办事通”。

二、协调工作的内容

协调工作的范围十分广泛，也十分重要。秘书部门作为组织内部联系上下部门、沟通内外关系的纽带和桥梁，建立友好的协作关系，与组织内外各部门和谐相处，不仅有助于化解各种矛盾，更有助于优化组织环境，提高工作效率，从而建立良好的组织文化，更好地发挥秘书部门的职能。具体来说，秘书部门协调工作的内容主要包括：与组织内部上级领导的关系协调、与组织各部门之间的关系协调、与组织外部之间的关系协调。

（一）与组织内部上级领导的关系协调

秘书的工作主要是围绕领导的工作需要而展开，辅助与服务于领导工作，因此协调好与上级领导的关系是秘书协调工作中最重要的内容。秘书要尊重领导，了解领导。领导都有各自的性格特点、思维方式、工作方法、处事习惯等，秘书了解领导，特别是掌握领导在长期工作中所形成的思维方式和工作方式，有助于秘书准确、系统地领会领导意图。此外，秘书必须时刻保持清醒的角色意识，找准自己的位置，绝不能越权越位。就算秘书和领导相处得十分融洽，也一定不能替领导做主、替领导拿主意。秘书还要积极主动为领导分忧，切实做好各项信息的收集、整理等事务性工作，为领导决策提供有力的科学依据。

微型案例

与领导之间的关系协调

小王是某局局长的秘书，他是资格比较老的秘书了，深得局长的信任与喜爱。因为工作的关系，他与各位领导关系都比较近，经常向领导们请示汇报，所以局里领导们的关系他最了解。

他最近发现局里两位副局长关系比较紧张。他时不时地听到李副局长抱怨陈副局长不好的地方，他也不敢附和，每次都借故避开话题。他知道副局长这样说肯定是希望得到他的支持。但是两位副局长之间的争斗非常复杂。小王身在其中，有时觉得很难做。

有一次，他送文件去李副局长办公室，敲门进去后，发现陈副局长也在。他能感觉到气氛不对，好像刚才俩人有过激烈地争论。他见状马上说：“对不起，我过一会儿再来。”但李副局长叫住他，让他评评理。小王谁也不敢得罪，于是说："对不起两位副局长，局长说让我送完文件赶紧回去，他还有其他的事要我去办理。"说完，他赶紧退了出来。

（二）与组织各部门之间的关系协调

秘书工作繁杂，起草文稿、处理文件、筹办会议等各项工作都需要组织内部各部门的配合与支持。因此，处理好组织内部各部门之间的关系，建立一个良好的工作关系和人际关系，有利于调动每一个成员的积极性、创造性，也有利于提高工作质量和效率。在处理与组织内部各部门之间的关系时，要坚持低调内敛，谦虚待人，把握好说话办事的分寸，要真诚公正地协调工作问题，从而达到沟通协调的目的。

微型案例

员工之间的矛盾

小贾是公司秘书部门一名新进员工，为人比较随和，不喜争执，和同事的关系处得都比较好。但是，前一段时间，不知道为什么，同一部门的小李老是处处和他过不去，有时候还故意在别人面前指桑骂槐，对跟他合作的工作任务也都有意让小贾做得多。起初，小贾觉得都是同事，没什么大不了的，忍一忍就算了。但是，看到小李如此嚣张，小贾一赌气，告到了经理那儿。经理把小李批评了一通，从此，小贾和小李成了绝对的冤家了。

小贾和小李成了冤家是怎么造成的？

如果你是小贾，你会像他一样处理与小李之间的问题吗？为什么？

（三）与组织外部之间的关系协调

在资讯日益发达的今天，协调处理好与组织外部的关系，成为秘书部门日益重要的工作职责。第一，要积极协调好与相关的政府部门之间的关系，熟悉政府部门的职责范围，主动加强联系，为组织发展创造良好的发展环境。第二，要积极协调好组织与同行业部门之间的关系，加强横向联系，增进行业了解，提高组织的影响力。第三，要积极协调好与新闻媒体之间的关系，要善于利用微博、微信等新媒体为组织宣传，认真倾听媒体的批评，建立相应的应急机制，为组织发展创造良好的舆论环境。

三、协调的主要方式

秘书的协调工作主要有三种方式：个别协调、会议协调和文件协调。

微型案例

不善于协调关系的陈青青

大新糖果糕点饮料公司秘书陈青青，是刚调来公司办公室工作的。一天，办公室主任交给她一项新任务，负责全公司的黑板宣传工作。但是，陈秘书不会编排版面，美术字也不过关，主任又选派了同一位办公室有美术功底的杨秘书负责版面编排工作，让陈秘书专门负责组稿、改稿等工作。杨秘书很有才干,编排版面、写美术字、画画等在公司都小有名气,他根本就没把这黄毛丫头放在眼里。碰到他工作忙起来,就把出黑板报的事儿抛到九霄云外去了,弄得主任常常催促陈秘书:"怎么黑板报又延期了?"陈秘书又不好明说,只好硬着头皮去催杨秘书,可杨秘书根本不配合,还拿冷眼对她,陈秘书只恨自己没用,不能动笔画。

面对这种情况,陈秘书应该采用哪种方式与杨秘书进行协调?具体应该怎样做?

(一)个别协调

个别协调也称直接协调,主要是针对一些情况比较简单、涉及面小的矛盾和问题。个别协调主要是通过秘书与协调对象直接进行沟通交流,以个别协商和疏导的方式积极解决工作中的矛盾和问题。在此期间,秘书人员要及时地与协调对象进行思想交流,找出问题所在,有的放矢地做好协调对象的思想工作,晓之以理,动之以情,最终使协调对象消除隔阂和误会,淡化矛盾,解决问题。

(二)会议协调

会议协调主要是针对一些情况比较复杂、涉及面广的矛盾和问题。会议协调主要是通过和组织其他部门之间进行沟通交流,以召开协调会议的方式解决问题。秘书部门作为领导的助手,在召开协调会议之前要先做好问题的调查研究工作,深入细致地了解问题所在,对问题的发展态势做出精准的判断和分析,并与相关部门进行沟通,初步拟订解决措施,以提高协调会议的效率。在各部门充分提出解决方案后,还要协助个别有分歧的部门做好疏导和协调工作,从大局出发,以集体利益为重,求同存异,最终达到比较满意的结果。

(三)文件协调

文件协调主要针对一些综合性、常规性的工作或者重大活动,主要通过发布文件的形式,明确各部门的职责,落实到各相关单位。在制发文件之前,秘书部门要与相关各个部门进行沟通协调,达成共识,同时进行文件的会签,以示负责。

第四节 协调的基本步骤和技巧

一、案例描述

阳光公司陈副总经理因一项对外业务工作,与李总经理又争执了起来。后来,陈副总在与葛秘书外出乘车中,埋怨李总经理主观武断,不尊重他人意见,导致决策失误,给公司经营造成了损失。葛秘书知道总经理与副总经理因工作意见不同,有些分歧。总经理是一位有能力、有魄力、办事雷厉风行的人,但不太注意工作方法,伤了不少人,对此,职员颇有意见。副总经理考虑问题周到,群众关系好,也关心别人,但决断能力差些。从心底里讲,葛秘书的个人感情更倾向副总经理。今天,副总经理谈起他与总经理的分歧,分明是想得到秘书对他的支持和同情。

葛秘书此时应如何办?

资料来源:上海市职业培训发展中心组织:《秘书(四级)指导手册》,中国劳动社会保障

出版社 2010 年版。

二、任务分析

秘书在处理协调工作时，应注意以下的内容：

1. 掌握秘书协调的基本步骤。
2. 掌握协调工作的技巧。

一、秘书协调工作的基本步骤

秘书人员不管采用上一节介绍的哪种协调方式，都必须讲究协调技巧。只有掌握协调的技巧，才能使协调工作富有成效。

秘书协调工作的基本步骤如下：

一要深入了解问题。了解问题是协调的前提，只有对事情的来龙去脉了解得全面清楚，才能防止协调的片面性；只有对事情的前因后果了解得深刻，才能彻底解决问题。如果一知半解或道听途说，就仓促上阵，急于协调，不但不能解决问题，还会激化矛盾，使问题复杂化。对一时不清楚的问题，不急于下结论，可先稳定各方情绪，明确要求，待深入调查研究后再做彻底处理。

二要准确判断是非。判断是非是解决问题的前提。准确判断是非，正确分析问题是关键。首先，对调查了解的情况要比较、筛选，去伪存真；其次，由表及里，层层剥皮，找准症结，实事求是地解决问题；再次，由此及彼，举一反三思考问题，防止在协调中肯定一切或否定一切的简单化。

三要果断解决问题。是非分清后，态度要鲜明。拿出处理意见，及时解决矛盾和问题，碰到“钉子”不手软。否则，议而不决问题必然越积越多，今后的协调工作将会越来越难。

四要提出相应措施。协调的目的不仅要解决已经发生的问题，更要防止今后同类问题的重复发生。因此，一定要注意建章立制，以巩固协调成果。通过一次协调，使工作更完善一步；通过一次协调，使个人的能力素质更提高一步。

二、秘书做好协调工作的技巧

秘书要做好协调工作，应掌握协调工作的一些基本技巧。

（一）善于沟通，建立良好的人际关系

做好沟通工作，建立良好的人际关系是做好协调工作的基础。沟通是开展协调工作的“润滑剂”，建立良好的人际关系，使协调对象在思想上与组织保持一致，是行动落实的保证。那如何才能建立良好的人际关系呢？

首先，要学会尊重人。每个人都有自尊心，都希望受到他人的尊重，并得到组织或社会的认可。在协调过程中，秘书人员应注意与人沟通的态度，充分尊重对方的人格。不能因为自己代表领导的意愿，或是领导身边的“红人”就忽略语言艺术，无礼、傲慢，不尊重别人。

其次，要善于帮助人。对其他同事或部门的求助，只要是在职权范围内，只要不违背做人做事的原则，就应想办法、找方法，千方百计去帮助别人，不怕困难、不怕吃亏。要知道，帮助别人也是协调相互关系的一种投资，必会得到回报的。

再次，要真诚待人。诚实是做人的基本品德。秘书人员的工作性质决定了秘书人员是

组织内部的"全才",组织上上下下的各类事务都略知一二,但"全而不专""广而不精"也是绝大多数秘书的通病。因此,秘书人员在遇到具体问题的时候,要抱着虚心的态度,凡事多请教别人,多听别人的意见,不轻易多讲话,讲出话来就要负责。秘书人员一旦被大家认为是一个言行一致、诚实守信的人,那做协调工作就容易多了。

最后,要能容忍人。对非原则问题不纠缠,对无关大局的小事不计较。多看别人的优点和长处,切不可以己之长比人之短。以一颗宽容的心去对待身边的每一个人,严于律己,宽以待人,必定会赢得身边人的尊重和喜爱。

(二)讲究一定的协调艺术

秘书人员要做好协调工作,必须要讲究一定的协调艺术。具体而言,包括以下三点:

第一,要掌握说话做事的"火候"。这和烧菜做饭一个道理,"火候"大了,菜就会烧焦;"火候"小了,又无法烧熟。那么如何把握说话做事的"火候"呢?一方面,在对上协调的时候,要善于察言观色,找到说话的共同点、兴奋点,捕捉最佳的协调时机。领导情绪好时,抓紧请示报告,很可能事半功倍;领导工作繁忙、心情烦躁时,不去"迎风",自讨没趣;有紧急情况必须协调时,学会见缝插针、相机行事。另一方面,在对下协调时,要摆正自己的位置,谦逊和蔼,既不不苟言笑摆管腔,也不假模假式献殷勤,要多从对方的角度思考问题,促成协调成功。

第二,掌握语言艺术。我国语言文字博大精深,"良言一句三冬暖""话不投机半句多"。秘书在与人沟通协调的时候首先要保证用词准确、表述清楚,在这基础上如果语言有点幽默感、有些说服力和感染力,让人愿听、想听,效果就更好了。秘书人员在与人协调的时候还要知道语言是没有"模板"的,对待不同的人,要使用不同讲话风格。例如,对严谨的人,语言可规范一些;对比较随便的人,语言不妨活泼一些;对文化层次低一点的人,语言尽量通俗一点、实在一点;对性格直爽的人,要开门见山、单刀直入;对干练果断的人,要言简意赅、干脆利落。此外,对平行部门的协调,语言基调用互敬、磋商的口气,但又不放弃大的原则;对领导的协调,多用请示、探询的口气。要把握好分寸,该留有余地的不能把话说死,该明确的不能模棱两可。

第三,学会软化矛盾。秘书在日常工作中,偶尔会遇到领导与领导、领导与部门、部门与部门意见不一致的情况。这时候秘书人员处于"夹缝"中,协调不好可能好心办坏事,两头受气。因此,在这种情况下,一定要学会软化矛盾,沉着冷静,主动承担责任,缓和气氛。多做弥合、劝说的工作,扩大共同点,缩小分歧点。特别是在领导之间来回传话既不能虚假,也不能完全转述事实。有利的话多说,不利的话不说,情况许可时,暂时放一放,待其冷静后,再伺机协调。对一些重要事项的协调,要给领导留出足够的时间,让领导深思熟虑之后定决心,避免矛盾,促使协调成功。

(三)坚持原则性与灵活性相统一

坚持原则性,就是秘书人员在协调各种矛盾和问题时,坚持以党的路线、方针、政策和国家的法律法令、军队的条令条例为依据,不拿原则做交易、不用感情代替政策,避免盲目性和随意性。但原则不等于教条,必要的灵活性往往是协调成功的关键。秘书人员在实际的协调工作中所处理的具体事务往往是复杂的,如果过于教条,协调很难成功。这就要求在不违背大原则的前提下,可采取灵活变通的办法处理一些棘手的特殊问题,使关系得以调适,矛盾得到缓和。但灵活性也要掌握一定的尺度,把握好分寸,这就需要秘书人员了解国家相关政策、熟悉企业文化、掌握人员关系。因此,可以说原则性和灵活性的统一,既是一种工作方法,更是一门工作艺术,它是秘书人员必备的一种能力。

微型案例

会议室的协调安排

洪霞是仁和公司的秘书，主要负责会议室的安排和协调工作。为了做好这项工作，洪秘书每周都根据各科室提交的会议室使用申请表，提前编制公司会议室情况一览表，做到心中有数。她对公司会议室的情况了如指掌，每个会议室有多少桌椅，可以容纳多少人开会；会议室装有什么设备，设备状态如何；会议室什么形状，适合开什么类型的会议等都非常清楚。因此，每当部门借用会议室，洪秘书都能根据情况安排合适的会议室供其使用。

有一次，销售部秘书小胡拿着会议室使用申请表来找她，说是他们经理临时决定召开一个重要的会议，请她务必给安排一个会议室开会。洪秘书一看，申请表上参加会议人数一栏是 30 人，设备一栏填写的是使用投影仪，开会时间是明天上午 9:30。洪秘书打开会议室使用情况一览表查看，发现有投影仪的会议室已经全部安排出去了，而带投影仪并能容纳 30 人的会议室只有 301 室和 303 室，也被人事部和客服部预订了，就问胡秘书是不是一定要用投影仪。胡秘书说，会上要演示营销方案，所以一定要用投影仪。洪秘书又问："你们部的会议一定要明天上午开吗？可不可以推迟到后天上午，后天有一个可以容纳 30 人的装有投影仪的会议室空着，可以使用。"胡秘书着急地说："不行啊，这个会议很急，因为要确定最终的营销方案以便执行，总经理点名要马上召开。"那怎么办呢？洪秘书为难了。她跟胡秘书说："你先回去吧，我看看怎么协调一下，过一会儿再打电话给你。"

胡秘书回去以后，洪秘书开始仔细研究其他部门登记的会议室使用情况，发现使用 301 会议室开会的人事部的参会人数只有 15 人，就给人事部秘书打电话说明情况，同其商量可否换一个小一点的 302 会议室开会，302 会议室可容纳 20 人。人事部周秘书说："可是 302 会议室没有投影仪，怎么办呢？"洪秘书说："请放心，我会叫人安装一个临时的投影仪和幕布，不会有问题的。"人事部的周秘书说："那好吧，我会向田经理汇报，并通知其他人。"洪秘书说："谢谢，我也会在公司布告栏中贴一个会议室更改通知。"挂断电话后，洪秘书拿过公司会议室使用情况一览表，在相应的栏目上做了改动。之后打电话给胡秘书，告诉她会议室已经安排好了，他们明天上午可以使用 301 会议室开会。然后打印了一份会议室更改通知，贴到了布告栏中。

第二天上班，洪秘书到研发部借了一台投影仪和幕布，从办公室拿了一台笔记本，找人把这些设备安装到 302 会议室，并进行了测试。

由于洪秘书的协调，各部门的会议都正常召开了。

资料来源：孟庆荣：《秘书工作案例及分析》，清华大学出版社 2007 年版。

小　结

关键术语

沟通　有效沟通　沟通的技巧　协调　协调的技巧

本章小结

1. 沟通是一种信息传递和交流的过程，不仅包括公务信息的传递和交流，也包含着个人情感、思想和观点的交流。

2. 沟通的种类：按照沟通方式，沟通可以分为口头沟通、书面沟通、非语言沟通；按照组织内部信息沟通的方向，沟通可以分为上行沟通、下行沟通、平行沟通和斜向沟通；按照信息沟通是否存在反馈，沟通可以分为单向沟通和双向沟通。

3. 秘书人员沟通的作用主要有两点：(1)传递和获得信息；(2)改善人际关系。

4. 有效沟通必须满足三个条件：第一，信息发送者所发出的信息完整而准确；第二，信息在传递过程中没有损失；第三，接受者必须真正理解了接收到的信息。三个条件，缺一不可。缺少任何一个条件都不能构成有效沟通。

5. 影响有效沟通的因素：

信息发送者方面：(1)表达能力的欠缺；(2)知识或经验的缺乏；(3)发送者影响力的欠缺。

信息传递渠道方面：(1)信息传递环节过多；(2)沟通方式选择不当；(3)信息传递受外界环境的干扰。

信息接收者方面：(1)理解能力偏低；(2)传递的信息量太大；(3)接收者的情绪低落。

6. 有效沟通的技巧：(1)保持“空杯心态”；(2)经常换位思考；(3)运用笑的技巧；(4)点燃“心灵之窗”；(5)沟通从“你”开始；(6)迅速捕捉兴趣点；(7)学会使用行话；(8)记住要“继续沟通”；(9)好记性不如烂笔头。

7. 协调是指两个以上的个人、部门或单位经过协商，使各种关系融洽、和谐，工作相互协作配合、利益相互补偿的过程和形态。

8. 协调工作的意义：第一，协调是秘书人员的工作职责；第二，协调是发挥组织整体优势的重要保证；第三，协调是提高秘书人员业务水平的有效途径。

9. 协调工作的内容：与组织内部上级领导的关系协调、与组织各部门之间的关系协调、与组织外部之间的关系协调。

10. 协调的主要方式：个别协调、会议协调和文件协调。

11. 秘书协调工作的基本步骤：一要深入了解问题；二要准确判断是非；三要果断解决问题；四要提出相应措施。

12. 秘书做好协调工作的技巧：(1)善于沟通，建立良好的人际关系；(2)讲究一定的协调艺术；(3)坚持原则性与灵活性相统一。

知识结构图

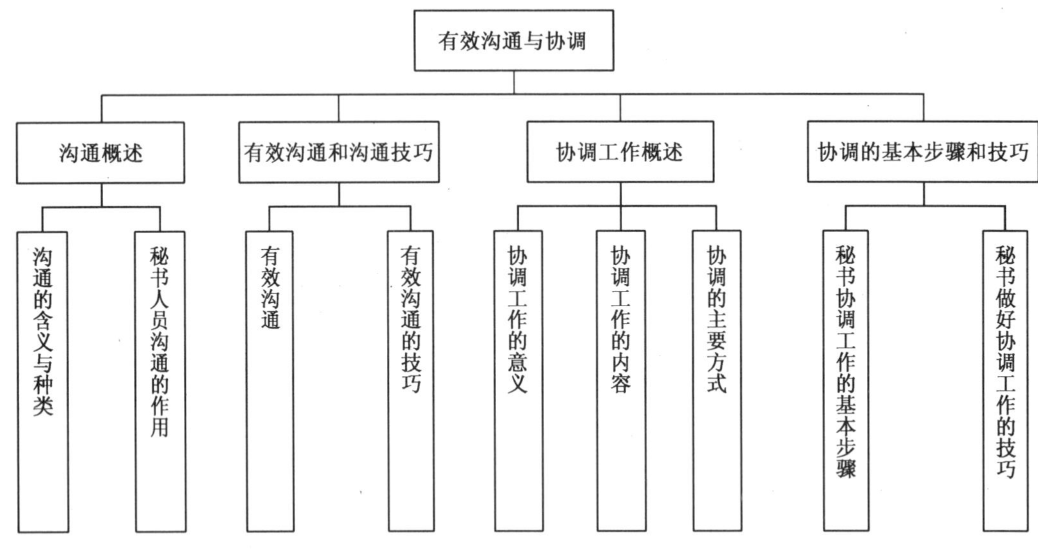

应　用

案例研究

案例一：

谁来修路

某大型企业厂区面积很大，内部有一段交通要道凹凸不平，特别是下雨后，泥泞不堪，往来车辆和行人都感到不便。厂领导要基建部门负责修复，基建部门说，他们负责房屋维修，道路维修不是他们职能范围的事，厂区内的环境应按各车间划定的清洁负责包干，要邻近的车间负责修复，有关车间说，他们只能负责清洁区的清洁卫生，对道路不能负责，再说，在此道路上往来的是全厂职工和来往车辆，并不只是该车间单独使用，不应由他们负责。这样，问题长期不能解决。厂长责成秘书小刘负责处理此事。

问题：

如果你是小刘，你会怎么做？

案例二：

办公室主任黄某的协调工作

黄某是某公司办公室主任，负责处理公司的日常事务性工作。在一次全公司范围的会议上，公司领导发现办公室准备的会议材料缺页，并且缺的那一页内容恰好是关于新产品的报价，这页内容是会议要讨论的重点。为此，公司领导非常恼火，责成办公室主任黄某去查清责任，处理这件事情。

黄某非常生气，自从他上任以来，从来没出现过准备会议材料上的任何纰漏，这次事件让他颜面扫地。黄某知道所有材料都是新来的实习生李秘书交给他审核的，虽然他当时事情多没有非常细致地过目，负有一定的责任，但这种事情本该是秘书人员应该做好的。如果事事都要领导亲自审核过目，一点点地纠正、把关，那还要那么多秘书人员干嘛？黄某越想越火，直接交代相关部门不再聘用还在实习期的李秘书。

事实上，李秘书上班不到一周时间，对很多公司办公的细节和流程都不了解。这次会议材料是公司里工作了5年的张秘书准备好交给李秘书的。张秘书平时工作很认真，深得领导的重用。发生这次事件是因为打印机在打印会议材料的时候出现故障，新产品报价那页没有打印出任何文字，全页面空白。由于打印机以前没有出现过类似故障，所以张秘书以为是多打了一页白纸，没有细致检查就把白纸抽掉了。

问题：

1. 请分析这次事件的责任方。
2. 如果你是办公室主任黄某，应该怎样调查并协调解决这件事情？

实验实训

训练项目：商务沟通与协调

1. 实训目标

通过训练让学生掌握商务沟通协调的基本技能。

2. 实训内容

训练任务一：吴伟刚到宏达公司担任副总经理李志新的秘书，工作就比较出色，深得领导的赏识，许多重要活动都由他组织，对他委以重任。这就招来了一些人的嫉妒，尤其是单位的另一个秘书王红，她比吴伟早进单位，但是工作表现不出色，没有得到领导的重用。于是老秘书王红就到处说吴伟的坏话，说他骄傲、轻狂，不把别的人放在眼里，甚至不把领导放在眼里，这些话传到了领导那里，领导信以为真，对他渐渐疏远，有点儿把他晾在一边的味道。

秘书吴伟真是有一肚子的苦水，但是他没有立即表现出来，更没有逢人就替自己开脱。他一方面自己进行检讨，看看是不是自己确有做得不好的地方，另一方面对同事采取积极接近的态度，对待说他坏话的王红，他也并不是冷眼相向，反而主动帮她完成任务，但是不把功劳放在自己的身上，这样单位对他的舆论好了起来，一些人开始替他在领导面前讲好话，老秘书王红也不再说什么了。

领导对他的态度有所缓和，秘书吴伟觉得是时候向领导申诉了，但是具体的时机呢？吴伟的领导喜欢在午间休息的时候打乒乓球，吴伟就陪领导打乒乓球，他一方面显示出自己打乒乓球的实力，一方面又恰到好处地让领导赢球，让领导在竞争的感觉中赢球，领导很高兴，说："吴伟，球技不错呀。"吴伟说："哪里，还是李总您的球技好，是不是以前学过？"领导笑着说："我可是全靠自学的，没事打着玩儿。"吴伟就说："是吗？我看您都是专业水准了，我都拿出自己的看家本领了。"领导说："是呀，吴伟，你打球还是比较厉害的。"秘书吴伟乘机就说：

"我这个人就是实在，打球的时候我就想着好好打球，所以有的人说我打球的时候不给人留情面，说我工作的时候也这样，其实和打球一样，我没有想别的，就是想把事情做好。不过，我以后一定要注意，因为不是每个人都像领导一样了解我。"领导听完秘书的一席话，哈哈大笑："这些话我也听到过，我当时就告诉他们，年轻人嘛，有干劲是好的，好好做工作，别管别人怎么想。我就喜欢你这样的实在劲儿。你不知道，公司好多人打球总是让着我，没劲，让我的球技总是得不到提高。"从那以后，领导喜欢叫上秘书吴伟一起打球。

资料来源：葛红岩：《新编秘书实务》，高等教育出版社 2014 年版。

训练任务二：小王是大华有限公司的秘书。小李和小周是她的同事，小李和小周经常两个人意见不合，并时常在办公室里大声吵架，而且总吵得不可开交，可小王已经司空见惯了，也并没有去协调她们二人的矛盾。

一日，经理经过办公室，听到小李和小周在里面大吵大闹的样子，办公室的其他人员也没有去协调的意思。这时，经理把秘书小王叫到办公室，询问二人吵架的事由。小王则说，她们二人时常这样，经理不用担心，过一会儿她们自然会好了。经理听了小王的汇报后非常生气，告诉小王，她们二人时常这样，怎么不早向经理汇报，她们二人在大家办公时间就这样大吵大闹，一是影响工作效率，二是影响公司的形象。他让小王去协调一下二人的矛盾，把这个问题解决掉，她们不能总这样在办公室闹意见。

小王按照经理的意思去协调小李和小周的矛盾，但是在办公室里，原本两个人的吵闹声，变成了三个人的吵架声，一时间办公室乱成一团。经理闻声赶过去，把小王叫了出来，并告诉她如何去协调他人的矛盾。这时，小王听从了经理的意见，并照此去沟通协调，最后小李和小周纷纷表示以后再不会这样了。这样一场持久的矛盾就消除了。

请小组成员按照案例进行现场模拟演练，并安排具体讨论环节，可适当增加具体情节。需要小组成员分角色去模拟情景，并在模拟前对于沟通协调的方式要小组内部确定。

3. 实训要求

(1)由组长抽选题目，每个小组都需要参与。

(2)每个小组成员由 10 人组成，由组长分配任务。

(3)操作中需要使用的物品，要求学生课前准备或制作。

(4)各组上交一份情景剧的剧本，并根据剧本进行现场的演练。

(5)小组可以根据所给的材料，适当地增加角色与情节。

(6) 教师将学生的演示情况与上交的材料综合打分，记入学生的平时成绩。

(7)本实训在秘书综合实训室进行，工作人员需要穿职业装。

(8)本节实训后，组长统一将本次完成的任务和本节实训报告上交给实训指导教师，由教师最终给出成绩。

复习思考题

一、单项选择题

1. 按照沟通方式，沟通可以分为(　　)。

A. 口头沟通、书面沟通、非语言沟通、电子沟通

B. 上行沟通、下行沟通、平行沟通、斜向沟通

C. 单向沟通、双向沟通、多向沟通

D. 口头沟通、书面沟通、平行沟通、斜向沟通

2. 下列选项中,不属于有效沟通的条件的是( )。

A. 信息发送者所发出的信息完整而准确

B. 信息在传递过程中没有损失

C. 信息在传递过程中损失不大

D. 接受者必须真正理解接收到的信息

3. 下列情况中属于有效沟通的是( )。

A. 领导给秘书布置任务的时候,秘书表面在听,但是完全没有听进去,没有领会领导的意思

B. 秘书由于口头表达能力较弱,不能将领导的意思完整地传递给下级

C. 公司领导在给秘书布置工作的时候,外面时不时地传来装修的噪音,就会在一定程度上影响秘书的记录和理解

D. 秘书完全理解了领导部署的工作,并将工作有效分解,顺利完成任务

4. 下列影响有效沟通的因素中,来自信息发送者方面的是( )。

A. 信息传递环节过多

B. 发送者知识或经验的缺乏

C. 信息传递受外界环境的干扰

D. 传递的信息量太大

5. 下列影响有效沟通的因素中,不属于信息传递渠道方面的因素的是( )。

A. 信息传递环节过多

B. 沟通方式选择不当

C. 信息传递受外界环境的干扰

D. 信息接收者理解能力偏低

6. 下列关于协调工作的意义的描述中,说法不正确的是( )。

A. 在日常生活中领导的精力有限,不可能事必躬亲,大量的协调工作需要靠秘书人员进行,这样才能使工作有条不紊地进行,让领导集中精力抓大事,谋划指导全局性工作

B. 协调能够使本部门与其他部门之间、与其他机关干部之间建立起相互理解、支持、协作、配合的关系

C. 协调能够使各业务部门、各机关人员在其分工的基础上各司其职、各负其责,提高整体效能,圆满完成任务

D. 协调是提高秘书人员业务水平的有效途径,搞好协调比办文、办事、办会还重要

7. 下列选项中,不属于秘书部门协调工作的内容的是( )。

A. 与组织内部上级领导的关系协调

B. 与组织内部下级员工的关系协调

C. 与组织各部门之间的关系协调

D. 与组织外部之间的关系协调

8. 秘书的协调工作主要有三种方式是( )。

A. 总体协调、部分协调、个别协调

B. 周期协调、日常协调、特别协调

C. 个别协调、会议协调、文件协调

D. 期初协调、期中协调、期末协调

9. 秘书协调工作的基本步骤包括(　　)。

A. 深入了解问题、准确判断是非、果断解决问题、提出相应措施

B. 深入了解问题、准确判断是非、提出相应措施、果断解决问题

C. 准确判断是非、深入了解问题、果断解决问题、提出相应措施

D. 准确判断是非、深入了解问题、提出相应措施、果断解决问题

10. 关于秘书协调工作的技巧,下列说法中不正确的是(　　)。

A. 秘书人员应注意与人沟通的态度,充分尊重对方的人格。不能因为自己是代表领导的意愿,或自己是领导身边的“红人”就忽略语言艺术,无礼、傲慢,不尊重别人

B. 秘书人员在遇到具体问题的时候,要抱着虚心的态度,凡事多请教别人,多听别人的意见

C. 在对上协调的时候,要善于察言观色,找到说话的共同点、兴奋点,捕捉最佳的协调时机

D. 秘书人员在与人协调的时候还要知道语言是有“模板”的,对待不同的人,可以使用相同的讲话风格

二、问答题

1. 什么是沟通?沟通的种类有哪些?

2. 什么是有效沟通?简述有效沟通的条件。

3. 什么是协调?协调的工作内容和主要方式有哪些?

4. 简述秘书协调工作的基本步骤。

第五章
会议的组织与服务

学习目标

知识目标：了解会议要素及常见会议类型；熟悉会议工作的基本内容及工作程序。

技能目标：掌握会议组织的各项工作环节与服务工作；提升办会基本能力。

【引入案例】

粗心的秘书

某机关定于某月某日在单位礼堂召开总结表彰大会，发了请柬邀请有关部门的领导光临，在请柬上把开会的时间、地点写得一清二楚。接到请柬的几位部门领导很积极，提前来到礼堂开会。一看会场布置不像是开表彰会的样子，经询问礼堂负责人才知道，今天上午礼堂开报告会，某机关的总结表彰会改换地点了。几位领导同志感到莫名其妙，个个都很生气，改地点了为什么不重新通知？一气之下，都回家去了。

事后，会议主办机关的领导才解释说，因秘书人员工作粗心，在发请柬之前还没有与礼堂负责人取得联系，一厢情愿地认为不会有问题，便把会议地点写在请柬上，等开会的前一天下午去联系，才知得礼堂早已租给别的单位用了，只好临时改换会议地点。但由于邀请单位和人员较多，来不及一一通知，结果造成了上述失误。尽管领导登门道歉，但造成的不良影响仍难以消除。

问题：结合这个案例，谈谈秘书在会议准备时应注意哪些问题。

第一节　会议工作概述

项目导入

一、案例描述

近年来，青岛市为了推动市委市政府重点工作落实，市政府连续两年开展了“调结构、稳增长、抓落实”现场推进活动，每月选取一个区市或功能区进行观摩，现场看项目、听汇报、解难题，起到了联系基层、攻坚克难、推动工作的良好成效。在现场观摩会议组织工作中，办公厅紧紧围绕“调稳抓”活动主题，把握特点，精心选点，认真组织，较好地实现了预期目标。

现场观摩会的成功，是与办公厅及秘书们的严谨、高效工作密不可分的。

二、任务分析

会议是社会组织和领导管理活动的重要手段和方法。作为一项经常性、综合性的秘书业务工作，会议工作的水平直接影响甚至决定会议本身的质量和效果。在开展会议工作之前，秘书人员应先做到：

1. 了解会议及会议工作的概念。
2. 了解会议的构成要素。
3. 了解会议的常见类型。

一、会议及会议工作

“会”是集会、聚会、会合，“议”是商议、讨论、议论。“会议”在现代汉语中有两种含义：一是指有组织、有领导地商议事情的集会，如研讨会议、工作会议等；二是指一种经常商讨并处理重要事务的常设机构或组织，如全国人民代表大会。秘书人员的会议工作指的是第一种含义。

《尚书·周官》：“议事以制，政乃不迷。”会议是人类社会发展的产物，是解决问题、开展工作的方式。在现代社会，会议已成为一种重要的社会活动方式，在各级党政机关、企事业单位的日常工作中发挥着重要作用：第一，有利于集思广益，实行集体领导，实现民主决策、科学管理；第二，有利于化解矛盾，解决问题；第三，有利于宣传教育，统一思想，协调行动，部署工作；第四，有利于沟通信息，交流经验，联络情谊。

会议工作就是一切有关会议的事务，包括会议的组织、文书工作、生活服务、安全保卫等。尽管会议的目的、内容、规模等要素各不相同，但一般都包括会议前的筹划准备、会议中的组织服务和会议后的善后落实等环节。组织会议是秘书工作的重要组成部分，会议工作做得如何直接影响甚至决定会议本身的质量和效果，每一次成功的会议，都离不开秘书人员的辛勤劳动。

二、会议的构成要素

会议的构成要素是指构成会议活动的基本因素，其使会议与其他社会活动方式区别开来。了解会议的构成要素，便于秘书人员从整体上把握会议的全面工作。从秘书“办会”的角度，会议的构成要素有：

（一）会议名称

会议名称应当根据会议主题而确定，简单明了。拟定会议名称有两种方法：一是揭示会议的性质，如公司行政办公会、优秀企业家座谈会等；二是揭示会议的主要内容，如企业文化建设研讨会、人力资源分析会等。在实际工作中，大中型会议的名称往往被制作成横幅标语，置于主席台的上方，作为会议的标志，简称“会标”。

(二)会议时间

会议时间具有两层意思:一是指会议在什么时间召开;二是指会议召开时间的长短,即会期。确定会议在什么时间召开要考虑诸多因素,如根据会议内容或性质选择合适的季节、参加会议人员是否有时间出席、会议准备工作是否就绪等。会期的长短则取决于会议内容的实际需要以及会议经费的充足与否。

(三)会议地点

会议地点要根据会议的性质、规模、成本等因素确定。选择会议地点前,秘书要做大量的调研工作,并根据会议内容的需要,对交通、环境、设备等进行考察。如召开现场观摩会,就适合在有先进性和代表性的地区和单位召开。

(四)会议主持人

会议主持人是召集会议单位的领导,其职责是使会议按照原定程序正常进行,包括宣布开会、掌握会议议程、安排发言顺序、主持表决和选举、宣布表决选举结果、处理会议过程中临时发生的问题等。会议主持人对会议的正常开展和取得预期效果起着领导和保证作用。

(五)会议参与者

会议参与者是指会议的参会人员,包括正式成员、列席人员、旁听人员等,正式成员应为会议的主体。参会人员的数量决定了会议的规模,因此确定参会人员必须考虑两方面问题:一是合法性。凡是法定性会议及有关组织章程中涉及的规定性会议,对于参会人员的身份资格都有明确规定。二是必要性。以与会议议题关系密切程度来确定参会人员,严格控制会议出席人数。

(六)会议议题

会议议题是会议将要讨论或解决的问题及相关事项,是根据会议主题确定的。会议议题必须紧扣主题,分清轻重缓急,经过初步筛选后,进行加工和整理,最后提供领导审定。

(七)会议形式

会议形式是指会议召开的形式特征,一般由会议的内容来确定。如讨论、座谈还是演讲、报告,是集中大会还是分组讨论,是网络会议还是现场会议等。

(八)会议议程

会议议程是会议讨论、解决议题的程序。议程安排要科学,一般事务性议题、涉及面广泛的议题放在前部,机密的、重要的、专项的议题放在后部;酝酿、讨论的议题放在前部,决策性的议题放在后部。

(九)会议结果

会议结果是指会议形成的结论、具体议题的解决办法、确定的承办部门以及具体落实步骤等。会议结果有些需要以会议文书的形式体现出来,如会议纪要、会议决议等。

(十)会议费用

会议费用是指召开一次会议所需的全部支出,如会场租赁费、材料费、交通费、食宿费等。召开会议要在预算许可的限度内实现最佳的性价比。

三、会议的常见类型

从不同的角度,根据不同的标准,会议可分为不同的类型。

(一)举办的会议

(1)根据会议规模(即参加人数多少)划分:特大型会议(数千人至万人以上),大型会议

(千人以上至数千人);中型会议(百人以上,千人以下);小型会议(三人以上,百人以下)。

(2)根据会议的时间划分:定期会议和不定期会议。

(3)根据会议的组织类型划分:内部会议和外部会议、正式会议和非正式会议。

(4)按照会议采用的方式手段划分:常规会议、广播会议、电话会议、电视会议和网络会议。

(二)企业内部经常召开的会议

(1)经理例会。企业内部经理之间定期召开的会议。

(2)部门员工例会。企业内部各部门员工之间定期召开的会议。

(3)股东会。企业、公司股东之间的会议,通常用来进行企业内部的一些重要决策。

(4)董事会。企业、公司定期召开的董事会议,一般也用于企业的重大决策。

(5)公司年会。每年年末或次年年初,公司召开的年度总结大会。

(6)客户咨询会。公司为了方便客户了解产品和服务专门召开的会议。

(7)新产品发布及市场推广会。公司为了推广新产品而召开的一系列会议。

第二节　会前的筹备与服务

一、案例描述

会议检查工作

李助理在公司工作很多年了,在办会方面经验非常丰富。公司这次承办的研讨会的会前筹备工作基本结束,明天与会代表就要开始报道了。今天上午一上班,李助理就召集会务组的秘书们一起进行最后的现场检查,以确保工作全面落实到位,各个环节不出纰漏。

她先带领秘书们来到资料室,检查会议的文件资料是否准备充分。负责这项工作的韩秘书已经把文件都装入了会议文件袋,李助理要求秘书们不要怕麻烦,一起动手,逐袋检查,根据资料清单逐项检查文件是否有遗漏,文件上的会议名称、文件编号是否准确等。检查完毕,确保无误后,李助理表扬了韩秘书。

她们来到会场,进行实地检查。首先检查了会场的布置情况,发现负责此项工作的周秘书工作很到位,她布置的会场与研讨会的主题很贴合,会标很醒目。周围和主席台下摆放的鲜花把会场烘托得很有气氛,让人耳目一新。主席台的座次和名签安排得很妥当,进场、退场的路线也做了示意图和标志。会议所需的用品像文具、茶水、纸巾等也都准备得很齐全。李助理又检查了一下音响和照明情况,效果不错。李助理很满意,连声说:“不错,不错。”转过头又问周秘书:“安排录音录像的设备和人员了吗?”周秘书回答说:“都准备好了。”李助理说:“设备要调试好,要准备备用的,保证会议期间不出问题。还要准备在会后给全体代表合影留念。”周秘书说:“一定照办。”

李助理检查的最后环节是会议的安全保卫工作,这也是她最关注的环节。她仔细地检查了会场所有设备的线路、运转和操作规范的安全可靠性。检查消防设施是否齐全有效,询问负责这项工作的张秘书监控器的探头运行状态如何,并让他给演示一下。最后检查到安全通道时,发现通道上竟然堆满了旧桌椅,询问张秘书是怎么回事,张秘书说:“是为这次会议换下来的旧桌椅,还没来得及搬走。”李助理严肃地说:“安全工作最重要,一定要落实到位。否则,一旦出问题,后果严重,我们一定要加强安全防范意识。明天就开始报道了,今天下午一定要清理完毕,保证安全通道的畅通,下班前我会再来检查。”

经过李助理细致的会前检查,这次的会议进行得非常顺利。

资料来源:孟庆荣:《秘书工作案例及分析》,清华大学出版社 2007 年版。

二、任务分析

会前进行认真细致的筹备,是会议取得成功的前提和基础。任何一个细节的疏忽,都可能造成巨大的负面影响。在会前筹备时,应做到:

1. 了解筹备会议所需的基本信息。
2. 掌握筹备会议的主要内容。

一、确定会议名称

会议名称的确定,对于一次会议来说十分重要。应当根据会议的主题、类型确定会议名称。会议名称要拟得妥当,名实相符,要用确切、规范的文字表达。会名不宜太长,但也不能乱简化。不能使用口语,应该用正规的书面语,如“时装秀”应该改为“时装展示会”。

(一)会议名称的确定方法

(1)由“单位+内容”两个要素构成,如“华为公司第二次职工代表大会”,其中“华为公司”即组织名称,也可称单位;“第二次职工代表大会”即会议内容。

(2)由单位、年度、内容构成,如“华为公司(单位)2015 年(年度)总结表彰(内容)大会”。

(3)由时间、会议内容和会议类型构成,如“华为公司 2016 年产品销售定价听证会”。

(二)会议名称最终确定

会议名称的最终确定权在上司那里,秘书在拟定会议名称之后,要报请主管上司批准后,会议名称才能正式确定。

二、拟订会议议题

开会之前一定要明确会议的议题,并且一定要将议题及时地通知到参加会议的人员,让与会者获得知情权,便于参加会议和筹备会议的人员做好相应的准备工作。秘书人员在会前要收集议题,然后对收集的议题进行汇总、整理并加以安排,最后报请上司确定。会议议题的最终确定权在上司手里。

(一)收集会议议题

会议的议题主要有三个来源:来自上级机关和领导人;来自下级部门提交的,需要以会议的形式研究和决定的问题;来自秘书向有关部门搜集的,本公司的管理活动中需要研究和决定的事项。

(二)确定会议议题

科学合理地确定议题,是保证会议质量的重要因素之一。确定会议议题时应遵循必需、清晰、有限和相近的基本原则:

(1)必需。必需原则是指所拟订的议题有无在会议上讨论研究的必要。

(2)清晰。所谓清晰的议题,主要是指要求会议讨论研究的议题的主旨一定要清晰,绝不能含糊不清。比如某单位行政办公会议拟讨论下属部门提交的“关于请求解决经费”的议题。这个议题显然是违背明确性的原则。因为申请经费用于干什么，从什么渠道解决，经费数额及下限是多少，这些问题不加以明确，会议便难以做出决议。

(3)有限。有限原则是指一次会议议题的数量必须是有一定限度的。据心理学家测定，成年人能集中精力的平均时间为45～60分钟，超过45分钟，人就容易精神分散，超过90分钟，普遍感到疲倦。因此，每次会议的时间最好不要超过1小时。如果需要更长时间，应该安排中间休息。

(4)相近。相近原则是指会议议题之间的内在联系，尽量将那些内容相近、互相联系密切的议题放在一次会议上讨论。

(三)议题顺序安排

议题顺序安排可以按照以下原则进行：按重要性，按紧急程度，按时间先后，按领导意图；保密性强的放在后面，便于让有些人退席；分析诸因素再综合考虑排序。如遇几个议题，应按其重要程度排列，最重要的排列在最前面。

三、选择会址

会议地点的选择，一定程度上决定会议效果的好坏。

(一)确定会议所在地

国际性和全国性会议，要考虑政治、经济、文化等因素，一般应在首都北京或其他中心城市(如上海、重庆、广州、西安等地)召开。

专业性会议，应该选择富有专业特征的城乡地区召开，以便结合现场考察。如棉花种植会议到三亚去开，钢铁生产会议到拉萨去开，就不可理喻了；小型的、经常性的会议就安排在单位的会议室。会议室尽可能不要紧靠生产车间、营业部、教室等人声嘈杂的地方，以免受到干扰。

(二)选择会议场所考虑的因素

(1)会场的交通要便利。会场位置必须让与会者方便前往，节省人力、物力和开支。

(2)会场的大小应与会议的规模相符。一般来说，每人平均有2～3平方米的活动空间比较适宜。同时应考虑会议时间的长短，时间长的会议，场地不妨大些。

(3)会场设施要齐备。桌椅家具、通风设备、照明设备、空调设备、音像设备等要尽量齐全。高级别会议还应考虑是否有足够的停车位、电梯，是否有备用电源。有时也要考虑会场周围有没有必要的餐饮和娱乐设施。

(4)会场环境要适宜。在条件允许的情况下，应当尽量选择气候适宜、空气洁净、幽静安谧的会场，尽可能地为与会人员提供一个良好的环境，以便集中精力，保证会议取得满意效果。

(三)注意事项

秘书人员在选好会议场所并且经单位主管同意后，应和承租方签订使用协议，要保持与会场管理人员的联系，特别是开会前要落实会场的准备工作情况，使会议能够正常进行，确保万无一失，如果有特殊情况应立即向主管汇报，并协助上司一起解决问题。

四、拟订会议议程和日程

（一）拟订会议议程

会议议程是为了完成议题而做出的顺序计划，即会议各项议题按照一定的原则和顺序编排起来并以文书的形式确定下来的大致安排。拟订会议议程是秘书人员的任务，通常由秘书拟写议程草稿，交给领导批准后，复印分发给所有与会者。

会议议程包括以下内容：

(1)标题。由会议的全称加上“议程”两个字组成。例如：华为公司 2017 年总结表彰大会议程。

(2)题注。法定性会议应当在标题的下方说明该议程通过的日期、会议名称。一般企业或者单位会议议程可以没有题注。例如，全国政协十二届四次会议议程。

(3)正文。简要说明每项议题和活动顺序，并冠以序首，将其清晰地表达出来，一般不用标点符号。

微型案例

××小区业主代表会议议程

1. 宣布开会
2. 点名
3. 上次会议内容回顾
4. 主持人发言
5. 关于对地下停车库的管理问题
6. 关于在小区内养狗的问题
7. 关于小区的安全问题
8. 主持人总结
9. 散会

（二）拟订会议日程

会议日程是指会议在一定时间内的具体安排，如有说明可附于日程之后，一般情况下会前发给与会者。

会议活动日程多以表格的形式出现，会议日程的要素包括时间、地点、内容、参加人、负责人等栏目。将会议时间分别固定在每天的上午、下午，使人一目了然，如有说明可附于表后。

编排会议日程要遵循两个原则：一是要精简、高效、科学、合理；二是要松弛有度，劳逸结合，符合人体的生理和心理规律。

微型案例

××省高校思想政治教育研究会2017年年会会议日程

<table>
<tr><th colspan="2">时　间</th><th>内　容</th><th>地　点</th><th>主持人</th></tr>
<tr><td>4月1日</td><td>全天</td><td>与会代表报到</td><td>东方大酒店
一层大厅</td><td>会务组</td></tr>
<tr><td rowspan="7">4月2日</td><td rowspan="3">8:30～
12:00</td><td>1. 承办方领导致辞
2. 表彰先进
3. 上级领导讲话</td><td>三楼大会议厅</td><td>分管领导</td></tr>
<tr><td>休会10分钟</td><td rowspan="2">三楼大会议厅</td><td rowspan="2">秘书长</td></tr>
<tr><td>四、五所高校代表做大会典型发言</td></tr>
<tr><td>13:30～
14:00</td><td>第三届研究会常务理事会议，酝酿提名第四届研究会常务理事及监事会组成人选</td><td>三楼小会议室</td><td>理事长</td></tr>
<tr><td rowspan="2">14:30～
16:00</td><td>1. 理事长作第三届理事会工作报告
2. 进行换届选举</td><td rowspan="2">三楼大会议厅</td><td rowspan="2">秘书长</td></tr>
<tr><td>休会10分钟</td></tr>
<tr><td>16:00～
17:30</td><td>1. 新任研究会理事长讲话
2. 分管领导讲话
3. 会议结束</td><td>三楼大会议厅</td><td>秘书长</td></tr>
<tr><td>4月3日</td><td colspan="3">与会代表离会</td><td>会务组</td></tr>
</table>

问题：从会议议程编制原则的角度分析，说说这份日程安排的优缺点。

五、确定参会人员

选择恰当的参会人员是会议工作中比较困难而又重要的工作。什么人应当参加会议，在规定性的会议或定期召开的办公例会中一般是固定的，但有些会议的参会人选要根据会议的目的和议题来确定，通常由秘书人员提出名单，提前报请领导或上司审核。

提名人员必须是按规定应该参加或与本次会议的内容密切相关者，不要邀请无关紧要的人员参会。例如，日常工作会议，如果议题牵涉到多个部门，除了领导班子成员出席外，还需要相关部门负责人列席，以便当场研究和解决问题。征求意见的座谈会，应邀请各方面人员参加，以便集思广益；纪念性会议应请有名望、有影响力的人物出席；表彰性的会议要请相应级别的领导出席等。有些会议要适当控制参会人数，如研究工作、解决问题的会议，人数不宜过多，否则容易造成意见分散，难以做出决定。

六、制发会议通知

会议通知是向与会者传递召开会议信息的载体，是会议组织者同与会者沟通的重要渠道。会议通知是与会者参加会议的重要凭据，会者可以通过会议通知了解会议召开的具体情况。

（一）会议通知的方式

会议通知的方式各种各样，其主要方式有：口头通知、电话（传真）通知、书面通知、电子邮件等。

（1）口头通知。这种方式最突出的优点是快捷、省事，适合于参加人员少的小型会议。

(2)电话(传真)通知。大多数会议都采取这种方式通知。以电话(传真)为媒介传递信息,快捷、准确、到位,一般情况下,成本也不高。以这种方式传达通知时,会务人员必须做通知情况书面记载。

(3)书面通知。书面通知是一种传统的方式,适合大型会议。由于书面通知在传递过程中需要一定时间,因此要提前准备,如果在预定的时间里对方没有收到,还需要及时采取补救措施。

(4)网络通知。它是信息时代的产物,综合了以上三种方式的优势——快捷、准确、低成本,而且内容清楚,一目了然。目前,通过电子邮件、社交软件等传达会议通知的情况越来越多。

(二)会议通知的拟写

会议通知的主要内容一般包括:会议名称、主办单位、会议内容、起止时间、参加人员、会议议题、会议地点、联络信息、报到事宜及相关要求、会议相关材料、有关票证、会议地点交通工具路线等。

会议通知一般由以下五部分组成:

(1)标题。主办单位名称+会议名称+通知,这种结构一般用于重要会议。如"××市政府办公厅关于召开××会议的通知"。只写"会议通知"或"通知",这种结构一般用于事务性或例行性会议。

(2)通知对象。可以是单位,也可以是个人。

(3)正文。会议的目的和主题;会议时间,包括报到时间和结束时间;会议地点,包括报到地点、会议地点、住宿地点、路名、门牌号等,必要时可以附上简要地图;参加对象,如发给单位,要写明参加人员的职务、性别、参会人数;其他事项,包括费用、联系方式、报名方式等。

(4)落款和日期。

(5)回执。

(三)发送会议通知的注意事项

对于书面通知的地址、邮编等要填写正确;落实发送的回复环节,比如发送对象有没有及时收到通知,可以通过电话、口头询问、电子邮件等方式检查通知是否落实;在会议前夕,最好能和所有发出通知的人员联系,进一步确定是否能够到会,以便安排食宿,代客户订购回程车票等。

微型案例

关于召开第二届"高等职业教育文化育人高端论坛"暨第二次全国高职院校文化素质教育工作会议的通知

全国高职院校文化素质教育协作会各成员单位,有关高职院校:

由全国高职院校文化素质教育协作会协同教育部高等学校文化素质教育指导委员会、教育部高等学校高职高专文化教育类专业教学指导委员会主办、无锡职业技术学院承办的第二届"高等职业教育文化育人高端论坛"暨"第二次全国高职院校文化素质教育工作会议"将于2012年12月5～7日在无锡如期召开。现将有关事项通知如下:

一、会议主题、内容及形式

会议主题:融合·创新·特色

会议内容:学习贯彻党的十八大会议精神,围绕:(1)文化素质教育的内涵与模式创新;(2)高职专业教育与文化素质教育的有机结合;(3)高职院校校园文化的多元融合;(4)高职院校文化素质教育的创新实践;(5)文化素质教育的国际经验与比较等内容,深入探讨高职"文化育人"的实施途径,交流和分享各院校文化素质教育的实践经验和成果,创建具有高职特色的文化素质教育新体系、新模式、新机制。

会议形式:专家报告、专题报告、院校经验交流、分组研讨与交流等。

二、会议时间

2012 年 12 月 5～7 日,5 日(周三)报到,6、7 日(周四、周五)会议。

三、参加对象

全国高职院校文化素质教育协作会成员单位领导、有关专家及相关负责人,有关高职院校同仁。

四、会议论文征集

论文需切合十八大会议精神,围绕大会主题及大会研讨的五个方面的内容,探讨高职"文化育人"的实施途径,展示各院校文化素质教育的实践经验和成果。

论文提交者将论文电子版(含作者姓名、单位、联系电话和 E-mail、摘要和关键词等)报送至会务组邮箱。论文经专家审定后,编入《文化育人》(第二期)专刊。

五、有关费用

参会人员会务费 800 元/人;会务组为每所参会院校预定 2 名代表的客房(如有特殊要求,请在会议回执中详细说明);交通、住宿费用自理。

六、会议地点

无锡君来世尊大酒店

地址:无锡市滨湖区和风路 111 号(与清舒道交汇处,会展中心西侧)

七、联系方式

电话:0510－×××××××××(院办);×××××××××(文化素质办)

传真:0510－×××××××××

联系人:王秘书×××××××××

　　　　李秘书×××××××××

邮箱:××××@126.com。

九、其他事宜

会议回执(附件 1)、交通信息反馈表(附件 2)、会议论文、发言 PPT 等材料,均发至会务组邮箱。其中,会议回执请于 11 月 30 日前反馈,会议论文请与 11 月 30 日前反馈,发言 PPT 请于 12 月 2 日前反馈。

其他未尽事项将另行通知说明。

附件:1. 会议回执

　　　2. 交通信息反馈表

　　　3. 交通指南

全国高职院校文化素质教育协作会
教育部高等学校文化素质教育指导委员会
教育部高等学校高职高专文化教育类专业教学指导委员会
(无锡职业技术学院代章)
2012 年 11 月 22 日

附件 1

××××会议参会回执

参会单位名称		参会人员姓名	
性别		职务	
职称		办公电话	
手机		电子邮件	
住宿要求(单人间 双人间)		备注	

本回执可复制,请以“××院校参会回执”命名,另存为一个 Word 文档,发至会务组。

附件 2

××××院校航班信息反馈表

单位名称							
参会代表姓名	抵达信息				返程信息		
	航班	日期	起飞时间	着陆时间	航班	日期	起飞时间
备注	如乘火车、自驾车赴会,请在此注明详细车次及大约抵达我校的时间						

附件 3

交通指南

1. 交通示意图

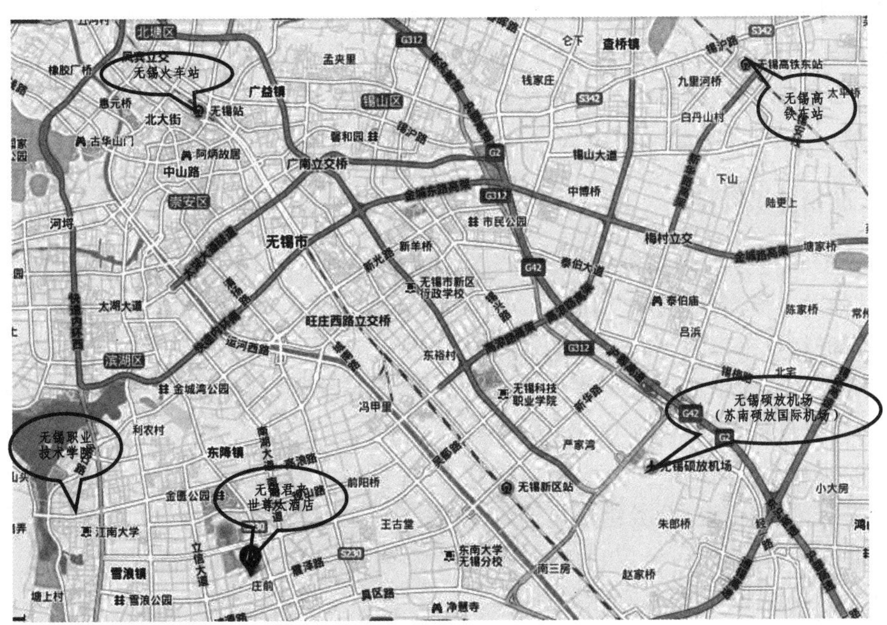

2. 接站

无锡职业技术学院将安排专人专车于无锡火车站、无锡高铁东站、无锡硕放机场(苏南硕放国际机场)三处接站与会嘉宾。

具体时间:2012 年 12 月 5 日 13:00～21:00

3. 自驾车

(1)南京方向:无锡(北)出口—通江大道—快速内环(东)—广南立交—太湖大道—红星路—贡湖大道—和风路(尚贤东路交叉路口处)。

(2)浙江、上海方向:无锡(南)出口—南湖大道—具区路—贡湖大道—和风路(尚贤东路交叉路口处)。

4. 火车

(1)无锡火车站:打车全程约 15km,参考费用 40 元左右。

(2)无锡高铁东站:打车全程约 22km,参考费用 65 元左右。

5. 飞机

(1)上海虹桥机场:

由机场进旁虹桥火车站直接换高铁至无锡火车站。由无锡火车站至酒店可参考“火车路线”。

注:①20:00 后虹桥发往无锡高铁时刻:

G7194 20:18 虹桥始发

G7196 20:27 虹桥始发

G7198 20:40 虹桥始发

G7200 20:50 虹桥始发

②21:00 过后无高铁运行。

(2)上海浦东机场:直接乘坐地铁 2 号线到虹桥火车站,参照“虹桥机场至无锡”方案。

(3)南京禄口机场:乘直达无锡大巴到达无锡火车站对面的中旅大酒店,票价约 60 元,路程 2 小时左右。

机场发车时间:11:00、15:00、17:30。

(4)无锡硕放机场(苏南硕放国际机场):打车全程约 14km,参考费用 40 元左右。

问题:为了制作这样一份会议通知,秘书人员应提前做好哪些准备工作?

七、准备会议资料

会议资料可分为来宾资料、会务资料和沟通资料三类,秘书人员应提前做好充分的准备,按时分发或恰当使用。

来宾资料是来宾报到时分发的资料,整理后使用资料袋装好,形成一份份的材料袋,无须来宾个人领取或索取。资料袋中内容应包括:会议文件资料(如重要任务讲话提纲等)、会议手册(会议日程表、会议须知、座次表等)、分组名单、笔记本、文具、代表证、房卡、餐券等。

会务资料包括:接站一览表、会议签到表、住宿登记表、用餐分组表、会议讨论分组表、乘车分组表、订票登记表、会务组成员通讯录(每人一份)等。

沟通资料主要包括:会议宣传资料、会议参考文件、与会议有关的此前各种记录、各种与会议有关的协议书、合同书等相关资料。

准备会议资料时,不能是有多少代表就打多少份,一定要多打印一些,因为有时可能有代表丢了资料跟你要第二份资料的情况，也有可能会议又临时增加几个列席代表。资料多了固然有些浪费，但少了的话，哪怕少了一份，也会出现许多麻烦。

八、布置会场

会场布置是会前工作的一项重要内容，要根据会议的性质、规模、会议类型和议程等方面来安排。

(一)会场布局

秘书要根据会场的性质、规模和目的，选择适宜的布局方式，体现不同的气氛、意义和效果。会场布局一般有以下几种：

1. 礼堂式

礼堂式会议场地也称剧场式，是最常用的排座方式之。其特征是主席台和代表席采取上下面对面的形式，突出主席台的地位，整个会场的气氛显得比较严肃和庄重。这种布局方式适合不用记太多笔记的表彰大会、报告会、代表大会等活动，大小会都可使用。

2. 全围式

全围式会场布局(见图 5—2—1)不设专门的主席台，会议的领导和主持人同其他与会者坐在一起，参会者能彼此看见对方的脸，大家能在自由的氛围中交流沟通，体现平等和互相尊重。全围式布局适合于讨论形式的小型会议。

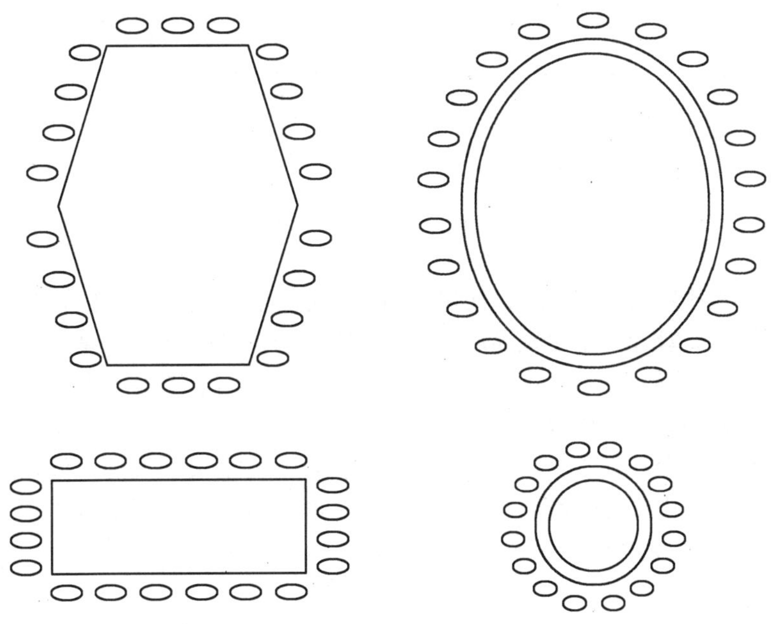

图 5—2—1 全围式

3. 半围式

半围式会场布局(见图 5—2—2)介于礼堂式和全围式之间，即在主席台的对面和两侧安排代表席，形成半围的形状。既突出了主席台的地位，又增加了融洽的气氛。适用于述职、听证、新产品介绍等中小型会议。

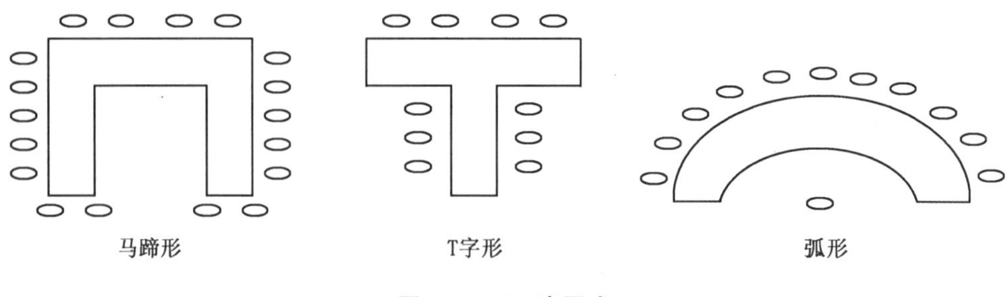

图5—2—2 半围式

（二）主席台布置

各种大中型会议的会场，应设主席台（与代表席成面对面形式）（见图5—2—3），以便体现庄重气氛和有利于会议者主持会议。主席台是与会人员所注目的地方，也是会场布置工作的重点。主席台座位一般采用横排式，横排的长短和排数根据人数多少而定。每排座位之间、横向座位之间要适当留有距离。

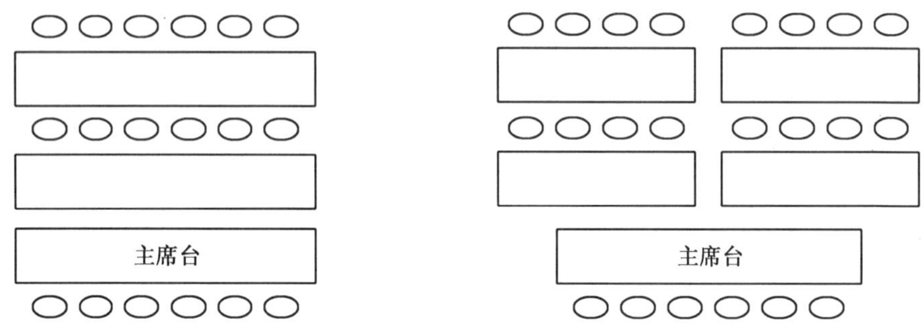

图5—2—3 主席台

主席台必须排座次、放名签，以便领导同志对号入座，避免上台之后相互谦让。主席台座次排列，领导为单数时，主要领导居中，2号领导在1号领导左手位置，3号领导在1号领导右手位置；领导为偶数时，1、2号领导同时居中，2号领导依然在1号领导左手位置，3号领导依然在1号领导右手位置。

重要的代表大会和报告会，一般需设专门的讲台，突出报告人的地位，显示报告的重要性。讲台一般设在中央，或设在主席台右侧（以主席台的朝向为准）。设在中央的，位置应低于主席台，以免报告人挡住主席台上人的视线。

（三）气氛营造

（1）会标。将会议的全称以醒目的标语悬挂于主席台前幕的上端或天幕上，即为会标。正式、隆重的会议都应当悬挂会标。会标的作用：一是体现会议的庄重性；二是提示会议的主题和性质，激发与会者的参与感。会标应当简单明了，格调应当与会议的主题保持一致。

（2）会徽。会徽是体现或象征会议精神的图案性标志，一般悬挂于主席台的天幕中央，形成会场的视觉中心，具有较强的感染力。会徽的种类：一是以本组织的徽志作为会徽，如党徽、国徽、团徽、警徽；二是以会议主办机构的徽志作为会徽；三是向社会公开征集，选择最能体现或象征会议精神的图案作为会徽。

（3）标语。会场内外适当的标语可以烘托会议的主题，营造会议的氛围，振奋与会者的精神。会议标语应当围绕会议主题,简洁上口,具有鼓动性和号召力。

(4)旗帜、花卉等点缀。重要的会议还会在主席台或会场内外安插一些旗帜,以营造会议的庄重气氛。布置适当的花卉,点缀会场,能给人富有生机的感觉,能愉悦人的身心,振奋精神,减轻长时间开会的疲劳。

九、制订会议筹备方案

会议筹备方案也称会议预案,是秘书在会议筹备过程中就会议的准备工作组织和实施情况而形成的文字材料。会议能否取得预期的效果,会前筹备工作十分重要。

在会议筹备过程中,会议筹备方案的制订又是一个重点工作。会议筹备方案是会议实施的依据,可以使会议实施过程中有据可依,使会议组织者、工作人员以及与会人员了解会议工作的全局,便于筹备小组了解相互间的工作任务和工作内容,加强小组之间的沟通与协调,有利于会议组织与管理,确保会议预期目标的实现。

会议筹备方案必须根据会议筹备的过程和环节,有计划、有目的地进行安排。要统筹兼顾,对于会议筹备过程中的每一个环节的目标、工作人员职责、整个会议应该达到什么样的效果等,都有明确的要求和具体、详尽的安排,便于会议组织者、工作人员顺利进行工作。

(一)会议筹备方案的内容

(1)会议的主题和名称。

(2)会议召开的时间、会期和地点。

(3)出席范围和会议规模。

(4)会议议程和日程。

(5)会议所需的文件和资料。

(6)会议期间的食宿和车辆安排。

(7)会议筹备组的组成与分工。会议筹备组一般又叫秘书处、会务组,大型会议可细分成秘书组、行政组、宣传组、保卫组等,有的情况可以进一步细分为材料组、接待组、财务组、医疗组等。

(8)会议经费的预算。

(二)会议筹备方案的拟写

会议筹备方案属于计划性文书,其结构由标题和正文组成。

(1)标题由“会议名称+筹备方案”组成。有些筹备方案因要报上级机关批准,用请示的形式出现,但由于筹备方案不宜直接行文,可以作为请示的附件。

(2)正文应该包括上述内容。

十、制订会议应急预案

会议应急预案是对会议过程中可能会发生的突发性事件的处理方案。拟订会议突发事件处理预案,防患于未然,使会议能够有条不紊地进行。

会议应急方案的主要内容包括以下几个方面:

(一)人员问题

如:会议的发言人、演讲人、主要领导等能不能到会,与会者能不能按时到会等。处理办法:对于发言人、演讲人等要有预备人选,如果事先确定的人选不能到会,就应该立即启用备用人选。一部分与会者不能到会,应该立即调整会场、食宿等安排。

(二)场地问题

如:原来预订的场地是否有变化,预订的宾馆房间是否够用等。处理办法:如果是企业内部会议室,可以根据人员的多少及时调整;如果是租用外部会议室,应根据实际情况和对方管理人员协商。安排食宿也同样如此。

(三)设备问题

如:会议场所设备准备不足或者会议中途设备出现故障,办公设备供应不足等。处理办法:如果是企业内部会议室,秘书人员应该掌握本单位可以使用的其他设备是否可以替代;如果是租用的外部会议室,应该和对方管理人员联系,请对方及时补充或进行维修。

(四)资料问题

如:准备的会议资料或者宣传资料不足。处理办法:将会议涉及的所有文件资料的原始稿件或者电子文档随身携带,可以及时进行补救。

(五)健康与安全问题

如:会议过程中出现集体食物中毒、个别与会者突发疾病、火灾、交通事故等。处理办法:加强会前安全检查,会议筹备小组人员进行分工,一旦出现意外情况,应立即联系相关部门进行急救。

(六)与会者情绪问题

如:与会者对会议的安排不满或对程序设置不满等。处理办法:广泛征求与会者的意见,对于合理的意见和建议给予采纳,在不影响会议整个过程的情况下对议程、日程等可以做适当的调整,做好与会者的思想工作和解释工作。

(七)与会者返程问题

如:与会者预订的返程车船票等时间与班次和与会者的要求不相符合。处理办法:做好解释工作,能够调换的要立即调换,对不能调换的,要做好与会者的食宿安排工作。

(八)行为问题

如:发言人在发言过程中的言语、行为不当,或者与会者的言行不当。处理办法:会前对发言人的文稿做好审核工作,了解发言人的思想动态,做好发言前的沟通工作。对于会议过程中发言人或者与会者的言行过激又不能制止时,可请其暂时离开会场。

第三节 会中的管理与服务

一、案例描述

商丘市商业糖酒批发公司是一家由全民企业改制的股份制企业。该公司目前已与国内150多家厂商建立了直接的业务关系,以互惠互利为合作之本,各厂商通过商业糖酒批发公司反馈的信息,在管理和经营上都获益匪浅,也使商业糖酒批发公司得到了更多的信赖,相互合作更加紧密。

适逢该公司投资兴建的商业大厦竣工暨商场开业,为进一步加强工商合作,公司决定召开商品供货商业务恳谈会,邀请年供货1 000万元以上的30家企业老总莅临商丘市共谋发展,同时为商丘市商业大厦商场开业剪彩。剪彩后,30家厂商的老总还将举行购物签名活动。

在公司办公室主任的精心准备下，上午的业务恳谈会议在友好、热烈的气氛中开始。由于大家相互间都很熟悉，又有一段时间没有见面，因此会议开始很长一段时间大家都在相互问好，谈论对近期国家大事的看法。电话铃声更是此起彼伏。由于缺乏对会议节奏的把握，原定于11:00结束的恳谈会，最后愣是拖到了12:30才草草结束。恳谈会后的参观环节更是由于时间关系而被迫取消。

事后，公司老总批评了办公室主任，认为本次会议没有达到预期的效果。

二、任务分析

在会议进行过程中，秘书人员应尽一切努力为会议的顺利开展服务。在实际运作中，应排除一切可能影响会议进程的因素，严格把控好会议的节奏，让会议尽可能地按照既定的会议方案去开展。为此，秘书人员应做到：

1. 掌握会议进行中的会场管理工作。
2. 掌握会场服务的主要内容。

一、会议报到

大多数会议是从会议报到开始的。大会的组委会根据收到会议通知的回执统计情况，安排接站与报到的接待工作。

（一）接站

很多会议都会放在交通便利的地方，但为了方便与会者及时抵达会场，会在城市的几个主要交通枢纽站设立接站点，负责与会者的接站工作。接站的工作人员要熟悉到站的与会者的个人信息和抵达的时间，以便能及时确认。接站者可以设计接站的牌子或者在显眼处专门设置接站。

（二）安排接站的短驳车

如果参加会议的与会者大多数是远道而来的，那么要在交通枢纽站点设置短驳车，帮助与会者第一时间能赶到会场，并以此来表示主办方的东道主之谊。

（三）安排酒店

在短驳车将与会者接到后，可以将与会者送至下榻的酒店，并在前台设置会议的接待处，工作人员需要做好接待和登记工作，带领与会者办理入住手续。如果此次会议需要缴纳会务费，那么则需要现场的财务人员负责收缴，并开收据等会议结束后再分发正式的会务费发票。

（四）分发会议材料

一般规模较大的会议，在与会者报到时办理好入住和登记手续后，就分发会议材料，以便与会者能提前预知会议的具体安排，做好相应的准备工作。

微型案例

会议接站工作

张老师负责这次全国文秘专业研讨会的接站工作。由于秘书学专业正式成为本科专业，所以老师们纷纷想参加此次研讨会，来提升自身的秘书专业教学能力。因此，会议接站工作的任务很重。

张老师很早就已经开始准备。她根据会议通知的回执情况进行统计，然后按照与会人员乘坐的不同交通工具分为3条接站路线，第一条是火车站到宾馆的路线，第二条是飞机场到宾馆的线路，第三条是就近的地铁站出口到宾馆。她将与会人员到会的车次、班次和时间详细列出一个接站名单，交给现场接待的人员每人一份，请他们注意，不要错过接站。同时，每条线派出1辆大巴车，也设置好了接站的具体时间。但是由于与会人员非常多，就在火车站和飞机场分别设了一个会议接待处，挂了一条醒目的“××研讨会接待处”的横幅，让代表一出站就能一眼看到。每个接待处配备了两名接待员，随车还安排了一名接待人员方便指引老师们到宾馆报道的路线。张老师还一再叮嘱接站的司机开车一定不要太快，不要赶时间，注意交通安全，把代表安全地送到宾馆才是第一位的。

二、组织签到

(一)签到目的

会议签到就是会议正式开始前，让入场的与会者登记签名，并发放有关资料和证件。其目的在于了解与会人员到会情况，以便会间有针对性地做好服务工作。对于有选举、表决内容的法定性会议，签到尤为重要，它关系到是否达到法定人数、选举及表决结果是否有效等问题。

(二)签到形式

会议签到主要有以下几种形式：

(1)秘书点名。即由秘书在预先拟好的报到册上点名，做记号。会议报到册应包括序号、姓名、工作单位、职务、备注等栏目。这种方法适用于单位内部的小型会议和工作例会，秘书对人员比较熟悉。

(2)本人签到。即由与会者本人签名报到，签名应用毛笔或钢笔，在签到簿上签。这适用于邀请性会议，亲自签名还有纪念意义。

(3)凭证件报到。即与会者凭会议通知，换取出席证或代表证签到，然后进场。这适用于大中型会议。

(4)电子签到。即与会者使用磁卡出席证，在进入会场时插入专用机签到，与此相连的电脑在签到结束后能立即统计出出席人数和缺席人数，这种方法适用于与会人数较多的大中型会议。

三、会议记录

会议记录是一种实用文体，是由负责记录的人员对会议进行情况及会上发言和决定事项所做的记载，是会议情况的真实反映，要求真实、准确、完整。一份完整、简洁、条理清楚的会议记录，可以提供会议内容的原始信息，为形成会议的正式文件打好基础，为总结会议和传达会议精神提供依据。因此，做好会议记录，是秘书会议工作的一项重要任务。

(一)会议记录的格式

(1)会议概况。包括会议名称、届次、时间、地点、主持人、出席人、列席人、缺席人、记录人、记录审核人等，有的会议记录要标注与会人职务，注明缺席人员缺席的原因。这些项目，都应在会议正式召开前详细、清楚地填写好，经常性的例会可以将相关内容制成表格，以提高记录的效率。

(2)会议内容。会议内容是会议记录的主体，包括会议议题、讲话发言、形成的决议等。

这部分记录按会议议程和各项活动的先后顺序记录，发言人姓名要写全，会议的决议表述要准确；有表决内容的要写明表决方式（如口头表决、鼓掌表决、无记名书面表决、网络投票等）和同意、反对、弃权的票数。

(3)其他情况。如与会者的掌声、笑声，与会者迟到、早退、中途退场等。

（二）会议记录的方法

会议记录有三种常见的记录方法：

(1)详细记录。即有言必录，并严格按以上格式的三个方面记录。详细记录用于重要会议，要求秘书掌握熟练的速记能力。有时可以由几个秘书同时记录，会后共同核对整理。也可以借助速录仪进行记录。如领导者同意，还可使用录音、录像的办法，以保证记录内容最大限度地再现会议情景。对会议记录而言，录音、录像通常只是手段，最终还要将录下的内容还原成文字。

(2)摘要记录。即除了会议概况必须详细记录之外，只需记录会议的议题议程、发言人姓名、发言的要点、决议情况，会议中的一般情况不必记录。一般性的会议可以使用摘要记录。这种记录方法关键是要善于抓住发言者的要点。

(3)简易记录。即除了记录会议概况外，只要求记录会议的议题、议程和会议的结果，不必记发言的内容和经过。简易记录仅限于事务性会议。

小资料

××股份有限公司董事会例会记录

会议时间：20××年4月7日上午9:30

会议地点：北京海淀××大厦本公司总部会议室

会议主持人：×××（董事长）

出席人员：×××（董事长）、×××（副董事长）、×××（财务主管）、×××（董事）、×××（董事），代理投票人有×××（董事）、×××（董事）、×××（董事）

缺席人员：无

会议记录：×××（秘书）

1. 秘书×××宣读了20××年3月7日会议的记录，记录在宣读后获得通过。

2. 财务主管×××提出的一份财务报告显示，20××年3月31日公司的流动资金余额为2 576.98万元。财务主管的报告在宣读后获得通过。

3. 关于参加公益活动的报告。主管公司企划部的副总经理×××董事报告说，公司企业策划活动的下一个项目是为北京护城河河道清淤项目捐款10万元人民币，这项公益活动将有助于提高企业知名度。计划在“五一”期间举行捐款仪式，向北京有关部门捐款。关于此事全部细节情况的材料将于4月14日寄发给所有成员。

4. 其他活动。×××董事提出在5月7日举行的下一次董事会例会上，公司董事会将任命一人负责公司职工艺术节（将于8月初举行），同时董事会还应在下次会议上为职工艺术节确定一个主题。此建议得到了×××董事的附议并获一致通过。

会议于上午11:50结束。

四、会议简报

在一些重要的、会期较长的大型会议期间，为了及时、迅速地反映会议动态和问题，常常要编发会议简报。会议简报是一种会议信息收集与传递的形式，它能使与会人员及时、全面地掌握会议情况，也可以向内部公众发布，以扩大会议决策的影响和效果，还可以向新闻媒体报送，以取得新闻媒介的支持，形成有利于组织发展的舆论环境。会议简报有时也成为“动态”“简讯”“工作通讯”“内部参考”等。

会议简报一般由会议秘书处或主持单位编写。规模较大、时间较长的会议常要编发多期简报，以起到及时交流情况，推动会议的作用。小型会议一般是一会一期简报，常常在会议结束后，写一期较全面的总结性的情况反映。会议简报通常由报头、报身（正文）、报尾三部分构成。

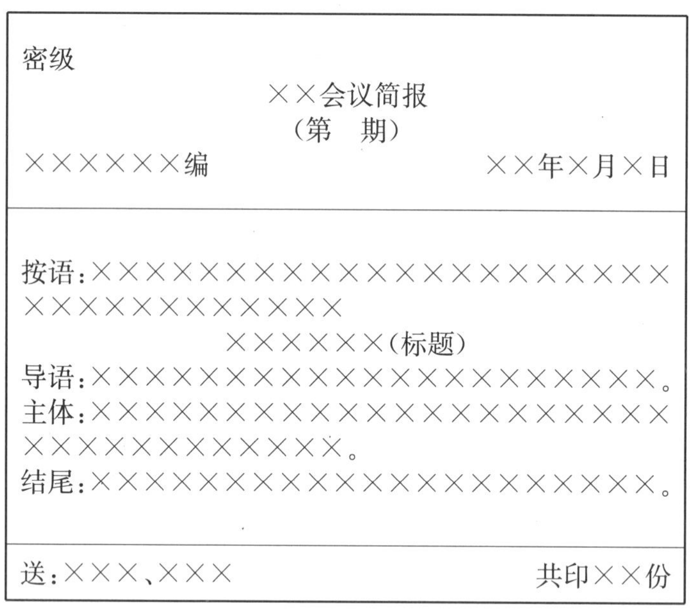
密级

××会议简报

（第　期）

××××××编　　　　××年×月×日

按语：××××××××××××××××××××××××××××××××××××

××××××（标题）

导语：××××××××××××××××××××××。

主体：×××××××××××××××××××××××××××××××××××。

结尾：××××××××××××××××××××××。

送：×××、×××　　　　共印××份

（一）报头

（1）简报名称。一般用套红印刷的大号字体，如有特殊内容而又不必另出一期简报时，就在名称或期数下面注明“增刊”或“××专刊”字样。秘密等级写在左上角，也有的写“内部文件”或“内部资料，注意保存”等字样。

（2）期号。写在名称下一行，用括号括上。

（3）编印单位与印发日期。两者在同一行，前者居左，后者居右。

在下面，用一道横线将报头与报身隔开。

（二）报身

报身又称作报核，即简报所刊的一篇或几篇文章。简报的写法是多种多样的，因此，它的形式也较灵活。大多数是消息，包括按语、标题、导语、主体、结果和穿插在叙述中的背景材料。除了消息，还有别的文体，所以，不是每篇简报都有这几项内容。

（1）按语。即对整个会议的情况大致的说明。

（2）标题。简报的标题类似于新闻的标题，要揭示主题，简短醒目。简报正文标题在报头横线之下居中书写，如果需要，也可以使用副标题。使用两个标题时，正标题是虚题，用以概括全文的思想意义或者内容要点;副标题是实题,用以交代单位及事件,对正标题起补充说明的作用。

(3)导语。通常用简明的一句话或一段话概括全文的主旨或主要内容,给读者一个总的印象。导语的写法多种多样,有提问式、结论式、描写式、叙述式等。导语一般要交代清楚谁(某人或某单位),什么时间,做什么(事件),结果怎样等内容。

(4)主体。用足够的、典型的、有说服力的材料,把导语的内容加以具体化。写作时要注意合理地划分层次,一般来说,主体层次的划分通常有两种:一是以时间先后为序,把材料按照事件由发生、发展到结局的过程,逐层予以安排。这种写法多用于典型事件及一次性全面报道某一会议的简报,其优点是时序清楚、一目了然。二是按事物之间的逻辑关系,从材料的主从、因果、递进等关系入手,安排层次,这种写法的优点是便于揭示、表现事物的内在本质,突出主要内容和思想意蕴。

(5)结尾。总结全文内容,点明文旨,或指明事情发展趋势,或提出希望及今后打算。是否要结尾,要根据简报内容表达的需要而定。如果简报内容较多,篇幅较长,读者不易把握,就应在结尾概括一下;如果简报内容单一、篇幅较短,且在主体部位已把话讲完,就不必另写结尾。

(6)背景。即对人物、事件起作用的环境条件和历史情况。背景可以穿插在各个部分。

(三)报尾

在简报最后一页下部,用一条横线与报身隔开,横线下左边写明发送范围,在平行的右侧写明印刷份数。

微型案例

××省教育工作会议简报

××教育工作会议今天召开,会期三天。这次会议的主要议题是:传达贯彻全国教育工作会议精神,研究我省落实《中国教育改革与发展纲要》的实施意见。参加会议的有省5套班子的负责同志,各市、县(区)委书记或市、县(区)长,主管教育工作的副市长、副县(区)长,市、县(区)教育局长或教委主任,各高等学校和省直有关单位的负责同志共50多人。

上午的大会由省委常委、副省长×××同志主持,中共中央政治局委员、省委书记×××同志做了重要讲话,省委副书记、省长×××同志代表省委、省政府做了题为《认清形势,明确目标,加快我省教育改革和发展》的报告。

参加上午大会的还有省直各单位的负责人共100多人。下午分组讨论。

问题:结合这份简报,说说会议简报与会议报道之间有什么异同?

五、后勤保障

(一)设备的操作与维护

对于会议使用的音响、照明、通信、录音、录像、通风等设备,应有专人管理,出现问题要有人及时维修,避免会场上出现尴尬场面。话筒要选择合适位置摆放,如果讲话人较多,应多摆放几组话筒,以免话筒来回挪动。在盛夏或寒冬开会,空调、通风设备要特别注意,使会场保持适宜的温度和流动的空气。

(二)转接电话

传接电话在开会前与上司商量好,最好用电话记录来转告上司。开会的时候,不是特别紧急的电话,一般都不转接。内容一般的电话,秘书帮助记录下来,在会议中间休息的时候,把电话记录送给当事人,只有当内容比较紧急的才立即通知当事人。如果会场比较大,人数超过 100 人,就到会场中间把当事人叫来接电话。

(三)生活服务

妥善安排与会人员住宿、就餐。作息时间、就餐时间及地点,应在与会人员签到时通知;如会议期间情况有变动,要及时做出安排并通知与会人员;不论大会、小会,会场都要做好热、凉饮用水供应。

(四)安全保卫工作

会场内安全保卫工作主要包括:防止与会议无关的人随意进入会场;关注会场内的设备运行情况,消除火灾隐患,防止意外事故的发生;保证会场内人员的安全与健康,发现与会者中身体不适或突发疾病者,要及时请保健医生、送往附近医院或联系急救中心;做好会议的保密工作。

(五)医疗卫生服务

大中型会议人员集中,活动频繁,要安排好卫生保健工作。一般大型会议会务组都会配备专门的医护人员。作为秘书要协助上司、医护人员做好医疗工作,确保与会人员安全;同时,要注意协助后勤保障组做好饮食、环境卫生,确保与会人员的安全。

(六)照相服务

中型以上会议或纪念会、庆祝会等,往往与会人员要集体摄影留念。选择高水准的摄影师和摄影器材,以免与会者留下遗憾;与会者的座次排列、队伍组织要合理;背景的选择要充分体现出会议的主题和特点;在相片后期制作中,还要加上会议名称和日期。

(七)交通保障

主要包括派车管理、用车检查和驾驶员的管理。会议住址距离会场较远或外出参观时,必须有车辆接送与会代表,车辆数量要充足。要备有预备用车,以备不时之需。零星用车须建立用车制度,规定用车范围和任务,履行批准手续。服务于会议的车辆,应事前做好安全检查,保证车辆机械性能良好;驾驶员应具备一定的安全驾驶经历和职业操守,做好交通保障。要做好乘车时的管理工作,中大型会议要事先做出乘车安排,并事先将安排发放到每个与会者手中,保障乘车组织有序。

(八)娱乐服务

如果会期较长,可根据会议日程适当安排娱乐活动。娱乐活动的内容要健康,要为大多数人所喜爱,比如参观、考察等。娱乐活动还要考虑费用和交通问题。

微型案例

失火现场的两个秘书

今天是局里年终的总结汇报会。各个部门都已经准备了很长时间,为了使发言更形象精彩,很多部门还做了 PPT 要演示。秘书部门也早早定好了局里最大的第一会议室,把会场布置得庄重华丽,并准备好多媒体设备,让技术人员进行调试。

一切准备就绪,上午9:00会议正式开始。局长做了一个简短的开场白,下面由各个部门的负责人做部门总结。

各个部门负责人边放演示文稿边进行演讲,会议进行得很热烈。由于部门多,上午没进行完,中午吃完饭稍事休息后,下午1:30会议继续进行。在进行到统计处刘处长发言时,笔记本电脑不知什么原因,突然冒出白烟,着起火来,把刘处长吓得跳了起来,退出老远。会场一片混乱。

这时,秘书小王正好在给大家倒水续茶,见状拎着暖壶就冲了过去,想向电脑泼水救火,另一个秘书小张连忙拦住她,说:"不能泼水,电脑会爆炸的。"说完,跑过去拔掉电源插头,把主席台桌子上厚厚的台布扯下来扔在地上,让小王把手上暖壶的水全部倒在台布上。她拎着湿台布把它罩在了燃着的电脑上,刚罩上就听"砰"的一声巨响,电脑爆炸了,幸亏有台布罩着,没有碎片飞出来。这时,保安员也拿着灭火器冲上来,把火灭掉了。大家惊吓的心平静下来后,纷纷夸小张处事冷静、方法对路,否则后果严重。局长也夸小张做得好。

资料来源:孟庆荣:《秘书工作案例及分析》,清华大学出版社2007年版。

第四节 会后的处理与服务

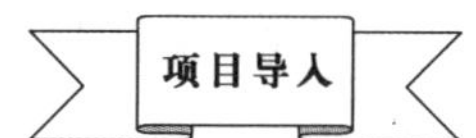

一、案例描述

某市市委召开常委扩大会议,传达中央关于进一步扩大内需,促进经济平稳较快发展的措施和省委常委扩大会议精神,安排部署本市贯彻落实工作,市级有关部门和各区县党政主要负责同志列席了会议。会后,秘书起草好会议纪要报领导审核。秘书长核改完纪要内容,发现会议纪要发送范围只有市级部门,没有各区县党委和政府,随即在发送范围栏内填补上了区县党委和政府。

市委常委会议纪要直接关系到常委会议决定事项的贯彻落实。秘书把落实会议精神的主体——区县党委和政府,在纪要发送范围中漏掉,如果不是秘书长及时发现,会议纪要一旦发出,区县党委和政府将收不到文件,势必影响会议决定的贯彻落实,后果十分严重。

二、任务分析

会议结束,并不代表着会议工作的结束。会后处理与服务,是会议工作不可缺少的组成部分。会后工作,既包括对会议过程中未完成工作的整理与处理,也包括对整个办会过程的回顾与总结。做好会后工作,秘书人员应做到:

1. 掌握安排与会人员离会的主要内容。
2. 掌握会议经费的结算。
3. 掌握如何撰写会议纪要和会议工作总结。

一、安排与会人员离会

会议议程结束,但会议工作并没有结束,会议工作由会间服务阶段转入了会后工作阶段,工作任务依然很繁重,还需要认真地去完成。

（一）引导与会人员离场

会议一结束，秘书人员就要与会务人员一道引导与会者有秩序地离开会场。在通常情况下，都是主席台上的领导离场后，与会人员再离场。如果会场有多条离场通道，领导者和与会者可以各行其道。大型会议还要注意散会后引导车辆迅速、有序地离场，必要时可派专人指挥。

（二）送别与会人员

秘书应根据会议的性质、规模、会期和外地与会人数多少及与会人员的事前预约等实际情况及早安排好外地与会人员的回程事宜；要掌握与会人员对离会时间的安排和交通工具要求，尽可能地提供服务。一般情况下，要按先远后近的原则安排返程机票、车票的预订事宜，要了解各种交通工具的班次、时间等情况，尽早与有关部门取得联系。

秘书应编制与会人员离会时间表，安排好送行车辆，派人将外地与会人员送到机场、车站、港口；如有必要，还应安排有关领导为与会人员送行。对于个别需要暂留的与会者，要妥善安排好他们的食宿。

（三）清理会场和文件

随着会议日程的进行，各种供会议使用的器材物品必然会打乱原有位置，当会议的人员都离开现场之后，秘书就要与工作人员一同进行会议现场的清理工作。

（1）关闭会议现场的视听设备，按照会议计划中的物品使用清单，逐一核查，保证物归原位。

（2）收回在会议现场的一些布置物品，如横幅、会徽等。

（3）退还现场一些租借的物品和材料，妥善安排处理。如有设备、器材在会议使用中出现故障，应及时修理，保证下次需要时的正常使用。

（4）秘书人员在会场发送和会议期间产生的文件一般来说是比较多的，尤其是带有保密性质的会议文件，会议结束后，秘书人员要及时清点收回，并仔细检查会议现场及各个房间，看是否有遗漏或剩下与会议有关的文件资料，以免遗失、泄密。

二、会议经费结算

会议经费的结算是办会者在会议结束后对整个经费使用情况即会议开支费用的结算。

（一）统计会议期间发生的费用

广义的会议成本包括时间成本、金钱成本和机会成本。我们统计的会议期间发生的费用主要是指狭义的会议成本，即会议直接经费的支出。其主要包括以下几项内容：会场租用及布置费、会议设备租用费、会议邮电通信费、会议培训费、会议交通参观费、会议食宿费、会议资料费、会议宣传交际费、纪念品购置费、水电费、其他符合规定的杂支费等。

（二）确定会议经费结算的方法

1. 收款的方法和时机

会议经费开支主要有两种方式：一种是由会议主办方直接承担全部会议费用，与会人员不需支付任何费用；还有一种会议是由与会人员向主办方支付一些必要的费用，如资料费、培训费、住宿费、餐饮费等。对于要向与会人员收取相关费用的会议应注意以下事项：

（1）应在会议通知中，详细注明收费的标准和方法。

（2）应注明与会人员可采取的支付方式（如现金、汇款支票、信用卡等）。

（3）开具发票的工作人员事先要与财务部门确定正确的收费开票程序，不能出任何差错。另外，如果有些项目无法开具正式发票时，应与会议代表协商。

2. 付款的方法和时间

会议结束后，应对会议期间发生的费用进行统计，将应该由公司支付的费用根据公司相关规定及时支付给对方。会议中一般需要支付的费用有场地租借费、设备租借费、场地布置费、专家咨询费、餐饮费等。

(三)填写费用报销单

费用报销单有两种形式：一种是单位内部自制的报销单，另一种是统一印制的通用费用报销审批单。

(四)相关人员签字

秘书人员将费用报销单填写清楚，将发票贴于报销单，还要请经办人和主管领导签署审批意见，方可报销。

(五)报销会议费用，多退少补

秘书人员到财务部门报销会议过程中发生的一切费用，一般采取多退少补的方法。

三、撰写会议纪要

有些会议结束后，要求以会议纪要的形式将会议精神传达出去。会议纪要是记载和传达会议情况及其一定事项的书面资料，是在会议记录和会议相关文件的基础上进一步分析、概括、提炼而成，是概括会议精神和会议成果的文件。会议纪要对上可以汇报工作，对下可以指导工作，对平级可以互通信息。

会议纪要是经负责人签发的会议正式文件，要求简明扼要，观点鲜明，确切地说明事项，不必发表议论和交代情况。会议纪要一般有办公会议纪要、工作会议纪要、协调会议纪要和研讨会议纪要四种。

会议纪要一般包括标题、开头、主体、结尾四部分：

(1)标题。一般由会议全称加上“纪要”二字构成，如“华为公司第九届职代会会议纪要”；也可将会议主要事项加上“纪要”二字构成，如山东省与河北省关于进一步加强文化产业协作的商谈纪要。

(2)开头。例会的纪要开头可以写得比较简单，但其他会议的纪要一般要介绍会议概况，包括召开会议的根据、目的、时间、地点、人员、主要活动和收获等。这样写能使人对会议的来龙去脉有整体的了解，有助于加深对文件的理解，提高贯彻执行的自觉性。

(3)主体。主体集中表述会议主要情况和议定事项。可按问题写，先主后次；或按事务内部的逻辑顺序，主次分明；也可以按议定事项写，事项的排列可以按议程的先后顺序，还可以按照事项的成熟程度，分条列项，逐一写来。

(4)结尾。结尾部分有的提出贯彻执行的意见和要求，有的提出希望，有的意尽则止，不另写结尾。

秘书人员将会议纪要写好核定后，就要发送给有关方面执行。如果会议决定的事项涉及有关部门，可以将会议纪要发给他们，也可以从会议纪要上摘录出有关内容后通知有关负责部门。

印发会议纪要只限于工作会议，对于大型的会议和专业会议，因为都有正式文件和决议，一般不再印发会议纪要和决办事项通知之类的文件。

微型案例

××有限责任公司会议纪要

会议时间:20××年×月×日 9:00

会议地点:办公楼 509 会议室

主 持 人:×××

参会人员:×××、×××、×××、×××、×××、×××

会议记录:×××

×月×日的上午,公司总经理在公司 509 会议室召开总经理办公会议。会议听取了办公室关于参与 20××年国际酒类博览会相关事宜,审议了公司投资项目管控模式及机构调整方案、公司多元化企业管理体制改革实施方案。现将会议议定事项纪要如下:

一、关于参与 20××年酒类博览会相关事宜

×月×日,酒类博览会执委会来函,拟于 20××年×月×日至×日在贵阳举办第二届酒类博览会(以下简称酒博会)。希望我司按照省政府有关要求,积极参与并给予相关支持。会议认为,此类情况要理性对待,一旦投入就要对品牌形象传播产生积极效果。会议明确:一是在酒博会会场租用一定场地开展企业形象和品牌形象宣传,费用控制在×万元左右。二是……

二、审议通过《公司投资项目管控模式及机构调整方案》

有关生产厂易地技改工作要全面实施,建设项目要启动,投资项目管控模式及机构调整应着重解决:技改项目如何在讲求质量的前提下高效推进;如何使用好现有的人力资源……综合计划部要认真梳理、汇总会议意见后进行调整。

三、审议通过《公司多元化企业管理体制改革实施方案》

法律与改革部按照会议意见修改后报×××。会议明确:一是公司多元化管理体制改革的定位是以成立投资管理公司为契机,理顺公司投资管理关系。二是……

发:公司各部门、各单位

送:公司领导、副巡视员、总经理助理

×××有限责任公司办公室　　　　20××年××月××日印发

四、会议工作总结

为总结会议工作经验,不断改进会议的组织服务工作,会议结束后还应及时进行会议工作总结。

(一)会议总结工作的目的

(1)检查会议目标的实现情况。

(2)检查各个小组的分工执行情况。

(3)将员工自我总结和集体总结相结合。

(4)以总结经验、激励下属、提高工作水平为目的。

(二)会议总结的内容和方式

会议结束后,秘书要对会议工作进行及时、认真的总结,一方面总结经验、肯定成绩、表

彰先进；另一方面发现问题、找出不足、分析原因，为以后的工作提供借鉴和动力，不断提高办会水平。

1. 会议总结的主要内容

(1)会议准备工作情况。

(2)会议方案所制订的各项会议工作的准确性和全面性。

(3)会议工作部门之间的协调状况以及会议工作人员的工作状态。

(4)与会人员数量的合理性、信息交流的有效性。

(5)会议目标的实现情况。

(6)在提高会议效果方面需要改进的地方。

2. 会议总结的方式

(1)会议工作人员个人书面总结。

(2)各会议工作部门分别进行小组总结。

(3)由领导组织有关人员进行总结。

(4)必要时进行大会交流、总结、表彰。

(5)有质量的书面总结可以用简报的形式散发并收集、整理、归档。

(三)撰写总结汇报

秘书在编制会议总结报告时，应将评估数据和分析结果写入总结报告中去，并将形成的分析报告递交上司审核，形成备忘录。

小　结

关键术语

会议　　会议要素和类型　　会前筹备　　会中管理　　会后处理

本章小结

1. 会议的定义："会"是集会、聚会、会合，"议"是商议、讨论、议论。"会议"在现代汉语中有两种含义：一是指有组织、有领导地商议事情的集会，如研讨会议、工作会议等；二是指一种经常商讨并处理重要事务的常设机构或组织，如全国人民代表大会。秘书人员的会议工作指的是第一种含义。

2. 会议要素：会议名称、会议时间、会议地点、会议主持人、会议参与者、会议议题、会议形式、会议议程、会议结果、会议费用。

3. 会议从不同的角度，根据不同的标准，会议可分为不同的类型：特大型会议、大型会议、中型会议、小型会议；定期会议和不定期会议；内部会议和外部会议、正式会议和非正式会议；常规会议、广播会议、电话会议、电视会议和网络会议等。

4. 会前筹备工作：确定会议名称，拟订会议议题，选择会址，拟订会议议程和日程，确定参会人员，制发会议通知，准备会议资料，布置会场，制订会议筹备方案，制订会议应急预案。

5. 会中管理工作：会议报到、组织签到、会议记录、会议简报、后勤保障。

6. 会后处理工作：安排与会人员离会、会议经费结算、撰写会议纪要、会议工作总结。

知识结构图

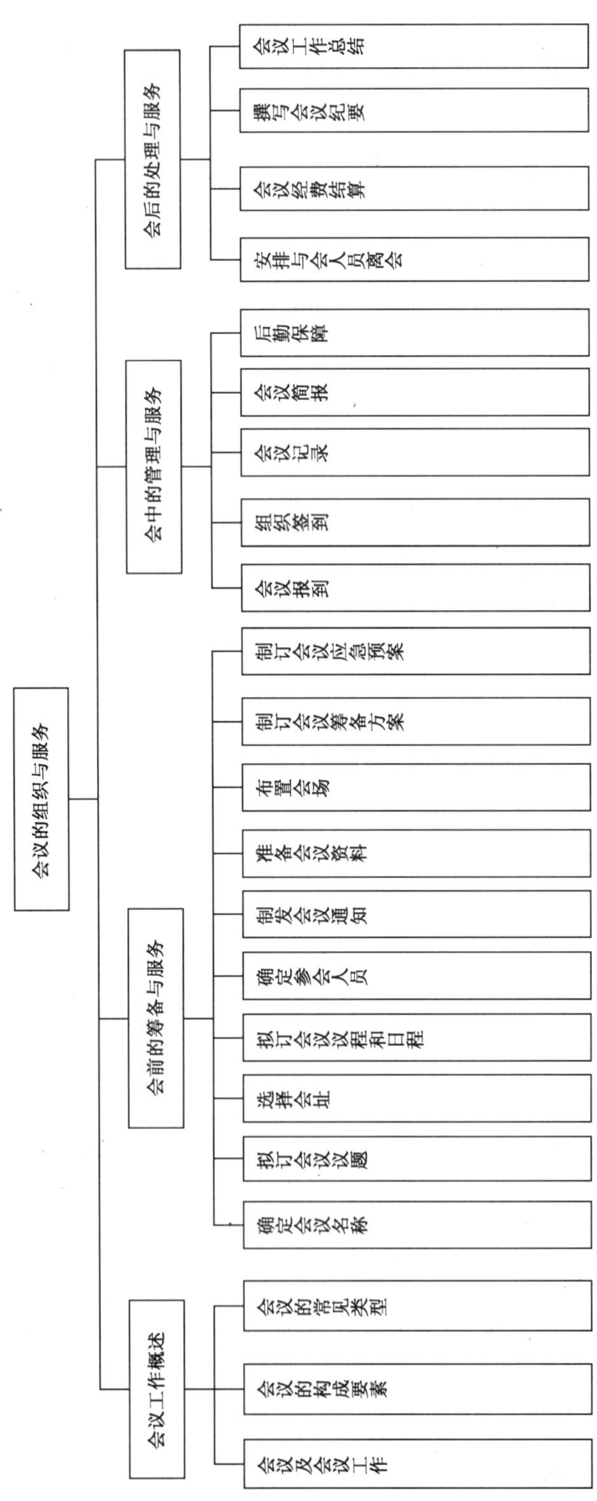
会议的组织与服务
会议工作概述
会议及会议工作
会议的构成要素
会议的常见类型
会前的筹备与服务
确定会议名称
拟订会议议题
选择会址
拟订会议议程和日程
确定参会人员
制发会议通知
准备会议资料
布置会场
制订会议筹备方案
制订会议应急预案
会中的管理与服务
会议报到
组织签到
会议记录
会议简报
后勤保障
会后的处理与服务
安排与会人员离会
会议经费结算
撰写会议纪要
会议工作总结

应　用

案例研究

案例一：

会务人员为市委会议“奔忙”

2009 年新年刚过，市委七届五次全会就要召开。负责这次会议服务的是市委服务中心下属的府民公共物业公司。

离会议正式开始还有一个小时，参会人员还没有到，但会议中心的礼堂里已经是一片繁忙。府民公共物业公司的经理张晓杰调配服务人员，安排拖地、调试音响、摆水杯、换衣服、化妆、查看水壶是否有水……

张经理说，这次会议服务人员都来自府民物业，接到任务后，公司从上到下都非常重视，从年前开始做准备，光是大会就开了三次；领导几次研究方案，各小组每天都要汇报准备情况。为了保障会议顺利进行，服务人员要做大量的工作，小到各个角落的卫生，大到音响、电子屏幕的调式，都有专人负责。

尽管这样，在会议召开的前一天晚上，还是出现了“突发事件”。

原来，前一天晚上服务人员在现场做最后一次检查时，发现音响出了问题，府民公共物业相关领导连夜联系了设备生产厂家，等调试好音响已经是零时了。

第二天一早，在礼堂的休息室，一群姑娘正忙碌着。

“快点，谁有睫毛膏，我要补补妆！”这群负责会议服务的工作人员正在收拾妆容。

原来，她们早晨不到 6:00 就来到会场了，之后就一直在忙活，因为来得太早，本来补好的妆有些花了，眼看着参加会议的人要来了，她们要趁着迎宾前的空挡“补补妆”，漂漂亮亮地去迎宾。

她们当中的小赵告诉我，尽管她们参加过很多这样的大型会议，而且都经过培训，可还是有点儿紧张。早上离开家的时候，妈妈还不忘嘱咐她，打起精神，别出岔子。

我来到会议大厅，工作人员正在摆放矿泉水。

“水怎么摆这么齐，横看竖看都是一条线。”我马上发现了这个细节。

“我们不到 6 点就开始布置会场了。”一位工作人员说，这样隆重的会议，细节很重要。

不只是水的摆放有说法，桌子上会议材料的摆放也很讲究。“一份材料有 8 本，每一本的摆放都有固定位置，每个桌子都要一致。”

“要摆好几千本，我帮你摆吧。”我说。

她们笑着拒绝了。原来，摆材料看着简单，其实是非常精细的工作，材料的摆放既要美观，还要方便参会人员查看，不但摆放顺序有讲究，每瓶水、每份材料的摆放距离也要一样，这样看着才舒服、整齐。

资料来源：杨锋：《秘书工作案例与分析》，暨南大学出版社 2016 年版。

问题：

1. 开会前需要准备些什么内容？

2. 开会前需要检查哪些方面?

案例二:

林达是振威公司总经理的秘书。这天下午上司对林达说:“我准备开一个用户座谈会,你给准备一下。”在确认了会议日期之后,林达还就其他事项向上司进行了确认,下面有5个选项:

a. 这次座谈会大概有多少人参加?

b. 我想还是租用长城大饭店的会议室,可以吗?

c. 如果在长城大饭店开会,什么时候去预订会议室比较合适?

d. 会场上的桌椅摆“口”字形合适吗?

e. 我在这个星期五之前将邀请函发出去,可以吗?

请从上面5个选项中挑选出1个你认为不合适的,并说明理由。

案例三:

林达是振威公司市场总监的秘书。这天上午9:30,上司去参加总经理召集的会议时,说今天的会很重要,无论是谁找他都等开完会再说。下面有5个选项:

a. 销售部刘经理来找上司,林达说:“您先回办公室,李总开完会后您再过来。”

b. 上司的太太来电话,说有事找上司。林达对她说:“李总正在开会不能接电话,请您回头再打过来。”

c. 公司财务总监来找上司,林达说:“李总正在开会。他开完会后,我再给您电话好吗?”

d. 天津分公司吴经理来电话找上司,想了解公司对国庆节期间促销活动的统一安排,林达说:“李总正在开会。会开完之后我们再联系吧?”

e. 北京鸿星公司余总来电话找上司,林达说:“如果方便的话,能告诉我您是什么事情吗?回头我们给您打电话。”

请从上面5个选项中挑选出1个你认为不合适的,并说明理由。

实验实训

训练项目一:会议组织

1. 实训目标

(1)通过训练,让学生了解会议组织的主要内容。

(2)通过训练,让学生了解会议组织中前后各项之间的衔接。

2. 实训内容

训练任务一:振威公司将在8月15日召开客户咨询联谊会,由秘书林达作为这次会议的筹备负责人。如果你是林达,应如何完成此项会议筹备工作?

训练任务二:2017年4月26日,上海某高校召开选举市第九次党代会代表的会议。会议由学校的党委书记陈老师主持。候选人有陈一老师和王立老师,需要投票选举产生一位候选人。请筹划此次选举活动,做好会议的组织工作。

训练任务三:2017年1月12日,上海宏利有限公司在其公司的大礼堂,举行2016年年终总结暨表彰大会，请布置会场及组织会议的召开，做好会议程序的安排及礼仪工作。

3. 实训要求

(1)分组进行，小组成员自行做好人员分工和工作计划。

(2)以小组为单位，根据所提供的情景，进行演练。

(3)分组汇报演练情况，其他学生进行评点和补充。

(4)教师指导总结，要求学生了解会议组织的主要内容。

(5)递交实训报告。

训练项目二：会议筹备

1. 实训目标

(1)通过训练，让学生了解会议筹备的主要内容。

(2)通过训练，让学生了解会议筹备的注意事项。

2. 实训内容

关东外贸职业学院要在下周一下午 2:00 召开全院教职工表彰大会，对上学年优秀教师、优秀党员进行表彰，要求全体教师参加，届时院领导也会全部出席。要求分小组模拟会议的准备情况。

3. 实训要求

(1)分组进行，小组成员自行做好人员分工和工作计划。

(2)以小组为单位，根据所提供的情景，进行演练。

(3)分组汇报演练情况，其他学生进行评点和补充。

(4)教师指导总结，要求学生了解会议组织的主要内容。

(5)递交实训报告。

具体要求：①撰写会议通知；②布置会场(用图表示)；③设计座位表(包括主席台的座次安排)；④介绍会场的布置及需要准备或检查的事项。

训练项目三：会后工作

1. 实训目标

(1)通过训练，让学生了解会后工作的主要内容。

(2)通过训练，让学生了解会后工作的注意事项。

2. 实训内容

某公司一年一度的新品展销会，于 10 月 28～30 日在 S 市的会展中心举行。期间，旗下的 5 家子公司共 100 余种新产品参展，吸引了国内外百余家企业前来参观洽谈。在短短 3 天内，与近 20 家企业达成合作意向。这次的展销会圆满落幕了，作为会议的承办部门，办公室此刻还有哪些工作要做?

3. 实训要求

(1)分组进行，小组成员自行做好人员分工和工作计划。

(2)以小组为单位，根据所提供的情景，进行演练。

(3)分组汇报演练情况，其他学生进行评点和补充。

(4)教师指导总结，要求学生了解会后工作的主要内容。

(5)递交实训报告。

复习思考题

一、单项选择题

1. 分散性会议的显著优点是（　　）。
A. 现场感强　B. 节约时间经费　C. 气氛隆重热烈　D. 面对面交流
2. 某公司拟召开十周年成立大会，会场布置应体现出的气氛是（　　）。
A. 庄重　B. 简朴　C. 热烈　D. 严肃
3. 会议成功召开的前提与基础是（　　）。
A. 安全保密　B. 勤俭节约　C. 周到服务　D. 充分准备
4. 例行会议的组织属于（　　）。
A. 急办之事　B. 必办之事　C. 缓办之事　D. 可办之事
5. 会议中常见的突发事件不包括处理（　　）。
A. 场地问题　B. 设备问题　C. 行为问题　D. 营销问题
6. 大型会议准备阶段要做好行政事务的准备，其中不包括（　　）。
A. 接待工作　B. 食宿工作　C. 代表资格审查　D. 交通安排
7. 会议召开的时间应在（　　）确定下来之后确定。
A. 会议的名称　B. 会议的参加人员　C. 会议的规模　D. 会议的议题
8. 做好会务工作的协调与安排必须明确（　　）。
A. 具体工作　B. 人员安排　C. 相互配合　D. 岗位职责
9. 在领导确定会议时间和内容后，秘书首先要（　　）。
A. 选择布置会场　B. 分发印刷文件　C. 发出会议通知　D. 准备会议用品

二、问答题

1. 选择会议场所要考虑哪些因素？
2. 会议应急预案有什么作用？
3. 会议期间需要安排哪些娱乐活动和其他服务工作？
4. 参加外单位会议时应注意哪些问题？
5. 会议结束后，秘书有哪些工作要做？

第六章

组织商务活动

学习目标

知识目标：了解商务会见与会谈、参观与展览活动、仪式与庆典活动、宴请活动以及新闻发布会的基本知识点。

技能目标：掌握商务会谈、参观与展览活动、仪式与庆典活动、宴请活动以及新闻发布会的操作流程。

【引入案例】

没有新闻的新闻发布会

某工贸集团公司最近喜报频传：一是去年年底公司被网上评为省内50强名牌企业；二是王总经理于今年年初被评为“全国十大优秀企业家”，专程去北京人民大会堂领奖，照片上了省报；三是公司为解决下岗工人就业问题，新建了一个食品厂，其主打产品——包子，销路甚好；四是一个技术改革项目获得了全省科研成果奖。

办公室胡主任认为公司有这么多喜事，不能无动于衷，于是说服总经理和其他领导，召开新闻发布会，借此大力宣传公司。

新闻发布会定在一个周五的早上，邀请了两家电视台和四家报社的记者。胡主任认为不需要特别准备什么材料，所以发布会没有为记者准备任何文字宣传资料。发布会由胡主任主持，王总经理首先做了“关于荣获优秀企业家称号的感想”发言。接着是记者提问，记者显然对公司认为的大事不感兴趣，没有人问有关问题，一时冷了场。后来有一个记者就包子提了问题，想知道为什么下岗职工的包子做得好。

新闻发布会结束后，按照与媒体的约定，公司的有关新闻应该出现在电视和报纸上。但只有一家电视台在一个“职工生活”栏目中做了简单的介绍，说有这样一家由下岗工人组成的食品厂，包子做得非常好，实为解决就业的一条新路子，电视画面上出现王总经理讲话的场景。其他几家媒体都没有动静。

电视播出几天之后，王总经理的一个朋友打电话奇怪地问：老王，你改行了，怎么下岗卖包子啦？

胡主任很气愤，打电话质问其中的一家报纸为什么未做报道。报社的采编部主任说，你这个新闻发布会没有新闻啊！

资料来源：杨锋：《秘书工作案例与分析》，暨南大学出版社2016年版。

第一节 商务会见与会谈

一、案例描述

临时调整的会见与会谈

下午1:00刚上班，进出口部的冯经理就来找我商量，说原定明天下午3:00孙总与新疆天山国际贸易公司的会见能否提前到今天下午3:30，因为天山公司的赵总刚接到家里打来的电话，说赵总的父亲因心脏病突发，住进了医院，生命垂危，赵总希望乘今晚11:00最后一班飞往乌鲁木齐的飞机赶回去。

近来孙总的安排实在太紧张了，现在天山公司这一变，让我为难了。可是，这又是个实际问题，即使没有生意上的关系，当得知赵总的父亲病危住院后，孙总也应抽出时间看望一下赵总，表示慰问。

“如果孙总今天下午实在抽不出时间来，能不能请孙总今晚与赵总谈一谈？”

冯经理见我有些不好办，提出这样的建议。我们公司为天山公司从日本引进一条1 000多万美元的羊毛加工生产线，技术性的条件已谈定，主要是在付款方式和时间上有几个问题，需要孙总出面拍板。

“冯经理，我马上向孙总汇报，尽快给你答复，好吗？”我说。

冯经理一离开，我就去敲孙总的门，把冯经理说的情况向孙总做了汇报。

“冯经理说，如果今天下午实在安排不了，那今天晚上也行。”

“那就今天晚上吧。”孙总说，“赵总千里迢迢从乌鲁木齐过来，我本应早点安排时间见他，现在他父亲也住院了，我再忙也得抽出时间见他。”

“小于，余总那个聚会我就不参加了。你马上通知冯经理，让他安排今晚7:00与赵总的见面。你把冯经理与赵总他们前期会谈的一些备忘录也给我送过来。”孙总想了想，果断地说。

我想了一下后说，“由于赵总今晚也要飞回乌鲁木齐，是不是让冯经理他们把时间提前到今晚6:00，边吃边谈，早点谈完，赵总他们可以去机场赶飞机了。而您如果不累的话，也可以参加余总那边的聚会，你看这样如何？”

“行！”孙总说，“小于，这事由你处理！”

于是，我就着手准备通知相关事宜，并准备会见会谈的材料。

资料改编自：谭一平：《女秘书日记》，江苏文艺出版社2011年版。

二、任务分析

会见与洽谈是商务活动中最常见的商务行为，会见与洽谈是双方公司建立合作的基础，秘书人员在处理会见与洽谈时，应做到：

1. 做好会见与洽谈的准备工作。
2. 了解会见与洽谈的基本程序。
3. 做好陪同工作。

会见，一般也称接见或拜会，商务活动中常用会见来表示见面的平等关系。就“会见”的内容而言，有礼节性的、政治性的、事务性的会见。礼节性会见时间较短，通常是半小时左右，话题较为广泛，形式也比较随便。政治性会见一般要谈论双边关系、国际局势等重大问题，话题较为严肃，形式较为正规。事务性会见则涉及一般外交交涉、业务商谈和经贸、科技、文化交流等内容，有较强的专业性，时间较长，也较严肃。

会谈，包含商务会谈，也包括政治会谈。商务会谈主要是指洽谈业务，即就具体业务进行谈判、会商、讨论等。会谈的内容较为正式，专业性较强。

在商务活动中，会见与会谈紧密相连。公司领导出面会见客人，会为正式会谈确定基础。会见中双方达成的初步的共识，然后通过具体而细致的会谈将内容细化，为后面的签约等合作事宜打下铺垫。

一、会见与会谈的准备工作

在会见与会谈开始前，秘书人员都要做好会见与会谈的准备工作，应了解领导会见与会谈的意图，了解相关的政策与规定，客观翔实地准备相关资料，充分地了解对方公司的基本情况，包括对方的主要领导人的资料、商务合作伙伴以及他们的产品、业务范围等内容。

会见与会谈是企业往来中最常见的商务活动，秘书需要为上司做好会见与会谈的准备工作。会见与会谈前的准备是否充分，是保证会见与会谈成功的关键。

(一)收集对方的相关资料

企业间的会见与会谈是为了达成商务合作的目的而进行的。因此，秘书人员需要了解的信息主要有：

(1)对方与我方会见与会谈的目的是什么；

(2)对方约见公司的领导是哪一位；

(3)对方的相关背景资料，如国别、地区、习俗、禁忌、礼仪特征等；

(4)对方参加会见与会谈的人数、姓名、职务等；

(5)对方主要领导人的详细资料；

(6)对方公司的经营领域，业务范围包括哪些方面。

以上这些资料会帮助领导掌握会见会谈的相关信息，掌握主动权，为公司赢得更好的合作机会。

(二)通知我方参加会见与会谈的相关人员

会见与会谈一般由上司出面，除单独会见外，一般还要安排陪同人员，如果需要翻译，还需要译员到场。

(1)通知我方的主要接见和会谈人员。会见与会谈主要负责人的确定要结合上司的安排、对方的要求、双方的关系以及会见与会谈的内容、性质而定。如果不能满足对方的求见要求，应事先与对方做好沟通与协调工作。

(2)通知我方相关的陪同人员。会见与会谈时，在会见与会谈现场的我方陪同人员不宜过多，安排与对方相匹配的人数即可，但周围的工作人员要求做到相应的接待与服务工作，保证会见与会谈的顺利进行。

在我方参加会见与会谈的人员确定后，秘书人员要尽早通知有关人员，并协助做好准备工作，将相关材料送交给会见与会谈的主要负责人。

(三)了解会见与会谈的地点和时间

(1)会见的地点和时间。会见的地点一般安排在主办方的办公室、会客室或小型会议室，也可在客人下榻的酒店或宴请的酒店。

会见的时间应根据会见的性质来定。礼节性的会见，一般根据情况安排在客人到达后的当天宴请之前或第二天；其他会见则根据需要确定时间。

(2)会谈的地点和时间。会谈的时间一般会安排在对方到达后的第二天，也可以先征求对方的意见，再做安排。会谈的地点可安排在客人所住的宾馆会议室或主办方公司会议室。

(四)通知对方

会见与会谈中，我方人员的名单、具体的地点、会见与会谈的时间一旦确定下来后，应及时与对方联系。同时，还应了解客人抵达方式与时间，以便告知对方，我方的接送方式及接送人员。如果是重要的会见和会谈，事先应由秘书或其他工作人员与对方公司的相关工作人员进行预备性磋商，确定会见与会谈的具体日程安排。

(五)会见与会谈场地的布置及座位安排

1. 场地的布置

会见的场所应选择静音效果比较好的地点，在室内应准备足够的桌椅、沙发、茶几和饮料等物品，应保证干净、清洁、大方，撤掉多余的桌椅等物品。

会谈时，应选择椭圆形或长方形的谈判桌，桌上有需要时应放置双方标志旗帜(如果是涉外谈判，应摆放两国国旗)，现场可放置双方主要会谈人员桌签，以便相关人员能及时就座。

如果参加会见与会谈的人数较多，场地比较大，为了保证视听效果，还应安装扩音设备，并提前调试完备，如需要投影，也要及时安装调试好。场地周围还配备齐全的传真、复印设备及必要的文具，以备工作需要。

2. 会见和会谈的座次安排

根据国际礼仪“以右为尊”的原则，即客人坐在主人的右边。座位通常排成扇形或半圆形。

(1)会见通常在专门的会客厅、会议厅、办公室等场所举行。有的国家有时宾主各坐一边，有时穿插坐在一起。我国习惯在会客厅会见，双方一般应分边而坐；主方坐左边，客方坐右边；主宾席靠近主人席；译员、记录人员安排坐在主人或主宾的侧后边。主方陪见人在主人左边一侧按身份高低依次就座，其他客人按礼宾顺序在主宾一侧就座。座位不够可在后排加座。涉外会见还应有译员，会见的座次安排如图 6－1－1 所示。

(2)双方会谈一般是双方各坐在谈判桌的一边。如果谈判桌横着放在会谈室中，即谈判桌的长对着门，则主方应坐在背对门的一侧。如果谈判桌竖着放在会谈室中，即谈判桌的宽对着门，根据“以右为尊”的国际礼仪，则主方应坐在进门的左手侧。双方主谈人坐在己方的中间，其他人员按右高左低排列。多边会谈的座位可摆成圆形或方形。桌上应放置中文桌签，如果是涉外会谈，还要放置有对方语种的桌签。我国习惯把译员安排在主谈人右侧，但有的国家让译员坐在后面，一般应尊重主人的安排。其他人按礼宾顺序左右排列。记录员一般安排在后面，参加会谈的人数不多时，也可安排在前面就座。小范围会谈时，有时不用

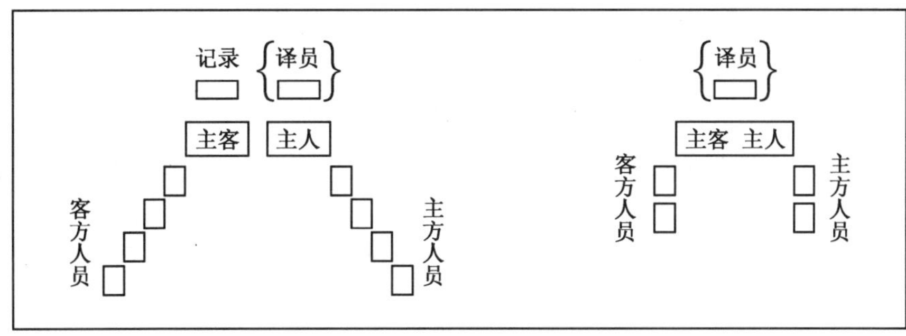

图 6—1—1 会见的座次安排

长桌，只设沙发，双方座位按会见座位安排。

在准备工作完成后，秘书人员可以通过电话、传真、信函、电子邮件等方式，将会见与会谈的日程安排和具体事项及时地通知对方，同时也发给主办方相关的工作人员。

二、会见与会谈的基本程序

（一）迎接

会见与会谈时，主人应提前到达见面的地点。

迎接地点：大楼正门口；接见厅、会客室门口迎候。

迎接人员：主人，接待人员。

接待人员在大楼门口迎候客人，并引入会见厅。

重要来宾进门后，应由代表团团长向主人一一介绍代表团成员；对一般来宾可以在入座后再分别介绍宾主双方。

（二）致辞、赠礼、合影

致辞：主宾双方均可致辞。主方致欢迎词，客方则致答谢词。

赠礼：双方简单致辞后，互赠礼品，礼品不一定很昂贵，能表达敬意与友谊即可。

安排合影：如有合影仪式，应事先安排好合影图，准备好必需的摄影器材。合影时一般是主人居中，主人的右侧为上，主客双方按礼宾顺序排列合影。第一排人员既要考虑身份，也应考虑能否都摄入镜头。通常由主方人员分站两端。

（三）会见与会谈

合影完毕，参加会见与会谈的人员即可落座。主人可请客人先入座，或双方一起落座，但主人不能够自己抢先坐下。客人也不能在主人没有请其入座时，自行先坐。

（四）记录

会见与会谈时，均要安排专人做记录，填写情况汇报表。

（五）会见与会谈结束

会见或会谈结束后，主人应将客人送至门口或车前，握手道别，目送客人离去后，方可返回室内。整个会见与会谈的程序工作暂告一段落。

秘书人员要在整个会见与会谈的过程中，做好会谈记录及会见（会谈）人员的食、宿、交通、参观访问等一切事宜的服务工作。

双方会谈时的注意事项

1. 除陪同人员和必要的翻译、记录员、摄像人员等之外，其他工作人员应退出，保持会场的安静。

2. 主谈人在讲话时，其他人员需保持安静，不得交头接耳，也不能翻看与此次会谈无关的材料，不要打断他人的发言。

3. 正式会谈时如有新闻记者采访，通常在正式谈话开始前采访几分钟，采访结束后新闻记者们离开会场，会谈正式开始。

4. 秘书或工作人员需在桌上备好茶水，夏天要加冷饮；会谈时间过长，可适当准备茶歇时间，同时备些咖啡或红茶。

第二节 参观与展览活动

一、案例描述

开放参观中的突发事故

宏达有限公司主办了今年的电器行业的年会，经过精心的筹备，年会如期召开。因为会议前准备十分充分，大会各项工作也按计划有序地进行着。

会议的第四天，按照大会日程是与会代表参观宏达有限公司从德国引进的电器生产流水线的时间。这套设备很先进，引起了与会代表的很大兴趣。按照计划，这次参观由张秘书和李秘书带队，公司也安排大客车接送参观代表。

准时到达参观地点后，公司请一名高级工程师为参观代表们做现场的讲解。两位秘书要求大家在参观时一定要注意安全，不要靠近生产线。

代表们非常认真地边参观边听讲解，但其中有一个年纪较大的女代表对对这套设备非常感兴趣，为了更好地了解细节，她低下了头，但没想到自己的长围巾不小心被流水线设备卷来了进去，越卷越紧，其他代表吓得大叫起来。工程师见状赶紧拉闸，让机器停下来，把这位女代表解救下来，但她已经昏迷了。

张秘书赶紧打120，然后让李秘书带领其他代表继续参观，自己随车把女代表送到医院。同时，打电话向总经理报告，总经理交代一定要全力救治。张秘书一直陪伴这位女代表直到她醒过来，安慰她安心治疗，好好休养。张秘书向医生询问女代表的伤势，医生说送诊及时，治疗些日子就可以出院了。张秘书接着向公司领导汇报了女代表的情况，请领导放心。

张秘书感慨道："开放参观真是不能大意。"

二、任务分析

在组织开放参观活动中，秘书人员除了负责接待、引导、讲解工作之外，还要注意参观者的人身安全问题。秘书人员参观与展览活动中，要掌握以下内容：

1. 了解参观的目的、规模、时间、人员，并准备相关的材料，组织好参观路线，做好接待工作。

2. 了解组织展览活动的流程，参加的注意事项等内容。

一、开放参观

开放参观是企业为了加强公众对自身的了解，提升企业的知名度而主动地对社会公众敞开自己的大门。

企业的对外开放参观活动，不仅是一种很好的公关协调活动，也是一项很繁杂的工作，需要秘书人员做好相应的准备工作。因此，在企业开展对外开放参观活动时需要做好以下几方面的准备。

微型案例

伊利参观工厂

“伊利参观工厂”是伊利举办的“伊利工厂开放之旅”活动的简称。“眼见为实，伊利的生产工艺让老百姓放心。而将普通消费者请进家门，也让我们感觉到企业的亲切，相信这能够为伊利赢得信任和尊重。”在 2013 年“伊利工厂开放之旅”的活动首日，一名参观过伊利车间的消费者这样讲。

4 月 6 日，“伊利工厂开放之旅”活动全面启动。中国乳制品行业的领军品牌表示，将以务实获得信任，靠开放寻求发展——两会上国家领导人对中国经济提出的新时期要求。主动回应中央决策率先自律，伊利给出了乳制品行业龙头的态度：坚实的品牌底蕴将通过实干得来，行业公信力要通过卓越的产品品质树立。

1. 活动宗旨

“伊利诚邀消费者走进工厂，接受来自社会各界的审视和监督。作为企业，让消费者享受知情权和监督权。”活动相关负责人表示，“在伊利工厂，天天都是开放日，人人都是监督员。”记者从伊利集团相关负责人处了解到，“伊利工厂开放之旅”总结有三大亮点，即“全年”“全国”“全民”。

“全年”——从时间上看，参观活动自 4 月 6 日起启动，将持续贯穿 2013 年全年。

“全国”——从地域上看，北至黑龙江肇东，南至广东佛山，西起宁夏吴忠，东到江苏苏州，本次开放的伊利工厂基本实现了全国性覆盖。

“全民”——全国各地的消费者只需上网搜索“参观伊利”，或登录伊利官网按照页面提示，选择距离最近的伊利工厂，简单几步即可完成预约。伊利公司将在工厂所在城市或临近城市，提供免费专车接送，并全程配备专业的讲解员，一一解答消费者对于伊利产品的各种提问。

在首日的“伊利工厂开放之旅”活动中，旅程的亲切和伊利生产工艺的严谨，都给记者留下深刻印象。通过讲解员的专业讲解，记者了解到，伊利在产品的生产过程中，引进了国际领先的设备，采用先进的机械化挤奶技术。在原奶运输环节中，全程采用 GPS 监控，确保牛奶安全到厂。整个生产环节，采用真空灌装技术，确保全程无菌、密闭。

此外，活动当天还有一位特殊的消费者来到伊利工厂，她就是伊利品牌代言人、著名女子网球运动员李娜。在活动现场，李娜变身“导游”，亲自带领来自全国的热心消费者走进伊利。李娜更直言：“参加此次活动，拉近了我与‘粉丝’的距离，切身感受到伊利的‘亲民和零距离’”。现场参与的消费者也普遍反映，在“零距离”接触过程中，一些细节让人备感宾至如归。特别是工厂内每一位伊利员工的微笑和问候，专业讲解员的一路陪同和细致入微的解说，都让他们感觉到作为“公众质监员”，已经成为伊利大家庭的一分子。

2. 活动效果

在2013年“两会”刚刚落下帷幕之际，中国乳制品龙头企业伊利集团宣布，将响应中央议案，自2013年4月6日起，全面启动“伊利工厂开放之旅”活动，让消费者深入了解乳制品生产工艺，同时接受社会各界人士的监督。记者也了解到，实际上伊利工厂已经持续多年对公众开放。在2013年，结合“态度决定品质”的年度传播主题，“伊利工厂开放之旅”将为每一位愿意走进伊利的消费者提供免费接送班车及全程专业讲解，打造更好的消费者体验。

在伊利看来，品质不是自上而下的口号，而是每一位消费者的亲身感受和见证。在经历了奥运与世博等大事件背书后，伊利将更宏远的战略布局与消费者的距离悄然拉近。这恰如两会期间对于“中国梦”的诠释，即国家梦想与企业梦想、个人梦想的紧密关联，这也成为伊利成就乳企“中国梦”的方向与指引。

“务实和开放，是伊利成就品质的态度，是伊利成就梦想的基石。这不仅仅是伊利人肩负的使命，更是千千万万伊利的消费者，甚至是所有的中国老百姓对安享‘放心食品’的期待。”伊利相关负责人坚定地说。

（一）确定开放参观的目的

任何一次对外开放参观活动都应有明确的目的。企业要明确开放参观活动想要达到怎样的效果，想让参观的公众对企业留下怎样的印象，是否有真正值得企业投入人力、物力、财力去支持开放参观活动等。

对外参观活动的目的有：提高知名度，展示自己的优良工作环境，让更多的公众了解并宣传自己等。因此，企业每一次开放参观活动都应根据目的来确定主题，主题的立意可以是多方面的，如组织的发展历史，组织的社会贡献，组织的独特成就等，根据主题来策划和实施开放参观活动才能给参观者留下深刻的印象。

（二）确定参观的规模

开放参观活动开展之前，秘书人员要确定此次参观的规模大小，从而做出相应的安排。

如果只是少数几个人参观，可以安排专人陪同他们参观，并介绍情况，赠送资料和纪念品等。

如果是较大规模的团体参观，最好事先制订一个详细的接待计划，事先要安排好接待工作，包括确定好接待人员和解说人员、为来宾做好向导，做好招待的餐饮服务工作，解答来宾提出的各种问题以及安全保卫工作等方面的工作，同时也要做好欢送工作。

（三）确定开放参观的时间

对外开放参观不仅要考虑到开放参观的目的和参观的规模，也要考虑到开放参观的具体时间和开放参观活动的具体时长。

首先，开放参观的时间不能影响到企业的正常生产与员工休息时间。

其次，开放参观的时间的确定也要考虑到参观者所需要的具体时间，可以适当调整，完善开放参观的预约体制。

再次，要有足够时间准备对外开放参观活动。

最后，开放参观的时间可以安排在一些特殊的日子，如周年纪念日、企业开工日、节日等。

（四）确定工作人员

企业可以设置专门负责接待对外开放参观的部门，在这个部门中需要有负责接待的接待人员、组织策划人员、安全保卫人员、讲解人员、宣传人员等。组织大型的参观活动，最好成立专门的参观活动筹备委员会。委员会成员应包括企业领导、行政和人事部门人员及公共关系人员等。此外，可以根据开放参观的不同目的，选择不同的人参加筹备委员会。

（五）准备宣传材料

开放参观活动本身就是宣传企业自身的一种渠道，那么在活动开展前最重要的是做好各种宣传的准备工作。企业需要准备好关于企业产品的说明书，企业发展历程的宣传手册。在正式参观结束前放映电影、电视片或幻灯进行介绍，帮助参观者了解企业的主要概况和产品等内容。为了使参观活动产生的效果持久，一般企业都会在参观活动结束时赠送纪念性的关于组织简介的小册子和企业产品的样本等，让公众更多地深入了解企业，扩大企业的影响力。

（六）确定参观路线

提前确定参观路线，防止参观者超越参观所限范围，出现不必要的麻烦和事故。有些组织的主管人员往往顾虑开放参观活动会使某些技术秘密或某些制造过程的细节泄露，其实，只要安排得当、向导熟练，就可以防止泄露事件发生。因此，不必在这方面有过多的顾虑。

（七）做好接待服务工作

在开放参观活动中，企业对参观者应热情周到地做好接待，如安排合适的休息场所和备好茶水饮料，还可适当地提供娱乐活动；需要招待用餐的，也要事先做好安排。企业应该对参观接待人员进行接待观念与礼仪等的训练，接待者对参观者应热情周到，安排合适的休息场所和备好茶水饮料，还可适当地提供娱乐活动；需要招待用餐的，也要事先做好安排。

二、展览活动

展览活动就是企业在展览活动中通过实物展示、环境展示、图片与模型的展示，来吸引公众的注意，并吸引新闻媒介的关注与报道，从而提高企业的知名度、美誉度，同时促进产品的销售。

展览活动中有展览会和博览会的区别。展览会是通过现场展览和示范来传递信息，推荐形象的一种常规性公共关系活动。如今已经发展为会展业。中文的博览会指规模庞大、内容广泛、展出者和参观者众多的展览会。一般认为博览会是高档次的，对社会、文化以及经济的发展能产生影响并能起促进作用的展览会。但是在实际生活中，“博览会”有被滥用的现象。

（一）展览活动的类型

展览活动的类型分为很多种。

（1）从展览的性质分，有贸易型展览会和宣传型展览会。

（2）从举办的地点来分，有室内展览会和露天展览会。

（3）从展览的项目来分，有综合型展览会和专业型展览会。综合型博览是不管何种商品，都可参加；专业型博览会是以某种门类商品为参展对象。

(4)从展览的规模来分，有大型展览会和小型展览会。

除此之外，展览会还有国内展览会和国际展览会、固定地点展览会和流动展览会、长期展览会和短期展览会等。有的展览会是几种类型的融合，如国际纺织工业展览会组织，既是国际性的，也是专题性的展览会，其他不相关的主题就不能去参展了。企业参加展会要根据自己的情况和目标，恰当地选择展览会的类型，以便于收到更好的宣传和销售的效果。

(二)展览活动的作用

企业通过参加展览活动，将自己的产品展示出来，可以起到引导社会公众、传播企业信息、扩大企业的社会影响力、增进企业产品效益的作用。

1. 宣传作用

在2010年世界博览会在中国成功举办之后，国内的各大企业都见识到了通过展览活动宣传自己的强大效力。于是在此之后的几年内，国内的展览活动更加活跃。

企业为了更好地宣传自己的产品和服务等都纷纷走出自己企业所在的区域，通过参加展览活动来宣传自己。展览活动通过实物展示、文字或图片等的展示，让公众更加立体更加客观地了解企业的产品，这与其他形式的宣传效果相比较，其说服力大大提高，这会使社会公众对组织及其产品的信任度大大提高。各式各样的产品种类、精美的图片、工作人员耐心的解说与演示，艺术化的陈设，加上轻松切合主题的背景音乐会让参观者更加享受参展与购买的过程，能增强组织宣传自身的效果。

2. 增进效益的作用

展览活动一般都是在交通的便利，同时也是需求量相对比较集中的城市举办，这样就对参加展览的企业提供了较大的客流量，拓宽了产品销售的渠道，提高了企业的社会知名度，同时为企业带来效益的增加。而且，很多展会的主办方都会做好宣传工作和服务工作，企业自己只需要做好自己应带去展示的产品就可以，相对来讲，企业的受益更大，节省了宣传的成本。

(三)参加展览活动的准备工作

展览活动是展览主办机构为企业提供的一次开放性的活动，参展的机构应该充分利用这个机会展示自己的产品与服务，恰当地传递更新的信息，加强与社会公众的面对面沟通与交流。

1. 确定参展的必要性和可行性

在收到相关的切合自己产品的展览活动之前，企业负责人首先要确定参展的必要性和可行性。有的展览会举办地点并不在自己企业所在地，如果企业要参加展览活动，就需要将自己的产品运送到相关展览地，这期间涉及的人力、物力、和财力会比较大，如果不进行严谨的分析判断，有可能会给企业造成不必要的人、财、力的浪费。

2. 明确主题

展览活动的举办方都会有一个明确的主题，在明确对方主题的同时也要确定企业参加的主题。在活动中，通过展览将企业的主题用各种形式反映出来，如主题性口号、主题歌曲、徽标、纪念品等。

3. 精心布置展台

参加展览活动，企业需要搭展台、布置展台。展台必须提前布置好，切忌在临开幕前才草率完工，以免造成安全隐患。展览会的规模越大，组织的展台就越要醒目，突出企业标识，引起参观者的注意力。但也要切合企业宣传的主题。如果在外地参展，应认真听取当地人的意见，或是请主办方代理布置展台。

4. 准备资料、制订预算

在参展活动中，企业可以准备一些能够起到宣传企业形象和企业产品的资料，如设计与制作展览会的会徽、会标及纪念品，说明书、宣传小册子、幻灯片、录像带等音像资料，包括展览会的背景资料、前言及结束语、参展品名目录、参展单位目录以及展览会平面图等资料的撰写与制作。同时，企业也要准备合同单据，以确保现场签单购买的用户能及时签约。

另外，参加展览活动需要一定的资金投入，如场地和设备租金、运输费、设计布置费、材料费、劳务费、宣传资料制作费、通信费等。在制订预算时，需要有预留资金，以便不时之需。

5. 培训工作人员

展览活动工作人员对整个展览效果起着关键作用。因此，必须对展览会的工作人员，如讲解员、接待员、服务员、业务洽谈人员等进行培训，培训内容包括公共关系技能、展览专业知识和专门技能、营销技能、接待及社交礼仪等。

提醒您

参加展览会的经费预算和使用是不可忽视的，主要有以下开支：

(1)场地使用费，包括各种设备使用、能源等。

(2)设计建造费，包括材料费。

(3)工作人员酬金，包括工资、津贴、差旅费。

(4)传播媒介租用费，包括电视、录像带、电子计算机脑软件、幻灯机、幻灯片、新闻广告费用等。

(5)宣传品、纪念品制作费用。

(6)交际联络费，包括举行招待会、购买茶点、接待宾客及交际应酬的各种费用。

(7)运输费，即运输展品的费用。

(8)保险费，贵重物品在展览期间要办保险所花的费用。

(9)预备金，作为调剂补充使用的费用。

微型案例

第七届中国花卉博览会(北京·顺义)

中国花卉博览会始办于1987年，是中国目前规模最大、档次最高、影响最广的国家级花事盛会，旨在集中展示中国花卉产业的丰硕成果，促进中外花卉产业交流与合作，被誉为中国花卉界的“奥林匹克”。第七届中国花卉博览会以科学发展观为指导思想，本着节约、集约、持续的原则，充分体现“人文花博、科技花博、和谐花博”的办会理念，以举办奥运会的标准，将花博会举办成为一届“高水平、有特点”的展会。具体分析：

一、展馆占地面积大、现代化程度高，交通工作到位

花博会主场馆，毗邻中国国际展览中心新馆。总建筑面积9.96万平方米，展示面积5.4万平方米。拥有完美的造型和现代化的设计理念，馆内不用电也可“冬暖夏凉”，展馆高

度可满足多种需求空间尺度，且可拆分可合并。虽然顺义区离市区较远，但交通便利。在花博会期间，东直门的换乘大厅内还有专门的工作人员引导游客乘车前往。

二、整体布局新颖，分工明确，主题鲜明

本届花博会采取了“一馆、一展、一场、一港、一中心”的布局模式。一馆，指主展馆即室内展馆，包括花卉成果展示区、花卉企业展示区以及专题展示区（花与科技、插花艺术、兰花等）三大主题；一展，即室外展区，展会期间将以植物造景和永久性建筑为主，集中展示国内外具有地方特色的花木景观；一场，即用于焰火燃放和文艺晚会的和谐广场，花景、水景、灯景、桥景、林景在此处交相辉映；一港，即北京国际鲜花港，是一个多功能花卉产业园区；一中心，即国际花卉物流中心，展时承担展览展示、参展花卉的储藏、周转等功能。如此布局，既合理又独一无二，既各有特色又中心明确。

三、资源合理利用

此次花博会的一个原则就是展时充分满足需要、展后有效利用资源。因此，主场馆虽然是全新建筑，但在展后将成为新国际展览中心的一个分馆，用于各种大型商业展销；室外展区在展后将改造成城市主题公园，供市民休闲娱乐；花卉物流中心在展后将实现国内外花卉的汇集和分销，促进中国花卉与世界接轨。

四、花卉销售、民俗活动穿插其中，分散人群

此次花博会的观众数量巨大，光首日就突破了 6 万人次，面对如此之多的观众，如何分散人群、防止踩踏事件的发生就变得尤为重要。本次花博会在室内、室外花卉展出外，还有面积不小的花卉销售区，大量吸引了饱足眼福的观众的购买，有效分散了各展区的人群。此外，主办方还邀请了民俗腰鼓队进行表演，每日定点数场，表演者热情洋溢，鼓乐声欢乐动感，每场表演都能吸引大量观众观看，也在一定程度上分散了人群。

五、餐饮、休息等服务设施不完善，标识、引导不够

本次花博会的不足之处就是服务不够完善。首先，没有专门的餐饮区，只有餐车提供一些饮食，有些观众无奈只能在展厅外延的露台上解决就餐问题；其次，没有开辟休息区，很多花卉爱好者都是上了年纪的人，容易疲惫，在观展时常常需要休息，但组织者并未考虑到这方面的问题，而且厕所安排得也相对较少，基本上都要排起长队；最后，室内、室外展区的标识都不够完备，很多时候观众找不到自己想去的地方，而且服务人员不够，找不到负责引导的工作人员。服务方面对于成功展会来说还是颇为重要的，但愿主办方日后能够认识到这方面的问题，做出改进。

资料来源：http://blog.sina.com.cn/s/blog_6f0a1abd0100xf1p.html。

第三节　签字仪式

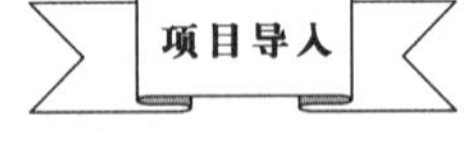

一、案例描述

中规中矩的签字仪式

2017 年 9 月 25 日，华美责任有限公司和利达责任有限公司在上海浦东某大酒店举行隆重而又庄严的签字仪式，共同签署利益互惠的贸易往来合同。

签字仪式在酒店四楼大宴会厅举行。大厅内主席台前的布景板上悬挂了好了条幅，条幅上写着“华美责任有限公司与利达责任有限公司签字仪式”。大厅的正前方是签字的条桌，上面铺着墨绿色的台布。条桌的后面摆放了两把椅子。

上午10:00，参加签字仪式的两个公司相关人员陆续进场就座。10:30，两个公司的主要领导人结束了在宴会厅隔壁的会议厅内举行的会谈，面带微笑步入签字仪式现场。

接着，主持人宣布签字仪式现在开始。在助签人员的帮助下，两家公司的董事长在准备好的合同文本上签上自己的名字。

签字后，两位领导人相互握手，并从工作人员手中接过香槟，端起酒杯走到一起，相互祝酒，共同庆祝这一历史性的成功。

签字仪式于10:45结束。10:50，两家公司的负责人共同会见记者，并依次回答了记者们的提问。

二、任务分析

签字仪式是商务活动中企业经常举行的活动。在举办签字仪式时，需要秘书人员掌握好以下内容：

1. 签字仪式的准备工作。
2. 签字仪式的程序。

签约仪式，是商务活动中合作双方或多方经过谈判或协商，就彼此间的商务活动、商品交易等达成协议订立合同后，由双方代表正式在有关的协议或合同上签字的一种庄严而又隆重的仪式。

在商务活动中，通过会见与会谈产生正式文件一般都需要举行签字仪式，正式签署方能生效。签字仪式也是表明会谈各方对文件约束力的认可，体现各方对会谈成果的重视，同时签字仪式还具有见证和宣传的作用。通常的签字仪式都有较为规范的程序。

一、签字仪式的准备工作

(一)布置好签字厅

布置签字厅的总体要求：庄重、整洁、清静。

(1)室内应铺地毯，以减少噪音。

(2)台上摆放一张签字桌。

(3)正规的签字桌应为长桌，其上最好铺设墨绿色的台布，这样能突出签字仪式的庄重气氛。如果没有墨绿色的台布，可以选择天蓝色或深红色的台布。

(4)签字桌应横放于室内，在其后可摆放适量的座椅。

(5)签署双边性合同时，可放置两张座椅，供签字人就座。

(6)签署多边性合同时，可以仅放一张座椅，供各方签字人签字时轮流就座；也可以为每位签字人提供座椅。签字人就座时，一般应面对正门。

(7)台下可以摆放数量适当的椅子，供参加人员或新闻记者就座。

(8)室内可以摆放适当的鲜花，以烘托气氛。

小资料

签署合同的座次安排

1. 签署双边性合同的座次安排

(1)应请客方签字人在签字桌右侧就座,主方签字人则应同时就座于签字桌左侧。

(2)双方各自助签人,应分别站立于己方签字人的外侧,以便随时对签字人提供帮助。

(3)双方其他随员,可以按照一定的顺序在己方签字人的正对面就座;也可依照职位的高低,依次自左至右(客方)或是自右至左(主方)排成一行,站立于己方签字人的身后。

(4)当一行站不完时,可按照以上顺序并遵照“前高后低”的惯例,排成两行、三行或四行。

(5)原则上,双方随员人数大体上相当。

2. 签署多边性合同的座次安排

(1)一般仅设一把签字椅,也可以每位一把椅子。

(2)各方签字人签字时,须依照有关各方事先同意的先后顺序依次上前签字。

(3)助签人应随签字人一同行动。在助签时,应按照“右高左低”的规矩,助签人应站立于签字人的左侧。

(4)有关各方的随员,应按照一定的序列,面对签字桌就座或站立。

(二)准备好签字用具

在签字桌上,应事先安放好待签的合同文本,以及签字笔或钢笔和吸墨器等签字时所用的文具。

(三)签署涉外商务合同时,需在签字桌上摆放双方国旗

插放国旗时,在其位置与顺序上,必须按照礼宾序列。例如,签署双边性涉外商务合同时,有关各方的国旗需插放在该方签字人座椅的正前方。

(四)确定好签字人员

举行签字仪式之前,有关各方应事先确定好参加仪式的人员,并向有关方面通报,尤其是客方,要将出席签字仪式的人数提前通报给主方,以便主方做好安排。参加签字的各方,事先还要安排一名熟悉仪式程序的助签人员,签字时给文本翻页,并指明签字处,防止漏签的事情发生。

(五)待签署合同文本的要求

1. 由主方负责待签文本的准备

(1)依照商界的习惯,在正式签署合同之前,应由举行签字仪式的主方负责准备待签合同的正式文本。

(2)应会同有关各方一道指定专人,共同负责合同文本的翻译、校对、定稿、印刷、装订、盖火漆印。

(3)按常规合同文本上正式签字的有关各方,均提供一份待签的合同文本;必要时,还可再向各方提供一份副本。

2. 签署涉外商务合同

按照国际惯例,待签的合同文本,应同时使用有关各方法定的官方语言。也可同时并用有关各方法定的官方语言。

3. 待签合同文本的印制

应以精美的白纸印制而成，按大八开的规格装订成册，并以高档质料如真皮、金属、软木等作为封面。

二、签字仪式的程序

(一)就座

有关各方人员进入签字厅，在既定座位上各就各位：参加人员在仪式举行场地集结；双方签字人员在规定的席位落座；助签人员分别站立在签字人员座位旁边，协助翻揭文本，指明签字处。

(二)签字人正式签署合同文本

首先签署自己一方保存的合同文本，接着再签署由他方保存的合同文本。

商务活动规定：每个签字人在己方保留的合同文本上签字时，按惯例应当名列首位。因此，每个签字人均应首先签署己方保存的合同文本，然后再由助签人员交由他方签字人签字。这一做法，在礼仪上称为“轮换制”。它的意义是在位次排列上，轮流使有关各方均有机会居于首位一次，以显示机会均等、各方平等。

数国间举行签字仪式时，通常按国家名字的英文字母的第一个字母顺序排列进行。签字人分别在每个国家的文本上签字，本国代表应在本国保管的文本的最上方签署名字。签字人和其他国家代表并排或相对落座。

(三)签字人正式交换已经由各方正式签署的合同文本

各方签字人应热烈握手，互致祝贺，并相互交换各自一方刚才使用过的签字笔，以示纪念。全场人员应鼓掌表示祝贺。

(四)共饮香槟酒互相道贺

交换已签的合同文本后，有关人员，尤其是签字人，当场干一杯香槟酒是国际上通行的用以增添喜庆色彩的做法。

(五)拍照

有些签字仪式全程都可以拍照；有的签字仪式最好在签字本交换完成，双方握手时候拍照。

(六)公证

在一般情况下，商务合同在正式签署后，应提交有关方面进行公证，此后才正式生效。所以为了方便起见，可以安排公证人员在现场公证。

第四节 剪彩仪式

一、案例描述

混乱的剪彩仪式

大华公司举行新项目的开工剪彩仪式，请来了张董事长和商界的合作伙伴的老总们一起参加，请他们坐在第一排。剪彩仪式开始时，主持人宣布：“请张董事长剪彩！”主持人并未请其他嘉宾一起去剪彩，只有张董事长一人来到台上准备剪彩，场面非常尴尬，张董事长无奈自己又下来一个个邀请合作伙伴的老总们一起上台剪彩。可是台上的礼仪小姐准备的托盘和剪刀的数量又不够，一时间台上乱成一团。

二、任务分析

很多公司在新开业的时候都会为了公司业务开展得更加顺利而举行剪彩仪式，秘书人员在参与公司的剪彩仪式的时候，要掌握以下的内容：

1. 剪彩仪式的准备工作。
2. 剪彩仪式的程序。
3. 剪彩仪式的注意事项。

剪彩仪式指的是有关单位为了庆祝组织开业，宾馆、商店等机构的开张，高楼大厦的落地启用，道路或航线的开通等活动隆重举行，聘请知名人士用剪刀剪断红色缎带的庆典活动。剪彩仪式的会场布置要求喜庆、热闹。

一、剪彩仪式的准备工作

(一)剪彩的用具准备

剪彩仪式上需要用的一些特殊的物品，如红色绸带、新剪刀、白色薄纱手套、托盘以及红色地毯等要事先准备，以免临场慌乱。

(1)红色缎带。按传统做法，它应由一整匹未使用过的红色绸缎，在中间扎上几朵大而醒目的红花而成。现在为了节俭，一般使用两米左右长的红缎带、红布条作为剪彩物品。一般来说，具体要结多少花团，其数目往往与现场剪彩者的人数直接相关。按常规，红色缎带上所结花团的数目较现场剪彩者的人数多加一个，这样可使每位剪彩者处于两朵花团中间，也有的是花团数目较现场剪彩者的人数少一个，这种不太常用。

(2)新剪刀。是专门供剪彩者剪彩时使用，必须是人手一把，而且是崭新、锋利的，以免因剪刀而让剪彩者面临尴尬场面，在剪彩仪式结束后，主办方可将每位剪彩者所使用的剪刀经过精心的包装后，送给对方以资纪念。

(3)白色薄纱手套。是供剪彩者剪彩时戴的，以示郑重，但一般情况下可以不准备。如果需要准备，则要保证人手一副，并且大小适中，洁白无瑕。

(4)托盘。是供盛放剪刀、手套、红色缎带用的，一般也应用新的托盘，通常选用银色不锈钢制品。为了显得正式，还可以在托盘上面铺红色绒布或绸布。

(5)红色地毯。主要是铺设在剪彩者正式剪彩时站立的地方，其长度可视剪彩者人数的多少而定，宽度应超过一米。在剪彩时铺设红地毯主要是为了提高仪式档次，营造一种喜庆的气氛。

(二)剪彩人员的确定

在剪彩仪式中，除了需要选定主持人外，还要选定剪彩者和礼仪小姐。

(1)剪彩者的确定。剪彩仪式前要事先选好为组织剪彩的嘉宾，通常情况下，可从上级领导、单位负责人、知名人士、合作伙伴、员工代表中选定。剪彩者的人数可以是一人，也可以是多人，但一般不超过5人。剪彩者的名单一经确定之后，就应及时通知剪彩者，同时还应告知对方还有哪几位一起为本组织剪彩。

剪彩者如果仅为一人，则其剪彩时居中而立即可，若剪彩者不止一人时，则应遵循常规排列顺序：中间高于两侧，右侧高于左侧，距离中间站立者越远位次越低，其中要注意：主剪者应居于中央的位置。需要说明的是，右侧高于左侧，是国际惯例，但在我国，如果没有外宾参加的场合，排列的原则，应为“左侧高于右侧”。

（2）礼仪小姐的确定。组织为了增加剪彩仪式热烈而隆重的喜庆气氛，通常也要有几位礼仪小姐来负责引导宾客、拉彩带、捧花、递剪刀等工作。对礼仪小姐的要求是：应举止大方、端庄、文雅，穿着打扮应整齐划一，淡妆、盘发，礼仪小姐通常身着红色旗袍或西式套装。

礼仪小姐的选拔基本条件是：相貌姣好、身材颀长、气质优雅、年轻健康、机智灵活、善于交际。礼仪小姐的最佳形象为：身着款式、面料、色泽统一的旗袍，配肉色连裤丝袜、黑色高跟皮鞋，化淡妆，盘头，不能佩戴过多的饰物。

（三）举行剪彩仪式场地的确定

剪彩仪式的场地选择一般都放在自己公司门口或者公司门前的广场上，场地要宽阔大气。场地周围要做好布置，可以悬挂充气的拱形门、气球、彩旗等物品，以烘托气氛。

二、剪彩仪式的程序

剪彩仪式的程序有以下几个方面：

（1）邀请来宾就座。在剪彩仪式上，通常只为剪彩者、来宾和本单位的负责人安排座席。剪彩仪式开始时，即敬请大家在已排好顺序的座位上就座。主席台上摆放座位卡，以便来宾对号入座。一般来讲，剪彩者应就座于前排。

（2）宣布剪彩仪式正式开始。主持人宣布仪式开始后，乐队演奏音乐，现场可播放礼炮声，全体到场者热烈鼓掌。

（3）主持人向全体到场者介绍到场的重要来宾。

（4）领导致辞。首先，主办单位的负责人致辞；其次，上级主管部门的代表致辞或特邀嘉宾致辞；最后，合作单位致辞等。发言内容要言简意赅，富有鼓动性，使场面隆重而热烈。

（5）开始剪彩。主持人宣布开始剪彩。

（6）奏乐。主持人宣布剪彩开始的时候，就可以播放欢快、悦耳的音乐，以烘托热闹的气氛。

（7）入场。礼仪小姐用托盘呈上剪彩用的剪刀等用具登场，拉彩带者将红色缎带拉直，托盘者站在拉彩带者身后一米左右，然后剪彩者上台进行剪彩。剪彩者应面带微笑拿起剪刀将彩带一刀剪断，待放下剪刀后，再向在场来宾致意，全体来宾热烈鼓掌。

（8）陪同参观。剪彩仪式结束后，主人应陪同来宾参观。随后，主办单位应向来宾赠送纪念性礼品，并设宴款待宾客。

微型案例

节俭的剪彩仪式

王林所在的公司新开了一家分公司，准备举行剪彩仪式。经理告知王林要尽量节俭。于是，王林在准备的时候，就时刻注意不要铺张浪费。于是，他请人用包装礼品盒子的丝带做成了彩带，嘉宾人数也只邀请了两人，礼仪小姐的人数也相应减少，因为环保问题，燃放鞭炮也改成播放鞭放炮录音,周围的场地也做了简单的布置,摆放适量红色的鲜花装扮现场,走道和主席台都用红地毯铺设,气氛一下子就烘托出来了。

三、剪彩仪式的注意事项

(1)进行正式剪彩时,剪彩者与礼仪小姐的具体做法应符合规范,不能乱了程序。

(2)当主持人宣布进行剪彩之后,礼仪小姐即应率先登场。在入场时,礼仪小姐应排成一排排进。从两侧同时登台,或是从右侧登台均可。登台之后,拉彩带者与捧花者应当站成一排,拉彩带者处于两端拉直红色缎带,捧花者各自双手捧一束花团。托盘者应站立在拉彩带者与捧花者身后一米左右,并且自成一排。

(3)在剪彩者登台时,引导者应在其左前方进行引导,使之各就各位。剪彩者应从右侧入场。当剪彩者均已到达既定位置之后,托盘者应前行一步,立于前者的右后侧,以便为其递上剪刀、手套。

(4)当主持人向全体到场者介绍剪彩者时,剪彩者应面含微笑向大家欠身或点头致意。

(5)在正式剪彩前,剪彩者应首先向拉彩带者、捧花者示意,待其准备好后,右手手持剪刀将红色缎带一刀剪断。若有多名剪彩者同时剪彩时,其他剪彩者应注意主剪者的动作,保持与其协调。

(6)剪彩之后,红色花团应准确无误地落入托盘者手中的托盘里,切勿使之坠地。

(7)剪彩者在剪彩成功后,面向全体到场者致意,然后将剪刀、手套置于托盘内,并举手鼓掌。

(8)剪彩者依次与主人握手道喜,并列队在引导者的引导下退场,退场时,一般宜从原上台的方向下台。

(9)待剪彩者退场后,其他礼仪小姐方可列队由右侧退场。

第五节 庆典活动

一、案例描述

十周年庆祝大会的邀请工作

宏祥公司即将成立十周年,按照中国“五年一小庆,十年一大庆”的传统习惯,公司决定举办十周年庆祝大会。为了体现这次大会的隆重和喜庆,同时利用大会与各界朋友联络感情,加深友谊,公司决定广邀宾客,具体的嘉宾名单和邀请工作由总经理办公室秘书小田负责。

田秘书接到任务后,认识到这次大会的重要性,暗暗提醒自己一定要把工作做好,不能出半点纰漏。她根据公司庆祝大会举办的宗旨和原则,确定邀请的嘉宾范围包括市里有关部门的领导、重要的新老客户、业界的知名同行,以及新闻媒体的朋友。她经过细细地斟酌和筛选,最终确定了嘉宾人选,详细地列出清单,提交总经理审核。总经理看后,对田秘书说:“小田啊,做得不错,名单考虑得很周到。我再与各部门经理开会研究一下,看看他们还有没有补充的。”经办公会议研究后,总经理在田秘书列的清单基础上增加了几位嘉宾,交给田秘书,要求她尽快与嘉宾联系。

田秘书根据名单,开始制作请柬。她认为如此隆重的大会,发出的请柬一定要精美,就与会务组的其他秘书探讨,最终确定了一款请柬,简洁又漂亮。接下来,田秘书一丝不苟地拟写内容、盖章、套封皮、系丝线、装信封,每一道工序都确保无误。

田秘书核对嘉宾地址按照无误后将请柬寄出。几天后,田秘书按照名单逐一打电话询问请柬是否收到,对方是否光临,并把得到的反馈信息仔细地在名单备注一栏里写清楚。当时没有联系上的,她也特别标出,稍后再联系,直至得到明确答复。最后把确定的能够参会的名单报给了总经理。同时,向总经理建议,几个重要的客人,最好是总经理亲自邀请,以显诚意和尊重。总经理很满意,对小田的工作给予表扬。

庆祝大会即将召开,田秘书又对重要客人能否到会进行了最后的确认。向总经理汇报完毕后,田秘书松了一口气。

资料来源:孟庆荣:《秘书工作案例及分析》,清华大学出版社 2007 年版。

二、任务分析

庆祝活动的准备工作是非常复杂的,需要秘书人员事先做好准备。不管是庆祝活动,还是公司举办的各种仪式活动,秘书人员都要注意以下几点内容:

1. 了解庆典的类型。
2. 掌握开业庆典活动的准备工作。
3. 掌握开业典礼的程序。

为了扩大组织自身在社会的知名度,使组织与公众之间、与其他组织之间的相互了解,促进合作,一般在组织成立或有重大活动时都举行典礼。在商务活动中,商务人员参加典礼仪式的机会很多,既有可能奉命为单位组织一次典礼仪式,也有可能应邀去出席外单位的某次典礼活动。

开业典礼是商业活动中,各类企业、商场、酒店等在成立或开张时,为达到宣传自己的目的,营造一个良好的开端,经过精心策划,按照一定的程序专门举行的一种庆祝仪式。

一、庆典活动的类型

庆典活动有很多,常见的有开业典礼、周年纪念庆典、竣工典礼、荣誉庆典等。

(1)开业典礼,是组织或企业在成立之际向社会首次展现自己,以引起社会与公众的关注。

(2)周年纪念庆典,是社会组织利用本单位的周年纪念日,借此向外界宣传自己,为扩大影响力而举办的活动。

(3)竣工典礼,是组织某项巨大工程或重要任务完成之际,举行盛大的活动来庆祝,引起社会公众的格外关注,同时扩大组织在社会上的影响力。

(4)荣誉庆典,是单位荣获了某项荣誉称号或单位的“拳头产品”在国内外重大评选中获奖,单位举行的庆典活动,通过庆祝对外界进行宣传。

二、庆典活动的准备工作

(一)做好庆典的舆论宣传工作

企业可运用传播媒介在网络报纸、广播、电视台广泛发布广告或在告示栏中张贴开业告示,以引起公众的注意。

广告或告示的内容一般包括:典礼举行的日期,典礼地点,企业的经营范围及特色,开业的优惠情况等。开业广告或告示发布时间一般在开业前的 3～5 天内。也可邀请记者在仪式举行时到现场进行采访、报道,予以正面宣传。

(二)准备开幕辞、致答辞

(1)注意控制发言时间。

(2)开幕辞、致答辞要言简意赅、热情庄重,起到密切感情、增加友谊的作用。

(三)拟订庆典活动的程序

庆典活动的程序有着严格的先后顺序,事先应做好妥善安排。按照典礼规格确定司仪,安排好签到、接待、摄影、录像、音响、现场布置等负责人员的工作。

(四)做好来宾邀请工作

一般来讲,确定庆典出席者的名单,应以庆典的宗旨为指导思想。参加典礼的人士包括上级领导、知名人士、新闻界人士、同业代表、合作伙伴、社区公众、单位员工等。开业典礼仪式成功与否,很大程度上与邀请参加典礼的嘉宾身份和人数等有直接关系。

(五)发放请柬

提前一周发出请柬,便于被邀者及早安排和准备。

请柬的印制要精美,内容要完整,文字要简洁,措辞要热情。被邀者的姓名要书写整齐,不能潦草马虎。

一般的请柬可派员送达,或邮寄。给有名望的人士和主要领导的请柬应派专人送达,以示尊重和诚恳。另外,在典礼举行前,最好电话确认对方是否到来参加典礼仪式。

(六)做好场地布置工作

活动场地:可以是正门之外的广场,也可以是正门之内的大厅。

不布置主席台或座椅:按照惯例,举行典礼时宾主均站立,故一般不布置主席台或座椅。

现场装饰:为显示隆重与敬客,可在来宾尤其是贵宾站立之处铺设红地毯,在场地四周悬挂横幅、标语、气球、彩带、彩灯,醒目处摆放来宾赠送的花篮、牌匾。

(七)做好各种物质准备

用品准备:来宾的签到簿,本单位的宣传材料,彩带、剪刀、托盘,待客的饮料,等等。

设备准备:对于音响、录音录像、照明设备以及开业典礼所需的各种用具、设备,必须事先认真检查、调试,以防在使用时出现差错。

(八)安排接待服务人员

(1)在举行庆典的现场,一定要有专人负责来宾的接待服务工作。

(2)主办单位需要提前培训本单位全体员工,要求员工在来宾面前以主人翁的身份热情待客、有求必应、主动相助之外,更重要的是分工负责、各尽其职。

(3)在接待贵宾时,须由本单位主要负责人亲自出面。在接待其他来宾时,则可由本单位的礼仪小姐负责。对于某些年事已高的或非常重要的嘉宾,应安排专人始终陪同,以便招待与照顾。

(4)若来宾较多时,需为来宾准备好专用的停车场、休息室,并应为其安排饮食。

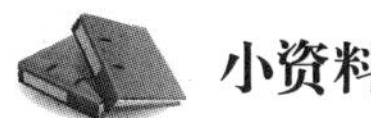

小资料

礼品的馈赠

举行开业仪式时赠予来宾的礼品,一般属于宣传性传播媒介的范畴之内。

根据常规,向来宾赠送的礼品,应具有如下三大特征:

(1)宣传性。可选用本单位的产品,也可在礼品及其外包装上印有本单位的企业标志、广告用语、产品图案、开业日期等;

(2)荣誉性。要具有一定的纪念意义,使拥有者对其珍惜、重视,并为之感到光荣和自豪;

(3)独特性。应当与众不同,具有本单位的鲜明特色,令人过目不忘。

三、庆典活动的程序

微型案例

开业典礼方案

——红利公司开业庆典

庆典时间:2017 年 9 月 9 日上午 10:00

地点:红利公司

名称:红利公司开业庆典活动

简介:红利公司将于 9 月 9 日在公司所在地隆重举行开业庆典仪式,届时会有许多当地的各界商业人士、新闻媒体及上级领导出席。活动中,大家可以了解到公司代理的各种酒类产品,同时公司准备了丰盛的晚宴款待各位嘉宾,另外还有内容丰富的娱乐活动请大家共享欢乐。

9:00~10:00 礼仪小姐迎宾

10:00~10:30 开业典礼正式开始

1. 主持人介绍到场嘉宾
2. 嘉宾代表发言祝贺
3. 主人致答谢辞
4. 邀请嘉宾揭幕

10:30~11:00 参观公司

11:00~12:30 公司在亚洲大酒店设宴,请嘉宾共进午餐

17:30~18:00 在度假村酒店星光厅迎宾

18:00 晚宴正式开始,嘉定入席

18:10 司仪邀请张总经理致辞

致辞完毕,晚宴正式开始

19:00~20:30 精彩节目表演及黄金抽奖活动

20:30～22:00 在世纪之星夜总会活动

(一)迎宾

接待人员在会场门口接待来宾,请来宾签到后,引导来宾就位。

(二)典礼开始

主持人宣布庆典活动正式开始,全体起立,奏乐,介绍到场的重要嘉宾。

(三)致贺辞

由上级领导和来宾代表致贺辞,表达对举办典礼活动的单位进行祝贺,并寄予厚望。贺辞由谁来致,事先要定好,以免当众推来推去。外来的贺电、贺信等不必一一宣读,但对其署名的单位或个人应予以宣读。

(四)致答谢辞

由本单位负责人致答谢辞,向来宾及祝贺单位表示感谢,并简要介绍本单位的经营特色、内容及目标等。

(五)揭幕

由本单位负责人和一位上级领导或嘉宾代表揭去盖在牌匾上的红布,宣告企业的正式成立。参加典礼的全体人员鼓掌祝贺,同时可播放鞭炮录音庆贺。

(六)节目表演

为了增强庆典活动的效果,可以安排节目表演。可以是本单位员工自行组织的节目,也可以邀请外面专业团体来表演,节目不需要太多,能起到烘托气氛就好。

(七)参观

引导来宾参观公司,介绍公司的主要设施、特色项目及经营策略等。

(八)宴请

在规模较大的饭店设宴款待主要邀请的嘉宾。

第六节 宴请活动

一、案例描述

老总请客

下去我去孙总办公室给孙总送文件的时候,孙总问我:“小于,你查一下我的日程表,看我后天晚上有没有安排?”

“没有安排。”我立即回答。孙总每周的每项活动安排都记在我脑子里。

“公司广告部门一共有几个人,包括女士在内?”孙总又问。

“总共 8 人,男的 5 人,女的 3 人。”

“后天晚上没有安排,我想请他们吃顿饭。”孙总有些高兴地说,“你也知道,我们近年开发的 GMS 仪销路不错,把德国的压了下去,董事会非常满意,这跟他们广告策划分不开,所以,我想请他们吃顿饭,表示一下公司领导的心意。你也忙前忙后的,就一块儿参加,这事你就给安排吧。”

“孙总亲自设宴犒劳他们,我想他们一定会非常高兴。”我笑着说。上司工作做出了成绩,也有秘书的努力,所以,做秘书的也引以为荣。

"孙总,你看用什么标准?"

因为公司请客,有几种标准,相差也比较悬殊。

孙总笑着问:"按150元一位的标准,合适吗?"

"非常合适,孙总,你喜欢淮扬菜,是不是还定在淮扬春大酒楼?"

"那样不太合适吧?"孙总说,"我请他们,是想让他们高兴高兴,他们不一定吃得惯淮扬菜,这事你跟他们去商量好了。他们想吃什么就吃什么。"

一回到自己的座位上,我的头脑里就像有台计算机,屏幕上立即显示出几个问题:第一,如何通知广告部门?第二,后天宴会之前,还要做哪些准备工作?第三,宴会后有哪些善后工作要做?

很显然,用电话通知广告部门的人不合适。孙总请客,就是为了表示感谢和鼓励,要的就是一种气氛,让大家高兴高兴,而电话通知,冷冰冰的,显得公事公办,气氛出不来。我到他们那里去当面告诉他们,大家一起说说笑笑,甚至开几个无伤大雅的玩笑,那气氛肯定出来了。于是,我来到他们办公室,告诉大家:"孙总为了感谢大家在开发GMS仪的辛勤工作,后天晚上请大家吃饭,请你们一定参加!"

果然,一片欢呼雀跃。

一阵说笑之后,我把广告部牛经理悄悄拉到走廊上:"牛经理,你看后天晚上在什么地方,吃什么比较合适?"

牛经理30岁出头,精明能干。

"小于,我知道亮马桥那边新开了一家火锅店,价钱、环境和服务都相当不错。"

"涮火锅,档次是不是……"我有些犹豫。不过,吃火锅似乎是最能出气氛的。

"小于,你放心,档次肯定没问题。"孙总说,"包括酒水,每人118元。"

吃火锅这个价钱倒是不低。

"到时候,是不是要注意一下座次?"我又问,因为他们部有两个比较前卫的"新新人类",在公司是出了名的。

"让孙总坐首席,你我挨着孙总坐,其他人爱怎么坐就怎么坐吧。"牛经理满不在乎地说,"你刻意安排他们的座位,大家反而会感到拘束。"

细想想,牛经理说得也对。

"牛经理,还有一件事。"我说,"后天晚上吃饭,我肯定得陪孙总先走。这次是按150元一位的标准请客;如果实际按118元一位的标准,到时还剩300多元,你把剩下的这点钱,给大家买些好看一点的圆珠笔之类的小玩意儿,给大家做个纪念,也算是孙总的一点心意,怎么样?回头你把发票给我一起报销。"

"这样不太合适。"牛经理犹豫了一阵儿后说,"如果他们把这些东西带到办公室,再向别的部门炫耀,让别的部门的人看到了,人家会怎么想?GMS仪又不是我们一个部门搞出来的,肯定会有人不服气,今后大家的工作就不好配合。"

我感到非常不好意思。要不是牛经理提醒,我又犯了一个非常低级的错误。

回到座位上,静下心来,我再次把这次宴请的经过像放电影一样在脑子里过了一遍,看是否还有什么疏忽遗漏的地方。刚才幸亏有牛经理提醒,不然真买纪念品的话,就会出现"一着不慎,全盘皆输"的局面。

资料来源:谭一平:《女秘书日记》,江苏文艺出版社2011年版。

二、任务分析

在商务宴请中，秘书需要清楚地了解上司的意思，并能根据公司规定的宴请标准进行宴请，在宴请时，需要注意以下几点内容：

1. 宴请的种类。
2. 宴请前的准备工作。
3. 宴请的程序。

一、宴请的种类

（一）国宴

国宴，是规格最高的宴会，是国家级庆典宴会。国宴是国家元首或政府为招待国宾、其他贵宾或在重要节日为招待各界人士而举行的正式宴会。

如果宴请的是外宾，宴会厅必须悬挂主客两国国旗，宾主入席后乐队要奏两国国歌。举办者作为宴会的主持人。宴会上主人和主宾要发表讲话或致祝酒辞，席间要奏音乐。

小资料

国宴的历史

《周礼》《仪礼》《礼记》中已有奴隶制国家王室为招待贵宾而举行国宴的记载。汉代张骞二通西域，乌孙遣使送张骞归汉，并献马报谢。元鼎二年（前 115 年），张骞携使节抵达长安。当时群臣还为该用什么样的礼仪（国、臣、邦、属）对待西域使节而争论不休。汉武帝说："宴之国赐。"众臣恍然大悟，于是一次宴会下来，大家俱欢，这通常也可以看作国宴一词有明确国礼定义的开始。

国宴的过程大致经历了三个历史时期：

第一个时期是 20 世纪 70 年代，由中共中央办公厅钓鱼台管理处服务科为第一代领导人的宴请服务，那个时期的餐饮还称不上是国宴，只是为来访的社会主义阵营的国家领导人而设的宴请。

此后一直到 20 世纪 80 年代中后期是第二个时期，在计划经济体制下，我们为邦交国家的元首或者使团提供餐饮服务。服务科在这个阶段被移交外交部。在这个时期的中后期，外事活动明显增多，豪华团队增多，接待组织工作也方便许多。

第三个阶段是 20 世纪 90 年代到 21 世纪，在比较发达的市场经济下有大量的国家元首来访，国宴也走入了更加丰富、开放和多元化的历史时期。

（二）正式宴会

正式宴会，适用于宴请规格较高，活动内容较正式、严肃的场合，重点在于突出给予对方较高的礼遇。除了不挂国旗、不奏国歌，出席者级别不同外，其余都与国宴相似。

（三）便宴

便宴，是非正式的宴会，形式简便，不排桌次座位，不做正式讲话，菜肴道数不必过多，气氛随和、亲切，有利于各方自由交往。官方和非官方的宴会都可以采用这种形式。它有午宴和晚宴之分，也有早餐会。

（四）家宴

家宴是指在自己家中设便宴招待宾客的方式。可以由主妇亲自掌勺，也可请厨师上门做菜。可以是亲朋好友聚会，也可以官方宴请或业务洽谈宴请。席间全家人共同招待客人，气氛亲切、随和、友好，容易创造融洽的人际关系。

（五）自助宴

自助宴，是一种相当自由的餐饮形式，除了不必排桌次座次外，来宾人数也不受拘束，也不用服务员上菜，宾客自己动手选择食品。这样的宴会形式便于宾客之间有较多彼此认识的机会。

（六）工作餐

工作餐，是人们在特别繁忙、日程安排不开时采用的一种既节省时间，又达到招待目的的宴请形式。它可分为工作早餐、工作午餐和工作晚餐，适用于以谈论或从事某项具体工作为目的的招待场合，宾主边谈工作边进餐。工作餐一般只请当事人，不请客人的配偶，也不请其他与工作无关的人员。在国外，有的工作餐采取“AA 制”，即参加者各自付费。

二、宴请前的准备工作

（一）确定标准

商务宴请是商务交往中一种重要的社交活动，包括晚宴、鸡尾酒会、茶会等方式。

正式的宴会形式可以选用晚宴，目前比较盛行的晚宴通常在饭店举行。国际上的大型商务活动多采用鸡尾酒会形式，鸡尾酒会不设椅子，招待品以酒水（一般不用烈性酒）、小吃（三明治、面包、小香肠等）为主，中午、下午、晚上均可。茶会是一种简单的招待形式，通常在下午 4:00 左右举行，茶会通常设在客厅，一般不用餐厅。

要根据商务活动的目的，选择相应的宴请形式，只有有助于达到商业目的形式才是最好的形式。

（二）确定宴请的时间和地点

宴请时间的确定原则上应以主宾双方都合适为宜，注意避开对方企业、个人的重大节假日、重要活动或禁忌的时间，如宴请西方客人一般不选择 13 日和星期五，客人具有象征意义的日子也要尽可能避开。

宴请地点的选择，宜选择那些交通便利、环境幽雅、风味独特、卫生安全的饭店、宾馆作为宴客的场所。

（三）发出邀请

正式的宴请活动应发送请柬。这既是基本的礼仪，也能提供赴宴信息供客人备忘。如果是便宴、工作餐，可通过口头或电话的方式邀请。

请柬的封面一般选用红色，请柬的内容必须包括被邀请人的称谓、宴请的名义、详细时间和地点，请柬要用敬语。特别重大的宴会，还需要在请柬信封下角注明席位号。

请柬应提前一至两周发出，特别重要的客人必须委派专人送达，并且在宴请前一天注意提醒。

（四）确定菜单

菜单的确定在商务宴请中起着特别重要的作用，这里面也有很大的学问。有的商务宴请耗费巨大，结果毫无特色，给客人留下的印象只有铺张浪费，反倒影响商务活动的效果。

在确定菜单的过程中，要注意冷热、荤素、甜咸、色香味搭配。时令菜与传统菜肴搭配，菜肴与酒水搭配；要体现地方特色，给客人留下印象，如本地的山野菜、土酒等；还要注意不要触犯客人饮食禁忌。

(五)布置现场

商务宴请要注意突出喜庆、活泼、欢乐的氛围。宴会厅可以设置致辞台，台上适当放置鲜花，宴会厅四周摆放一些绿色植物，在宴会厅外最好安排1～2间休息室，供重要来宾临时休息、等候。桌布、餐巾必须洁白、平整，玻璃杯、酒杯、筷子、刀叉碗碟等餐具，必须明亮、洁净，摆放整齐。

微型案例

开国第一宴

1949年10月1日，毛主席在天安门城楼上，向全世界宣告了中华人民共和国的诞生。开国大典之夜，新中国的开国元勋们以及社会各界代表共600余人出席了新中国的第一次国宴，自此，“开国第一宴”名扬天下。

请看当年这份珍贵的菜单：

冷菜：桂花鸭、油鸡、桃仁冬菇、虾仔冬笋、油吃黄瓜龙、五香熏鱼、镇江肴菜

热菜：草菇蒸鸡、鲜蘑菜心、红烧鲤鱼、清炖狮子头

主酒：汾酒

点心：炸春卷、豆沙包、菜肉烧卖、千层油糕

以今天的眼光来看，这份菜单充其量也就是普通人家的家宴规格。即使在开国盛典的晚宴上，当年共产党人也彰显着艰苦奋斗的一贯作风，与人民同甘共苦的不变本色。

当年制作开国大宴，从厨师人选到菜单确定，都是周恩来总理亲自审定的。考虑到出席宴会嘉宾来自五湖四海，周恩来总理确定当晚菜式以咸甜适中、南北皆宜的淮扬菜为主。主厨的厨师共有9位，前后准备了3个月之久。当年的国宴从10月1日晚7:00时开时，持续了两个小时，共开了60桌。

三、宴请的程序

(一)迎宾

参加迎宾的主要人员包括主人及少数其他人员；迎宾地点放在休息厅、宴会厅门口为妥；主人与主宾引领；握手、问好进入宴会厅后，全体客人就座，宴会开始。规模过大时，也可请上席以外的客人先入座，上席最后入座。

微型案例

庆祝招待会上

宏祥公司南方分公司成立十周年了，公司决定举行盛大的庆祝招待会，邀请了市里领导、业界同行、新老客户以及其他各界人士参加。由于公司新近进行了人事变动，原来的周

经理调到其他分公司去了，总公司另外派了一个林经理来担任公司的经理。所以，新到任的林经理也有意借这次庆祝会多认识一些公司的客户和其他各界的朋友。

招待会那天，会场里高朋满座，人头攒动，好不热闹。郑秘书是公司办公室的老秘书了，那天她特意仔细地打扮，光彩照人。她站在林经理的身边，面带微笑，把重要的客人向林经理一一介绍。林经理和这些客人亲切握手，点头寒暄，感谢他们的光临。郑秘书站在旁边，不时地向走过她身边的客人微笑，点头示意，偶尔与旁边别的客人聊几句。

郑秘书在招呼客人的同时，用眼睛的余光留意着整个会场的情况。忽然，她看到市经委刘主任到会场门口了，而旁边的林经理正在跟一个客户聊得很投机，没有注意到有新的客人到场。郑秘书就端了一杯红酒来到林经理面前，把酒杯递到林经理手里，轻声地说："林经理，市经委的刘主任到了。"林经理马上端起酒杯，跟那个老客户碰杯说："冯总，今天聊得很投机，改天咱们找个时间再好好聊聊。对不起，我得失陪一下，再次感谢您的光临。"冯总说"好，好，改天再聊，您请。"

郑秘书马上引领林经理迎上刘主任。郑秘书对刘主任说："刘主任，感谢您的光临，请允许我给您介绍，这是我们公司林经理。"然后转头对林经理说："林经理，这是市经委的刘主任。"两人握手，林经理说，"刘主任，欢迎，欢迎，以后还请刘主任多指教。"随后，两人热烈地攀谈起来。

招待会后，林经理对郑秘书的表现很满意，感谢她的帮助，让他对公司的重要客人有个大概的认识，为以后的工作奠定了基础。

资料来源：孟庆荣：《秘书工作案例及分析》，清华大学出版社 2007 年版。

（二）引领入席

客人来了后，要有负责接待的人员专门负责引领客人入席。席间座次的排定可以参考图 6—6—1～图 6—6—6。

1. 中餐桌次的安排

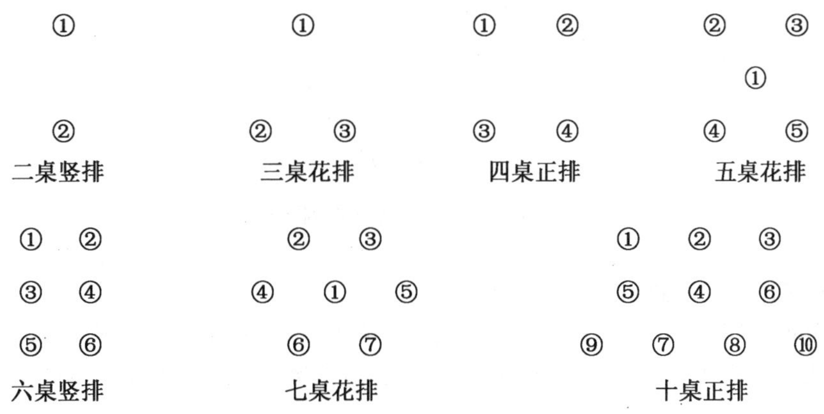

图 6—6—1 中餐桌次的安排

2. 西餐桌次的安排

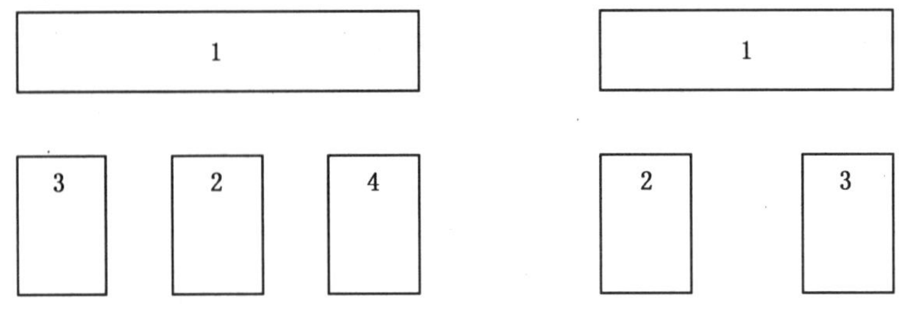

图 6—6—2 西餐桌次的安排(一)　　图 6—6—3 西餐桌次的安排(二)

3. 中餐席位的安排

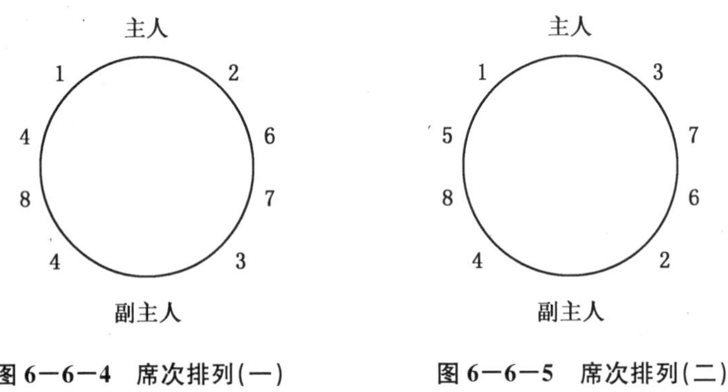

图 6—6—4 席次排列(一)　　图 6—6—5 席次排列(二)

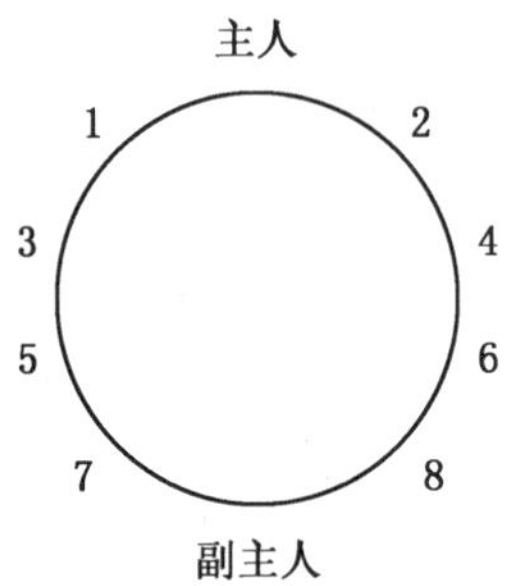

图 6—6—6 席次排列(三)

4. 西餐席位的安排

正规的宴请是男主人(第一主人)坐主位,遵照以右为尊的原则,其右侧为第一贵宾夫人,女主人坐在男主人的对面,右侧为第一贵宾,其余客人男女交替安排(见图 6—6—7)。

小资料

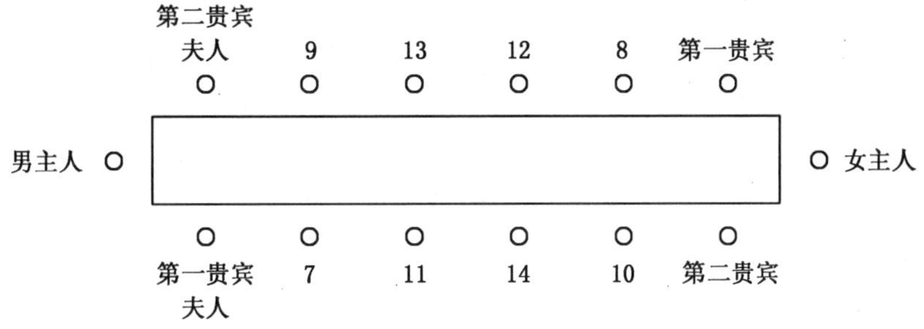

图6—6—7 西餐席位的安排

（三）致辞祝酒

正式商务宴请，一般安排致辞。可以一人席双方即讲话致辞；也可在热菜之后甜食之前，由主人致辞，接着由客人致答谢辞。

致辞时，服务人员要停止一切活动，参加宴会的人员均暂停饮食，专心聆听，以示尊重。

致辞毕，则祝酒。故在致辞行将结束时，服务人员要迅速把酒斟足，供主人和主宾等祝酒用。

小资料

喝酒为什么要碰杯

据传，喝酒碰杯的习俗起源于古罗马。古罗马人崇尚武力，经常开展"角斗"竞技。竞技前选手们习惯于饮点酒，以壮胆和鼓励自己。由于酒是事先准备好的，为了防止心术不正的人在酒中投毒或做手脚，人们便想出一个办法，在竞技开始前双方喝酒时，各自将自己的酒往对方的杯中倾注一点，以示公平。随后，这种习惯就逐渐发展成为碰杯的礼仪。

资料来源：王家贵：《现代商务礼仪简明教程》，暨南大学出版社2009年版。

（四）上菜

中餐的上菜顺序一般是：先上冷盘，后上热菜，最后上甜食和水果。宴会桌数再多，各桌也要同时上菜。上菜的方式大体上有以下几种：一种是把大盘菜端上，由各人自取；二是由招待员托着菜盘逐一往每个人的食盘中分让；三是用小碟盛放，每人一份。

西餐的上菜顺序一般是：头盘（开胃品），常见的品种有鱼子酱、鹅肝酱、熏鲑鱼等，味道以咸和酸为主；第二道菜为汤，大致分为清汤、奶油汤、蔬菜汤、冷汤，常见的品种有牛尾清汤、海鲜汤等；第三道菜为副菜，通常为鱼类、面包类、蛋类菜肴；第四道菜为主菜，主要是肉类、禽类菜肴；可以在上副菜的同时或者之后上蔬菜；第六道菜上甜品，主要是布丁、奶酪、水果等；最后一道上咖啡、茶。

（五）敬酒

在宴请过程中，接待方一般要依次向所有宾客敬酒，或按桌敬酒。需要注意的礼仪是在上菜或敬酒时，千万不要强行给客人用自己的餐具夹菜，强行劝酒。根据现行法律，不要给司机安排白酒或者含酒精的饮料，以免给司机带来刑事责任风险，为后续出行带来影响。

（六）进餐

一般在正式宴请时，应先用公筷或汤匙将所需菜肴接夹到自己的碟盘中，然后再用自己的筷子慢慢食用，不宜直接到菜盘中夹菜送入嘴里。若遇有鱼刺肉骨需要吐出时，需用筷子接到自己的碟盘中，勿直接吐于桌布上。吃东西要嘴闭上咀嚼；不要拿筷子和汤匙整个往嘴里塞；喝汤不要发出声音，汤若太烫，可过一会再喝，不要用嘴去吹；不要边吃东西边聊天；用牙签剔牙时，应用手或餐巾掩住嘴；不要让餐具发出任何声响。客人入席后，不要立即动手取食，而应待主人打招呼，再与大家一同开始用餐。不要无故在中途离去。吃饱后，应等众人都放下筷子，并见到主人示意散席时，方可离座。

吃西餐时应右手持刀，左手握叉，先用刀把食物切成小块，再用叉送入嘴里。用刀叉切割食物时必须用叉子牢牢按住所切的食物，刀紧贴在叉边上划开；注意不要用力过猛，撞击盘子发出刺耳的声响。一般应切一块吃一块，每一块以一口的量为宜。待全部切好后再一块块吃是美国人的习惯。当吃完一道菜后，应将刀、叉平行排放在盘子上，刀右叉左，叉尖向上，刀口向内，这就表示这道菜已用毕；而若暂时离席，刀、叉应交叉摆放或摆成人字，叉尖向下，这表明这道菜尚未用毕。用餐过程中，餐具一定要适情做出正确的摆放，以免服务员或宾客误解造成难堪。

西餐中的匙是专门用来喝汤的（喝咖啡的小匙例外），俗称汤匙，因此它不宜用来进食，但可以与叉并用，帮助叉盛取食物。匙、叉并用盛取食物与刀、叉并用盛取食物有一点相同之处，即匙应将食物拨到叉的内侧，而不是外侧。用匙喝汤也颇有一番讲究。喝汤时，应当右手持匙左手扶着盘子，由外沿向中心的方向慢慢舀；喝剩少许时，可以用左手把汤盘靠自己的一边稍稍提起，再用匙轻轻地由里向外舀去。喝完以后，汤匙应放在盘里，匙心向上，匙柄置盘子右边缘外。

不论是用叉进食或用匙喝汤，均不能将叉、匙的整体放入嘴里；一般用叉进食时，嘴唇是碰不到叉齿的；用匙喝汤时，只将匙的 1/3 放入嘴里；对自己喜欢吃的食物，不要站起身子到餐桌的另一头去夹或主动要求添加；自己不爱吃或不能吃的食物，当服务人员或主人分夹给你时，一般也不要拒绝，可取少量放入盘内，并表示“谢谢，够了”。

（七）送客

一般宴会应掌握在 90 分钟左右，最多以不超过 2 小时为宜。

宴会结束后，引导员应走在客人前面带路，接待方主要陪同人员将客人送至门口，为其开门；贵宾或长辈一定要送到楼下或送上车，直到看不见为止。

提醒您

中餐的注意事项

中餐的餐具主要有杯、盘、碗、碟、筷、匙几种。在正式的宴会上，水杯放在菜盘上方，酒杯放在右上方，筷子和汤匙最好放在专用的支架上。酱油、醋、辣油等佐料应一桌数份，并要备好牙签。有时宴请外国宾客时，除放置筷子外，还应摆上刀叉，一桌数份。

第七节 新闻发布会

一、案例描述

宝洁玉兰油“焕彩晶莹面膜”新闻发布会

宝洁公司旗下著名品牌玉兰油召开新品“焕彩晶莹面膜”新闻发布会。

主题:邀请您参加我的婚礼

地点:某大城市某酒店邀请的出席人员有生活时尚频道、有线音乐台、各大报纸、时尚杂志的负责人

司仪:生活时尚频道主持人张婕

婚礼女主角:影视明星李冰冰

资料:宣传资料和光盘,新品试用装

新闻发布会程序:

第一,由宝洁公司发言人介绍新品面膜生产情况,并请产品专家出示检测结果。

第二,李冰冰介绍敷面膜的体会以及正确方法。

第三,技术人员用称重量、测厚度等方法介绍玉兰油新品面膜。

第四,邀请记者参加不同品牌面膜试用,亲身体会玉兰油新品的与众不同。

第五,宝洁公司代表接受媒体记者采访。

第六,李冰冰接受各大媒体提问采访。

第七,招待自助餐。

资料来源:陈敏:《现代公共关系实务》,上海中医药大学出版社2004年版。

二、任务分析

新闻发布会是公司业务拓展或危机处理中很重要的一项工作,看似一两个小时的新闻发布会,却凝结着公司上上下下很多人的心血。在此项活动中,秘书需要掌握以下内容:

1. 新闻发布会的准备工作。
2. 新闻发布会的程序。
3. 新闻发布会的会后工作。

新闻发布会是社会组织为了宣布某项重要消息,把有关新闻机构的记者召集在一起,进行信息发布的一种特殊形式的会议。组织召开新闻发布会的目的是及时、公正地把组织的重要信息传递给社会公众,让社会的公众对自己有明确的认识。新闻发布会是组织与新闻界建立联系的一种较正式的沟通形式,危机处理期间选择召开新闻发布会来传播信息,是比较有效的方式。

一、新闻发布会的准备工作

(一)确定举行新闻发布会的必要性

举行新闻发布会必须有充分的理由和明确的目的。在新闻发布会举行前,社会组织必

须对准备发布信息的重要性进行评估，判断是否具有广泛传播的新闻价值，以及确定新闻发布会召开的最佳时期。只有在确认召开新闻发布会的必要性和可能性后，方可决定举行新闻发布会。适于举办新闻发布会的时机包括：

(1)公司及产品(服务)已成为公众关注问题的一部分；

(2)公司或其成员已成为众矢之的；

(3)新产品上市；

(4)开始聘用某大腕明星做自己的广告模特或代言人；

(5)公司人员重大调整；

(6)公司扩大生产规模；

(7)公司取得最新的销售业绩，等等。

(二)确定新闻发布会的主题

新闻发布会的主题大致有两类：

1. 说明性主题

如企业推出新产品，企业经营方针的改变等，此时新闻发布会主要是对外宣布决定。

宝洁公司新闻发布会的主题就属说明性主题，即说明要推出的新产品。

2. 解释性主题

如企业产品质量出现了问题、企业出现了重大事故等，此时，新闻发布会主要是对所发生的事件进行解释。主办的单位可以根据具体情况来确定新闻发布会的主题。

(三)确定新闻发布会举行的相关事宜

1. 确定新闻发布会的地点

举行新闻发布会可以考虑在本单位所在地、事件发生地，或当地著名的宾馆、会议厅等。另外，新闻发布会现场还应考虑交通是否方便，采访条件是否优越，扩音、录音、录像、照明设备是否完好、齐备，座位是否够用等。

2. 确定新闻发布会的时间

召开新闻发布会的具体时间应该在上午10:00～11:00，选定时间时要注意：(1)避开节日与假日；(2)避免与重大社会活动相冲突；(3)防止与新闻界的重点宣传报道撞车。

3. 确定邀请的对象

应根据新闻发布会的主题，确定邀请对象。新闻记者是新闻发布会的主宾，邀请哪些记者参加应根据新闻发布会的性质而定。如果是为了扩大影响和知名度，可以多种类多层次地多邀请记者；如果只是进行宣传、解释，邀请范围可小些。此外，广告公司、客户、同行等也是受邀请的对象。

4. 拟发邀请信

要拟订详细的邀请名单，提前3～4天发出邀请信或请柬，临近开会时还应提前一天打电话落实。

5. 选择新闻发布会的主持人和发言人

新闻发布会的主持人和发言人，不仅要熟悉本企业及产品，而且还要思维敏捷、反应迅速，有较高的文化修养和专业水平。新闻发布会的主持人大多由主办单位的办公室主任、秘书长或公关部部长担任。新闻发言人是组织所指定的代表，在危机发生后，代表组织向内外公众介绍事实真相和组织所采取的措施，并保持和新闻界有良好关系的专门人员。新闻发布会的发言人通常由企业领导人担任，因领导人对企业各方面情况比较了解，由他们回答记者的提问更具权威性。另外，新闻发言人还应具有广博的知识面、清晰的语言表达能力、敏捷的反应能力等。

6. 准备好新闻稿等资料

(1)如果是新产品发布,需要准备新产品的资料包括图片、介绍,以及产品展示等。

(2)如果是危机事件的新闻发布会,需要收集有关危机的资料、图片、模型、表格及组织处理危机的措施,本着真诚负责的态度,通过媒介告知公众所发生危机的真相和组织正在采取的补救措施等。新闻稿的内容应事先在组织内部通报,统一口径,防止在会上出现自相矛盾的现象。

7. 准备好记者有可能提出的问题的答案

准备好记者有可能提出的问题的答案,如:事故发生时间、人员受伤和死亡情况、事故原因、进展情况、企业高层决策者的态度、对当地政府或环境的影响。

8. 预算会议所需费用

根据新闻发布会的规格和规模做出可行的经费预算。预算的费用项目一般有场租、会场布置、印刷品、茶点、礼品、文具用品、音响器材、邮费、电话费、交通费等。需要用餐时还应加上餐费。

9. 其他准备工作

如会场的布置、音响设备的调试、礼品的准备、座次的安排、工作人员胸卡的制作,以及与会人员的仪态举止训练等。

小资料

提供给媒体的资料,一般以广告手提袋或文件袋的形式,按顺序摆放,并在新闻发布会前发放给新闻媒体人员,这些材料的顺序依次应为:

(1)会议议程。方便记者了解新闻发布会的议程安排。

(2)新闻通稿。这是给在场的记者提供一个新闻参照。

(3)发言稿。

(4)发言人的背景资料介绍。发言人的背景资料主要包括职务、主要经历、取得的成就等。

(5)企业宣传册。让记者更好地了解本企业的基本情况。

(6)产品说明资料。如果是关于新产品的新闻发布的话,需要准备产品说明资料。

(7)有关图片。主要是关于本次新闻发布会的图片。

(8)纪念品。也可以提供纪念品领用券。

(9)企业新闻负责人名片。为新闻发布后进一步采访或新闻发表后寄达,进行联络。

(10)空白信笺、笔。

二、新闻发布会的程序

召开新闻发布会,会议的程序要安排得当,以免给记者留下不好的印象。

1. 签到

在接待处设签到处,接待时最好由组织的某位主要人物出面迎宾,以显示出组织对活动的重视,给来宾留下好印象。与会人员在签到簿上签上自己的姓名、单位、职位、联系电话等。

2. 分发会议资料

提供给媒体的资料，一般以广告手提袋或文件袋的形式，按顺序摆放，并在新闻发布会前发放给新闻媒体人员。

3. 宣布会议开始

会议开始时，主持人简要说明召集会议的目的，介绍发言人，以及所要发布信息或事件发生的背景和经过等。

4. 发言人讲话

发言人讲话要措辞准确，讲清重点，吐字清晰，可以就某些内容做重点、详细的讲述。

5. 回答记者提问

发言人要准确、流利自如地回答记者提出的各种问题。态度要诚恳、语言要精练，对于保密的东西或不便回答的问题不要避而不谈，可以用幽默的方式进行回答。不要误导记者写对组织不利的报道。另外，对记者的提问，不要随意打断，也不要以各种动作、表情和语言对记者表示不满。

6. 接受重点采访

如果记者有这样的要求，应尽力安排，给记者更多了解组织的机会。一般重点采访放在新闻发布会结束后，再准备另外一间房间进行重点采访。

7. 宣布会议结束

如果有条件，还可举行茶会或酒会，以便与记者进一步沟通，加强与媒介的融洽关系。

8. 安排其他相关活动

新闻发布会后，可以邀请记者和与会嘉宾一起参观企业，试用产品，或安排小型宴请。

提醒您

召开新闻发布会时的注意事项：

(1)新闻发布会发言人讲话应简明扼要，重点突出，清晰流畅，对记者提问要随问随答，回答诚恳。

(2)新闻的信息必须准确无误，发现错误应立即更正。对于不便发表和透露的内容，应委婉地做出解释。

(3)各位发言人在重大问题上要统一口径，切忌说法不一。

(4)不要随意打断记者的发言和提问，也不能以各种表情、动作表示不满。对各方记者要一视同仁，不能厚此薄彼。

三、新闻发布会的会后工作

发布会结束后，应在一定时间内对其进行一次认真的评估工作。

1. 了解新闻界的反应

对照来宾签到簿与来宾邀请名单，核查新闻媒体人员的到会情况，了解与会者对此次发布会的意见或建议，尽快找出此次会议的疏漏与不足。

2. 整理保存会议资料

主办单位需要认真整理保存的新闻发布会的有关资料，大致分为两类：

一类是新闻发布会现场的图文声像资料，以备查考利用；另一类是新闻媒介对本次新闻发布会的报道情况，包括有利报道、不利报道和中性报道。

3. 酌情采取补救措施

如果出现不利的新闻报道，应该马上采取行动，说明真相，向新闻机构提出要求；如果不利报道是真实的事情，要通过媒体向公众道歉。一般新闻媒介对组织的不利报道可分为以下几种情况：

(1)是事实准确的批评性报道。组织对这类报道应虚心接受，有则改之，无则加勉。

(2)是由误解而出现的失实报道。组织对于媒介的失实报道，应当及时通过恰当途径联系新闻媒介，将问题解释清楚，消除误会，达成一致。

(3)是有意歪曲事实的敌视性报道。组织对于具有敌意的报道，应讲究策略地与媒体进行再次沟通，立场坚定，尽量为组织挽回声誉。

(4)借助政府机关、权威机构和人士等的间接传播，以提高危机处理过程中组织的形象认可度。

牢记要点

在新闻发布会中牢记下列“不要”：

不要对前来参加新闻发布会的记者厚此薄彼；

不要推测危机的结果，特别是伤亡程度及人员数量；

不要使用行话，避免别人听不懂；

不要推卸责任，即使确定组织不负主要责任，也要婉转说明，对责任的界定属于法院或仲裁机构；

不要发布不准确的消息；

不要求记者一定刊登什么或不刊登什么；

不要拒绝记者提问，即使不能回答也要说明原因；

不要查看记者所写的报道，但可提出问题，阐明真相；

不要抱怨组织领导或同事以前如何如何等；

不要指责临阵退却的同事，因为会有更重要的工作需要去做；

如果组织没有什么可以隐瞒的，不要轻易采取低姿态等。

小　结

关键术语

商务会见与会谈　参观与展览活动　签字仪式　剪彩仪式　庆典活动　宴请活动　新闻发布会

本章小结

1. 会见，一般也称接见或拜会，商务活动中常用会见来表示见面的平等关系。

2. 会谈，包括商务会谈，也包括政治会谈。商务会谈主要是指洽谈业务，即就具体业务进行谈判、会商、讨论等。会谈的内容较为正式，专业性较强。

3. 会见与会谈的基本程序包括迎接，致辞、赠礼、合影，会见与会谈，记录，会见与会谈结束。

4. 开放参观的准备工作包括确定开放参观的目的、确定参观的规模、确定开放参观的时间、确定工作人员、准备宣传材料、确定参观路线、做好接待服务工作。

5. 展览活动的类型：从展览的性质分，有贸易型展览会和宣传型展览会；从举办的地点来分，有室内展览会和露天展览会；从展览的项目来分，有综合型展览会和专业型展览会；从展览的规模来分，有大型展览会和小型展览会。

6. 展览活动的作用包括宣传作用和增进效益的作用。

7. 参加展览活动的准备工作，包括确定参展的必要性和可行性，明确主题，精心布置展台，准备资料、制订预算，培训工作人员。

8. 签字仪式的准备工作，包括布置好签字厅，准备好签字用具，确定好签字人员，准备好待签署合同文本。

9. 签字仪式的程序，包括就座、签字人正式签署合同文本、签字人正式交换已经由各方正式签署的合同文本、共饮香槟酒互相道贺、拍照、公证。

10. 剪彩仪式的准备工作，包括剪彩的用具准备、剪彩人员的确定、剪彩仪式举行场地的确定。

11. 剪彩仪式的程序有以下几个方面：第一，邀请来宾就座；第二，宣布剪彩仪式正式开始；第三，主持人应向全体到场者介绍到场的重要来宾；第四，领导致辞；第五，开始剪彩；第六，奏乐；第七，入场；第八，陪同参观。

12. 典礼活动的类型包括开业典礼、周年纪念庆典、竣工典礼、荣誉庆典。

13. 典礼的准备工作，包括做好典礼的舆论宣传工作、准备开幕辞及致答谢辞、拟订典礼程序、做好来宾邀请工作、发放请柬、做好场地布置工作、做好各种物质准备、安排接待服务人员。

14. 典礼的程序，包括迎宾、典礼开始、致贺辞、致答谢辞、揭幕、节目表演、参观、宴请。

15. 宴请的种类包括国宴、正式宴会、便宴、家宴、自助宴、工作餐。

16. 宴请前的准备工作，包括确定标准、确定宴请的时间和地点、发出邀请、确定菜单、布置现场。

17. 宴请的程序，包括迎宾、引领入席、致辞祝酒、上菜、敬酒、进餐、送客。

18. 新闻发布会的准备工作，包括确定举行新闻发布会的必要性、确定新闻发布会的主题、确定新闻发布会举行的相关事宜。

19. 新闻发布会的程序，包括签到、分发会议资料、宣布会议开始、发言人讲话、回答记者提问、接受重点采访、宣布会议结束、安排其他相关活动。

20. 新闻发布会的会后工作，包括了解新闻界的反应、整理保存会议资料、酌情采取补救措施。

知识结构图

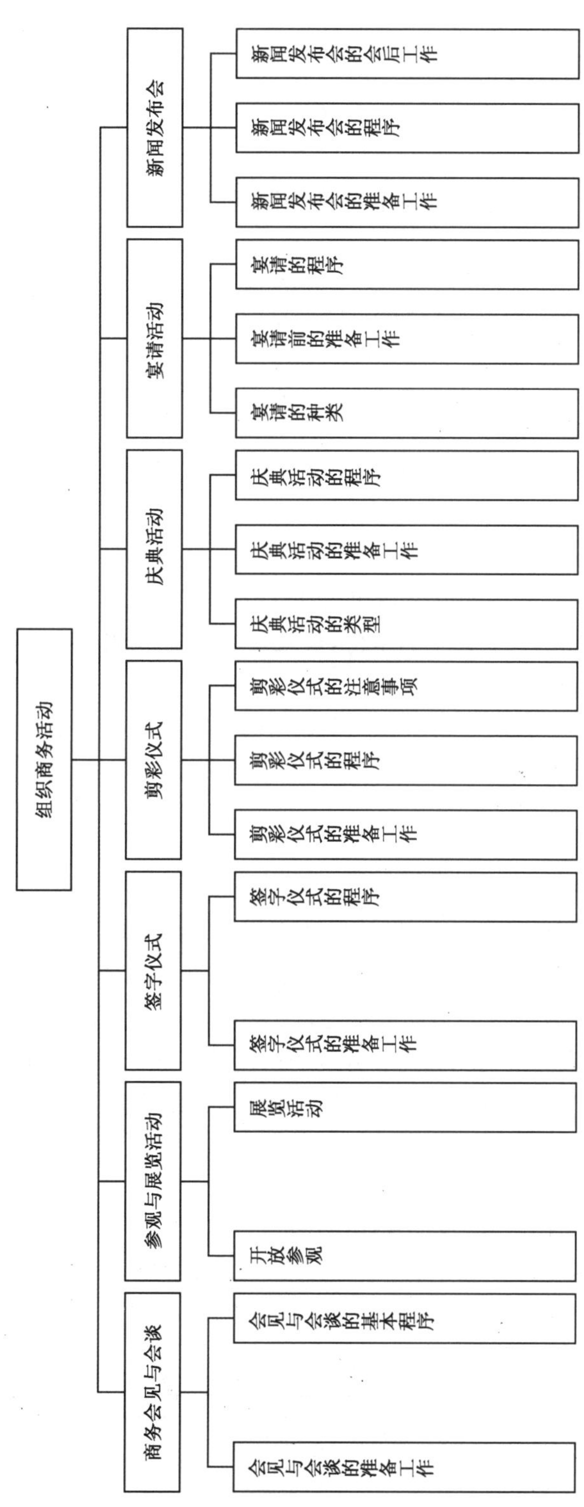
组织商务活动
新闻发布会
新闻发布会的会后工作
新闻发布会的程序
新闻发布会的准备工作
宴请活动
宴请的程序
宴请前的准备工作
宴请的种类
庆典活动
庆典活动的程序
庆典活动的准备工作
庆典活动的类型
剪彩仪式
剪彩仪式的注意事项
剪彩仪式的程序
剪彩仪式的准备工作
签字仪式
签字仪式的程序
签字仪式的准备工作
参观与展览活动
展览活动
开放参观
商务会见与会谈
会见与会谈的基本程序
会见与会谈的准备工作

应　用

案例研究

案例一：

杭州隆森企业管理咨询服务公司开业庆典策划方案

一、预期目标

目标一：不管是从前期策划还是后期执行上，都要力争使开业庆典体现公司的实力。

目标二：增强内部员工对公司的信心。

目标三：在同行业中做到后来者居上，成为行业内又一匹黑马。

二、开业庆典的目的

1. 对内作用：通过此次开业庆典的隆重举行，可以增加员工对公司的信心，加强公司的凝聚力。

2. 对外作用：此次开业庆典的举行，既可以让更多的群体了解到公司的开业情况，还可以加强公司在消费者心中的形象，同时还可以利用此次机会和媒体多一些联系。

3. 同时通过此次开业典礼的举行，扩大公司在行业内的知名度。

三、开业庆典的主题

一个好的主题不仅是这场活动是否成功的关键艺术，而且对于活动所产生的效应也有着至关重要的作用，本次策划结合公司领导的意见综合而成，目的在于展现实力、广交朋友。

四、时间

2016年12月18日

五、具体安排

1. 公司简介（中、英文）。进行广告设计、宣传单的制作。

2. 活动流程图。在开业当天，我们的活动流程图会详细到每一分钟，力求做到准备充分，“不打无准备之仗”，这一活动流程图会让公司的相关人员做好充分的心理准备。

3. 公司出席庆典人员的胸花和开业中所用的桌牌等必需品的制作。

4. 邀请嘉宾在出席开业庆典中所需要使用的物品制作。

5. 媒体邀请。

6. 会场的布置。

7. 庆典全程的拍照、摄像。开业庆典进行全程跟踪拍摄，完成后期制作，留作纪念。

8. 庆典活动整理（a. 制作成彩封纪念册，b. 编辑刻录成光盘）。一则可以留作纪念；二则可以将光盘赠送给嘉宾，或是放在会议室中进行演示。

六、活动具体分工

序号	任务	完成时间	项目负责人	备　注
1	方案完稿并审核	11月18日	陈霞	主管领导批准执行

续表

序号	任务	完成时间	项目负责人	备　注
2	公司简介设计	11 月 23 日	杨欢	主管领导批准执行
3	公司出席庆典人员确定	11 月 24 日	海燕	主管领导批准执行
4	嘉宾确定	11 月 24 日	海燕	主管领导批准执行
5	媒体确定	11 月 24 日	海燕	主管领导批准执行
6	嘉宾邀请	12 月 10 日	海燕	
7	媒体邀请	12 月 10 日	海燕	
8	活动流程图确定	12 月 13 日	陈霞	主管领导批准执行
9	公司简介印制	12 月 14 日	杨欢	
10	会场布置	12 月 17 日	慧敏	办公室主任把关
11	拍照	12 月 18 日	夏越	
12	摄像	12 月 18 日	王小新	
14	庆典活动	12 月 30 日	王波波	

七、典礼议程

典礼的议程就是庆典的程序。典礼议程主要有下列内容：

1. 主持人宣布典礼开始。

2. 全体起立、奏乐。

3. 宣读重要嘉宾名单。

4. 领导致贺辞，来宾致贺辞。

由上级领导和来宾代表致贺辞，主要表达对开业单位的祝贺，并寄予厚望。由谁来致辞要事先定好，以免当众推来推去。

5. 本公司经理致辞。主要内容是向来宾及祝贺单位表示感谢，并简要介绍本公司的经营特色和经营目标等。

6. 邀请嘉宾揭幕剪彩。由本公司负责人和一位上级领导或嘉宾代表揭去盖在牌匾上的红布，宣告企业的正式成立。

参加典礼的全体人员应该鼓掌祝贺，在非限制燃放鞭炮的地区还可以燃放鞭炮庆贺。

7. 参观考察。

资料来源：楼淑君：《秘书综合实训教程》，浙江大学出版社 2009 年版。

问题：

1. 请结合案例分析，开业典礼前需要准备哪些内容。

2. 开业典礼的程序是什么？

3. 公司在举办开业典礼的时候，还应该注意些什么？

案例二：

令人满意的会议餐饮工作

宏大公司承办了一次全国秘书专业教师的研讨会，主办方邀请了来自全国各地的高校教师参加。此次活动共有170多人参加。李秘书是个很有经验的秘书，公司每次会务的餐饮工作都由她负责，这次也不例外。

李秘书接到任务后，马上到会务组，找到负责收会议回执的王秘书借会议回执，查看与会代表的个人信息。她仔细查阅了与会代表的性别、年龄、民族、生日等信息，然后进行了分类统计。在她统计完后，她发现这次与会代表以年轻男性居多，其中还有5人是回族，2人生日正好在会议期间。李秘书在这些特别信息后做了个标记，以免自己忘记。

李秘书根据与会代表和会议日程的具体情况，将这次餐饮形式安排为自助餐与会餐相结合的方式。因为上午和下午安排的会议比较紧凑，早餐与中餐就采用自助餐的形式，晚上的时间比较充裕，而且年轻的男士比较多，还可以喝点酒放松一下，增加友谊，李秘书认为采用聚餐的形式比较妥当。

对5位回族老师的饮食，李秘书也了解了他们的民族禁忌，单独提供了清真饭菜，这几位老师也非常满意。还有过生日的老师，李秘书都在早餐时按照中国的传统习俗给老师们专门奉上长寿面和荷包蛋，过生日的老师非常开心，也很感动。他们都称赞李秘书真是太细心了。

问题：

1. 在宴请前，秘书人员要做好哪些准备工作？
2. 案例中的李秘书哪些地方做得比较好？

实验实训

训练项目一：商务会见与会谈

1. 实训目标

通过训练让学生熟悉商务会见与会谈的具体流程。

2. 实训内容

训练任务一：2013年5月20日，长城电器公司的一行5人到华氏集团所在的上海总公司进行会见会谈。你作为华氏集团总公司的董事长秘书，请你按照会见、会谈的流程安排具体的会见、会谈事项，并准备相关会见、会谈的材料，在做好接待工作的同时开展会见与会谈的情景模拟，其他成员分别扮演相关人员，对此案例进行现场模拟演练，可适当增加具体情节。

训练任务二：宏大药品有限公司到分销商处视察，并与分销商总经理商谈下一季度的药品销售的具体事宜。请你根据案例的情景展开想象，设定双方需要会谈的内容，并组织实施。请小组成员按照案例进行现场模拟演练，并安排具体讨论环节，可适当增加具体情节。

训练任务三：泰国一家机器生产厂在进行招商，在众多的投标公司中，美国的一家公司和加拿大的一家公司的投标书脱颖而出，泰国该工厂的总经理准备带领几个人到美国的这家公司去考察一下，秘书负责与对方公司进行沟通。在确定好相关事情后，泰国工厂一方去美国，但是到了美国后对方公司并没有派人来接机，联系了很久，美国公司方告知目前不方便派车去机场接机，请泰国公司自行打车到下榻宾馆，第二天一早美国公司会派人去会见，结果泰国公司在第二天下午才见到美国公司的代表，而且在会见中有很多的不愉快。第三天一大早，泰国工厂的一行人未告辞就自行离开去考察另外一家公司。请小组成员按照案例进行现场模拟演练，并安排具体讨论环节，可适当增加具体情节，突出这次失败的会见、会谈。

3. 实训要求

(1)由组长抽选题目。

(2)每个小组成员由 10 人组成，由组长分配任务。

(3)操作中需要使用的物品，要求学生课前准备或制作。

(4)各组上交一份情景剧的剧本，并根据剧本进行现场的演练。

(5)小组可以根据所给的材料，适当地增加角色与情节。

(6) 教师将学生的演示情况与上交的材料综合打分，记入学生的平时成绩。

(7)本实训在秘书综合实训室进行，工作人员需要穿职业装。

(8)本节实训后，组长统一将本次完成的任务和本节实训报告上交给实训指导教师，由教师最终给出成绩。

项目训练二：开放参观与商务会展活动

1. 实训目标

通过训练，让学生熟悉参观与商务会展活动的流程与相关工作。

2. 实训内容

训练任务一：某公司将产品送交规模较大的展览会展出，公司展品被不尽如人意地安排在一个最偏僻的角落里，顾客稀少，生意清淡。为了改变这一情况，公司在展馆门口贴出告示，征求金点子。请你代为设想一个能改变现状的创意设计并做说明，前提是展位不变，参观者和洽谈者纷至沓来。

训练任务二：波兹南展览中心于 2012 年 5 月 29 日至 6 月 1 日同期举办“生活用品展”。家具类：室内家具，办公家具，休闲家具，公共设施家具，及家具配件等；生活类：日用品，化妆品、服饰、箱包等。

请策划此次展会，并给发邀请函给各位商家，做好此次展会的筹备与服务工作，并做好各个展会的展示与接待工作。

3. 实训要求

(1)由组长抽选题目。

(2)每个小组成员由 10 人组成，由组长分配任务。

(3)操作中需要使用的物品，要求学生课前准备或制作。

(4)各组上交一份情景剧的剧本，并根据剧本进行现场的演练。

(5)小组可以根据所给的材料，适当地增加角色与情节。

(6)教师将学生的演示情况与上交的材料综合打分，记入学生的平时成绩。

(7)本实训在秘书综合实训室进行，工作人员需要穿职业装。

(8)本节实训后，组长统一将本次完成的任务和本节实训报告上交给实训指导教师，由教师最终给出成绩。

项目训练三:庆典活动与剪彩仪式

1. 实训目标

通过训练,让学生掌握庆典活动与剪彩仪式的具体操作流程。

2. 实训内容

训练任务一:请你筹划大洋百货公司上海宝山店的开业典礼。届时邀请宝山区工商局局长、大洋百货的总店经理、本店的经理来参加剪彩仪式,同时还邀请新民晚报、时代周刊等多家媒体参加。请你根据案例的情景进行模拟剪彩仪式,其中包含剪彩前的准备工作,在剪彩仪式结束后进行会场的整理并组织参观活动。剪彩仪式模拟需要有主持人、嘉宾,并为领导准备讲话稿。

训练任务二:上海某学校于2016年10月20日在学院体育馆举行建校50周年庆典活动。请策划此次活动,需要小组自行设定庆典的内容,做到内容丰富,凸显周年庆的特色,按照庆典的具体流程来操作执行,需要为领导准备讲话稿。

训练任务三:某电影公司准备新拍摄一部电影,并举行该影片的开机仪式。先请教师在实训前给学生播放某影片开机仪式的录像,请小组成员按照案例进行现场模拟演练,并安排具体实施环节,可适当增加具体情节。

3. 实训要求

(1)由组长抽选题目。

(2)每个小组成员由10人组成,由组长分配任务。

(3)操作中需要使用的物品,要求学生课前准备或制作。

(4)各组上交一份本次庆典活动的策划方案,并根据方案进行现场的演练。

(5)小组可以根据所给的材料,适当地增加角色与情节。

(6)教师将学生的演示情况与上交的材料综合打分,记入学生的平时成绩。

(7)本实训在秘书综合实训室进行,工作人员需要穿职业装,礼仪小姐请穿旗袍。

(8)本节实训后,组长统一将本次完成的任务和本节实训报告上交给实训指导教师,由教师最终给出成绩。

项目训练四:签字仪式及新闻发布会

1. 实训目标

通过训练,让学生掌握签字仪式及新闻发布会的筹备与组织活动。

2. 实训内容

训练任务一:凯悦电动自行车有限公司是一家全国知名的电动车专业生产单位,产品质量深受行内专家和消费者的好评。为争当行业内的“领头羊”,公司投入大量的财力和技术力量,建设了新的厂房,也分析了市场压力和潜力,认清当前的形势,设计了一批符合市场需求和环保要求的电动车。为此,公司准备召开全国客户洽谈会暨产品的新闻发布会。请拟写一份参加会议人员的名单,做好接待工作,并组织会议的召开,注意会场的布置。

训练任务二:2012年5月20日,长城电器公司与周氏集团在上海和平饭店举行合作签约仪式。请策划、筹备、组织此次签约仪式,按照签约仪式的程序来做。请小组成员按照案例进行现场模拟演练,注意签约仪式的操作流程,并安排具体讨论环节,可适当增加具体情节。

训练任务三:兴业文化有限公司由于业务不断扩大,准备兼并本市另外一家宏大广告公司为旗下的子公司，并与其进行谈判，谈判后约定于 11 月 20 日在某饭店举行签字仪式，并邀请媒体参加。请小组成员按照案例进行现场模拟演练，并安排具体讨论环节，可适当增加具体情节。本项目需要有谈判、签字仪式等环节。

3. 实训要求

(1)由组长抽选题目。

(2)操作中需要使用的物品，要求学生课前准备或制作。

(3)训练四要求各组上交一份可行的创意策划书；训练五要求各组根据内容写展会邀请函，并筹划展览会的组织细节，展会的具体展出产品各组可以根据自身所有的物品进行筹备。

(4)小组可以根据所给的材料，适当地增加角色与情节。

(5)教师将学生的演示情况与上交的材料综合打分，记入学生的平时成绩。

(6)本实训在秘书综合实训室和会展综合实训室进行，工作人员需要穿职业装。

(7)本节实训后，组长统一将本次完成的任务和本节实训报告上交给实训指导教师，由教师最终给出成绩。

复习思考题

一、单项选择题

1. 剪彩仪式上需要用的一些特殊的物品要事先准备，以免临场慌乱。下列选项中不是剪彩仪式需要的物品是(　　)。

A. 红色绸带　　B. 白色薄纱手套　　C. 墨绿色的台布　　D. 新剪刀

2. 企业间的会见与会谈是为了达成商务合作的目的而进行的。因此，下列选项中秘书人员不需要了解的信息是(　　)。

A. 对方与我方会见与会谈的目的是什么

B. 对方约见公司的领导是哪一位

C. 对方的相关背景资料，如国别、地区、习俗、禁忌、礼仪特征等

D. 谈判人员的家庭住址

3. 企业的任何一次对外开放参观活动都应有明确的目的，下列选项中不是企业对外开放参观的目的是(　　)。

A. 提高企业的知名度　　B. 让社会公众更多地了解企业

C. 将核心技术透露给外界　　D. 提高企业的美誉度

4. 签署涉外商务合同时，需在签字桌上摆放(　　)。

A. 双方国旗　　B. 国花

C. 双方企业标识　　D. 印有双方官方语言的桌签

5. 在签约仪式中，双方交换合同文本共(　　)次。

A. 1　　B. 2　　C. 3　　D. 4

6. 签约仪式的台布最好选择(　　)颜色。

A. 大红色　　B. 天蓝色　　C. 墨绿色　　D. 白色

7. 剪彩仪式前要事先选好剪彩的嘉宾，通常情况下，可从上级领导、单位负责人、知名人士、合作伙伴和(　　)中选定。

A. 教师　B. 观众　C. 礼仪小姐　D. 员工代表

8. 正式的宴请活动应发送(　　)。

A. 贺信　B. 请柬　C. 电子邮件　D. 通知

二、问答题

1. 会见与会谈的程序包括哪些环节?
2. 开放参观需要准备什么内容?
3. 签字仪式的准备工作包括哪些内容?
4. 剪彩仪式的准备工作包括哪些内容?
5. 宴请活动的准备工作有哪些内容?
6. 新闻发布会程序包括哪些环节?

第七章

文书处理与档案管理

学习目标

知识目标：熟悉公文处理的工作程序；掌握公文办理各环节的操作要点；了解归档文书的整理方法；掌握档案工作的要领。

技能目标：能规范操作发文和收文两种处理程序；掌握公文办理的工作技能；能鉴别公文是否属于归档范围，按照程序对归档文书进行整理；能开展档案的收集、鉴定、保管、利用工作。

【引入案例】

总经理的批复文件找不到了，怎么办？

下午刚上班，总经理秘书孙婷就接到了苏州分公司文档管理员李慧的电话，电话那头李慧语速急促，听得出非常着急。原来，上午总经理指示：行政部范经理查一下，上半年总公司的“批复”文件中，规定的关于 WH6 近年减产的具体数字是多少。范经理吩咐文档管理员李慧查找，结果她只查到本公司要求减产的请示文件，却怎么也找不到总公司的批复文件，所以急得团团转。因此，特地打电话向孙婷求救，自己该如何向范主任交差？

孙婷听后，说：“小李，你别着急，我以前也犯过类似的错误。通过那些错误让我认识到，文档管理是一件非常专业与细致的工作，需要学习的地方很多。关于你刚才说的这件事，我建议：首先，总公司批复属于决策类文件，原件是需要保存在你们公司档案室的，你思考一下，此批复的收文单位是否没有上交原件给档案室？其次，这份批复的复印件可以留存在一般的文件柜。你们公司有哪个部门可能留存了该复印件？最后，如果你实在找不到，可以向我们总公司档案室申请查阅、调阅或调取该批复。”

李慧听后，松了一口气，连声道谢！

资料来源：葛红岩：《新编秘书实务》，高等教育出版社 2014 年版。

文书工作与档案工作是秘书的重要业务工作之一。现代社会虽然秘书的工作内容极大地丰富了，但无论什么行业、什么单位的秘书工作，都缺少不了文书工作和档案工作。文书工作就是公文的拟制、公文的处理和公文的整理归档工作。档案工作就是档案的收集、鉴定、整理、检索、保管、利用等一系列专业性很强的工作。

第一节 文书处理

一、案例描述

这样的公文处理程序正确吗?

刘佳是金星手机公司新来的办公室秘书。一天,刘佳收到了一份分公司的请示公文,对开展芯片研发经费事项请求总公司批准。刘佳直接把这份收文送给了贺总经理。贺总经理看后,对刘佳说:"小刘:你写一份批复回复子公司,同意他们的请求。"刘佳回到办公室,立即拟写批复,写完后把草稿再次送给总经理过目。总经理扫视了一遍,说:"可以。"刘佳就把草稿在电脑里做了简单的输入和排版,打印出来,寄给了子公司。

问题:以上案例中从收文到发文的公文处理程序正确吗?如果你觉得不正确,你能说出存在哪些问题吗?

二、任务分析

本案例的收文处理程序和发文处理程序存在严重不规范、不完整的问题。公文处理程序是按照规范要求,由多环节、多部门和人员的操作相互连接的流程,不是秘书和总经理两个人能完成的。从本案例的收文处理程序来看,秘书刘佳收到子公司的来文后,没有进行登记,也没有给办公室相关人员审核,就直接交到了总经理手里。总经理的批办,既没有征求公司相关人员的意见,也没有写在公文阅办单上。从发文处理程序来看,秘书刘佳起草了公文后,没有先通过办公室相关人员的初审,就直接送给了总经理。总经理也没把签发意见写在发文稿纸上。刘佳在打印前,没有对发文进行复核,批复发出去前既没有进行发文登记,也没有核查打印出来的公文是否存在纰漏。这样简单化的公文处理程序,容易造成公文办理中的差错,而且一旦有了差错,就很难被发现和纠正,并对工作造成难以挽回的负面影响。

秘书人员在进行文书处理工作时,需要掌握以下几点内容:

1. 文书处理的原则。
2. 公文的种类和行文方式。

文书处理工作又称为公文处理工作,是指公文拟制、办理、管理等一系列相互关联、衔接有序的工作,是按照公务文书的拟制、办理和管理的规律,对公文做出的一系列操作环节、工作步骤的有序组合和合理安排,反映了文书在机关、团体、企事业单位以及其他社会组织内部运转的全过程。

在党政机关、企事业单位和社会团体,公文处理工作是由文秘部门或专人负责的。在一些机关和单位,文秘部门的名称为办公厅(室),主管本机关、本单位的公文处理工作。

一、文书处理的原则

文书处理工作应当坚持实事求是、准确规范、精简高效、安全保密的原则。

(一)实事求是

有必要,讲究实效。如果没有特别的需要,或不能解决实际问题,就不要动辄行文。坚持慎重发文,杜绝可发可不发的公文,克服公文处理上的官僚主义、形式主义和文牍主义。起草公文要有求实的科学态度,注重调查研究,提出切实可行的对策。

(二)准确规范

准确,是指公文信息的有效传递,在公文撰写中,任何一个用词或数据不准确,都会造成失误,给单位组织带来很大的麻烦和损失,甚至会引发法律纠纷。规范,是指公文处理程序的每一个环节,都必须按照规范要求操作,程序操作的错误或顺序的颠倒、疏漏,都会影响公文处理的质量和有效性。

(三)精简高效

精简,是指文件内容要有针对性,开门见山,文字精练,篇幅简短。高效,是指公文处理的速度和效率。公文处理是否及时高效,直接影响着组织或企业的工作效率。处理公文要有时间观念,不可拖延耽误。

(四)安全保密

公文信息在一定时间和范围内具有保密性。秘书人员在处理公文的过程中,不仅在观念上要树立保密意识,而且在行动上要确保公文信息传递中的安全保密,不得与无关人员谈论保密公文内容;公文的运转应当严格履行登记签收手续;公文应存放在安全地方;印制和复印保密公文要谨防失密;做好公文清查工作,确保密级文件不遗失。

二、公文种类与行文方式

(一)公文种类

党政机关的公文种类主要有以下 15 种。这 15 种公文中绝大部分文种也适用于基层企事业单位和其他社会组织。

(1)决议。适用于会议讨论通过的重大决策事项。

(2)决定。适用于对重要事项做出决策和部署、奖惩有关单位和人员、变更或者撤销下级机关不适当的决定事项。

(3)命令(令)。适用于公布行政法规和规章、宣布施行重大强制性措施、批准授予和晋升衔级、嘉奖有关单位和人员。

(4)公报。适用于公布重要决定或者重大事项。

(5)公告。适用于向国内外宣布重要事项或者法定事项。

(6)通告。适用于在一定范围内公布应当遵守或者周知的事项。

(7)意见。适用于对重要问题提出见解和处理办法。

(8)通知。适用于发布、传达要求下级机关执行和有关单位周知或者执行的事项,批转、转发公文。

(9)通报。适用于表彰先进、批评错误、传达重要精神和告知重要情况。

(10)报告。适用于向上级机关汇报工作、反映情况,回复上级机关的询问。

(11)请示。适用于向上级机关请求指示、批准。

(12)批复。适用于答复下级机关请示事项。

(13)议案。适用于各级人民政府按照法律程序向同级人民代表大会或者人民代表大会常务委员会提请审议事项。

(14)函。适用于不相隶属机关之间商洽工作、询问和答复问题、请求批准和答复审批事项。

(15)纪要。适用于记载会议主要情况和议定事项。

(二)行文方式

机关、组织制发公文,不外乎三种行文方式:下级机关对上级机关行文,为上行文。上级机关对下级机关行文,为下行文。平级机关或不相隶属的机关和单位之间相互行文,为平行文。

三种不同的行文方式对应不同的公文种类,拟制公文必须在行文关系对应的文种范围内选择适当的文种。三种行文方式对应的公文种类如下:

上行文可使用的文种:议案、报告和请示。

平行文可使用的文种:函、通知。

下行文能使用的文种:命令、决定、决议、公告、通告、意见、通知、通报、批复。

值得注意的是:“通知”既可用于下行文,也可用于平行文。“意见”和“纪要”适用于所有行文关系(见表7—1—1)。

表7—1—1　　行文关系和对应文种对照表

行文方式	对应文种
上行文	议案、报告、请示、意见、纪要
下行文	命令、决定、决议、公告、通告、意见、通知、通报、批复、意见、纪要
平行文	函、通知、意见、纪要

如果超越适用范围选择文种,就会造成文种选择失当的错误。如,向上级组织汇报工作时应选用“报告”,不能选择“决定”,因为“决定”是下行文种。上级机关针对下级机关的“请示”给予答复时,应选用“批复”,不可选择“报告”等上行文种,也不能选择“函”这种平行文种。平行或不相隶属的机关之间相互行文商洽事项时,宜用“函”,如果错用“请示”“决定”等上行文或下行文种,就会打乱正常的行文关系,引起误会,贻误工作。

三、发文处理程序

任何一个机关或单位,对于制发的公文和收到的公文,都必须经过一系列的文书处理程序,才能达到对文件的有效管理。文书处理程序就是指文件在机关或单位内部运转的一系列程序。

文书处理程序分为发文和收文两种程序。有时候,这两种程序是有机联系、相互衔接的一个完整的过程。

发文处理程序是指本机关或单位制发对内或对外的文件的处理程序。发文处理程序分公文拟制和发文办理两个阶段,公文拟制包括起草、审核、签发等程序,发文办理包括复核、登记、印刷、用印、核发等程序,发文处理程序包括公文拟制和发文处理的所有程序。

(一)起草

起草即草拟文稿,它是整个发文处理过程的起点。

公文起草是一项极其严肃的工作,不仅要有较高的写作能力,而且要了解实际工作情况,掌握有关政策和法规等,因此必须认真对待。

起草公文前，领导应把拟写的目的、意图、大致内容、行文对象等交代清楚。起草公文时，起草人员必须认真领会领导意图，在做好调查研究和分析各类情况、需要的基础上拟稿。

提醒您

公文起草的注意事项

公文在起草时应该注意：

(1)符合党的路线方针政策和国家法律法规，完整准确体现发文机关意图，并同现行有关公文相衔接；

(2)一切从实际出发，分析问题实事求是，所提政策措施和办法切实可行；

(3)内容简洁，主题突出，观点鲜明，结构严谨，表述准确，文字精练；

(4)文种正确，格式规范；

(5)深入调查研究，充分进行论证，广泛听取意见；

(6)公文涉及其他地区或者部门职权范围内的事项，起草单位必须征求相关地区或者部门意见，力求达成一致；

(7)机关负责人应当主持、指导重要公文起草工作。

(二)审核

审核又称核稿，是指文稿在送交机关领导签发之前，对文稿的内容、文种、格式等进行全面的检查审定。这是关系公文质量的重要程序，也是公文拟制中一个必经的重要环节。

公文文稿签发前，应当由发文机关办公厅(室)进行审核。一般文件也可以指定经验丰富、各方面素质都较高、文字水平较好的秘书人员来负责把关。审核主要是把好“三关”，即行文确认关、政策法规关和文字质量关。

需要发文机关审议的重要公文文稿，审议前由发文机关办公厅(室)进行初核。

公文文稿经审核后，认为不宜发文的，应当退回起草单位并说明理由；符合发文条件但内容需做进一步研究和修改的，由起草单位修改后重新报送。审核后将审核意见写在发文稿纸的“审核”栏内，并在该栏内签署审核人的姓名和完整日期。

小知识

公文审核的重点内容

公文在审核时应该重点审核以下内容：

(1)行文理由是否充分，行文依据是否准确。

(2)内容是否符合党的路线方针政策和国家法律法规；是否完整准确体现发文机关意图；是否同现行有关公文相衔接；所提政策措施和办法是否切实可行。

(3)涉及有关地区或者部门职权范围内的事项是否经过充分协商并达成一致意见。

(4)文种是否正确，格式是否规范；人名、地名、时间、数字、段落顺序、引文等是否准确；文字、数字、计量单位和标点符号等用法是否规范。

(5)其他内容是否符合公文起草的有关要求。

(三)签发

公文应当经本机关负责人审批签发。重要公文和上行文由机关主要负责人签发。签发是发文机关单位主管领导对已经审核的文稿进行最后的审定后,在发文稿纸上(见表7—1—2)签署批准发文意见,并签署自己的姓名和完整日期的环节。签发人圈阅或签名的,视为同意。

签发是公文拟制过程中最重要的一个程序。文稿一经签发即成定稿,办理人员无权改动,一旦出错,文件发出后势必造成工作的被动。因此,在整个公文处理过程中,它是最严肃的一项工作,任何人都不得越权签发,签发人在签发文件时也不能有一点马虎,更不能随意让他人代签。

签发环节是领导人行使职权的一种表现,签发人代表本机关单位对所发出的文件及文件的文字表述负有完全的责任。因此各机关单位对于签发文件的职能分工,应有明确的原则和规定。

表7—1—2 **发文稿纸**

文 号		份 数	
签发		会签	
拟稿		审核	
密级		紧急程度	
事由			
附件			
主送机关			
抄送机关			
发文日期			

提醒您

公文签发的原则

签发公文时,应该遵循以下原则:

(1)重要公文和上行文由机关主要负责人签发;

(2)党委、政府的办公厅(室)根据党委、政府授权制发的公文,由受权机关主要负责人签发或者按照有关规定签发;

(3)签发人签发公文,应当签署意见、姓名和完整日期;圈阅或者签名的,视为同意。

(四)复核

复核是指文秘部门对已经发文机关负责人签批的公文在正式印发前对公文进行二次审核的环节。

复核的内容主要包括审批手续、内容、文种、格式等。

需要注意的是,由于复核的文稿已被签发,成为定稿,因此,经复核发现需对文稿进行实质性修改的,应当报原签批人复审。

微型案例

一字之差惹官司

某区政府主管部门在代该区政府拟写一份给某外资企业的批复文稿时,由于起草人员疏忽大意,将文稿中"需缴纳土地征用某某费和某某费"误写为"需缴纳土地征用某某费或某某费",区政府办公室在核稿和送审过程中都没有发现这一字之错。该外企收到政府批文后,即在规定期限内向有关部门缴纳了其中的一项数额少的土地征用费,而没有缴纳另一项数额较大的土地征用费。直至数月后,该区有关部门发现这一情况,向该外企致函责询,才发现区政府公文中一字之差的政策性差错。

由于该项土地征用费是国家法律规定必须缴纳且数额较大,区政府和有关部门只好拿着国家相关法律多次上门解释,要求该外企尽快补交。但该外企均以区政府已有正式批复为由,不愿再缴纳另一项土地征用费。区政府只好采取强制措施,想迫使该企业补交。于是,该外企一纸诉状将该区政府告上法庭。法庭经过审理,认为该区政府的批文格式规范,文字、印章、生效时间准确无误,应属有效公文,判决区政府败诉。区政府万般无奈,又以国家法律为依据,发文撤销已发的批复公文,并上诉法院要求判处该外企补缴土地征用费。

资料来源:杨戎:《公文处理案例精选》,四川人民出版社 2010 年版,有删改。

互动问题:本案中的区政府主管部门和区政府办公室的公文处理工作分别存在什么问题?应该怎样纠正?

(五)登记

登记是指对复核后的公文确定发文字号、分送范围和印制份数,并进行详细记载的环节。其作用主要是便于对发文的管理、统计和核查(见表 7—1—3)。

表 7—1—3　发文登记表

序号	发文字号	发文日期	公文标题	分送范围	份数	签收人	备注

(六)印制

印制是公文的印刷制作环节,是根据发文定稿制成文件正本的过程。

文稿必须经过印制才会成为完整美观的正本,才能在发出以后正确传达发文机关的意图,发挥其效用。因此,印制时必须严肃认真、准确细致,以保证公文制作的质量。公文印制必须在规定的时限范围内完成,涉密公文的印制应当符合保密要求。

(七)用印

用印是在公文的正本落款处盖上发文单位的公章,表示公文正式生效。

用印人必须仔细审核用印申请单上相关负责人的签字、按照申请单填写的用印份数后在待发公文上盖印。用印的位置应该压在公文署名和日期居中的位置,印章的中心稍稍偏上,不得盖在公文的空白处。印章字迹端正清晰,文字朝上,两边文字长短对称。

(八)核发

核发是核查和分发的意思,是指公文印制完毕后,对需要发出的公文的文字、格式和印刷质量进行检查后分装和发送的环节。

待发公文在印制完成后还应该进行认真的核查,尤其需要注意附件是否纰漏,公文有无遗漏(如漏盖公章等)和错误(如缺页、错页或倒页等)的问题。只有在仔细核查确保公文完全正确的前提下才能进行分发。

公文的分发一般包括书写封面、装入公文、封口、登记、发送文件等一系列工作。

小知识

公文印制的"三个确保"

公文在印制时应该做到以下"三个确保":

一是确保质量。公文印制必须以经过机关负责人签发的定稿为依据。

二是确保时效。尤其是对于标注特急或要求限时发出的公文,要严格按照时限印制完毕,不得延误。

三是确保安全保密。涉密公文应当在具有国家秘密载体印制资质的单位或机关内部非经营性印刷厂、文印中心印制。

四、收文处理程序

收文办理主要有签收、登记、初审、拟办、批办、承办(或传阅)、催办、答复、注办等程序。

(一)签收

签收是收文办理的第一道程序,是指收件人对收到的公文进行清点确认的过程。签收的作用:一是为明确交代双方的责任提供一种凭证;二是为保证公文运转安全。

签收时应对收到的公文逐件清点,核对无误后签字或者盖章,并注明签收时间。

提醒您

签收的注意事项

签收公文时应该注意:

(1)对所收公文的件数(包括附件的件数)与发文通知单的件数是否相符;

(2)检查所收公文与封套上注明的收文机关、收件人是否相符,检查封套是否有破损或开封等现象,检查是否有错投现象;

(3)经清点、检查无误后，在对方的送文簿或发文通知单，或在投递单上签署收件人姓名和收到时间。

(二)登记

登记是指文秘部门按照一定的形式对收受的公文的主要信息和办理情况等详细记载的环节。

收文后进行登记可以使公文来龙去脉清楚，便于对收文的控制与管理，便于对收文的查找和检查收文的下落及承办情况，便于对收文的催办和统计，还有利于防止收文的紊乱、积压和丢失，有利于提高工作效率和保证归档公文的齐全完整。

登记时必须将公文的主要信息，如收文时间、来文机关或单位、发文字号、文件标题或摘要、密级、缓急时限、份数及承办单位、复文号、归入卷号、备注等办理情况作为项目制作收文登记表(见表7—1—4)，逐项登记清楚，以备查询。其中收文时间、来文机关或单位、发文字号、文件标题或摘要、密级、缓急时限、份数等项记载来文的自然特征，其余各项记载收文的运转和办理终结情况。在收文的运转过程中，完成一项即可填写一项。

表7—1—4　收文登记表

序号	收文时间	来文机关	发文字号	文件标题	密级/缓急	份数	承办单位	复文号	备注

(三)初审

初审是指文秘部门对收到的需要办理的公文进行审核的环节。经初审不符合规定的公文，应当及时退回来文单位并说明理由。

公文在初审时应该围绕以下重点内容进行：

(1)是否应当由本机关办理。看看文件内容是否属于本机关职权范围内需阅知或办理的事项，如是误送，应立即退回发文机关，不要擅自处理，不要代转。

(2)是否符合行文规则。

(3)文种、格式是否符合要求。

(4)涉及其他地区或者部门职权范围内的事项是否已经协商、会签。

(5)是否符合公文起草的其他要求。

需要办理的公文可以通过填写公文阅办单(见表7—1—5)来进行承办和传阅。公文阅办单应贴在所收公文的前面，随公文运转和归档。

表7—1—5　公文阅办单

<table>
<tr><td>来文单位</td><td></td><td>公文字号</td><td></td><td>份数</td><td></td></tr>
<tr><td>收文日期</td><td></td><td>办文编号</td><td></td><td>密级</td><td></td></tr>
<tr><td>公文标题</td><td colspan="5"></td></tr>
<tr><td>办公室意见</td><td colspan="5"></td></tr>
</table>

续表

领导批示	
传阅签字	
办理结果	
备注	

（四）拟办

秘书部门或经授权的部门可以在领导提出处理意见前，对需要办理或答复的收文提出初步的办理意见和建议，这个环节称为“拟办”。拟办的目的主要是便于领导批示时参阅，拟办是秘书部门发挥参谋作用，为领导出谋划策的一个突出表现。

拟办意见写在公文阅办单上的“办公室意见”栏里，拟办的一般写法有：“请××领导阅处”“拟在××范围传阅”“请××领导批示”“拟传达到××（范围），由××部门办理”“请××领导批示，××部门承办”。拟办意见仅仅是供批办领导参考的意见，拟办意见不是领导的批示，不具有执行性，因此写拟办的语气要谦虚委婉。

（五）批办

领导者在将收文包括拟办意见审阅后，对文件的处理原则、方法、步骤、注意事项等在文件阅办单上加以批示，签署意见，这个环节称为“批办”。批办是行使领导职权的一种具体体现。

批办意见写在文件阅办单“领导批示”栏里，如果批办的领导赞同拟办意见，批办的写法可以是：“同意”，并签署自己的姓名和日期。如果不同意或补充拟办意见，就要具体写出对收文如何办理的意见，比如：“请××（人或部门）提出具体办理意见，并于×月×日前将办理结果报给我。”“请××部门按以下意见办理：……”只签署姓名和日期，表示完全同意拟办意见，要求按拟办意见办理。

（六）承办（或传阅）

承办是遵照领导人对公文的办理意见，根据来文的内容和要求，由有关职能部门或个人承接办理来文并予以贯彻落实的办理环节。

承办的公文有两种：批办性公文和阅知性公文。批办性公文先由秘书部门提出拟办意见，然后报本机关负责人批示，根据批办意见转有关部门办理。阅知性公文根据公文内容、要求和工作需要确定范围后分送。

承办部门收到交办的公文后应当及时办理，有明确办理时限要求的，应当在规定时限内办理完毕，不得延误、推诿。

传阅，是指根据领导批示和工作需要，将公文及时送传阅对象阅知或者批示的办理环节。公文传阅时应当随时掌握公文去向，不得漏传、误传、延误。

（七）催办

催办，是指按照文件办理时限，文秘部门对承办工作进行检查与催促，防止公文办理的漏办和延误。催办是提高办文效率，防止推诿拖拉的一个重要环节。进行催办时，文秘人员应及时了解掌握公文的办理进展情况，督促承办部门按期办结。

收文办理的催办环节必须按公文的紧急程度和重要程度来确定工作的重点。送负责人批示或者交有关部门办理的公文，秘书部门要负责催办，紧急公文或者重要公文应当由专人负责催办，做到紧急公文跟踪催办，重要公文重点催办，一般公文定期催办，并将催办过程中发现的问题及时向领导汇报，以便及时采取相应的有效措施。

小知识

催办的方法

催办的具体方法很多，但最主要的有以下几种：

(1)书面催办。通过下发催办通知单、催办函等进行书面催办。

(2)电话催办。通过电话进行催办，要注意把电话内容记录下来，以便答复或备查。

(3)当面催办。

无论采用哪种方法进行催办，语气都要和缓，应用商量的口气，不要动不动就拿领导机关或领导个人的牌子压人。

(八)答复

答复是指公文办理的结果应及时反馈回来文单位，并根据需要告知相关单位。答复环节标志着收文办理程序的终结。

答复时，可以是书面答复(如制发答复公文，印发领导批件等)，也可以是口头答复(如电话答复、面谈答复等)。

(九)注办

在答复等收文办理程序结束之后，公文承办人员可以在公文阅办单上就公文承办的情况和结果做出简要的说明，这个环节称为“注办”。注办的目的主要是便于公文的整理和日后的查考。

注办写在“公文阅办单”的“办理结果”一栏里。注办写法举例：“已由××部门制定贯彻落实方案”，在“已复文”字样后写上复文的文号和日期。

注办这个环节不可遗漏，否则日后查考时无法搞清楚收文是否办理过。注办标志着收文处理程序的终结，注办后，可以对收文进行整理归档。

第二节　文书整理归档

一、案例描述

选择文书档案分类方法有讲究

浪涛公司成立于2011年10月，是一家专营别墅和大户型的装潢公司，其档案管理工作由办公室秘书小高一人负责。档案分类方案由小高自行决定。

因为公司初期规模较小，只有6个部门，所以她采用组织机构—年度—保管期限的分类方法。随着公司业务量不断扩展，公司规模逐渐变大了。去年领导决定做一些部门调整，由最初的6个部门变为10个，后来又经历了一些人事方面的调动，换了新的领导，新官上任后对公司重新规划，公司最终确定了8个部门。但是小高依旧使用以前的档案分类方法。各个业务部门都是按照小高制订的分类方案整理归档文件，向公司档案室移交归档文件。

一天，领导要查5年前公司刚刚成立时的一份文件，小高知道老总要的文件是关于市场调查方面的，但由于短时间内公司部门频繁地调整和变动，使得小高记不清那份文件所属的部门了。没办法，她抱出小山般的档案文件，一份份挨着翻，但是这样找起来犹如大海捞针。最后，她花了几天时间才找到了老总需要的文件，老总对她查找的效率很不满。

问题：档案管理员小高找一份档案如大海捞针，这同她采用的档案分类方法不当有关系吗？

二、任务分析

有关系。一个单位选择怎样的档案分类方案，要根据这个单位的具体情况。小高所在的公司，是一个新成立的公司，组织机构不稳定，一直在变动，这种情况不适合选择带组织机构类目的档案分类方法。因为该公司组织机构的数量和名称一直在变化，无法使作为一级类目的组织机构名称保持连续性，导致找一份档案材料费力耗时。小高应该停止使用这种带组织机构类目的档案分类方案，把组织机构类目改成问题类目，比如采用年度——问题——保管期限的分类方法，因为一个单位任凭组织机构怎样变化，文书档案涉及的问题一般不会变。这样做的好处是，小高若要查找若干年前市场调研方面的档案，就可以通过该文件所属的年代、问题和保管期限，轻而易举地找到它。

文书整理归档工作是指将处理完毕的、具有一定查考利用价值的、应作为档案保存的文件材料，按照它们在形成过程中的联系，以“件”为单位，进行装订、分类整理，并装盒归档使之有序化的过程。

一、归档文件的判断

文书部门和业务部门对文书进行整理归档时，要依照国家关于归档范围和不归档范围的有关规定，判断哪些公文属于归档范围，哪些不属于归档范围，剔除不归档的文件材料，把应归档的文件材料整理归档。

（一）应该整理归档的文件材料

文书整理归档的范围，概括起来说，就是本机关本单位在工作活动中形成的、办理完毕的、具有查考价值的文件材料，具体包括：

1. 上级机关来文

针对本机关的指示性、指导性的文件，本机关必须贯彻执行的文件，或与本机关业务有关、需要参照办理的文件。如专门针对本机关的命令、批示，本机关必须贯彻执行的决定、决议、条例，本机关需要参照办理的规章（如劳动、工资、财务方面的规定）等。

2. 本机关文件

反映本机关主要工作职能活动和基本情况及今后工作还需要查考的文件材料。

（1）党政工团会议文件、记录、讲话和为参加上级机关召开的重要会议准备的文件。

（2）本机关编制的反映主要职能活动的工作计划、总结、报告，调查研究材料及本机关填报或汇总的统计表和统计材料。

（3）对下级机关的指导性文件及与有关机关协商工作的来往文件。

（4）本机关专业活动形成的专业文件材料。

(5)外事活动形成的文件材料。

(6)本机关和本机关批准的关于机构成立、合并、撤销、更改名称、启用印信的文件。

(7)干部任免及干部、职工的录用、转正、定级、调资、评定职称、退职、退休、离休、奖惩、抚恤、死亡等有关文件材料。

(8)本机关的组织规则、规章制度、人员编制,干部、职工、党团员名册,干部年报表,干部、职工转移行政、党团组织关系介绍信存根。

(9)本机关的历史沿革、大事记及反映本机关重要活动的剪报、照片、录音带等。

(10)本机关财产、物资、档案等的交接凭证及产权材料。

3. 下级机关来文

下级机关来文是指向本机关报送的有关方针政策性的、请示性的或反映重要活动及反映较长时间内全面情况的文件。如有关重要问题的请示和备案文件,典型的、重要的或年度和年度以上的工作报告、总结、统计报表等。

4. 同级或非隶属机关的来文

同级或非隶属机关的来文是指这类来文中,与本机关业务有关的、有参考价值的文件。如本机关工作中需要参考或作为依据的各种条例、规定、通知等。

5. 其他文件资料

另外,还要注意机关内部使用的文件,如外出开会、检查工作等带回来的文件材料,涉及本机关职能活动的、有利用参考价值的文件,应进行整理归档。

(二)无须整理归档的文件材料

1. 重份文件

同一份文件有时会有几份甚至许多份,包括一式多份的收文及本机关印制、复印的文书材料。整理时只需由主办单位或业务主管单位保存一份,其他多余的份数应当拣选处理。

2. 普发性文件和与本机关或本部门主管业务无关的文件及非隶属的机关送来的参考性文件

主要指上级、本级非隶属单位给本单位的普发性不需本机关办理的文件材料,任免、奖励非本机关工作人员的文件材料,供工作参考的抄件等。如某财政厅收到的有关社会治安、市场管理问题的文件及其他单位抄送来的供参考的文件材料(工作情况、经验总结等)。这些文件多半是不需要具体执行和办理的,不反映本机关的工作活动。

3. 事务性的、临时性的、没有查考价值的文件材料

这类文件材料的内容是一些具体的事务,而且这些事务往往具有一过性,对日后的工作没有太大的参考价值。例如:一般召开业务会议的临时通知;要求上报计划、总结、统计报表的公函;了解工作、接洽业务的介绍信;不属本机关主要职能活动的文件,如卫生检查、节假日通知等。

微型案例

小丽的纠结

小丽是某高职院校教务处新来的秘书人员。年终了,小丽面对一些文书材料,纠结着是否需要整理归档。这些材料是:(1) 关于“五一”放假安排的通知;(2)关于 2015 级、2016 级

学生用书发放的通知；(3)关于教学楼上下课铃声调整的通知；(4)教学工作例会通知；(5)关于申报2017年课程建设项目的通知；(6)兄弟学院来校考察交流时带来的其他学校教学工作经验总结材料；(7)市教委关于市教委所属部门人事任免的通知文件。

问题：请你判断本案例中提到的文书材料是否需要归档？

二、归档文件整理的原则

归档文件整理的原则是遵循文件形成的客观规律，保持文件之间的有机联系，区分文书的不同价值，便于保管和查找利用。

(一)遵循文件形成的客观规律

文书是机关工作活动的客观、自然的反映。各个机关的工作活动都是有规律的、按计划来完成的。例如要完成一项工作任务，往往事先要有一定的计划布置，必要时还需向上级领导部门请示，执行情况要上报下达，工作进行过程中要总结经验教训，工作结束要汇报总结、统计整理等，各个步骤都会有相关的文书产生。机关工作活动的规律，直接决定了文件的形成规律。因此，整理文件时，应当按照文件的形成规律，以反映出机关工作活动的真实历史面貌，反映出各项方针政策的贯彻执行和各项工作的发展情况，使整理后的档案成为系统的历史记录。

(二)保持文件之间的有机联系

每个机关都有自己的工作职能，在整个国家机构的组织体系中处于一定的地位。一个机关不是孤立地进行活动的，它同自己的领导机关、下属机关和许多有关机关，有上下左右、四面八方的联系。在一个机关内部的各个部门之间，各项工作、各个工作发展阶段之间，也是有联系的。这种活动和工作过程中的联系，决定了文件之间自然的、历史的联系，这种联系就是文件的有机联系，这种关系反过来又反映着机关活动和工作的联系。只要我们能把文件收集齐全，又按照其自然形成的规律，保持它们之间的有机联系，正确分类整理，就能反映出机关工作活动的真实面貌，反映出机关的主要业务工作情况。

(三)区分文件的不同价值

机关活动中形成的文件很多，虽然都是历史的记录，但它们的记录价值不同。有些是需要永久保管的，这最能反映机关基本职能活动；有的则是较长一段时间内有查考利用价值的；有的则是短时间内有查考利用价值的。这就需要区分它们的不同价值，分开进行整理，以便今后对短期及长期文件到一定历史阶段，失去查考利用价值以后，进行销毁。

(四)便于保管和查找利用

文书整理的根本目的，是便于保管和利用。失去这个目的，文书整理归档工作就变得毫无意义。所以，文书整理归档时，除了要保持完整、系统外，还要考虑保管和利用的方便。例如：一次会议或者一项工程形成了许多文件，整理时不能单纯从保持联系的角度去看，要将永久、长期、短期的文件分开整理。如有些文件虽然是一项工作、一次会议形成的，本来有一定的联系，但由于保管期限要求不同，就需要适当分开，以利于机关档案室日后的鉴定、利用、留存或销毁。

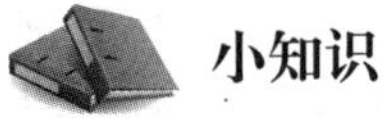
小知识

文件之间的有机联系有哪些

文件之间的有机联系。主要体现在文件的来源、时间、内容和形式等方面。对于不同类型的档案,在不同的整理层次中,上述诸种联系往往有不同的侧重面。

(1)文件在来源方面的联系:文件是以一定的机关及其内部组织机构或一定的个人为单位有机形成的。形成文件的这些单位,使文件构成了来源方面不可分割的历史联系。

(2)文件在时间方面的联系:形成档案的机关和个人所进行的具体活动,都有一定的过程和阶段性,因而使文件之间具有自然的时间联系。

(3)文件在内容方面的联系:文件是机关或个人在履行一定职责的各种活动中,为了解决一定问题而产生的。它的形成者的特定活动,使文件之间在内容上具有密切联系。

(4)文件在形式方面的联系:文件的内容必然通过一定的形式表现出来。所谓文件形式,包括它的内部形式和外部形式两方面:种类、名称和载体、记录方式等。这也构成文件之间的一定联系。对于保持文件之间的联系,应该辩证地看待和处理。

微型案例

平衡"有机联系"和"不同价值"

博达科技公司是一家新成立的电脑软件公司。秘书小琴在整理文书过程中,考虑到"保持文件之间的有机联系"的原则,把公司成立时期的所有文件整理在一起,放进同一个档案盒,包括公司注册文件、股东大会会议记录、干部任职名单、公司办公地点租赁合同、银行开户资料、成立大会座位安排表、公司宣传册、银行月度对账单、月度销售报表。

问题:她这种整理方法合理吗? 为什么?

三、归档文件的整理

(一)归档文件的整理单位

归档文件的整理单位,传统上以"卷"为单位,2000 年 12 月国家档案局颁布《归档文件整理规则》(DA/T22—2000),2001 年 1 月 1 日起实施,文书立卷改革在全国得到迅速推广,改革后归档文件的整理以"件"为单位。2016 年 6 月 1 日起实施新的《归档文件整理规则》(DA/T22—2015)代替 DA/T22—2000。于是,产生了文书档案整理的两种方法,即以"卷"为单位的与以"件"为单位的整理方法,或称按"卷"/"件"整理。

1. 案卷

案卷是由来源、时间、内容和外形上互有联系的若干文件组合而成并放入卷夹、卷皮的档案保管单位。一个案卷包括案卷封面、卷内文件目录(归档文件目录)、卷内文件(案卷正文实体内容)、卷内备考表等组成部分。

2. 件

一般以每份文件(自然件)为一件。关于"件"的定义,需注意以下几种情况:文件的正本与定稿(包括法律法规等重要文件的历次修改稿)为一件;正文与附件为一件;原件与复制件为一件;转发文与被转发文为一件;报表、名册、图册等一册(本)为一件(作为文件附件时除外);正本与翻译本为一件;来文与复文(请示与批复、报告与批示、函与复函等),一般独立成件,也可为一件;文件处理单或发文稿纸与相关文件为一件。

3. 以"件"为单位与以"卷"为单位整理的区别

以"件"为单位的文书档案整理方法之所以逐渐取代以"卷"为单位的整理方法,主要优势在于:

(1)减轻工作量,装订以"件"为单位进行,免除了繁琐、复杂的组卷过程。

(2)便于计算机录入和检索,实现档案的数字化。

(3)便于查阅,利于保密,查阅单份文件无须取出整卷案卷。

(4)归档文件直接装盒保管,无须撰写难度颇高的案卷题名。

(二)归档文件以"件"为单位的整理方法

归档文件是指立档单位在其职能活动中形成的、办理完毕、应作为文书档案保存的各种纸质文件材料。将归档文件以件为单位进行装订、分类、排列、编号、编目、装盒,使之有序化的过程,即为归档文件整理。

1."件"的装订

装订归档文件材料需要使用符合档案保护要求的装订材料重新加以装订,以从实体上最终确定"件"的形态;同时,可以起到固定文件页次,防止文件张页丢失,便于归档后保管和利用的作用。

装订前应对需装订为一件的文件材料进行排序,使之符合规定要求。装订时,正本在前,定稿在后;正文在前,附件在后;原件在前,复制件在后;转发文在前,被转发文在后;不同文字的文本,无特殊规定的,汉文本在前,少数民族文字文本或外文本在后;中文本在前,外文本在后;来文与复文作为一件时,复文在前,来文在后;有文件处理单或发文稿纸的,文件处理单在前,收文在后;正本在前,发文稿纸和定稿在后(见图 7—2—1)。

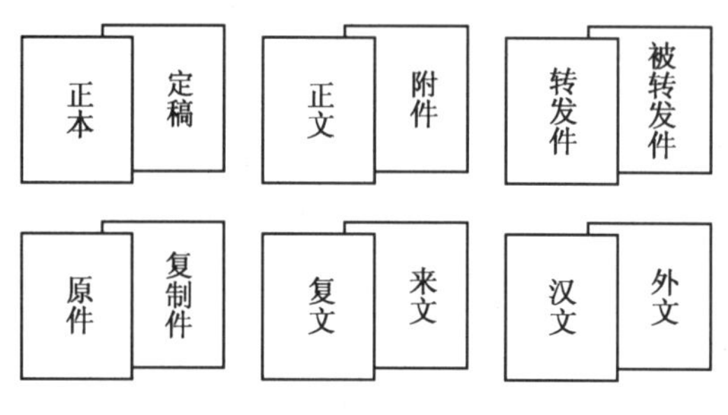

图 7—2—1 文件排序

用不锈钢钉或线将归档范围中的归档文件以"件"为单位固定在一起即单"件"装订,文件可采用左上角装订,也可采用左侧装订。采用左上角装订的文件应当左齐上齐,采用左边装订的文件应当左齐下齐。

小知识

归档文件的装订方法和要求

(1)装订方式可采用线装、胶粘、不锈钢钉、无酸纸封套等不能损害归档文件的物质。

(2)装订顺序:正本在前,定稿在后;正文在前,附件在后;原件在前,复制件在后;转发文在前,被转发文在后;来文与复文作为一件时,复文在前,来文在后;汉文本在前,少数民族文本在后;中文本在前,外文本在后;有文件处理单的,可以放在文件之前作为首页。

(3)装订位置:在文件的左侧或左上角。装订时应将文件的各页按一定的方式对齐,左侧装订时对齐左边和下侧,左上角装订时对齐左边和上侧。

2. 按"件"分类

分类,是指全宗内归档文件的实体分类,即将归档文件按照一定的分类方案,分成若干层次和类别,构成有机体系的过程。分类包括选择分类方法、制订分类方案、文件归类等具体内容。

全宗内归档文件的分类方法很多,《归档文件整理规则》(DA/T22－2015)选择了年度、机构(问题)、保管期限作为通用的分类方法,是因为这三种分类方法在各级单位档案部门使用率最高,并反映了档案管理的基本规律和要求。按照这三种方法对归档文件进行分类,在各级各类档案室都可以实现档案的有序管理和有效检索。同一全宗应保持分类方案的稳定性和一致性。

(1)年度分类法。年度分类法,就是根据形成和处理的年度对归档文件进行分类。年度分类法是运用最广泛的分类方法。归档文件按年度特征分类,可以反映出一个机关单位每年工作的特点和逐年发展变化的情况,并且同现行机关以年度为单位将文件整理归档的制度相吻合,类目设置准确、清楚、明确。运用年度分类法时,正确地判定文件的日期并归入相应的年度,是决定分类质量的关键。

(2)机构(问题)分类法。机构(问题)分类法也是现行机关常见的一种分类法。按机构(问题),各单位应根据自己的实际情况出发,选择其一。也就是说,在一个立档单位选择机构分类法,就不能再选择按问题分类法,两种方法只能选择其中的一种,而且不要轻易更改,要保持相对稳定。

①机构分类法。机构分类法是根据文书形成单位和处理单位或承办单位对归档文件进行分类。同时由于每个机构都承担某方面的职能和任务,按机构分类在一定程度上集中反映了某一方面工作内容的文件,便于按照一定的专题查找和利用档案。按机构分类应当注意:

每个机构设一个类,一个立档单位内有多少个内设机构就设多少类,机构名称就是类名。本机关机构序列表的规定或习惯上的顺序来排列。一般是领导机构、综合性机构排在最前面,再依次排列各业务部门。例如先排办公室,后排业务处(室)、后勤部门等。原则上以哪个机构名义发文的文件就归入哪个机构;几个机构联合办文的,应归入主要承办机构;以机关名义或办公室发的文件,应归入有关机构类中,即根据文件内容和机构的职能来确定。

②问题分类法。问题分类法是按照文件材料内容所说明的问题对归档文件分类。采用问题分类法,可以避免或减少同类问题的文件分散现象,便于查找和利用。在实际工作中,

使用问题分类法的立档单位，大多参照本单位内部组织机构的职能性质来设置类别。例如，党委、工会、共青团等机构形成文件划为“党群类”，业务部门形成的文件划为“业务类”，行政后勤部门形成的文件划为“行政类”等。问题分类法主观性较强，应慎重采用，特别是不要轻易打乱组织机构而先按问题分类。同时，要注意按照机关单位的基本职能来设置类别，类目体系力求简明，合乎逻辑。文件归类应按其主要内容有规律地进行，并保持连续性，某个内容的归档文件在去年放入哪类中，今年也应归入同一类中，不要根据一时的需要随意更改，以免给将来的查找利用带来不便。

(3)保管期限分类法。保管期限分类法根据划定的不同保管期限对归档文件进行分类。保管期限分类可分为永久、定期 30 年、定期 10 年 3 类。

采用保管期限分类法，能够将不同保管价值的归档文件从实体上区分开来，使档案部门能够有针对性地采取整理和保护措施，同时为库房排架管理、档案移交进馆和到期档案鉴定等工作提供便利。

(4)复式分类法。在机关档案室实际工作中，当归档文件数量较多时，分类工作需要分层次进行，单纯采用一种分类方法的情况较少见，多数采用几种分类方法结合使用，称之为复式分类法。《归档文件整理规则》提供了年度、保管期限、机构(问题)3 种分类方法，可以组合成多种复式分类法。至于年度、保管期限、机构(问题)组合时的先后顺序，各单位可根据工作实际需要进行组合。但年度、保管期限是必备项，必须选择，而机构(问题)为选择项，规模较小的或机关和单位由于形成文件材料少，可不选择机构(问题)作为分类方法，只采用年度、保管期限二级分类方法。

①年度—机构(问题)—保管期限分类法。这类分类方法先将归档文件按年度分类，在每个年度下分机构或问题，再在组织机构或问题下按保管期限分类。例如：

2015 年：

办公室　　永久　30 年　10 年

业务一处　永久　30 年　10 年

业务二处　永久　30 年　10 年

2016 年：

办公室　　永久　30 年　10 年

业务一处　永久　30 年　10 年

业务二处　永久　30 年　10 年

②年度—保管期限—机构(问题)分类法。先将归档文件按年度分类，在每个年度下分保管期限，再在保管期限下按机构或问题分类。例如：

2015 年：

永久　党群类　行政类　人事类

30 年　党群类　行政类　人事类

10 年　党群类　行政类　人事类

2016 年

永久　党群类　行政类　人事类

30 年　党群类　行政类　人事类

10 年　党群类　行政类　人事类

③年度—保管期限分类法。即先将归档文件按年度分类，再在年度下面按保管期限分

类。这种分类方法适用于内部机构设置简单的基层单位或小机关,或者每年形成文件数量少的机关,适宜于现行机关文件整理归档工作。

④保管期限—年度分类法。即先将归档文件按保管期限分类,再在保管期限下面按年度分类。这种分类方法同样适用于内部机构设置简单的基层单位或小机关,或者每年形成的文件数量少的机关。

3. 有序排列

归档文件的排列是指在分类体系的最低一级类目内,按照一定的原则和方法排列归档文件的先后次序的过程。例如,“保管期限—年度—机构”分类法做法是:在同一年度里,先按保管期限分3类,然后在同一个期限内再按“机构”分类,接着将同一机构的文件按时间或重要程度或将时间和重要程度结合起来排列。“机构”为最低一级类目,即文件应在机构下进行排列。“问题”为最低一级类目的,同一事由内的归档文件排列按时间或重要程度排列,不同事由间的归档文件排列按时间或重要程度或将时间和重程度结合起来排列。

归档文件的具体排列,一般有以下三种方式:

(1)按事由结合时间排列。这里所说的事由可以是指一件具体的事,或是一个具体的问题。或一段较紧密工作的自然流程等。

文件排列一般应将相同事由的文件排列在一起,然后将相同事由的各“件”结合时间进行排列,即时间早的排在前,时间晚的排在后。这里的“时间”主要是指文件形成的时间,有些文件也可依据文件的处理时间,如工作计划等。

不同事由的归档文件排列,可以按不同事由办结时间的先后顺序排列。

(2)按事由结合重要程度排列。首先将相同事由文件排列在一起,再把重要的文件排列在前,其他相应的文件排列在后,依次进行。

不同事由的归档文件排列,也可以按文件的重要程度排列。按重要程度排列,是指将主要职能活动形成的文件排在前面,其他工作形成的文件材料排在后面。综合性工作形成的文件排在前面,具体业务工作形成的材料排在后面。

(3)成套性文件集中排列。会议文件、统一报表等成套性文件可以集中排列,即将会议文件依次排列在一起,各种统一报表集中一起,然后结合时间或重要程度进行排列。不可将成套文件同其他文件混排在一起,但某份文件内表格除外。成套文件还可以按责任者或承办部门集中排列,也可按不同问题分别集中排列。

4. 归档文件编号

归档文件的编号,是将归档文件排列的结果以归档章的形式在归档文件上注明。文件经过系统排列后,应依分类方案和排列顺序逐件编号,以固定位置,统计数量,并便于保护文件和方便查找利用。

文件编号以归档章的形式在每件文件首页上端的空白位置注明。归档章不能压住文件字迹,也不要与批示文字或收文章等相交叉。文件首页无盖章位置或重要文件须保持原貌的,可在文件首页前另附纸页加盖归档章。

归档章设全宗号、年度、保管期限、件号、页数等必备项,并可设置机构(问题)等选择项(见表7—2—1)。表中“＊”号栏为选择项,不选用时无须设置。)。填写归档章时,应使用符合档案保护要求的字迹材料,如碳素墨水、蓝黑墨水等,也可以使用打号机打号。

表 7—2—1 归档章样式

（全宗号）	（年度）	（件号）
*（机构或问题）	（保管期限）	（页数）

件号即文件的排列顺序号，它是反映归档文件在全宗中的位置和固定归档文件的排列先后顺序的重要标识。件号即归档文件在分类方案的最低一级类目内排列顺序号。件号在分类方案最低一级类目内，按文件排列顺序从“1”开始标注。例如，采用“年度—机构—保管期限”进行分类，室编件号应在同一年度内、同一机构的一个保管期限内从“1”开始逐件流水编号。如表 7—2—2 所示。

表 7—2—2 归档章填写方法示例

Z109	2016	7
办公室（或 BGS）	永久（或 Y）	15

小知识

归档章项目的填写方法

归档章的各个项目应按照如下方法逐一填写：

全宗号，填写档案馆给立档单位编制的代号，用 4 位数字或字母与数字的结合标识。

年度，填写文件形成年度，以 4 位阿拉伯数字标注公元纪年，如 2014。

保管期限，分为永久、定期 30 年、定期 10 年，分别以代码“Y”“D30”“D10”标识。

件号，件号是单件归档文件分类方案的最低一级类目内的顺序排列号，用 4 位阿拉伯数字标识，不足 4 位的，前面用“0”补足，如“0035”。

机构（问题），是作为分类方案类目的机构（问题）名称或规范化简称。归档文件按组织机构分类的，填写形成或承办该文件的组织机构全称，如机构名称太长，可使用机构内部规范的简称。按问题分类的，直接填问题的类名。

页数：用阿拉伯数字标识。

5. 归档文件编目

归档文件排列完毕后，需依据分类方案和室编件号顺序编制归档文件目录，用于介绍盒内文件的成分和内容，以系统、全面地揭示归档文件的全貌，为档案的保管、鉴定、检索、统计和编研等工作的开展提供基础条件。归档文件目录填写方法一般是逐件登记。

归档文件目录一般包括序号、档号、文号、责任者、题名、日期、页数、备注等项目（见表 7—2—3）。

表 7—2—3 归档文件目录

序号	档号	文号	责任者	题　名	日期	页数	备注

小知识

归档文件目录的填写方法

归档文件目录的各个项目应按照如下方法填写：

序号：填写归档文件顺序号。

档号：档号按照全宗号—档案门类代码年度—保管期限—机构(问题)代码—件号的结构编写，如“Z109-WS2016-Y-BGS-0001”。

文号：填写文件的发文字号。

责任者：填写制发文件的组织或个人(也就是文件的发文机关或署名者)。

题名，填写文件标题。没有标题或标题不规范的，可自拟标题，外加“〔〕”号，以示同其他文件标题的区别。

日期，即文件的形成时间，一般用 8 位阿拉伯数字标注，如 20130213。

页数，填写每一件归档文件的页面总数。文件中有图文的页面为一页，空白页不计数。

备注，填写文件的变化和需说明的情况及问题。

归档文件目录应装订成册，一般一年一本，并编制封面。归档文件目录封面可以视需要设置全宗号、全宗名称、年度、保管期限、机构(问题)等项目，见表 7—2—3，其中全宗名称即立档单位的名称，填写时应使用全称或规范化简称。

文件目录统一制作完成后，案盒内应存放本案盒归档文件的目录，并置于归档文件最前面以方便查找。同时另备一份，同其他盒内目录按“件”号顺次装订成总目录，以供文件的检索利用。检索项目为：“全宗号—全宗名称—年度—保管期限—机构(问题)”(见图 7—2—2)。

归档文件目录

全宗号____________

全宗名称____________

年　　度____________

保管期限____________

机构(问题)__________

图 7—2—2　归档文件目录封面(式样)

6. 归档文件装盒

整理好的归档文件需按档案室编件号顺序装入档案盒，并填写档案盒封面、盒脊及备考表项目。

档案装盒应当注意的问题：不同年度、不同保管期限、不同机构(问题)的归档文件材料一般不应放入同一档案盒。

(1)填写档案盒。档案盒一般根据摆放方式的不同，在盒脊或底边设置全宗号、年度、保管期限、起止件号、盒号等必备项目，还可设置机构(问题)等选择项目。

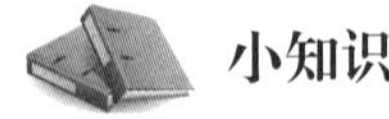

小知识

档案盒的填写方法

档案盒的各个项目应按照如下方法逐一填写：

全宗号：按同级档案馆给定的全宗号填写，暂时未给全宗号的可先空置，无进馆任务的可不印制此项目栏。

年度：填写盒内归档文件的形成时间。

保管期限：填写盒内归档文件的所属保管期限，用汉字全称表示。

起止件号：填写盒内第一件文件和最后一件文的件号，中间用“—”号连接。

盒号：即档盒的排列顺序号，在档案移交进馆时按进馆要求编制标注。

机构(问题)：填写分类方案中相应机构(问题)的类目名称。

(2)填写备考表。备考表置于盒内文件之后，用以说明盒内文件的状况及其他需要说明的问题等。备考表的项目包括盒内文件情况说明、整理人，整理日期、检查人、检查日期。备考表由整理人和检查人负责填写(见图 7—2—3)。

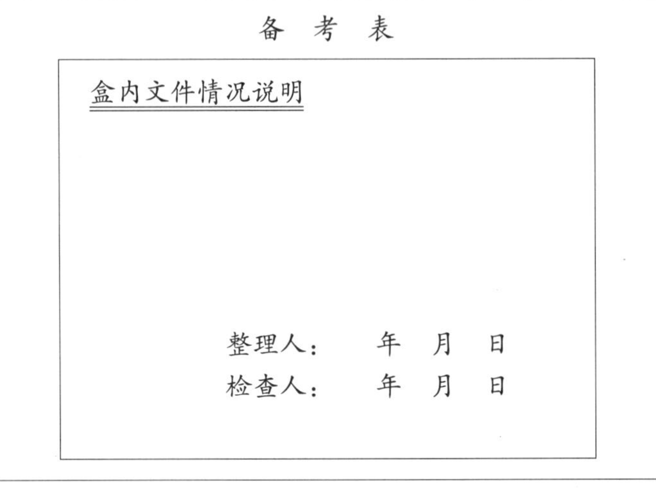

图 7—2—3 备考表(式样)

小知识

备考表的填写方法

备考表的各个项目应按照如下方法逐一填写：

盒内文件情况说明。填写盒内文件缺损、修改、补充、移出、销毁等情况。

整理人：填写负责整理归档文件的人员姓名。

整理日期：标注归档文件整理完毕日期。

检查人：填写负责检查归档文件整理质量的人员姓名。

检查日期：标注归档文件检查的日期。

(三)归档文件以"卷"为单位的整理方法

1. 文书立卷

文书立卷,又称组卷。它是将办理完毕的、具有查考和保存价值的文件材料,按照它们在形成过程中的联系和共同特征,组成案卷的行为过程。文件的特征通常表现在作者、问题、时间、名称、通信者、地区等诸方面。

所谓案卷,即机关和企事业单位分类保存以备查考的文件,这里主要是指装订起来的一组文件的集合体,也称"卷宗"。文书立卷之后,文书工作便告结束;把立好的案卷移交给档案部门,文书就转化为档案,档案工作即从此开始。

2. 卷内文件排列

卷内文件的排列方法与以件为单位整理的排列方法基本一致,就是按照形成的时间顺序和重要程度进行排列。

3. 案卷编号

(1)编案卷号。在同一年度里,先按保管期限分别排列,每个保管期限内再按类别顺序排列,即在一个年度里,永久、30年(长期)、10年(短期)各编一个流水卷号。

(2)编页号。按照卷内文件排列顺序,每卷编一个流水号。有文字的页面均应编页号,页号的位置:正面编在右上角,背面编在左上角。

4. 填写卷内文件目录和备考表

卷内文件目录填写方法与新方法的"归档文件目录"基本相同,不同点是,这里每份文件的编号叫"顺序号",而且要填的是"页号",不是填写"页数"(见表7—2—4)。

表7—2—4　　卷内文件目录

顺序号	文号	责任者	题　名	日期	页号	备注
1	×档发[2014]1号	××市档案局	关于全市档案系统加强群众路线教育学习的通知	20140103	1	
2	…	…	…	…	…	…

卷内备考表的格式和填写方法与新方法也基本相同的。

备考表放在案卷的最后一页,用来说明本卷保管使用及卷内文件变动情况,如文件褪色、破损情况、采取的补救措施、案卷的使用、卷内文件重新调整等情况。请示与批复不在一卷内,必须在备考表中相互注明出处,如无此一类情况则不填。

立卷人、检查人、立卷时间按要求在立卷完成后,及时认真填写(见图7—2—4)。

卷内备考表

本卷情况说明

立卷人：
检查人：
立卷时间：

图 7—2—4 卷内备考表(式样)

5. 案卷装订

传统方法以“卷”为单位进行装订，采用“三孔一线”的方法，按顺序将卷内目录、整卷文件和备考表固定于标准卷皮上。值得注意的是：整卷装订要求文件的大小要一致(A4 或 16 开)，不一致的要先进行折叠、补贴；装订前要去掉所有文件上的金属物(回形针、大头针等)。

6. 填写案卷封面、拟写案卷题名(案卷标题)

案卷封面项目包括卷宗名称、类目名称、案卷题名、卷内文件起止日期、保管期限、件、页数、归档号、案卷号等(见图 7—2—5)。

案卷封面

卷宗名称		
类目名称		
案卷题名		
自　年　月至　年　月	归档号	
本卷共件页	保管期限	

卷宗号	目录号	案卷号

图 7—2—5 案卷封面(式样)

其中最重要的项目是拟写案卷题名，案卷题名是对卷内文件的总结和概括，一般有以下两种标拟方法：

(1)介词结构法。用×××、×××、×××关于××、×××、×××的××、××这样的介词结构标拟，例如：××区财政、文体局关于追加经费预算、申请购置设备的请示(批复)。

(2)直接标拟。对于整卷只涉及同一年度、同一单位或同一件事件，问题单一的，一般采用直接标拟的方法，而不采用上述介词结构的方法。例如：××市××区 2004 年档案事业统计年报表。

小知识

案卷封面的填写方法

卷宗名称：填写立档单位的全称或规范化简称。

类目名称：填写分类方案第一级类目名称或问题的类名。

案卷题名：将撰写后的案卷题名填上。

起止年月：填写卷内文件所属的起止年月。

保管期限：按照归档鉴定时划定的保管期限填写。

页数和件数：填写卷内文件的总页数和总件数。

归档号：文书部门向档案室移交案卷时所编的案卷顺序号。

7. 编制案卷目录

把经过系统排列后确定了先后顺序的案卷逐一编号，登记造册，就形成了案卷目录(见图 7—2—5)。案卷目录是档案检索的一个最基本的工具。现行单位文书档案的案卷目录要求按期限划分：永久、长期(30 年)、短期(10 年)各建立一个目录。

表 7—2—5 **案卷目录**

机关名称：________ 全宗号：________

案卷号		题　名	年　度	页　数	期　限	备　注
档案室编	档案馆编					

移交人： 接交人： 交接日期：

四、文书的归档

文书经过整理后，形成了系统的案盒，这时应向机关档案室进行移交。归档就是指文书部门将系统整理后的案盒文件向档案室进行移交以便集中保管。移交时要注意办理好移交手续。

文书部门或相关的业务部门，一般应在第二年的上半年向档案室移交全部案盒档案，对一些专门性的文书或驻地比较分散的个别业务单位的文书，为便于日常查找和利用，也可根据实际情况商定适当的归档时间。

编制移交目录，至少一式两份；交接双方经过清点案盒，履行签字手续。

第三节 档案管理

一、案例描述

为什么竟然连董事长的照片都找不着？

某民办高职学院为迎接15周年校庆，准备编写一本校志。任务分解到各个部门和相关人员。一名负责收集学校历任领导参加重大活动照片的人员惊奇地发现，学校档案室只保存了数量很少的照片档案，历任领导的照片奇缺，甚至连学院董事长的照片都找不出一张来。这所学校对15年来的文书档案保存得还算完整，为什么照片档案这么缺乏？了解下来，原来该校从未把照片列入必须归档的范围，忽略了照片档案的收集，对公务照片的整理归档没有形成制度。许多公务活动照片都存放在拍摄人员和办公室主任的电脑里。几名拍摄人员相继离任，两年前，办公室主任也因出国离职了，临走时他们都没有把自己电脑中的照片档案移交给档案室，档案室也从未主动上门收集，因此造成照片档案残缺不全的后果。

问题：本案中的学校照片档案寥寥无几反映了该校的档案管理工作存在什么问题？

二、任务分析

这所学校照片档案奇缺反映了该校归档制度和档案收集工作的缺失，没有把照片这种特殊载体的资料列入归档范围，档案管理部门没有主动地、定向地向照片拍摄者和保管部门收集照片资料，也没有要求相关部门和人员把照片整理归档，从而造成该校照片档案的严重缺失。这个教训很深刻。该校领导应当责令档案管理部门整改，加强照片档案的收集和管理工作。

文书经过整理归档后就转化为档案。档案管理工作是在机关和单位的文书部门将整理归档的文书移交给档案部门之后，档案部门对档案进行收集、鉴定、整理、保管、检索、利用、编研、统计等一系列业务活动。

一、档案的收集

档案收集就是把分散在各机关、部门、个人手中的档案，集中到档案部门进行统一管理的业务活动。对于单位内部的档案室来说，收集工作包括按照归档制度的要求，定期接收本单位文书部门和业务部门移交的经过系统整理的归档文件和未及时归档的零散文件两个方面的内容。其中，文件归档是档案室收集档案的主要形成，零散文件的收集则是一种补充形式。

(一)接收归档文件

档案部门接收归档文件,包括履行移交手续、指导文书部门和业务部门整理归档文件、督促归档制度的落实,机关文件归档工作等内容。

单位各部门办理完毕的文件是档案室档案的主要来源,建立健全单位内文件材料的归档工作制度是档案部门开展档案收集工作的主要途径。档案室接收归档文件要检查移交目录与归档文件是否相符,审核归档文件是否齐全完整、系统规范,然后履行交接手续。

档案管理人员对文书的整理归档指导工作主要是:编制归档文件分类大纲、对文书部门和业务部门的文书整理进行专业指导,督促归档制度的建立和落实。

(二)零散文件的收集

零散文件主要是指单位在收集工作中未及时归档的文件。出现零散文件的原因主要有:一些会议文件、内部文件由于未经收发文登记,在归档时容易出现遗漏;一些承办部门或工作人员未及时交回文件等。由于多方面的原因,单位即使建立了归档制度,开展了正常的归档工作,也难免出现零散文件的现象。对此,档案室和档案管理人员应开展零散文件的收集工作。

收集零散文件可以采取下列方法:其一,根据单位内部结构调整、领导干部职务调动、工作人员岗位变动等情况,收集散存在承办部门或人员手中的文件;其二,结合单位的管理评估、安全检查等活动,清理和收集文件;其三,通过编写单位大事记、组织沿革等参考资料,有针对性地收集一些散存的文件。

二、档案鉴定

档案作为各项社会活动的历史记录,是重要的信息资源。随着社会的进步,经济的发展,档案的数量与日俱增,因此,档案的价值鉴定工作就成为保证档案质量,提高档案利用价值的重要保证。档案鉴定工作是指对档案价值的鉴定过程,是档案部门按照一定的原则、方法、技能对档案进行鉴定,判定其价值,确定其保存期限,剔除失去保存价值的档案并进行销毁的工作。

(一)档案价值鉴定工作程序

档案价值鉴定工作包括三个方面的内容:其一,制定鉴定档案价值的标准,包括单行规定和档案保管期限表等;其二,判定档案的价值,确定其保管期限;其三,剔出无保存价值和保管期满的档案,按规定的手续进行销毁或做其他方式的处理(见图7—3—1)。

档案价值鉴定工作通常分为三个阶段进行,涉及单位内部的文书工作部、档案部门。

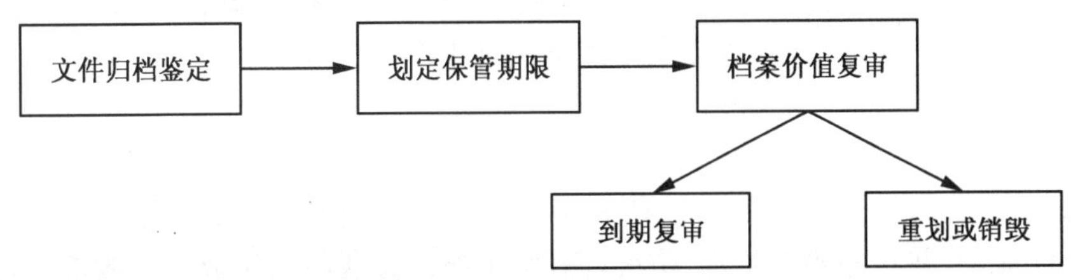

图7—3—1 档案价值鉴定工作流程

1. 文件归档鉴定

文件归档鉴定是各单位对处理完毕的文件所进行的划定归档范围的工作。归档鉴定所依据的原则是国家档案局发布的《机关文件材料归档范围和文书档案保管期限规定》。各个单位也可以根据国家的规定确定本单位的归档范围。在机关文件归档时首先应确定归档范围，剔除没有保存价值的文件，这项工作通常由单位的文书人员或秘书人员承担。

2. 划定文件的保管期限

由于各种因素的影响，同属于一个归档范围的文件常具有不同的保管期限，为此，在确定归档范围之后还需要对文件划定具体的保管期限。这项工作也应由单位的文书人员或秘书人员承担。通常的做法是各机关在每年的立卷类目中预定每个案卷的保管期限，平时根据每份文件的内容和保存价值分别归档，正式立卷时再以卷为单位确定其保管期限。这一阶段的工作主要由机关文书立卷人员具体实施。

3. 档案价值复审

除了永久保存的档案外，其他定期保存的文件在保管期满之后，需要对其价值进行复审，以确定是继续保存还是予以销毁。档案价值复审主要采取以下两种形式。

(1)到期复审。到期复审是指对于短期或长期保管的档案，在保管期满后重新审查其是否确定丧失了保存价值。对保管期满的复审周期可以逐年进行，也可以若干年度进行一次。这项工作由档案室(馆)承担。

(2)重划或销毁。对于经归档鉴定和价值复审认为仍有一定保存价值的档案，需要重新划定一个保管期限，继续保存。确认为没有保存价值的档案，应按照规定的手续和方法予以销毁，对销毁的档案需要登记入册，经机关领导批准后方能销毁。这项工作通常由档案部门承担。

三、档案保管

(一)档案保管的含义及重要性

档案保管是指对已整理好并排架入库的档案进行日常性的维护、保护等工作，它是档案管理的基本环节之一。简单地说，就是指档案排架入库后的档案存放管理以及维护档案完整与安全的活动。具体由档案工作人员根据不同档案制成的材料，使用一定的设备和装具，采取适当的措施和方法，维护档案的秩序，使其不散、不乱；保护档案的实体，使其不丢、不毁，并对遭到破坏或损毁的档案采取修补措施。

档案保管工作质量的高低，对提高档案管理水平具有重大的影响。首先，档案保管工作质量的高低直接决定着档案寿命的长短，如果保管得当，档案的寿命就会适当延长，否则就会加速档案的坏损；其次，档案保管工作的质量影响整个档案事业的兴衰。要做好档案保管工作，必须对档案保管所使用的装具、档案保管的环境、档案库房的设置、档案保护及修复技术有一定的了解和掌握，这样才能做好档案保管工作。

(二)档案装具的编号和排列

1. 档案装具

档案装具是指用于存放档案的档案柜、档案架等。档案装具首先要坚固耐用、存取方便、密封性能好，并且还要求防水、防火，因此，最好由金属材料构成。一般来说，封闭式装具比敞开式装具更有利于对档案的保护；金属的装具比木质的更坚固，并有利于防火。

2. 档案架编号

对档案柜架的编号是统一编号，每个架(柜)的栏从左向右编号，每栏的格自上而下编号。没有栏则从上而下编号。

3. 档案装具排架

档案装具主要通道宽度不应少于1米，便于档案管理人员进出；装具的间距为80厘米左右，便于存取档案；装具应与窗垂直排放；装具不应紧靠墙壁，以便避光通风。

（三）档案库房管理

1. 档案库房管理的基本要求

档案库房达到以下几个方面的要求：

(1)专用，即库房要独立，不能和办公室合用，也不能存放其他物品。

(2)坚固，即库房应该是正规的建筑物，确保其安全性。

(3)要远离水源、火源、污染源等。

2. 库房温湿度的控制

档案库房内的温湿度是直接影响档案自然寿命的环境因素，环境因素的影响对档案"寿命"的长短将起决定性的作用。

(1)温湿度的要求。研究表明档案保管最适宜的库房温度在14℃～20℃。对于照片、影片、录音、录像等胶片、胶带档案的保护，则要求低温，一般在10℃以下。

研究发现最适宜档案保存的湿度在50%～60%。

(2)温湿度的控制。针对不同的库房条件，控制和调节温湿度的方法主要有两种：

①库房密闭。对档案库房进行严格密闭，能够较好地隔绝库房内外温湿度的对流，加之在库房内安装空调或恒温、恒湿设备，可以将库房的温湿度控制在适宜的指标范围内。但是，这种方法所需费用较高，并非所有的档案室都有条件做到。

②机械或自然的调控。有些难以达到库房密闭的要求，又无力承担配置空调或恒温、恒湿设备的档案室，可以采取如下一些机械的或自然的措施，对库房的温湿度进行人工调节。一是在档案库房的门窗加密封条，可减少库房内外温湿度的对流，并有防尘作用。二是使用增温、增湿或降温、降湿等机械设备进行调控，改变不适宜的温湿度。三是采用简便的人工方法调节库房的温湿度。比如放置水盆、挂置湿纱布等来增湿；放置木炭、生石灰等来降湿。

（四）人员的进出库制度

一般情况下，档案库房只允许档案工作人员进入，非档案工作人员原则上不允许进入档案库房。如果工作确实需要非档案工作人员进入库房，如维修库房或设备等，则必须有档案工作人员始终陪同。

（五）库房"八防"措施

档案保管中的"八防"通常是指防水、防火、防潮（霉）、防鼠、防虫、防光、防尘和防盗。它们是库房管理工作中保证档案实体安全的重要内容。

(1)防火。建立档案库房防火制度，档案库房附近严禁存放易燃、易爆物品，库房内严禁吸烟，并备有灭火器，经常进行检查更换。

(2)防潮（霉）。库房内备有温湿度计，经常检查记录，并根据室内温湿度不同情况，适当开窗通风、地面洒水，放置干燥剂等办法调剂，使库房内的温湿度计记录符合规定标准。

(3)防尘。搞好室内外环境卫生，经常保持清洁，档案库房配备有关防尘、防沙设备，如窗帘、吸尘器等，对案卷及所有库内设备定期、不定期地吸尘，使档案库房符合卫生规定标准。

(4)防鼠。首先着眼于堵塞鼠害漏洞，经常查看是否有鼠迹，定期放置灭鼠药。

(5)防盗。库房门窗用铁皮和钢筋焊接加固,门安装三保险锁和报警器,节假日加封条。

(6)防光。库房的窗户装挂遮光窗帘,使档案柜不直接被阳光照射。

(7)防虫。除搞好库房内外卫生,控制调节好温度外,首先档案入库前要进行检查和杀虫处理;档案库内放置防虫剂,经常查看是否失效;另外严禁存放滋生虫害的物品(如食物等)。

(8)防水。雨季未临前注意查看房顶、窗户、墙壁,发现漏水、渗水问题及时处理;在取暖期注意经常检查暖气管,发现管道破裂或喷水要及时采取措施,确保案卷安全。

四、档案利用

(一)档案利用服务工作的含义和意义

档案利用就是以馆、室藏档案信息资源为基础,为档案利用者提供档案信息,为其提供咨询服务。

档案利用是档案价值的体现,也是档案管理工作的目的,是档案工作的中心任务,也是实现档案工作为社会服务的直接手段。开展档案利用对档案工作的发展具有重大乃至决定性影响。

(二)档案利用的方式

1. 档案查阅服务

档案查阅服务是指档案馆(室)在单位内部开辟阅览室,向利用者提供档案原件的一种服务方式。因为档案是人们社会活动的直接历史记录,在份数上多为单份、孤本,而且有的档案内容往往具有一定的机密性,这就决定了档案提供主要采用在馆、室阅览的方式。

在阅览室查阅档案有专门的设施,有专人监护和咨询,既便于档案的保护和保密,又能为利用者提供较好的阅览条件。同时提高档案的周转率和利用率,充分发挥档案的作用,便于掌握利用工作的情况从而改进工作,提高利用工作水平。阅览室应配置服务设施、公用的检索工具和参考资料等;同时应制定档案保护和保密等阅览制度,作为服务人员和利用者共同遵守的行为规则。

2. 档案外借服务

档案一般是不借出档案馆(室)使用的,但在个别情况下,也可暂时借出馆(室)外使用,尤其是在机关内部,有时出于工作需要,要把档案借出来一段时间。但是,对于特别珍贵的档案文件,残破、脆化等易损常规文件,古稀文本,以及照片、影片、录音带、录像带等原件,不能借出馆外。

档案外借使用要有严格的制度,经过一定的批准手续才能外借。借用单位需要出具加盖公章的借阅申请书,借阅申请须经档案部门负责人签字同意,借出时间不宜过长,借出数量应控制。借用单位应对所借档案的安全和保密负完全责任。借出档案要保证按时完整地收回。收回时,档案管理人员要对还回的档案数量和情况进行细致的检查,并填写档案借阅登记表(见表7—3—1)。

表 7—3—1 档案借阅登记表

借出日期	借出期限	借出单位	借出人签字及手机电话号码	借出档案项目						归还日期	
				全宗单位	保管期限	档案年度	案卷号	文件号	案卷标题或文件标题	日期	接收人签字

3. 制发档案复制本服务

根据档案原件制发各种档案复制本提供利用，已成为档案馆（室）提供利用的一种越来越普遍的方式。档案复制本可根据利用单位的不同需要，分为副本和摘录两种：副本，是通过摄影、扫描和复印等方式整体复制档案原件，反映档案原件的所有组成部分；摘录，是通过手抄、打字、复印等方式，根据利用者的要求获得档案的局部信息。

制发档案复制本提供利用具有许多优点：一方面，利用者不到档案馆（室）即可获得所需要的档案材料，这既可方便用户，又可为广泛利用档案创造物质条件，并可在同一时间内满足较多利用者的需要，使档案更充分地发挥作用；另一方面，提供利用档案复制本，有利于档案的流传和档案原件的保护。

档案复制本必须和档案原件仔细校对，并注明档案馆（室）名称，档案原件编号，必要时加盖公章，以示对复制件的负责。

4. 制发档案证明服务

档案证明是档案馆（室）根据机关、团体、企业、事业单位或者公民个人的询问和申请，为证实某种事实在本馆（室）保存的档案内有无记载或如何记载而摘抄的书面证明材料。这也是档案馆（室）为党政机关、社会各界和人民群众证实某种问题和事实的一种利用服务方式。

制发档案证明需注意以下事项：

（1）制发手续——用户申请，档案证明必须根据单位或个人的正式书面申请才能制发；

（2）制发依据——档案原件，档案证明必须依据档案正本或抄写本来编写；

（3）制发方法——引述原文，档案证明以引述或节录原文为主要方法，如果必须由档案工作人员根据档案内容综合或摘要叙述，则务必保证表述的准确性和真实性，不能擅自对档案材料进行解释说明；

（4）制发标志——加盖印章，档案证明的内容必须针对性强，不能超出申请证明的问题而列入其他材料；文字表达要字斟句酌，确切无误。档案证明写好后，需要认真校对，并加盖档案馆（室）公章才能发出，超过两页（含两页）的，应加盖骑缝章。

档案证明范例一

××市××区档案馆档案证明

〔2009〕1670 号

该证明附件出自本馆××市××区革命委员知青办公室 1965 年的档案，档案号为 007、019、305，该证明的附件共 1 页。

特此证明。

××市××区档案馆(公章)
××××年××月××日

档案证明范例二

证　明

经查阅，××公司第一分公司档案第××卷第××页，张×同志曾于 1996 年 2 月至 2000 年 12 月在本公司从事技术工作，情况属实。

特此证明

××公司第一分公司档案室(公章)
××××年××月××日

微型案例

一纸证明成功申请了专家证

金教授 1985 年从上海某大学到美国留学时，已在该大学工作了整整 12 年。2000 年她从美国回到上海，在一家高职院校任教。金教授每年都要向上海市外专局申请延期专家证，专家证是金教授在华任教的许可证。2017 年，上海出台了专家证的申请和延期的新政，其中有一项标准是教育工作年限，要求申请者提供佐证材料。为了证明出国前 12 年的教育工作经历，金教授来到曾工作的大学人事档案室，要求开具一张她从 1973 到 1985 年在该大学任教的证明。人事档案室工作人员在倾听了金教授的理由后，查阅了金教授的人事档案，情况属实，遂请她提交一份申请书，并仔细核查了她的身份证件，向人事处领导请示，得到许可后为金教授开具了一张工作证明，还在工作证明上盖上了学校印章。金教授凭借这张工作证明，成功延期了专家证。

问题：案例中的某大学人事档案室为金教授制发工作证明走了哪些流程？

5. 档案咨询服务

档案咨询是档案馆(室)以档案为根据，通过个别解答问题的方式，向利用者提供档案、档案专业知识和档案检索途径，直接为利用者服务的一种提供利用方式。档案咨询的类型包括：事实性咨询，是档案馆(室)解答关于档案记载中的特定事实或数据问题；知识性咨询，是档案馆(室)解答用户关于检索工具使用、利用手续、档案馆(室)情况等方面问题。档案人员要把对用户的咨询服务进行登记，以便统计和分析档案利用工作的成效(见表 7－3－2)。

表 7—3—2 档案咨询登记表

序号	日期	部门	姓名	案卷或文件标题	利用目的	利用效果

小 结

关键术语

文书处理　　文书整理　　归档　　档案管理

本章小结

1. 文书处理工作就是公文处理工作，是指公文拟制、办理、管理等一系列相互关联、衔接有序的工作。

2. 文书处理程序分为发文和收文两种程序。发文处理程序分公文拟制和发文办理两个阶段，公文拟制包括起草、审核、签发等程序，发文办理包括复核、登记、印制、用印、核发等程序，发文处理程序包括公文拟制和发文处理的所有程序。

3. 收文处理程序主要有签收、登记、初审、拟办、批办、承办（或传阅）、催办、答复、注办等程序。

4. 归档文件的判断就是要依照国家关于归档范围和不归档范围的有关规定，判断哪些公文属于归档范围，哪些不属于归档范围，剔除不归档的文件材料，把应归档的文件材料整理归档。

5. 归档文件整理的原则：遵循文件形成的客观规律，保持文件之间的有机联系，区分文书的不同价值，便于保管和查找利用。

6. 以“件”为单位的整理方法是：归档文件以件为单位进行装订、分类、排列、编号、编目、装盒，使之有序化。

7. 以“卷”为单位的整理方法是：文书立卷、卷内文件排列、案卷编号、填写卷内文件目录和备考表、案卷装订、拟写案卷题名、编制案卷目录。

8. 档案管理工作是档案部门对档案进行收集、鉴定、整理、保管、检索、利用、编研、统计等一系列业务活动。

9. 档案收集工作包括按照归档制度的要求，定期接收本单位文书部门和业务部门移交的经过系统整理的归档文件和未及时归档的零散文件两个方面的内容。

10. 档案鉴定工作包括三个方面的内容：其一，制定鉴定档案价值的标准，包括单行规定和档案保管期限表等；其二，判定档案的价值，确定其保管期限；其三，剔出无保存价值和保管期满的档案，按规定的手续进行销毁或作其他方式的处理。

11. 档案保管是指对已整理好并排架入库的档案进行日常性的维护、保护等工作。档案库房内的温湿度直接影响档案寿命，要采取措施控制在适宜范围内。档案保管中的"八防"通常是指防水、防火、防潮(霉)、防鼠、防虫、防光、防尘和防盗，它们是库房管理工作中保证档案实体安全的重要内容。

12. 档案利用就是以馆(室)藏档案信息资源为基础，直接提供档案为使用者服务的一项档案业务工作。档案利用的方式有：(1)档案查阅服务；(2)档案外借服务；(3)制发档案复制本服务；(4)制发档案证明服务；(5)档案咨询服务。

知识结构图

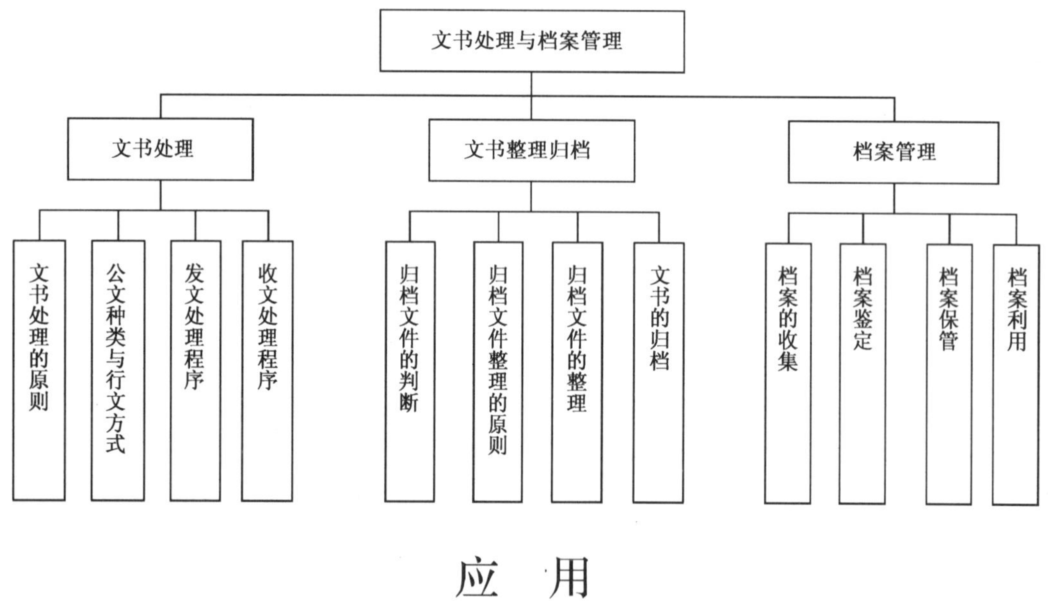

应　用

案例研究

案例一：

归档文件分类的难题

宏达公司南京分公司新建之初,文书工作从无到有,刚刚起步。该公司吴秘书是工商管理专业毕业,应聘录用后负责公司办公室的接待和文书工作。吴秘书待人热情,文笔也好,总经理对他欣赏有加,可他对文书的管理和整理却不擅长。起初,他把所有文件都塞进一个文件柜里,半年不到,柜子被各种文件材料塞得乱七八糟,查找起来异常困难。有一次,总经理急着要查一份合同,吴秘书竟然花了一个多小时才找到,引起了总经理的不满,责令他限期改进。吴秘书冥思苦想了好几天,终于想出一个办法,他把全公司的文件材料分成两类,一类是"收到文件",另一类是"发出文件"。从此,他把所有文件按这两个类别整理保存。

到了第二年初,吴秘书打算把这两类文件分别立卷装订,存放到别的地方去,发现每一类中的文件数量实在太多,如此立卷,今后查阅起来肯定会很困难。他想给文件进一步细分类别,可是不知怎么分才好。

资料来源:葛红岩:《新编秘书实务》,高等教育出版社 2014 年版 230 页案例改编。

问题:你认为吴秘书应该怎样给文件分类才科学合理。

案例二:

一则收文处理的案例

肖丽是长海集团计算机公司办公室秘书。这天,肖丽刚上班,就收到一批文件,肖丽不假思索地在文件签收单上签上了自己的名字。

拆封完毕后,肖丽开始一件一件地往收文登记簿上登记相关的内容。

登记完毕后,肖丽在每一份文件的前面都加贴了一份"文件处理单",送给办公室主任王鹏审核、并填写拟办意见。

王鹏在填写拟办意见时,发现有一份文件是本公司下属的南京制造厂报送的"关于对现有的办公电脑进行更新换代的请示",文件中陈述了公司现有的电脑落后、操作缓慢、经常死机、从而影响工作效率等情况,请求总公司拨款,对现有的办公用电脑进行更新换代。

王鹏看完这份文件,就提笔在"文件处理单"的"拟办意见"栏中写下了如下拟办意见:"办公电脑设备更换事关我公司发展大局,应尽早拿出方案,并付诸实施。"

填写完拟办意见后,办公室主任王鹏把文件交给了肖丽,请她把文件送和拟办意见送给公司李总经理批示。肖丽把文件送到总经理办公室,李总只是看了看王鹏的拟办意见,就提笔在"文件处理单"的"领导批示"栏目里,写下"同意"二字,并签上名字和日期。

肖丽不知下一步该怎么办,于是去问王鹏,王鹏说:"你就送到资产部刘经理那儿去,请他们写个批复吧!"

肖丽把文件送给资产部刘经理,刘经理看了看总经理的批示,质疑说:"总经理又没说让我们部门承办喽!"

肖丽只得再去找李总经理。总经理对肖丽说:"你去对资产部刘经理说,我让他起草一份批复,同意南京制造厂更新电脑的请求。"肖丽再次把文件送给资产部刘经理办理。

过了一周,肖丽打电话给资产部刘经理查问办文的进展。刘经理在电话中说:"正在起草,还需要几天时间。"肖丽觉得此文的办理已基本落实,挂断电话后,就在"文件处理单"的"办理结果"一栏里写上"由资产部负责复文",签了个当天的日期。

问题:找出案例中收文处理各环节的失误之处。

实验实训

项目训练一:发文处理

1. 实训目标

熟悉公文拟制和发文办理的程序和环节,掌握公文拟制和发文办理各环节的流程和操作要领,能够进行公文的拟制、登记、印制、核发等,形成公文拟制和发文办理的工作技能。

2. 实训内容

四海计算机公司为了更好地发展业务,在公司办公会议上决定,在新年到来之际将在广州白云饭店召开2017年订货会议,责成销售部负责此项工作。

销售部经理会后立即着手安排有关工作,要求办公室文员小杨起草有关文件。经理经过与有关方面联系,确定了会议的有关事项,向小杨布置工作:2016年12月20日前发出2017年订货函,会期3天,2017年1月8日报到,报到地点在广州白云饭店大厅。请各地的供销商前来参加会议,会务费自理。并要求小杨拟写一份函,告知有关活动事项。

小杨用记事本将经理的话记录下来,走出经理办公室,回到自己的办公室,立即开始拟写函。完成了文稿初稿的撰拟工作后,小杨将函写在统一的发文稿纸上,交给了销售部经理审核。经理对函的内容、要求、文字表达等方面进行了审核和修改,并签了字。小杨将修改后的审核稿再交给副总经理签发,副总经理看过后签字同意发出。

领导签发之后小杨对文件进行了复核、编号,将编号写在发文稿纸的相应栏内,打印份数为500份。然后又将这份函审核一遍,确定无误后,把这份发文稿拿到文印室交给打字员小马打印制成正稿。随后,小杨将印制好的函从文印室取回,逐一加盖单位公章,又将发放的文件在发文登记簿上填写好内容,分别将每份函用信封套好,封上口。通过邮局分发给各地的供销商,同时还保留了一份函便于归档。

3. 实训要求:

(1)设计制作训练内容中涉及的发文登记簿和发文稿纸等表格。

(2)评价训练内容中出现的人物的公文处理行为。

(3)分组实训。每组若干同学,讨论并撰写一份收文演示方案后,实训小组成员分别扮演副总经理、销售部经理、文员小杨和打字员小马等角色,按训练内容描述的场景顺序模拟演示收文的各个环节。

项目训练二:收文处理

1. 实训目标

熟悉收文办理的程序和环节,掌握收文办理各环节的流程和操作要领,能够进行公文的签收、登记、初审、承办、传阅、催办、答复等,形成收文办理的工作技能。

2. 实训内容

四海计算机公司是一家生产计算机芯片的企业。王秘书的工作单位是公司办公室,在办公室主任的领导下,专门负责该公司的文件处理工作。

这天,王秘书收到几份文件,其中一份是市质量技术监督局下发的公文,内容是通知全市将要开展产品质量专项整治行动和全面普查建档工作,质监局副局长将率相关工作人员前往各企业、工厂进行巡查调研，要求公司领导和生产部、品质部负责人陪同。王秘书立即开始对这份公文进行处理。

王秘书拿出收文登记簿，将此份文件按照有关要求进行了登记，并取出文件阅办单，按内容进行了填写。再将文件阅办单与该文件夹在一起，交给办公室主任。办公室主任审核了该文件，提出“请总经理批示”的意见，让王秘书给总经理送去。王秘书将已经提出初步办理意见的文件拿到总经理办公室。总经理阅读文件后，给予如下处理意见：“请副总经理负责，生产部经理和品质部经理协助，共同做好各项准备工作。”总经理打电话让王秘书过来，让她将这份文件和办理意见传达给副总经理，并要求将文件及时送其他副总经理传阅。

王秘书将总经理批示的文件送到副总经理处，副总经理看了文件之后，对总经理的意见进行了具体承办。为落实各项准备工作，副总经理召开了管理层全体会议，要求生产部和品质部共同协助，迎接产品质量专项整治行动和全面普查建档工作组的到来，开展有关工作。并对加强质量管理，提高产品质量，迎接巡查和抽查的各项任务与工作进行了布置，决定在各个部门开展相应的宣传活动和动员工作。要求各部门首先进行自查，明天将自查情况向副总经理汇报。

办公室准备明天进行催办，办公室主任把催办工作交给了王秘书。第二天，王秘书进行了催办。

在各项工作落实完毕之后，王秘书在文件阅办单上，写清该文件的处理情况：“该文件已批办，由副总经理负责，生产部经理和品质部经理协助”的字样并填好日期，然后和原文件一起，按要求进行归档。

3. 实训要求

(1)设计制作训练内容中涉及的收文登记簿、文件阅办单等表格。

(2)评价训练内容中出现的人物的公文处理行为。

(3)分组实训。每组若干同学，讨论并撰写一份收文演示方案后，实训小组成员分别扮演总经理、副总经理、办公室主任、生产部经理、品质部经理、王秘书等角色，按训练内容描述的场景顺序模拟演示收文的各个环节。

项目训练三：文书整理归档

假如你是某公司的文书文员，请判断以下文书是否需要进行整理归档。把需要归档的和不需要归档的文件序号列出来。

(1)公司老总外出参加展销会带回的同行业其他竞争对手的产品宣传册、报价单。

(2)当地税务局发来的关于办税服务大厅迁址的通知。

(3)当地工商行政管理局发来的关于工商企业进行年检的通知。

(4)某报社广告部发来的广告报价表。

(5)公司办公室印发的关于国庆节放假安排的通知。

(6)公司人力资源部编写的 2016 年公司员工名单统计表。

(7)公司制发的 2017 年工作要点。

(8)公司财务部发给公司的关于购买财务管理软件的请示。

项目训练四：归档文件

指出以下几组“件”的前后排列顺序哪些是对的，哪些是错的，写出对和错的序号。

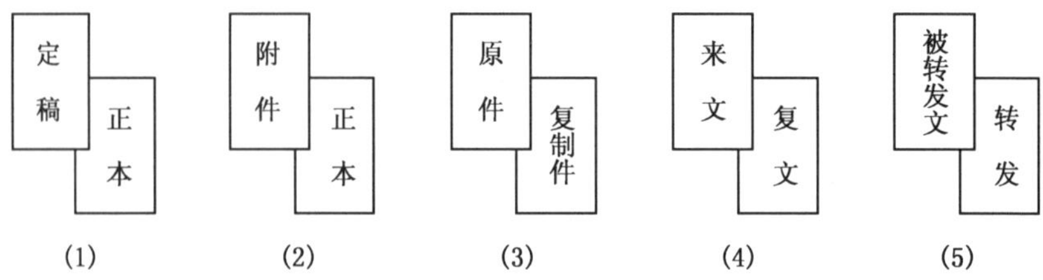

项目训练五:归档文件的整理

1. 实训目标

熟悉归档文件的整理工作,能拟写归档文件目录。

2. 实训内容

下面是北方大学的两份文件(式样)。

> **北 方 大 学 文 件**
>
> **北方〔2013〕5 号**
>
> 北方大学关于对经济学院王慧同学予以表彰的通知
>
> 各院:
>
> 经济学院的王慧同学代表我校参加 2013 年 2 月 26 日全国英语演讲比赛,获得一等奖的好成绩,为我校争得了荣誉。
>
> 鉴于王慧同学的事迹,我校决定于王慧同学予以表彰。
>
> 特此通知
>
> 北方大学(印章)
>
> 2013 年 3 月 25 日

> **北 方 大 学 文 件**
>
> **北方〔2013〕3 号**
>
> 北方大学关于表彰张彦同学拾金不昧的通报
>
> 我校文学院共产党员张彦同学,于 1 月 21 日拾到人民币两万元。虽然张彦同学的家境比较困难,但张彦同学不为重金所动,将拾到的钱款如数交到学校派出所。张彦同学在金钱面前体现出的高尚品德,受到广泛的称赞。
>
> 为表彰张彦同学的拾金不昧,学校决定奖励张彦同学 500 元奖金,并在全校通报表扬。
>
> 希望全校学生,尤其是共产党员,向张彦同学学习,树立良好的道德风尚,为两个文明建设做出贡献。
>
> 北方大学(印章)
>
> 2013 年 1 月 31 日

3. 实训要求

请根据文件形成的时间顺序排列以上两份文件,填写归档文件目录并解释填写缘由。

件号	责任者	文号	题　名	日期	页数	备注

项目训练六 :档案利用

1. 实训目标

通过模拟档案利用工作的情景,掌握档案室提供利用服务的技巧。

2. 实训内容

宏达公司档案室里,几名档案管理员正在为各种上门来的档案利用者提供服务,有的是组织人事部门派来的机关人员,为某些员工的聘任和治丧(致悼词)来查阅档案原件;有的是为了本人年休假来开具工龄证明的;有的是来复印本人的职称申报表的;还有的是来咨询办理工作经历证明的手续的。

3. 训练要求

分组实训。每组若干同学,讨论并撰写一份演示方案后,实训小组成员分别扮演档案管理员甲(乙、丙、丁)利用者甲(乙、丙、丁)等角色,按训练内容描述的场景模拟和演示档案室的利用服务工作是如何开展的。

(1)档案查阅者需要持有人事档案查阅审批表和本人有效证件。查阅人必须是单位组织人事部门的行政人员。个人不能查阅本人的人事档案。审批表应由查阅单位盖章和负责人签名。因需要而摘录档案内容的,须征得档案管理人员的同意,对其摘录部分,由档案管理人员与原文核对无误后加盖公章。

(2)出具档案证明和复印档案材料,经办人需要提供单位介绍信、有效证件和本人身份证。

(3)填写档案利用登记表,以便日后查考和档案利用的统计、分析。

档案利用登记表式样(一)

序号	日期	查档单位	查档人	批准人	查档内容	调卷情况				备注
						全宗号	卷、盒号	卷、件号	结果	

档案利用登记表式样(二)

序号	日期	部门	姓名	案卷或文件标题	利用目的	利用效果

续表

序号	日期	部门	姓名	案卷或文件标题	利用目的	利用效果

复习思考题

一、单项选择题

1. 复核是在公文正式印制前,(　　)对其进行复查审核。
A. 文秘部门　B. 签发人　C. 部门负责人　D. 单位领导
2. 批办是(　　)在文件处理单上做指示或批示。
A. 文秘人员　B. 文秘部门　C. 承办部门　D. 单位领导
3. 文书归档的时间一般在(　　)。
A. 年底　B. 第二年上半年　C. 第二年年初　D. 随时
4. 注办写在文件处理单的(　　)。
A. 办公室意见栏内　B. 领导批示栏内　C. 传阅签字栏内　D. 办理结果栏内
5. 文件阅办单应贴在所收文件的(　　)。
A. 前面　B. 最后　C. 中间　D. 与所收文件分开
6. 研究发现最适宜档案保存的湿度在(　　)。
A. 40%～65%　B. 50%～65%　C. 40%～50%　D. 50%～60%
7. 2001 年以后,文件整理应以(　　)为整理单位。
A. 卷　B. 件　C. 份　D. 册
8. 单位领导人对文稿进行最后的审定并签署意见的工作,这一环节称作(　　)。
A. 签署　B. 签发　C. 审核　D. 复核
9. 下列不属于发文处理程序的是(　　)。
A. 签发　B. 用印　C. 复核　D. 注办
10. 研究表明,档案保管最适宜的库房温度在(　　)℃。
A. 20～25　B. 15～20　C. 14～20　D. 8～25

二、问答题

1. "公文拟制"中的审核与"发文办理"中的复核有哪些相同点和不同点?
2. 不属于归档范围的文件材料有哪些?
3. 档案鉴定工作程序有哪几个阶段?
4. 基层档案室的档案收集工作内容有哪些?
5. 档案库房的"八防"措施内容有哪些?

第八章

调查研究与信息管理

学习目标

知识目标：掌握调研工作的流程与处理方法；掌握信息工作的流程与处理方法；了解网站信息管理的特点与流程。

技能目标：掌握秘书人员应具备的开展调研工作的能力；掌握秘书人员应具备的开展信息工作的能力；了解进行网站信息管理的方法。

【引入案例】

切片面包都卖给了谁

某海滨地区的7-11便利店根据POS机销售数据分析，该门店经常在周末上午会出现切片面包脱销的情况，按照常规的购物篮及消费者行为分析，并结合其他7-11门店的经验，可以认为这些切片面包是被到海滨旅游的人士买去，或者是家庭买给小孩当作早餐。依据标准的提升购物篮的做法，7-11便利店总部认为应该丰富这家门店的切片面包品种，提升档次，甚至要按照商品交叉销售的模式，补充与切片面包搭配的果酱、火腿肠、黄油等商品。这些做法看起来顺理成章，只要把商品补充到门店，必将全面提升该门店的切片面包及相关商品的整体销售额。

但是当总经理派人到门店观察时，却发现这个门店的切片面包是被海滨的钓鱼者买去，作为钓鱼饵料使用的，而不是作为早餐供钓鱼者自己食用或家庭给小孩食用。这个发现让总店的人员吃了一惊，因此对于这个门店的面包品类策略，应该调整为低档、低价切片面包，否则会出现切片面包及相关商品滞销的情况，为此该地区的7-11便利店特地开发了当作钓鱼诱饵的廉价切片面包，满足了周末钓鱼者的需求。

资料来源：高勇：《啤酒与尿布：神奇的购物篮分析》，清华大学出版社2008年版。

问题：真相来自哪里？如何才能找到藏在背后的真相？

第一节 调研工作

一、案例描述

令人头疼的决策

2017 年 6 月，在共享单车领域有两则消息引人关注：一是摩拜单车宣布完成超过 6 亿美元的新一轮融资，创下共享单车行业单笔融资最高纪录；二是正式运营仅仅 5 个月后，重庆的共享单车运营商悟空单车宣布退出市场。这两则消息，让某自行车制造公司的总裁王总有些喜忧参半。随着共享单车的兴起，公司近年来接了很多定制自行车的订单，利润虽不是很可观，但在自行车总体销量不佳的情况下，也算是公司的一个新希望。可是，这个行业以后会怎么发展，作为单车供应商的自己以后要怎么跟进，都成了让王总头疼的问题。为此，王总要求秘书小李就共享单车行业的发展情况完成一份调查报告，并要求三日后在桌上看到这份报告。

二、任务分析

调研工作，是为了在解决实际工作中所产生或出现的问题，有着鲜明的问题导向。调研工作是以真实数据和事件为依据而展开的，需要绝对的客观立场。做好调研工作，应做到：

1. 了解调研工作的特点。
2. 掌握调研方案的制订。
3. 了解信息收集、分析的要求。
4. 了解调研报告的撰写要求。

“没有调查就没有发言权”，说的就是调查工作的重要性。只有通过调查，才能走近事宜，找到真相。调查是过程、是方法，最后的落脚点是研究，只有通过对调查结果的分析研究，才能找到症结所在，从而寻找到解决问题的方法。而解决实际问题，才是调研工作真正的意义所在。

一、调研工作的特点

调研工作，可以分成两大部分，一是调查，二是研究。调查是研究的基础，研究是调查的目的所在。没有调查，就不可能得出结论；没有结论，调查就只是一堆毫无意义的数据；两者相辅相成，缺一不可。只有把两者合在一起，才能对实践活动产生出巨大的推动作用。

在秘书工作中，调研工作则更多地具有配合和辅助的性质，具体来说有以下几个特点：

1. 业务性

秘书的调研工作，一般是围绕着领导所分管的业务范围及其相关领域开展的。明确这一点，有助于秘书人员寻找准确的主题定位。

2. 突击性

与其他大型调研工作相比，秘书人员的调研工作，需要在很短的时间内完成，尤其是商务秘书，调研工作的周期越短，越能为公司捕捉到第一时间的商机。

3. 参考性

调研工作的目的是为了给领导的决策提供数据和资料的支撑，没有参考价值的调研工作，就没有存在的意义。

微型案例

童车市场的需求调研

随着二胎政策的放开，二孩家庭的比例开始攀升。某童车公司为了抢占这块“蛋糕”，计划开发一款适合二孩家庭的童车。目前的童车设计，能否满足二孩家庭的使用需求？拥有两个孩子的家庭，在童车的购买和使用上，又会有哪些新要求呢……这些问题摆在了公司设计部的面前，为了更好地适应目前市场的需求，同时又能在市面上的众多童车中脱颖而出，新产品的设计与定位显得十分重要。公司计划安排市场部进行一次市场需求的调研，以便决定新产品的设计方向。

问题：身为市场部的秘书，你计划如何开展这次调研工作。

二、调研工作的实施步骤

调研工作的实施流程见图 8—1—1。

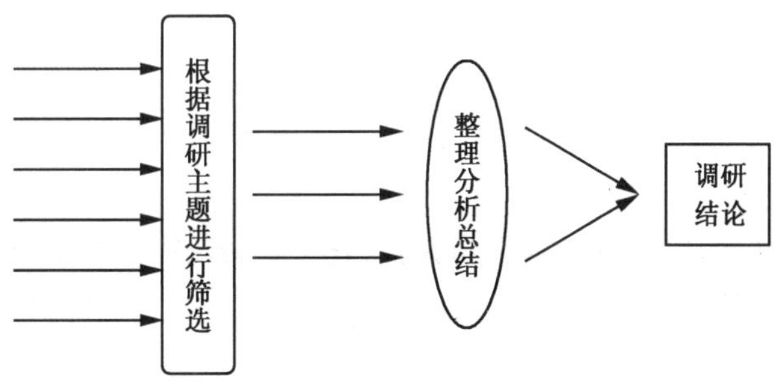

图 8—1—1　调研工作实施的流程图

(一)明确主题、敲定方案

1. 明确调研工作主题

秘书人员所接收到的调研工作，一般有两种来源方式：

(1)领导交办。这种由领导直接交办下来的调研工作，一般具有比较明确的主题或主题范围。对于秘书人员而言，在这一类调研工作中，秘书人员一般不需要自行提炼主题，更重要的是领会领导的意图，即弄明白领导所想要了解的内容是什么，想要知道的是结果是什么。

(2)主动开展。由秘书自己主动开展的调研工作，对秘书自身的综合素质要求比较高，是秘书工作能力的重要表现之一。在这一类调研工作中，秘书人员从本单位的工作实际和发展前景出发，结合本行业的发展现状、社会的经济现状和国家的政治经济导向等一系列信息，自行提炼出调研主题。

从主题上分，可将调研工作大致划分为如下几类：

一是流程类调研，即以提升工作效率为目的的调研。

二是质量类调研，即以提升工作质量为目的的调研。

三是营销类调研，即以提升销售业绩为目的的调研。

四是前景类调研，即以拓宽业务发展、行业发展为目的的调研。

2. 制订调研工作方案

为了保障调研工作的顺利开展和高效地推进，提前做好工作方案是十分必要的。制订调研工作方案的步骤，一般为：(1)确定适合的调研方式；(2)确定各项调研的步骤；(3)确定调研的负责人及时限要求；(4)合成调研工作方案。

调研工作方案可采用条款式或表格式来进行撰写。但需要注意的是，在工作安排上要分配合理，在任务指向上要明确清晰，从而确保方案的可操作性。

小资料

几种常用的调查方法：

个别访谈：向被调查人就调查的问题进行个别访问、交谈，以了解或核实情况。

群众座谈：选择有代表性的知情人，以召集座谈会的形式了解情况。

现场调查：前往现场调查，获得直观认识。

问卷调查：将事先拟好的调查表(问卷)发放给调查者填写，通过对结果的统计分析，得出与主题有关的信息资料。

文献调查：通过查阅各种文献资料，获取与主题有关的信息资料。

几种常用的研究方法：

比较研究：通过对照、对比的方式，找到不同事物(件)之间的异同，进而认识其本质和特点。

度量研究：通过定性、定量相结合的分析，找出事物(物)发展中的关键点和本质属性。

统计研究：借助统计方法，对数量进行分析，找出事物(件)的情况、原因、规律和趋势等。

资料改编：黄若茜、陈琼瑶：《秘书理论与实务》，清华大学出版社 2007 年版。

微型案例

调研工作方案

针对 2016 年上市的新产品，某公司销售部计划在 3 天内完成一份销售情况调研报告。以下是销售部秘书刘云拟订的调研工作方案。

序号	工作内容	负责人	协助部门	完成时间	备注
1	东北、华北、华东片区线下销售情况分类汇总	王京	相关片区负责人	4 月 12～13 日	
2	华中、华南、西南片区线下销售情况分类汇总	李星	相关片区负责人	4 月 12～13 日	

续表

序号	工作内容	负责人	协助部门	完成时间	备注
3	线上销售情况分类汇总	张炽		4月12日	
4	总体销售情况汇总及分析	刘云		4月14日上午	
5	总体销售情况报告撰写及PPT制作	刘云		4月14日下午	

问题：这个方案能给你什么启示？你能给刘云提出哪些修改意见？

(二)收集信息、整理分析

1. 有目的地收集信息

从调研主题出发，选择与之相关联的方向，开展信息收集工作。这种收集可大致分为以下几种：

一是按发展过程，即以事物发展的过程为主线开始收集。

二是按影响因素，即以影响事物发展的因素为主线开始发散性收集。

三是按扩散轨迹，即以事物扩散的轨迹为主线开始调研。

2. 分类汇总，深入分析

一是整理分类，即将之前收集到的有关信息，按其所属的类别、所制订的方案进行分类整理。

二是汇总分析，即将整理好的有用信息进行汇总，通过对信息本身以及信息背后所代表的内容进行分析。

(三)形成结论、撰写报告

1. 形成调研结论

在前期调研的基础上，经过反复地思考，得到结论。这个结论，就是调研工作中最核心的调研结论。一般可分为：揭示真相，预测趋势，利弊比对。

2. 撰写调研报告

在调研过程结束后，撰写文字材料。调研报告，是对调研工作的总结，也是对调研结果的展示。

在写作时，要注意一定立足于调研工作本身，结合实际情况撰写，不可随意发挥。在材料的选择上，一定要秉承翔实与典型相结合的原则。在结论的推导中，要符合逻辑，切忌牵强附会。

提醒您

调研报告的基本结构

▶ 标题

单标题：一是采用调研的内容为题，二是采用调研的对象为题。

多标题：一般分为正副两个标题，正标题为调研内容，副标题为调研对象或范围。

▶ 前言

事由式：交代调研工作产生的事由、背景，调研的目的、范围、方式等。

概述式：对调研工作的基本情况或过程进行总体概述。

▶主体

过程式：依据调研工作开展的过程，依次撰写。

分析式：依据原因、影响、分析、结论等几个层次进行撰写。

▶结尾

总结式：总结全文，深化主题。

问题式：提出问题，引人深思。

第二节　信息工作

一、案例描述

忽视信息工作的后果

为了进一步提高营业额，与多年的老对手一决高下，某大型超市决定对现有的上架商品进行一次调整，计划挑选更具竞争力的商品上架。经过多方考核，公司更换了几个供应商，让所售商品的性价比更高，同时兼顾了高中低档不同层次的需求。经过一段时间的运转，公司发现分公司的营业额因地区的不同而有所区别，有的地区出现小幅增长，有的则是下跌。就总体而言，只是与过去持平。

这时，市场部拿出了一系列的数据供领导参考。其中包括近期各大类商品销售数据，分时段销售数据，各分公司销售数据，以及改革前的同期同类销售数据等。通过对这些数据地区不断深挖，终于找出了销售情况不如预期的症结所在：商品销售整齐划一。不同的地区，有着不同的消费人群，他们有着不同的消费习惯，而整齐划一的商品调整，并没有考虑到这些差异性的需求，从而流失了部分消费者，最终导致销售情况不如预期。

基于这种认识，公司责成各分公司针对当地消费者的消费习惯，拿出商品调整方案。作为分公司的经理助理，你应当如何围绕这项工作开展信息工作？

二、任务分析

不同于调研工作的突发性，信息工作是一个更常态化的工作，是秘书日常工作的一部分。在信息工作中，秘书人员收集、掌握了大量信息，为调研工作、参谋工作等其他专项工作提供信息资料与素材。做好信息工作，应做到：

1. 了解信息工作的特点。
2. 掌握信息工作制度的要求。
3. 掌握信息工作收集和整理的操作。
4. 了解信息资料存放和保密的要求。

秘书人员的信息工作就是对各种信息进行系统处理的工作，是一项基础性工作随着时代的发展，社会对于信息的收集、利用，已经进入了一个新的时期——大数据时代，信息工作的重要性也日益被人们所接受。大数据时代的信息涵盖了政策信息、行业信息、技术信息等，见图 8－2－1。

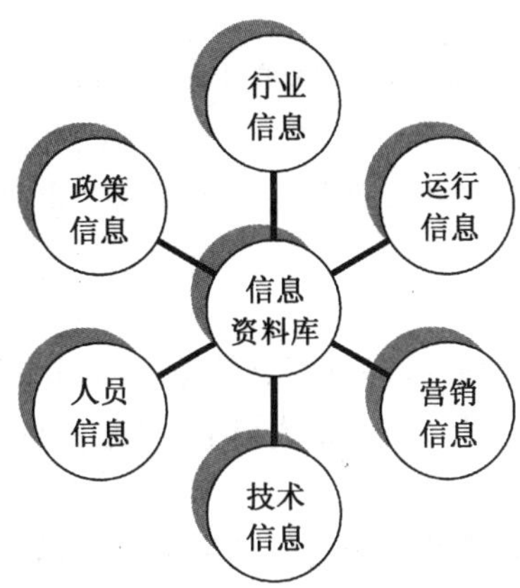

图 8－2－1 信息图案

一、信息工作的特点

秘书工作的枢纽性决定秘书人员所接触到的信息量是极其巨大的。在浩如烟海的信息当中寻找有用或以后可能有用的信息，是一项十分艰难的工作，但同时也是一项十分有意义的工作。

（一）长期性和日常性

信息工作是一项基础性的日常工作，贯穿于秘书工作的始终。身为秘书人员，要时刻保持着对信息工作的敏锐性。同时，在这个日新月异的当下，信息更新的速度将超过我们的想象。只有及时更新工作中的信息，才能对我们的工作产生有效的帮助。

微型案例

未雨绸缪的秘书小辛

“铃……铃……”在小辛快要下班的时候，办公室响起一阵急促的电话铃声，小辛连忙在电话铃响第三声的时候拿起电话，原来是区卫生局打来的。卫生局急需一份本区辖内所有幼儿园的清单，要选出条件成熟的幼儿园以迎接省“创卫”检查小组的检查。

卫生局的同志告诉小辛这项工作很紧急，希望教育局配合和支持，尽量在 5:30 前将名单传真给卫生局。

办公室主任知道后，非常着急：“小辛啊，在半个钟头内把全区 300 多家幼儿园汇总输入电脑打印出来，这根本是不可能完成的任务，可能要加班，明天才能传给卫生局，你得向他们说明情况。”

已经打开电脑开始工作的小辛听到主任的话，信誓旦旦地说：“放心吧，主任，我能在半小时内把清单列出来，我之前已经做过相关的录入工作了。”主任松了一口气，拍拍小辛的肩膀，赞赏地看着小辛：“好你个家伙，现在也懂得对信息工作未雨绸缪，进步不小啊！”

原来在两星期前，小辛做过一份全区中小学和幼儿园的统计表，已录入电脑存了档，现在只要把幼儿园的那部分调出来，再按幼儿园的级别简单排序，就能将这份统计好的信息传真给卫生局。果然，不出半个小时，小辛就把清单完成并传真给了卫生局。卫生局的同志直夸小辛办事效率高。

小辛总结了一下：信息工作还是要注意平时的信息累积与处理，关键的时候才能帮上大忙。

资料来源：杨锋：《秘书工作案例与分析》，暨南大学出版社 2016 年版。

（二）真实性和准确性

信息工作是为其他工作的开展提供可靠依据和佐证的工作。确保信息的真实与准确，是信息工作最重要的特点。去伪存真，识真辨假，都是信息工作中所必不可少的基础工作。

（三）针对性和系统性

秘书人员的信息工作，虽然说是需要做到尽可能的详细，但也不是事无巨细，全盘接收，而是有针对性、选择性地进行收集。这个针对性的出发点便是适用，作为调研工作和参谋工作的研究基础和素材来源，信息工作的适用便是契合领导工作和决策的需要。信息想要更好地发挥作用，必须要系统地整理好，才能方便以后的调取和使用。聚沙成塔的前提，是按一定的规则摆放，否则只能成为一盘散沙。

小资料

信息工作趣说

天平说：以领导需求为砝码，以此衡量信息内容的“质量”。

寻宝说：以领导关注为“宝”，善于从总结、汇报、调研等材料中找到“宝”。

造塔说：以明确的立意、鲜明的中心为地宫，以厚实的论据为塔基，以清楚有序的罗列为塔身，以精准、生动的总结为塔刹。

素描说：用简洁、清晰的文字勾勒出事件的轮廓，既不夸张呈现，也不多彩渲染。

乐队说：信息报送体系如乐队，既合理配置，又密切协作。在报送中动态与总结相结合，亮点与跟踪相结合，定期与及时相结合。

资料来源：翟锋亮：《信息工作趣论》，《秘书工作》2016 年第 6 期。

二、信息工作的具体流程

（一）建立信息工作制度

1. 确定信息工作内容：

（1）单位内部的其他信息，如基本运作流程、员工信息、主营业务、财务收支等；

（2）与上司业务工作相关的信息；

（3）与本单位、本行业、本区域等相关的信息。

2. 寻找信息工作关注点

确定信息工作关注点，对于开展信息工作可以起到指导作用。定位准确的关注点，可以帮助秘书人员用最短的时间和精力收集到尽可能多的有用信息。信息工作的关注点，一般可从工作中出现的重点、难点、热点中着手选择或整合。

3. 建立信息工作制度

由于信息工作是一项长期性的工作，为了确保它能长期执行，不间断，必须要建立起制度化的管理，有计划、有目的地开展信息工作。只有这样，才能确保信息工作在开展过程中，获得更全面、更完善的信息资源。

制度在制定之初，要对所可能收集到的信息，有个预先的构想和分类方案。然后，依据这个构想，分配任务。任务的安排不仅要全面，还要合理。在人员安排上，要确保每一个项目中都要有具体的负责人，责任到人才能保证工作不遗漏。对于信息的汇总上报，一定要定期上报。对于信息更新量大的行业，可一个月上报一次；对于信息更新量小的行业，可一个季度或半年上报一次。

（二）广开渠道，系统整理

1. 多渠道地收集信息

信息在收集的过程中，是多多益善，信息越全面、越深化，越能给以后留下研究和挖掘的空间。在收集时，一定要注意扩宽收集的渠道，利用一切可以利用的资源。有时候，只言片语，可以引发一场革命；一则消息，可以改变一次命运。

但在收集的过程中，一定要注意辨别信息的真伪，在源头上杜绝虚假信息，从而确保后续信息工作的可靠性和有效性。一般而言，应尽量选择第一手资料、官方资料、经过验证的真实资料等。

在秘书工作中，常用的信息渠道主要包括文书档案、业务交流、人际网络、书籍报刊、官方网站等。

微型案例

林秘书的小习惯

某电器企业的林秘书，是领导身边最受器重的“笔杆子”和“智囊”。他有一个保持了多年的小习惯：在每天开始工作之前，一定要先打开电脑，浏览网页。在他的电脑里，浏览器上记录着十几个常用链接，包括国内外几大知名电器公司、电器行业协会的网站、市省国家等各级政府网站、主要供应商的网站、主要销售商的网站等。电脑旁的记事本里，则记满了各类新闻的摘要和个人思考的心得。

问题：这种信息收集的方式，对你有什么启发？你有什么更好的提议？

2. 成体系地进行整理

从各个渠道中收集来的信息，成千上万。数量如此巨大的信息，每一个都可能是沧海遗珠，可是过于杂乱的它们，如果不经整理，是无法成为有用的明珠。

分类，是整理工作中工作量最大的一部分，而整理却并不只是简单地分类。对于一些残缺不全的信息，需要在后期整理时找到缺失的部分，因为只有完整的资料才有参考价值。对于一些过长的资料，需要从中提炼中精华，方便日后使用。整理的目的只有一个，就是方便以后的提取和使用。虽然由于行业的不同，面对的信息也不尽相同，但所有的整理活动，都应当围绕着这一目的开展。

(三)分类存放,注意保密

将信息以一种方便日后查找的方式分类保存好,是信息工作中必不可少的一个环节。信息在不断增加,如果没有分类存放,等到日后想要使用时,面对毫无头绪的一堆信息,查找将成为一项大工程。同时,及时分类,实时保存,也是信息工作中所要坚持的一个习惯。

同时,由于信息工作中还涉及一些不宜公开的事项,如人事信息、生产工艺、运行流程等一系列公司秘密,所以做好保密工作,也是信息工作中不容忽视的大事。

微型案例

一份没有找到的文件

秘书王晓兼管档案与信息。小王工作非常认真,很注意文件材料的收集,凡是工作活动中产生形成的文件材料,他都收集起来,存放在抽屉里。一天,上司找到小王,要查阅一份市场调查报告,小王望着几个抽屉的文件真有些不知所措,翻来翻去怎么也找不到,急得满头大汗。看到这个情景,上司对小王说,“文件要随时妥善处理。”小王回答:“我本打算第二年归档时再分类整理的。”上司接着说:“平时就应当做好初步的分类处理,不要等。”

资料来源:黄若茜、陈琼瑶:《秘书理论与实务》,清华大学出版社 2007 年版。

问题:小王的故事对你有什么启发?

提醒您

秘书收集信息时的注意事项

1. 不要“生吞活剥”。不管你收集到什么样的信息,一定要先在自己脑子里打几个问号:这事怎么发生的? 为什么是这样?

2. 不要自我发挥。有时收集到的信息不是那么完整,秘书为了完整,便发挥自己的想象力,使材料变得“完整”。其实,上司往往自己能根据这些零碎的信息,基本把握事情的大概,而你的想当然,则有可能误导上司。

3. 保持不偏不倚,不要先入为主。

资料来源:谭一平:《女秘书日记》,江苏文艺出版社 2011 年版。

第三节　网站信息管理

一、案例描述

复杂的网站信息管理工作

计算机专业毕业的冀北,被某装饰设计公司安排到综合科负责公司网站的日常管理。为了更好地体现出网站的专业性,冀北特地给原有的网站进行了改版。将原有的三个版块“公司信息、业务介绍、产品套餐”重新划分为“基本信息、主营业务、风格展示、团队风采和用户体验”几个版块。改版后的网站一下子就抓住了消费者的眼球。百变的设计风格,让每一位消费者都能找到自己想要的那一款。同时,来自真实用户的反馈,更是提升了整个网站的可信度。与此同时,网站内容的更新频率也由以前的一个月一次,改为一周一新。经过一段时间的运营,网站的浏览量有了明显上升,线上的订单量也有了显著增长。经理对于冀北的工作很是满意,并要求他将这项工作继续深挖下去。

假如你是冀北,你将如何将这项工作继续下去?

二、任务分析

网站信息管理,互联网时代信息工作的重点之一。借助网络,信息的传播变得更加便捷,受众范围更加广泛,成本更加低廉。做好网站信息管理,应做到:

1. 了解网站信息管理的内容。
2. 了解网站信息管理的特点。
3. 掌握网站信息管理的步骤。

互联网的出现,不过是半个多世纪前的事,可是它的发展却远远超过了其他任何一种交流工具。由于网站在宣传、便捷等方面所拥有的一些先天优势,它在办公领域也得到了越来越多的重视,成为信息工作中的一项重要分支。

一、网站与网站信息

网站,简单来说,就是一种用于沟通和信息传递的工具。不论是个人还是单位、国家,均可通过网站来发布自己想要公开的资讯,或利用网站来提供相关的网络服务。全世界的网民则可以通过互联网以访问网站的方式,获取自己需要的资讯或享受网络服务。

网站信息,从广义上来说,一般是指网站上所发布出来的所有信息的总和。包括网站的名称归属、结构导航、版块等。目前,不少单位网站的非技术层面的日常使用、管理工作都归口在综合部门或秘书部门,秘书人员因此也承担起网站信息更新、意见收集等一系列工作。在这里所说的网站信息,仅特指秘书工作中所要承担的网站信息工作,即信息的筛选、上传、反馈等日常事务工作,而非技术层面的网络工作。

小资料

遭人诟病的网站分类

墓碑网站:建好上线以后,少有人问津,甚至无人问津,有的就连企业自身都忘记了其存在。

花瓶网站:网站做得很唯美、很漂亮,但不实用。信息传达不准确,查找也麻烦,甚至根本找不到有价值的信息。

名片网站:与企业名片一样简单,仅仅罗列出简单的产品信息和联系方式,无法吸引人们有详细了解下去的欲望。

模板网站:使用同一模板产生出来的,具有流水线风格的,缺乏独特性的网站。

过时网站:长期不更新的网站,让人无法感受到网站的存在感。

资料来源：黎长鑫：《网站营销全攻略》，北京理工大学出版社2015年版。

二、网站信息管理的特点

在开始进行网站信息管理之前，首先要了解它都有哪些特点：

（一）公开性

网站信息，可以说是一种最公开化、透明化的信息资源。同时，由于网络的便捷性，网站信息也成为一种最经济有效的对外公告方式。

（二）宣传性

网站是一个单位在网络上的虚拟化存在，是单位进行自我宣传的一种有效途径。为了达到宣传的目的，网站上所公布出来的信息都应当起到宣传作用。

（三）及时性

网站的热度，来自它对公众的吸引力。一个不能及时提供最新信息的网站，是无法对公众产生吸引力的。一个无法吸引公众的网站，只能被公众抛弃。

微型案例

国务院办公厅关于2016年第二次全国政府网站抽查情况的通报

（节选）

在2016年的全国政府网站抽查中发现的主要问题：

（一）个别基层网站仍存在严重问题

抽查发现不合格网站112个。其中，云南省“勐腊县保护所”网超过6年未更新，内蒙古自治区科尔沁右翼中旗“科右中旗统计信息网”、黑龙江省“北安市公安局”网超过2年未更新；福建省福安市“晓阳镇人民政府”网存在大量空白栏目；陕西省“西乡县国土资源局”网部分咨询留言超过半年未回应；山西省“寿阳县环境保护局”网大量栏目无法访问。此外，陕西省被抽查的网站中无法访问的比例达14.3%。

（二）网站关停整改工作需进一步规范

个别网站出现关停整改不到位的情况。如，安徽省“蒙城县王集乡人民政府”网申请暂时关停后本应于今年3月份完成整改并开通运行，但至今页面仍提示“升级改版中”；福建省屏南县“屏南人事人才网”、河南省“民权县司法局”网已申请关停超过半年但尚未完成迁移及关停工作，仍“带病运行”。

资料来源：http://www.gov.cn/zhengce/content/2016-07/25/content_5094407.html。

问题：国家开展整顿政府网站，给我们的网站信息问题带来哪些启示？

三、网站信息管理的步骤

网站信息管理的步骤流程见图8—3—1。

（一）筛选信息

需要公开在网站上的信息，主要可分为以下两种：

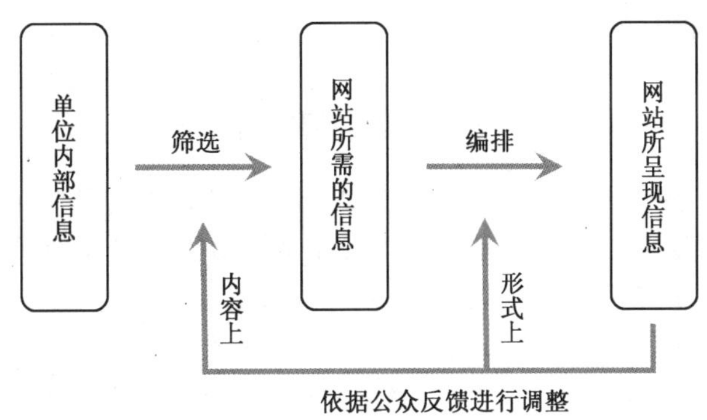

图 8—3—1 网站信息管理的步骤

1. 主动公开

网站是一个进行自我展示的新平台，所有的单位都希望把最好的一面展示在全世界面前。在信息筛选时，必然会优先考虑那些希望被大家了解的内容，包括企业文化、业务范围、产品信息、获奖情况等。

2. 受众需求

在信息筛选时，如果不考虑受众的需求，必然会导致关注度的下降。没有人会把不被需要的信息，放到自己的网站上。同时，受众也只会关心他们想要了解的内容，包括产品质量、售后服务、用户反馈等。

（二）编辑呈现

1. 图文并茂，立体呈现

网站区别与传统纸媒的特点之一便是它可以更立体地呈现内容。除了传统的文字与图片之外，网站还可以加入视频、互动等一系列新媒体因素，让整个网站动起来。

在编辑过程中，要充分利用网络优势，让信息“立”起来，而不是简单的几句话、几张图。但同时也应当注意：在编排时，要有统一的风格，把企业文化做成贯穿始终的展现内核。

2. 营造新的话题与关注

在商务型网站中，尤其要注意定期营造新的话题或关注点，用以引起公众对本单位的深入了解或持续性关注，从而达到宣传的目的。

（三）效果反馈

在网站信息管理中，公众反馈主要通过点击量来判断公众对某项新闻的关注度。通过对公众反馈的汇总与统计，寻找公众与社会关注的焦点，并以此为依据对网站信息的筛选要求和编排要求进行实时调整。

1. 内容反馈

即依据公众在不同内容的网页上，浏览的数量和时长，寻找出公众更感兴趣的内容。然后将公众感兴趣的内容予以强化和扩充，而对那些不受公众关注的内容则予以删减。

2. 形式反馈

即依据公众对不同表现形式所表现出的关注度，寻找出公众更喜欢的表现形式。然后将信息的表现形式进行重新编排，让信息以一种更令人喜爱的面目呈现在公众面前。

微型案例

永不停歇的网络购物节

淘宝网作为一个大型购物网站，它在营造新的关注度上可是下了不少力气。每一个节日都可以成为它宣传的主打，如2月14日主打爱情，3月8日主打美丽，母亲节、父亲节主打感恩，6月1日主打亲子，圣诞节主打狂欢等。就算实在没什么节日可用了，也要自己造一个出来，比如“11·11”，以及后来的“12·12”，都成为一场全球性的购物狂欢。这里的每一次策划，都给网站带来了巨额的利润，给其中的商家带来了巨大的商机。这些购物节不仅吸引了大量的淘宝用户，还吸引到了越来越多的世界知名品牌，他们开始将眼光放到淘宝，开始与之洽谈合作。

问题：网站策划会对企业的后续发展产生怎样的影响和作用？

小　结

关键术语

调研　信息　网站信息

本章小结

1. 调研工作包括调查和研究。调研工作的特点包括：(1)业务性；(2)突击性；(3)参考性。

2. 调研工作的步骤：明确主题，敲定方案；收集信息、整理分析；形成结论，撰写报告。

3. 调研工作，按主题可分为流程类、质量类、营销类、前景类。

4. 制订调研工作方案，需要确定调研方式、调研步骤、负责人及时限。在制订时要注意方案的可操作性。

5. 调研工作中对信息的收集，可分为发展过程、影响因素、扩散轨迹三种方式。

6. 调研结论，一般可分为三种：揭示真相，预测趋势，利弊比对。调研报告撰写时，要注意立足事实，详略结合，逻辑合理。

7. 信息工作的特点：长期性和日常性、真实性和准确性、针对性和系统性。

8. 信息工作的具体流程分为：建立信息工作制度；广开渠道，系统整理；分类存放，注意保密。

9. 信息工作的内容：单位内部信息、领导分管业务的信息、与本单位或本行业相关的其他信息。信息工作的关注点一般为工作中出现的重点、难点、热点。

10. 信息工作制度在制定时，要提前规划，合理安排，责任到人，定期上报。

11. 信息收集时，既要全面，又要真实；信息整理时，既要完整，又要精炼；信息保存时，既要便查，又要保密。

12. 网站是一种用于沟通和信息传递的工具。网站信息是网站上所发布信息的总和。

13. 网站信息管理的特点：公开性、宣传性、及时性。

14. 网站信息管理的步骤：筛选信息、编辑呈现、效果反馈。

15. 网站信息筛选的原则，既要满足用户的公开需要，又要满足公众的获取需要；网站信息的编辑原则，在多角度立体呈现的基础上，注意营造新话题和新关注点；网站信息的反馈原则，以反馈为依据，实时做出内容或形式上的调整。

知识结构图

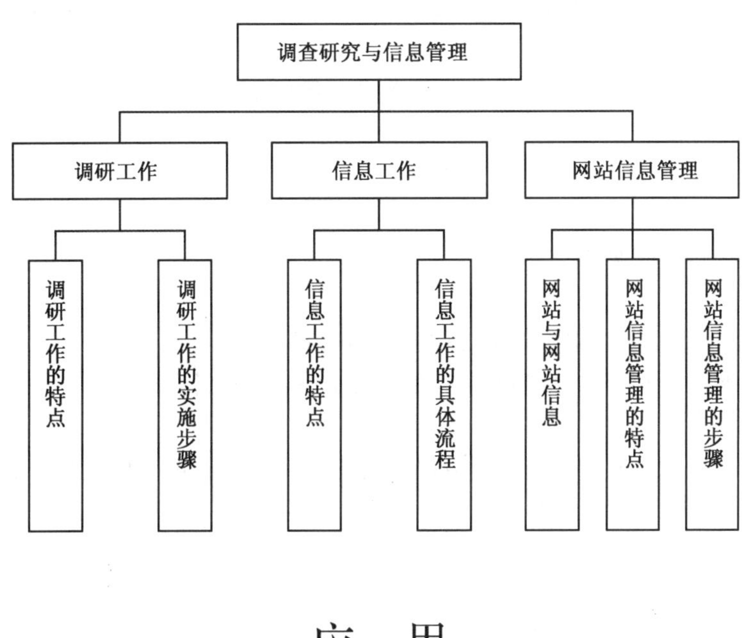

应 用

案例研究

案例一：

当啤酒遇上炸鸡

根据青岛啤酒提供的信息，2017 年 1 月 16 日至 2 月 12 日期间，肯德基在山东省、河南省的 35 个地级市共 430 家肯德基餐厅售卖与青岛啤酒合作的新年款特别包装啤酒。双方的合作还包括，在肯德基春节期间推出的"闻鸡起舞"桶内加入两瓶特别版的啤酒，四家重点城市的肯德基餐厅将对所供应的青岛啤酒进行主题包装。

资料来源：http://www.jiemian.com/article/1056795.html。

问题：

1. 请结合案例分析，在肯德基推出这项新套餐前，会如何开展调研工作？

2. 结合案例，请你谈谈调研工作对公司业务开展的重要性。

案例二：

影城的烦恼

暑假即将开始，国内外的暑期大片纷纷上映，某影城面对众多大片，开始犯了难。引进哪些，不引进哪些？引进了的每天排演多少场？这里面的讲究可大了。观众想看的，没引进，或是排演少了，便宜了竞争对手。反之，观众没兴趣的，引进了，或是排演多了，又是资源的浪费。今年的暑期到底该如何引、如何排呢？

问题：

1. 为了保证效益最大化，请你为该影城设计一份调查问卷，让他们能更好地了解本地观众的口味与要求。

2. 为了今后的发展，该影城应如何在平时开展信息工作？

实验实训

训练项目一：校园调研

1. 实训目标

(1)通过训练，让学生掌握调研工作方案的编制。

(2)通过训练，让学生掌握调研工作的主要方法和注意事项。

2. 实训内容

据统计，有一半以上的在校大学生曾经或正在从事着各项兼职工作。为了进一步了解本校学生从事兼职的有关情况，某大学学工处计划在校内开展一次调研工作。找出不同专业、不同年级的学生在选择社会兼职上的差异及原因。

3. 实训要求

(1)分组进行，小组成员自行做好人员分工和工作计划。

(2)以小组为单位，根据所提供的情景，开展此项调研活动。

(3)调研结束后，分组汇报调研的过程及结论。

(4)教师指导总结，要求学生掌握各项调研方法的使用。

(5)递交实训报告。

训练项目二：信息收集

1. 实训目标

(1)通过训练，让学生掌握信息工作方案的编制。

(2)通过训练，让学生掌握信息工作的基本方法和注意事项。

2. 实训内容

某网络运营商，为了更好地了解用户的偏好与需求，寻找新的利润增长点，计划在公司内启动数据挖掘工作。出于此项工作的需要，公司决定进一步加强信息工作的力度，以便为数据挖掘提供更多的参考数据与资料。与此同时，综合办接到公司下达的一项任务：拟订一份信息工作方案。

3. 实训要求

(1)分组进行，小组成员自行做好人员分工和工作计划。

(2)各小组根据所提供的情景,开展此项信息工作。

(3)收集工作结束后,分组汇报信息收集的过程及结论。

(4)教师指导总结,要求学生掌握各项信息收集、整理方法的适用范围;

(5)递交实训报告。

训练项目三:网站信息管理

1. 实训目标

(1)通过训练,让学生掌握网站所需信息的主要类型。

(2)通过训练,让学生掌握进行网站信息维护的主要方法。

2. 实训内容

伊人公司,是一家服饰销售商。为了拓宽宣传和销售的渠道,公司建了一个叫"网上伊人"的网站,将自家销售的家具都挂在了网上。网站刚投入使用时,效果还不错。后来,各种投诉越来越多:产品款式的更新跟不上季节变换,咨询时"十问"都得不到"一答",连 VIP 服务都常常宕机。为了改变这一现状,公司将卫迁调到了信息科,加强网站的管理。此时的卫迁应当怎样做呢?

3. 实训要求

(1)分组进行,小组成员自行做好人员分工。

(2)各小组根据所提供的情景,制订一份计划书。

(3)计划书完成后,分组汇报所拟订计划书的可行性和优势。

(4)教师指导总结,要求学生掌握网站信息管理的主要方法。

(5)递交实训报告。

复习思考题

一、单项选择题

1. 在营销类调研工作,一般选用(　　)的调查方法。

A. 现场调查　　B. 问卷调查　　C. 个别谈话　　D. 群众座谈

2. 与其他的调研工作相比,(　　)是秘书人员的调研工作的特点。

A. 参考性　　B. 常规性　　C. 权威性　　D. 全面性

3. 调研工作方案的制订时,最核心的要求是(　　)。

A. 时限性　　B. 操作性　　C. 全面性　　D. 精准性

4. 不属于办公室信息收集范围的(　　)。

A. 电话记录　　B. 领导日程　　C. 报纸杂志　　D. 内部文件

5. 信息工作中,应时刻保持(　　)。

A. 精英意识　　B. 大局意识　　C. 保密意识　　D. 竞争意识

6. (　　)是信息工作的最终目的。

A. 了解情况　　B. 寻找真相　　C. 还原历史　　D. 日后使用

7. 网站信息管理的特点不包括(　　)。

A. 公开性　　B. 新颖性　　C. 及时性　　D. 宣传性

8. 公众最希望从网站中得到(　　)的信息。

A. 研发情况　　B. 业务盈利　　C. 公司前景　　D. 产品性能

9. 从公众的反馈中,网站信息不会做出(　　)调整。

A. 产品促销　　B. 产品分类　　C. 产品介绍　　D. 用户体验

二、问答题

1. 秘书人员在调查环节中,如何确保信息的真实性、有效性?
2. 秘书人员如何在最短的时间内寻找到最终的调研结论?
3. 实行信息工作制度化的优势在哪里?
4. 如何让网站信息变得更吸引公众?

第九章

秘书参谋与督查

学习目标

知识目标：掌握参谋工作的层次和作用；了解参谋工作的特点；了解督查工作的特点和方式。

技能目标：掌握开展参谋工作的主要方法；了解参谋工作的主要规律和注意事项；掌握督查工作的运行流程。

【引入案例】

为了收视率所引发的故事

某电视台为了响应政府关注民生的号召，特意策划了一档“你说我来帮”的栏目。该栏目借助媒体，将市民所遇到的问题，公之于众，利用社会舆论的压力，促使有关部门尽快解决。该栏目一经推出，在全市范围内赢得广泛好评。可是，一年之后，该栏目的收视率却出现了明显的下降，民众的参与度和满意度也不到之前的一半。

关于这个问题，总编室的小赵在经过了一番调查之后，发现节目中所报道的事，有一多半没有得到圆满的解决。市民因此对该栏目的关注也因此下降了。小赵写了一篇如何提高该节目收视率的建议，送给了总编。对于小赵提出的建议，总编很满意。并责成栏目组迅速按这个建议落实。而小赵则代表总编室负责落实督办。

经过改版之后，“你说我来帮”栏目增加了“小帮回头看”的环节，专门针对那些暂未解决的问题进行后续跟踪报道。在拍摄过程中，栏目组遇到了很多困难，最令人头疼的就是采访对象拒不接受第二次采访，不愿再次出镜。对此，小赵与栏目组一起想办法，从经办个人到部门负责人，到单位负责人，他们来回劝说，终于拍摄成功。在这个过程中，他们也体会到市民办事不易，也更加坚定了把这个节目做好的决心。

通过几期的播放，节目重新找回了关注度，不仅帮市民解决了一批老大难问题，还曝光了一些不作为的部门和个人。改版后的节目，重新赢得了市民的喜爱，甚至还得到了政府的关注。

问题：结合这个故事，说说小赵的举动属于秘书工作中的哪些工作。

第一节 秘书参谋工作的内容与范畴

一、案例描述

如何做好参谋工作

随着旅游业的不断发展,“短租”成为房屋租赁界的新宠,一些短租平台也应运而生。刚刚尝了点甜头的某短租平台,又乐不起来了。虽然租客越来越多,可是房源却越来越少。为了解决供需上的不平衡,企划部王总让秘书林炽去找新的渠道,以便寻找更多的房源。

然而,林炽在寻找的过程中,发现空置的房子其实很多。但很多业主宁愿闲置,都没有选择将它们放到短租平台上。通过多方的沟通与调查,林炽最终找到了原因所在:一部分是不了解短租,另一部分是房屋被租客损坏后难以索赔。

根据自己的调查结果,再结合其他部门的意见与看法,林炽写了一份新的策划案,放到了王总的办公桌上。王总看了之后,很满意,尤其是其中针对租客损坏房屋的提前预防措施的部分,更是填补了现行方案中的空白。他大赞林炽工作主动,并让林炽负责该策划案的实施落地。

二、任务分析

参谋工作,是秘书为领导决策服务的直接举措。开展参谋工作,有助于锻炼秘书人员的分析、判断能力,进一步提升秘书人员的眼界与境界。同时,还可以进一步提高领导工作的效率,为领导人员节省时间和精力。如何正确理解参谋工作,应做到:

1. 了解参谋工作的阶段和范畴。
2. 掌握参谋工作的特点。
3. 掌握开展参谋工作的主要步骤。

参谋工作是秘书综合素质高低的重要表现。在实际工作中,虽然不会要求每一个秘书人员都成为一个优秀的参谋,但了解和掌握参谋工作,对于提升秘书人员自身素质是大有裨益的。

一、参谋的定义及范畴

参,即参与;谋,即谋划。从字面上来看,参谋,就是参与谋划。具体到秘书工作中,参谋则是为领导的决策提供一系列的辅助性工作与服务。参谋工作是秘书的重要职责之一。从工作层次上来说,参谋工作可分为以下三个阶段(见图 9—1—1):

(一)提供依据

这是参谋工作的初级阶段。主要是通过对相关信息及资料进行有目的、成系统地整理,提炼出其中与此项工作紧密相关的信息。这一阶段的工作在某种程度上,与调研工作、信息工作有相通之处,均是通过对信息的收集、整理来完成。但参谋工作是以决策为导向,以如何推动决策为出发点开展收集工作。

（二）综合意见

这是参谋工作的中级阶段。综合意见，是对不同意见或方案的综合整理，大致可分为：一是分析意见，即对现有的意见或方案进行利弊分析，找到其中的优缺点；二是归纳思路，即从现在的意见或方案出发，通过概括其思路的方式，进一步理清方向。

（三）出谋划策

这是参谋工作的高级阶段。秘书人员以平时的积累为基础，结合自身的思考与判断，对某项工作做出预判、提出建议，大致可分为：一是在领导决策前，为领导的决策提供不同的决策选择；二是在领导决策后，针对领导在决策中所忽略的点，进行查漏补缺，将可能出现的漏洞指出来，给领导参考。

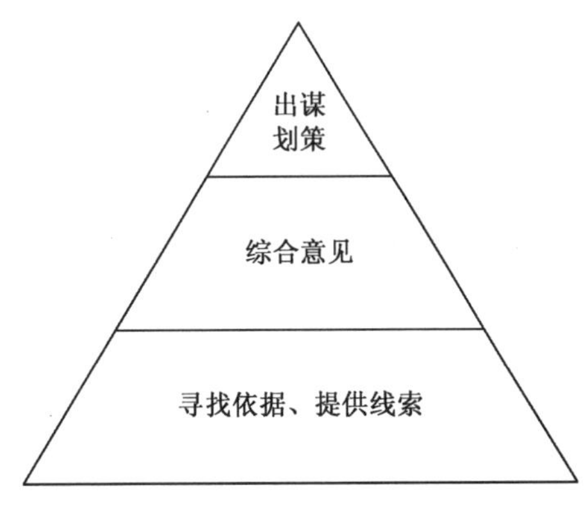

图 9—1—1　参谋工作的三个阶段

二、参谋工作的特点

想要更好地开展参谋工作，一定要提前了解参谋工作的三个特点：

（一）实践性

参谋工作是一项以处理、解决实际问题为出发点的工作。实践导向，是参谋工作的一项重要特征。这种实践性可分为：

1. 指导实践

对实践能产生指导作用。参谋工作是秘书人员辅助决策职能的重要体现，这项工作是以解决问题为出发点，以指导实践为根本目的。缺乏对实践的指导和影响，便不能对领导的决策产生正面的影响，也就会失去了参谋的意义与作用。

2. 具体可行

有具体的实施步骤和实施办法，以确保在实践中能真正实施。秘书人员在进行参谋时，要的不是口若悬河、夸夸其谈，而是要一步一个脚印，实打实地拿出可行的方案。

（二）全局性

参谋工作“谋”的虽然是一时一地一事，但在这些背后，隐藏的却是全局。牵一发而动全身，说的便是参谋工作的全局性。只有看清楚事情之间的关系、联系，才能更好地进行谋划。这种全局性可分为：

1. 全盘考虑

工作过程中的每一个环节都要考虑到。全盘考虑是参谋工作得以开展的前提条件。参谋工作必须站在一定的高度，才能顺利开展。只有通观全局，才能跳出个人观念和位置的狭隘，看得更透彻、更深远。

2. 全面考虑

工作结果中的可能出现的正反两个方面都要考虑到。全面考虑是保障参谋工作正确性的重要保证。在思考的过程中，既要看到利，也要看到弊，通过对正反两方面的对比，才能让自己对问题的把握更全面、更无懈可击。

（三）代入性

作为一种辅助性服务工作，参谋工作是秘书众多的幕后工作之一。这种辅助性，要求秘书人员在进行参谋工作时，一定要时刻注意代入性。这种代入性主要体现在以下两个方面：

1. 站在领导的角度进行思考

参谋工作是秘书辅助决策职能的重要体现之一。决策的主体是领导，是为领导的决策提供参考意见、出谋划策。

2. 站在受众的角度进行考虑

判断参谋工作优劣的重要标准是能否正确地指导实践工作的开展，在工作实施后能否取得预期的结果。在开展参谋工作时，站在受众的角度考虑问题，可以得出更有实践意义的结论。

微型案例

火腿肠卖给了谁

在北京某连锁超市曾经发生过这样的故事：有一种火腿肠由于淀粉含量很高、口感很差，价格也很便宜，只有几毛钱一根，因此该连锁超市将这种火腿肠定义为低档火腿肠，意思是只有低收入人群才会吃。这种火腿肠只有少量门店上架销售，货架位置也是很差，并且打算随时将该产品撤架。但是在一段时间后，居然发现这种火腿肠销量不错，而这几家门店周围也没有工地或者长途车站，这种火腿肠热销是毫无道理的。市场人员到门店观察及调查后发现，客户购买这种火腿肠回家不是给家庭成员吃，而是作为零食喂给家里的宠物狗。这种火腿肠价格低，很多养宠物的家庭容易接受，这种做法一传十、十传百，很多中老年客户前来购买，因此造成这种火腿肠的热销。发现这一特点后，该连锁超市立即组织商品大量进货，并在卖场将火腿肠 20 根一起捆绑销售，收到了很好的效果。

资料来源：高勇：《啤酒与尿布：神奇的购物篮分析》，清华大学出版社 2008 年版。

问题：谈谈在解决问题时，应该如何才能更全面地进行思考。

三、参谋工作的步骤

参谋工作是一项复杂的综合性工作。一个参谋意见的提出，包含着许多其他方面的付出与努力，比如：通过日常的信息工作，发现问题。通过调研工作，寻找到问题的症结所在。通过思考与求证，找到解决问题的方法。所以，参谋工作，秘书人员进行参谋工作时，可分为：

(一)以问题为出发点,寻找线索

在进行参谋工作时要从实际的问题出发,寻找线索,然后根据线索,为参谋工作提供思路。

微型案例

善对领导的秘书们

章总经理大学毕业,喜欢读书,但又不求甚解,而且喜欢表现。当上总经理以后,自视清高,语出欲惊人,论理必旁征博引,可是肚里的名人名言、经典警句、天文地理、历史民俗,都只能记个大概,说出来时,往往张冠李戴,说了上句忘下句。每逢这种场合,大家都十分尴尬。如果当场提醒他一句,他不高兴,会白你一眼,事后训你:"领导讲话别插嘴!难道这中学课本上的东西我这堂堂的老牌大学生还不知道?"如果不提醒,他也会不高兴:"你们这些秘书是干什么的?见机行事提醒提醒也不会?"为这,我们几个小秘书凑在一起研究了好几次,终于想出了几种办法:一是在他的办公室、会议室和办公桌玻璃板下,挂上或放一些唐诗宋词、古今中外名人名言的条幅,让他多看多记,避免用时出错;二是在他的讲话稿后边多附点可供引用的资料附件,以方便他引用;三是根据会议和会谈内容,在会场或会议室张贴一些相关名句;四是在出席重要活动途中,故意说一些成语典故、名言名句,暗中帮助总经理复习。

章总似乎有所察觉,心照不宣地和我们配合得很好。

资料来源:杨锋:《秘书工作案例与分析》,暨南大学出版社2016年版。

(二)以线索为切入点,开展调查

有些参谋工作比较复杂,就需要从线索入手,开展深入的调查研究工作,这样才能得到更尊重实际情况的一手材料,为参谋工作提供依据。

微型案例

小蚊香大效益

这天上午,百货公司召开了一次紧急会议,参加会议的人员有公司总经理、秘书小叶及各部门主管人员。会议的主题是:如何在逆境中寻求新出路,使日用产品在市场上占有一席之地,并尽最大可能地提高公司的营业额。

在会议过程中,小叶把各部门主管人员的意见与建议详细记录下来。会议过后,她马上整理资料,并把资料打印好送到总经理处审查。经过仔细审查后,总经理认为这些材料缺乏全面性,而且不够详细,要求小叶以最快速度做好一份真正能提高公司营业额的具体方案来。

首先,小叶与同事一起查找出相关的资料,对日用产品的市场需求量进行了比较。

其次,小叶针对这种产品的需求量,安排具体的工作人员进行了实地的调研工作。

最后,小叶对这些资料进行整理,并做了必要的分析与解释说明,将材料送给总经理,以便总经理在做出决策前能及时查阅这些相关的信息，做出正确的决策。

资料改编自：杨锋：《秘书工作案例与分析》，暨南大学出版社 2016 年版。

（三）以调查为基础，寻找解决之道

调查并不是目的，但调查是基础。没有调查，就没有发言权。在企业工作中，任何一项决策都需要有理有据，这样才能保证企业立于不败之地。但秘书人员在提供完调查数据之后并不意味着自己完成了领导交代的任务，秘书人员也要根据调查的数据，试图寻找问题的解决方法，提供咨询建议，供领导参考。

微型案例

麦肯锡七步分析法

麦肯锡公司是由美国芝加哥大学商学院教授詹姆斯·麦肯锡(James O'McKinsey)于1926 年在美国创建的，现在麦肯锡公司已经成为全球最著名的管理咨询公司。

麦肯锡七步分析法又称“七步分析法”，是麦肯锡公司根据他们做过的大量案例，总结出的一套对商业机遇的分析方法。它是一种在实际运用中，对新创公司及成熟公司都很重要的思维、工作方法。

第一步，确定新创公司的市场在哪里。这里一是要搞清楚市场是什么？再一个是在市场中的价值链的哪一端？确定自己的市场在哪里，才能比较谁和你竞争，你的机遇在哪里？

第二步，分析影响市场的每一种因素。知道自己的市场定位后，就要分析该市场的抑制、驱动因素。要意识到影响这个市场的环境因素是什么？哪些因素是抑制的，哪些因素是驱动的。此外还要找出哪些因素是长期的？哪些因素是短期的？如果这个抑制因素是长期的，那就要考虑这个市场还要不要做？还要考虑这个抑制因素是强还是弱？

第三步，找出市场的需求点。在对市场各种因素进行分析之后，就很容易找出该市场的需求点在哪里，这就要对市场进行分析，要对市场客户进行分类，了解每一类客户的增长趋势。如中国的房屋消费市场增长很快，但有些房屋消费市场却增长很慢。这就要对哪段价位的房屋市场增长快，哪段价位的房屋市场增长慢做出分析，哪个阶层的人是在买这一价位的，它的驱动因素在哪里？要在需求分析中把它弄清楚，要了解客户的关键购买因素，即客户来买这件东西时，最关心的头三件事情、头五件事情是什么？

第四步，做市场供应分析。即多少人在为这一市场提供服务，在这一整个的价值链中，所有的人都在为企业提供服务，因位置不同，很多人是你的合作伙伴而不是竞争对手。如在奶制品市场中，有养奶牛的，有做奶产品的，有做奶制品分销的。如公司要做奶制品分销，那前两个上游企业都是合作伙伴。不仅如此，还要结合对市场需求的分析，找出供应伙伴在供应市场中的优劣势。

第五步，找出新创空间机遇。供应商如何去覆盖市场中的每一块？从这里能找出一个商机，这就是新创公司必须要做的这一块。这样分析后最大的好处是，在关键购买因素增长极快的情况下，供应商却不能满足它，而新的创业模式正好能补充它，填补这一空白，这也就是创业机会。

第六步，创业模式的细分。知道了市场中需要什么，关键购买因素是什么，以及市场竞争中的优劣势，就能找出新创公司竞争需要具备的优势是什么，可以根据要做成这一优势所需条件来设计商业模式。

第七步，风险投资决策。以上六步商业机会的分析，大小公司都可以运用，这第七步就是针对风险投资商的。

(四)寻找合适的机会，呈现给领导

参谋的时机很关键，这也是参谋工作的最后的工作环节。参谋工作要想取得较好的效果，秘书人员必须懂得参谋的时机，适时而动，不可贸然行事。

微型案例

《触龙说赵太后》的参谋艺术

《触龙说赵太后》是《战国策》中的名篇。主要讲述了战国时期，秦国趁赵国政权交替之机，大举攻赵，并已占领赵国三座城市。赵国形势危急，向齐国求援。齐国一定要赵威后的小儿子长安君为人质，才肯出兵。赵威后溺爱长安君，执意不肯，致使国家危机日深。

触龙就是在强敌压境，赵太后又严厉拒谏的危急形势下，触龙因势利导，在恰到好处之时，用“爱子则为之计深远”的道理，说服了赵太后，让她的爱子出质于齐，换取救兵，解除国家危难。

触龙的参谋并不是一开始就提及自己此行来的目的，而是与赵太后唠家常，然后谈及孩子。左帅公说：“老臣的儿子舒祺，年龄最小，不成器，可是臣已衰老，私心又疼爱他，希望您让他补充黑衣卫士的人数，来保卫王宫。我冒着死罪来求您！”太后说：“答应您！ 年龄多大了？”触龙回答：“十五岁了。虽然还小，但想趁我未死之前来托付给您。”太后说：“男人也疼爱他小儿子吗？”触龙回答：“比女人爱得厉害些。”太后笑着说：“女人爱得特别厉害。”触龙回答：“老臣认为老太太爱燕后超过爱长安君。”太后说：“您错了，不像爱长安君那样厉害。”左师公说：“父母爱子女，就要为他们考虑得长远些。老太太送燕后出嫁时，她上了车还握着她的脚后跟为她哭泣，惦念、伤心她的远嫁，这也够伤心的了。送走以后，不是不想念她了；但每逢祭祀您一定为她祈祷，祈祷说：‘一定别让她回来啊’这难道不是从长远考虑，希望她有子孙相继为王吗？”太后说：“是这样。”

左帅公说：“从现在算起往上推三代，一直到赵氏建立赵国的时候，赵王的子孙凡被封侯的，他们的继承人还有在侯位的吗？”太后说：“没有。”触龙又问：“不仅是赵国没有，其他诸侯国子孙被封侯的，其继承人有在侯位的吗？”太后说：“我没有听说过。”

在谈及这些内容后，赵太后戒备的态度已经改变，于是触龙便抓住了这个参谋的时机及时进言说：“这些被封侯的近的灾祸及于自身，远的灾祸及其子孙。难道是国君的子孙就一定不好吗？根本的原因是他们地位高贵却没有功，俸禄优厚却没有劳，而且拥有的贵重宝器多了。现在老太太让长安君的地位高贵，并且把肥沃的土地封给他，还给他很多贵重的宝器，却不趁现在您健在时让他有功于国，一旦您驾崩了，长安君凭什么在赵国立身呢？老臣认为老太太为长安君考虑得太短浅，所以认为您对长安君的爱不如燕后。”太后说：“您说得对。任凭您怎样支使他吧！”

于是为长安君备车一百乘，到齐国去做人质。齐国才出兵。

在实际工作中,需要秘书参谋的工作并不一定会按照这四个步骤来进行,秘书人员可能需要做的工作,有时只是其中一项或几项。但在开展此项工作时,一定要预先在头脑里,将这四个步骤提前过一遍,以做好心中有数,胸有成竹。从而,确保自己所说的每一句话,都能产生应有的价值与效果。

第二节 秘书参谋工作的规律

一、案例描述

杨修的参谋工作

操屯兵日久,欲要进兵,又被马超拒守;欲收兵回,又恐被蜀兵耻笑,心中犹豫不决。适庖官(注,厨师)进鸡汤。操见碗中有鸡肋,因而有感于怀。正沉吟间,夏侯惇入帐(注,营帐),禀请夜间口号。操随口曰:“鸡肋!鸡肋!”惇传令众官,都称“鸡肋”。

行军主簿(注,官职名,同今之文字秘书)杨修,见传“鸡肋”二字,便教随行军士,各收拾行装,准备归程。有人报知夏侯惇。惇大惊,遂请杨修至帐中问曰:“公何收拾行装?”修曰:“以今夜号令,便知魏王不日将退兵归也:鸡肋者,食之无肉,弃之有味。今进不能胜,退恐人笑,在此无益,不如早归。来日魏王必班师矣。故先收拾行装,免得临行慌乱。”夏侯惇曰:“公真知魏王肺腑也!”遂亦收拾行装。于是寨中诸将,无不准备归计。

当夜曹操心乱,不能稳睡,遂手提钢斧,绕寨私行。只见夏侯惇寨内军士,各准备行装。操大惊,急回帐召惇问其故。惇曰:“主簿杨德祖(注,杨修,字德祖)先知大王欲归之意。”操唤杨修问之,修以鸡肋之意对(注,回答)。操大怒曰:“汝怎敢造言乱我军心!”喝刀斧手推出斩之,将首级号令(注,处刑后示众)于辕门外。

资料来源:罗贯中:《三国演义》,岳麓书社1986年版。

二、任务分析

参谋工作,是秘书辅助决策职能的集中体现,是秘书人员对上级产生反作用力的有力表现。做好参谋工作,一方面体现出秘书人员在决策活动中的价值,另一方面也展现出秘书人员综合能力。想要做好参谋工作,就需要秘书人员在实际工作中做到:

1. 了解秘书人员的参谋意识。
2. 掌握参谋工作中分析、思考的方式与侧重。
3. 掌握参谋工作中所需的表达形式。

秘书参谋工作,是秘书工作中的高级阶段,是秘书人员综合素质的最高体现。如何开展参谋工作,其实也是有规律可循的。

一、意识规律

要想做好参谋工作,秘书人员首先都在思想上、意识上做好准备。让自己在主观上,提前进入参谋这个角色中去。做好思想及意识上的准备,是开始参谋工作的前提条件。

（一）主动意识

工作中存在的问题，不会自己主动跳出来让我们发现。事实上，那些问题往往具有一定的隐蔽性，需要我们去把它们挖出来。这就要求秘书人员在工作当中要时刻注意保持主动性。只有掌握了主动性的人，才能时刻提高警惕，才能在稍有风吹草动时，敏锐地发现问题的苗头。只有掌握了主动性的人，才能时刻都在思考，才能在事情发生之前，提前做出判断。

（二）幕后意识

秘书人员，虽然在工作内容上有一定的管理性质，但这种管理是一种辅助性的管理。秘书人员所要做的工作是参谋，而非决策。提供咨询、建议、意见，是秘书人员的职责，但切忌代替领导进行最终的判断和决策。在工作中，只有各司其职，才能并行不悖。

（三）超前意识

参谋工作，更多的时候针对的是未开始、未发生的工作，参谋所谋的是多半是未来之事。如何在事先就提前看到问题、发现问题、解决问题，这就要求秘书人员在思考时，眼光一定要摆得更高一些、放得更长远一些。不能把眼光局限在眼前的一亩三分地上，只有高瞻远瞩，才能看清未来的发展趋势和发展方向。

微型案例

纸张背后的故事

秘书苏弘，在对本季度的办公用品使用情况进行汇总时，发现这个季度的纸张用量有些偏大，最高的用量比往年同期高出了20个百分点。可是，翻查近期的工作记录，却没有发现什么特别之处。经过暗中的观察，苏弘发现，最近公司刚更换了一批新的打印机、复印机等办公设备。由于对新设备的操作不熟练，不时会发生印错、打多、卡纸等问题。同时，由于新设备对纸张的要求比较高，80克以下的纸在进行双面操作时，很容易卡纸。苏弘立即着手，依据产品说明书和自己的使用经验，编写了一份更简单、更有针对性的操作指南。经主任批准后，通过公司的内部网发到了每个部门。这份及时出现的操作指南，不仅解决了纸张用量上涨的问题，还使得这批办公设备的使用寿命延长了30％，故障率下降了40％，为公司节约了一笔不小的办公费用。

问题：从这个案例中，你得到了什么启示？

二、内容规律

内容，是参谋的核心所在。内容的正确与否，直接关系到参谋工作的有效性。在参谋工作中，秘书人员在内容思考上，应注意以下几方面问题：

（一）实事求是

为了得出正确的参谋建议，秘书人员在开展参谋工作时，应将事实摆在第一位，一切从实际出发，脚踏实地地进行探究。因为只有尊重事实、立足事实，才能看到隐藏着的真相，找到解决之道。如果缺乏事实的依据，所有的一切将只能沦为不切实际的夸夸其谈。

（二）可行可控

参谋工作中，需要的从来不是架在空中的楼阁，而是实实在在可以执行的意见和建议。所以，在内容上，参谋工作一定要用可行性作为保证。无法实施的意见，还不如没有意见。

参谋的目的在于实施、在于落实。而且，还要注意所提出的建议和意见，一定是可控的，即针对实施过程，必须有一整套分步管理的方案，确保工作的每一步都能严格按计划实施，从而确保最终的实施效果。

（三）先重后轻、先急后缓

事有轻重缓急，在处理的时候需要秉承先重后轻，先急后缓的原则来进行。同样，在开展参谋工作时，对于不同事项的处理上，也该秉承这一原则。将最紧急、最重要的事项，提出来予以优先考虑（见图 9－2－1）。

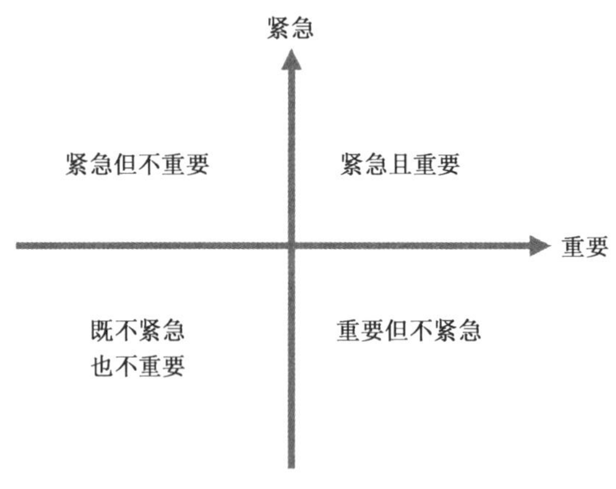

图 9－2－1　工作处理优先级图示

三、表达规律

参谋工作，简单而言，就是秘书人员就工作上的事向领导提意见或建议。同样是提意见或建议，秘书人员因为表达方式的不同，往往会取得截然相反的结果。在表达上，秘书人员应遵循以下两点规律：

（一）宜私不宜公

秘书人员在向领导表达参谋意见时，要注意场合的选择。一般而言，除了领导主动询问时之外，最好选择私下的场合，而非公开的场合来表达自己的想法和意见。但这里的私下场合，是指人数较少的工作场所，并非指私人场合。因为参谋工作作为一项工作，还是应当在工作场所里进行。

（二）宜曲不宜直

在语言的表达上，秘书人员应尽量选择委婉、商量的方式，向领导传递自己的想法和意见。在用语上，应忌用“应该”“必须”等不符合秘书身份的词语，还应忌用“当然”“无疑”等语气生硬的词语。

 **小资料**

提意见和建议常用的方法和技巧

晓之以理、动之以情，就是强调意见和建议的合情合理。

诱之以利，就是强调意见和建议可能会给单位或公司带来的利益。

换位思考，就是要站在领导的高度和角度思考问题，这样更容易说服领导，也可以纠正自己看问题的偏狭和浅陋。

暗示，用含蓄、间接的语言对领导的心理施加影响，使其对意见的本意心领神会，从而达到说服的目的。

喻谏，有针对性地引用他事或别人的言语作为例子，将自己的意见委婉地表达出来，既可避免冲突，又可增强进言效果。

夹心式批评，首先肯定领导的意见，然后指出其中稍稍的不足，口气要平和，言语要委婉，措施要讲究，切忌义正辞严或一脸严肃，最后再次表示肯定。既有忠言，又不逆耳。

资料来源：姜玉梅、王淑萍：《用什么方式说话比说什么话更重要——下属如何给领导提意见和建议》，《办公室业务》2011 年第 3 期。

秘书人员在表达意见和看法时，可能会出现与领导意见相左的情况。当遇到这种情况时，秘书人员可单独地、委婉地向领导提出自己的想法，说服领导听取自己的意见，但切记不可与领导发生直接的冲突。同时，还应当注意，针对同一问题，不宜多次提醒。提醒一次两次，是自身工作职责所在。如果多次提醒未果，则可能是领导另有考虑，不宜再过多纠缠。作为秘书人员，应当始终牢记一点：最终的决定权在领导的手中。

微型案例

晏婴的劝谏

齐景公比较喜欢滥用酷刑，百姓怨声载道。晏婴一直想借机劝谏。一天，景公对晏婴说："先生的房子离集市太近，狭小潮湿，喧闹而多尘，我想给你换一处好房。"晏婴推辞说："离集市近，也有好处，买什么东西出门就到。再说，怎么敢烦劳众乡里帮我盖房搬家呢？"景公笑了笑，道："你离集市近，了解市价行情吗？"晏婴点点头。景公问："那你说现在市场上什么东西贵，什么东西便宜？"因为当时景公对百姓采用砍掉双腿的酷刑，晏婴趁机说："假腿价格贵，鞋的价格反倒很便宜。"后来，景公在了解了情况之后，取消了砍腿的酷刑。

资料来源：明理：《北大口才课》，中国华侨出版社 2015 年版。

问题：晏婴的旁敲侧击，给了你什么启发？

第三节 秘书参谋工作的方法

一、案例描述

1950 年 7 月 21 日，朝鲜人民军发起了洛东江战役。人民军第一军团在 20 天时间里，突破洛东江防线，第二军团已沿东海岸向南推进到浦项一线，从西、北两个方向把李承晚军和美军包围在釜山地区。金日成元帅宣布,8月份解放朝鲜全土,取得彻底胜利。美李军队则以洛东江为天然屏障,以釜山为依托。一时间,洛东江成了全世界关注焦点。美国报界一会儿说是美军将撤往日本,一会儿说将派增援部队到朝鲜半岛。战局扑朔迷离。

作为周恩来总理军事秘书兼总参作战部副部长雷英夫,每天都要向总理汇报情况,有时一天去三四次。8月23日晚,雷英夫召集了一个小型战情研讨会,参谋们讨论热烈,各有道理,雷英夫亮出自己的见解:美军下一步会搞登陆作战,可能性最大的登陆场就是仁川。

当天晚上,雷英夫就直到西花厅向总理详细陈述了他的观点和6条理由:(1)敌军现在洛东江地区集中了十几个师固守,那么狭小的地带挤满了兵力,不进攻又不撤退,目的无非是想吸引住人民军的主力。(2)美军在日本原有两个师,近又成立新的机动兵团,既不驰援,也不布防,反而搞登陆训练,意欲何为呢?(3)麦克阿瑟及侵朝美军第二次世界大战中一直在太平洋进行岛屿作战,登陆是其拿手好戏。(4)美、英等国正将好多舰队(包括登陆舰)向朝鲜方向调动,这些军舰显然不是为了解决供应问题。(5)人民军压近洛东江后,使敌人形成密集防守,构筑了大量工事,这样的硬骨头看来一时啃不掉,而啃不掉还在那里啃,就有被敌人机动兵力反咬一口的危险,最险的就是被敌人从侧后袭击。(6)朝鲜半岛地带狭长,战略补给就是从北到南那么一条。现在人民军的补给线已经拖得很长了。而汉城是铁路、公路交通的枢纽。仁川距西海岸只有180公里,距汉城仅30公里,一旦登陆成功,这一着棋不可不防。

周总理对此极为重视,又带着雷英夫向毛泽东主席做了报告。主席听完后连称"有道理",还询问了好多问题,包括麦克阿瑟的性格,雷英夫一一做了回答。毛主席和周总理当即决策采取三条紧急措施:(1)命令东北边防军务必于9月底完成作战准备。(2)将我们的判断尽快通知朝鲜和苏联。(3)总参和外交部密切注视战情变化,随时报告。

1950年9月15日,7万余美军果然在200多艘舰艇、500余架飞机掩护下,在仁川强行登陆。

雷英夫,这位被毛主席称为"洛阳才子"的军事秘书,以其卓越的参谋能力,为我军赢得了战略主动做出了重要贡献。

资料来源:杨忠慧等:《秘书基础》,中国财政经济出版社2013年版。

二、任务分析

了解参谋工作的原则,可以让秘书人员尽快地进入到参谋角色当中去。然而,在具体的工作中,应当如何开展参谋工作。这就需要秘书人员,做到:

1. 掌握信息挖掘法。
2. 掌握预测推演法。
3. 掌握优化比较法。
4. 掌握总结归纳法。

秘书参谋工作的方法,是秘书人员在进行参谋工作时所需掌握的具体操作方法。这些方法的综合使用,可以有效地提高秘书人员参谋工作的能力与效率。概括起来,主要可分为以下四种:

一、信息挖掘法

(一)信息挖掘与信息工作

秘书参谋工作中的信息挖掘,与秘书的信息工作之间存在着重合之处。它们的工作对象都是各项信息资料,工作方式都是收集、分析这些信息资料。然而,二者之间还是有区别的。在参谋工作中,对信息的挖掘是为了服务后续的参谋工作,它的针对性更强,往往是针对某一项特定的工作而开展的。而信息工作涉及的面更广,没有相对集中的范围,更侧重进行基础信息的收集、整理工作。从某种意义上来说,信息工作是参谋工作的基础,是参谋工作顺利开展的重要条件之一。

(二)信息挖掘的主要内容

信息挖掘,主要是针对所掌握的各项信息,进行一次深度地分析与挖掘,从中得到更深层次、更有指导价值的线索与思路。信息是参谋的基础与依据。秘书人员在开展参谋工作时,尽可能多地占用各类信息资料。这些信息资料,主要包括几个大类:一是背景资料,如政策导向、本行业资料、竞争对手资料、相关联行业资料等;二是公司资料,如发展规划、运行流程、员工信息等;三是案例资料,如成功案例、失败案例、应急案例等。

(三)信息挖掘的步骤

1. 甄别与选择

识真辨假、去伪存真,是开展信息工作的第一步。这一环节,在信息挖掘中,也同样重要。只有确保了信息的正确与准确,才能从源头上保证了参谋意见的正确性与可靠性。

去粗取精、优中选优,是信息优化的重要手段。每个人的精力都是有限的,不可能对每一条信息进行深入分析。这就需要从浩如烟海的信息库中,选出最有典型性、代表性的信息。用这些精心挑选出来的信息,作为后续分析的依据。这样既可以保证信息的准确度,也节约了分析的精力。

2. 分析与综合

信息最初都是以碎片化的形式出现的,如何寻找出彼此之间的联系,如何找到信息背后的价值,这都需要秘书人员对精选出来的信息再进行一次深加工。一方面要将信息本身分析透彻,了解它所表现的特性、所展示的属性;另一方面还要将信息与信息之间联系起来,了解它们所传达出的共性、所预示的趋势。

微型案例

带泥的洋葱

一天,我的美国老板坐车路过一个小菜市场,看见路边小蔬菜店门口摆着一堆新鲜的洋葱。洋葱的皮晒得红红的,上边还沾着泥巴。老板的父亲是个农场主,老板小时候跟父亲种过洋葱。他来中国这么久了,第一次看到那么新鲜的洋葱,所以感到很亲切。回到办公室以后,他让秘书派人去给他买几个洋葱回来。可是,当秘书把洋葱放到他办公桌上的时候,那几个洋葱只剩中间的那一点小芯了。为什么?原来当行政部门的办事员将洋葱买回来之后,马上放在水龙头下把洋葱上面的泥巴洗掉了;洋葱交给行政部经理后,经理又把洋葱外面的几层粗皮给剥掉了;行政部经理把洋葱交给秘书后,秘书又把洋葱上的红皮剥掉了。洋葱虽然还是那几个洋葱，但早已不是老板当初想要的那种洋葱了。所以，老板当时就把秘书狠狠地训斥了一顿。

老板为什么要训秘书？就是因为秘书在不了解老板的真实意图的情况下，自作主张，自行其是，把老板真正想要的东西给弄丢了。所以，作为一项重要的日常性工作，我们秘书在为上司收集信息材料之前，一定要弄清上司的真正意图。在了解上司的真正意图的基础上，再对我们收集的材料进行鉴别、筛选和整理分析。如果暂时还不了解，就宁肯让材料粗一点；如果过于加工，就有可能把材料中最有价值的部分给弄丢，使上司很难利用这些信息做出决策。

资料来源：谭一平：《女秘书日记》，江苏文艺出版社 2011 年版。

秘书在进行信息挖掘的参谋方法时，也要灵活应用，先了解领导的真实意图，再深挖信息。

二、预测推演法

决策的对象，往往都是尚未发生的事项。如何对未来可能发生的事项进行参谋，集中体现了秘书工作的预见性。未来的形势将如何发展，未来的工作应如何开展，事情的结果会是怎样？这一切都只能通过预测与推演而得到一个可能性。这项工作，在参谋工作中显得尤为重要。

（一）预测推演的内容

预测推演，就是依据信息挖掘得出的结论，结合自身的思考，对未来可能发生或出现的事，进行多角度的推导、演示。然后对针各种推演结果进行分析，寻找出最有可能发生或出现的事。预测推演的最终价值在于其预测的准确性。缺乏准确性保证的预测，将毫无参考意义。

（二）预测推演的步骤

1. 推理演示

未来可能发生的事，并非无迹可寻。只要通过仔细地观察与分析，工作中那些已有的线索，如政策导向、资源调配、消费走势、对手优势等，都可以成为帮助秘书人员进行推理演示的关键。所以，对各种发展中的细节要尤其重视，对影响发展的因素要仔细分析。

推理演示，是进行预测的准备与基础。在这一过程中，秘书人员要务求全面。全面性，是推演环节的价值所在。所以，秘书人员应打开思路，多角度地去考虑，分步推演，逐层推进。在必要的情况下，还可以发挥群体智慧的力量，以调研、研讨等形式展开讨论与分析。在一些大型的、重要的参谋活动中，多采用集体形式。

2. 预测未来

预测未来，是这种参谋方法的核心目标。这项工作是在推演的基础上进行的。通过推演得出的结论，此刻变成了待选的方案。如何选择最可能变成现实的那一个，这就需要秘书人员对该项工作拥有相当高的熟悉度。这个熟悉，不仅包括对资料的熟悉，还包括对过程的熟悉，对细节的熟悉，只有这样才能看得更精准。同时，还需要有一定高度的分析站位。只有跳出单个事件的局限，通观全局，才能发现不同事物之间的联系，才能看得更透彻。

三、选择优化法

秘书的参谋工作，是一种辅助决策行为。虽然带有决策字样，但最终的落脚点则是辅助。这种辅助性，主要体现在“选择”二字之上。秘书要始终牢记自己的角色，是替领导出谋划策，而不是代替领导进行决策。

(一)选择优化法的内容

选择优化，包括两个方面的内容：一是选择，二是优化。秘书人员通过提供不同的方案以及针对不同的方案提供参考意见，达到参谋的目的。这种方法的关键就在于思维的发散性。这种发散性的思维，可以确保秘书人员更全面地考虑问题，从而弥补了个体在思维上的局限性。对于秘书人员而言，这种全方位、扫描式的分析也是一种查漏补缺的重要手段。

(二)选择优化法的步骤

选择优化法，在实际操作时主要可分为以下两种方式：

1. 提供可选方案

面对工作中面临的问题、出现的问题，秘书人员除了向上汇报之外，最应当做的就是想出解决的办法，提出解决的方案。秘书人员通过对问题的了解与分析，结合平时的信息积累，有针对性地提供两到三种最合适的方案供领导选择。单一的方案，会失去了“选择”的意义；而过多的方案，对于决策者而言也是一种负担，而非参考。

在方案的制订上，秘书人员应综合考虑多种因素。既要考虑到工作本身的需要，如工作的目标、未来的发展形势、可能出现的问题、适合的实施手段等，同时还要考虑到决策者的个人的一些特点，如领导的思维习惯、工作意图、个性偏好等。

2. 提供补充意见

除了提供可选方案之外，秘书人员有时还需要针对现有的方案或计划进行完善或补充。这种优化是一种查漏补缺的过程。通过这种优化，能让可能出现的问题或漏洞，被及时地中止，从而避免决策失误的出现。

在这一优化的过程中，秘书人员应根据自身工作的经验，对工作的了解与掌握程度，结合方案或计划的具体内容，做出思考与判断，提出改进的建议和补救的措施。在这个环节中，秘书人员可转换角度来进行思考，以避免思维定势所造成的思维盲区。

微型案例

李斯的《谏逐客书》

会韩人郑国来间秦，以作注溉渠，已而觉。秦宗室大臣皆言王曰：“诸侯人来事秦者，大抵为其主游间于秦耳，请一切逐客。”李斯议亦在逐中。斯乃上谏书曰：“臣闻吏议逐客，窃以为过矣……”

秦王乃除逐客之令，复李斯官，卒用其计谋。官至廷尉。二十馀年，竟并天下，尊主为皇帝，以斯为丞相。

资料来源：司马迁：《史记·李斯列传》，中华书局1982年版。

问题：李斯成功地让秦王察觉到逐客令的错误，这个故事对于开展参谋工作有何启示？

四、总结归纳法

对于一些大型的工作，分阶段完成的工作，秘书人员还有一项适用于工作进行中的参谋方法,即总结归纳法。对已完成的阶段性工作进行回顾与总结,无法改变该阶段工作的现状。可是这种总结与归纳,对于下一阶段的工作而言,则是一种非常有益的思考。通过这种思考,秘书人员可以为未来的参谋工作积累更好的素材与经验,从而更好地开展今后的参谋工作。

(一)总结归纳法的内容

与之前的参谋工作不同,总结归纳法所针对的对象,一般是已经结束的阶段性工作。是通过对已完结的工作进行回顾总结,利用总结出的经验教训,为下一阶段的工作提供指导性建议,成为下一阶段工作开始前的重要参考与依据。

(二)总结归纳法的步骤

1. 总结经验

通过回顾现阶段工作进程中的各种细节,分析其中的优劣得失,总结出经验与教训。这个总结,并不是简单地回顾过去,而是对工作开展情况、开展结果的反馈,是为了开展下一阶段工作所做的准备。这种总结来源于现实,而且是最近的现实,对于即将展开的工作最具可比性、参考性。

2. 发现规律

规律是精练的经验,是适用面更广的经验。通过对规律的掌握与理解,将对工作起到更广泛的指导作用。通过回顾不同阶段工作中出现的经验与教训,寻找深层次的原因,找出其中规律性的因素,将感性的认识,上升到理性认识的阶段。这一过程,是认识的升华与提升。规律,是高于具体经验的存在,不仅对当前工作,还对其他工作都能产生指导性作用。

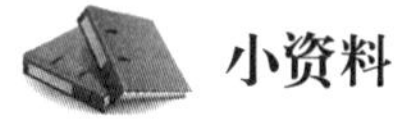

小资料

几种常见的带参谋属性的文书

方案:根据客观要求和实际情况,经过周密研究后提出具体的工作方案。

建议:围绕领导工作所要解决的问题,提出各种工作建议。

意见:针对实践中急需解决的问题,提出参谋意见。

预案:为落实某项工作或贯彻领导的指示而提出的实施办法。

见解:通过学习理论、分析形势、研究问题后,提出的新看法,阐发的新观点、新思想、新认识。

资料来源:杨群欢、李强华:《秘书理论与实务》,重庆大学出版社 2010 年版。

第四节　督查工作

一、案例描述

成功的督查工作

入夏以来,市民关于路灯的投诉量比往年同期上升了 30%,甚至还有近 10 人在晚间出行时，因为道路漆黑而摔伤、撞伤。为此，路灯管理局专门进行了一番调查。发现，这些投诉主要来自老城区，主要集中在路灯缺失、路灯不亮等方面。老城区主要为居民区，道路狭窄复杂，夜间道路照明主要依赖于路灯。除了由于使用年限长导致的路灯故障率上升之外，今年还出现了人为损坏率上升过快的新情况，这使得负责老城区的维修组每天加班加点也忙不过来，路灯报修后的等待期也因此变长了。为了提高市民夜间出行质量，路灯管理局决定对老城区的路灯进行一次全面整治。局领导十分重视这次的整治，局长要求局办公室组织督查专班，对这项整治工作进行跟踪式督办。

接到督查任务的办公室主任禾木，针对整治方案，专门制订了一份简要的工作方案，将不同阶段的督查重点列了出来，并将工作的起止时间也进行了一一标注。同时，禾木专门抽调了办公室的小侯负责跑现场，将施工现场的进展情况、遇到的困难和问题，每天进行汇总，并反馈给自己。

正式开工的第二天，问题就出现了，由于电容问题，青杏路至红季巷一带无法增设新的路灯。经请示局领导，最后由禾木代表路灯管理局与电力公司进行协商，最终获得了电力公司的支持，对该路段的路灯专线进行扩容改造，从而满足了路灯安排的需要。

工作结束后的一天夜晚，禾木特地在老城区的大街小巷间转悠，看到头顶上明亮的路灯，他满足地笑了。第二天，一份督查工作总结放在了局长的办公桌上。

二、任务分析

决策得好不好，需要的是参谋；执行得好不好，需要的是督查。督查工作关注的焦点，是执行的情况和过程。有效的督查，是确保工作扎实开展、决策顺利落地的重要保障。做好督查工作，是秘书执行力的重要体现，具体应做到：

1. 了解督查工作的内容。
2. 掌握督查工作的特点。
3. 掌握督查工作的方式。
4. 掌握督查工作的步骤。

一、督查与督查工作

督查，可分为督促和检查。督促，是对工作进程的把握。检查是对工作结果的考核。督查工作，是决策与决策实施环节之间的一座桥梁，是推进决策落地的一项最常用的工作方法和手段。

秘书督查工作，就是秘书人员在领导的授权下，对各项重大工作部署的执行情况，各项领导决定、交办事项的办理情况，进行督促检查工作的总和。督查工作，是秘书人员的一项经常性的工作，是提升单位（或部门）工作效率、突出单位（或部门）工作效果的重要手段。值得注意的是，督查工作并不直接参与到工作的实施和开展中去，而是从旁督促或协助。

小资料

督查与督察，都可以指通过调研核实、实地查看、翻阅资料、听取汇报、询问答复、分析评估等方式进行监督。

督查,使用部门、领域广泛,主要用于促进工作开展、任务落实,工作对象包括工作所涉及的部门和个人,所带来的结果既可能是责任追究,也可能是奖励表彰。

督察,一般为权力机关所使用,主要用于提醒、敦促有关单位和人员遵纪守法,工作对象侧重于有线索指向、涉嫌违法违规的单位和个人,所带来的结果为约谈、整改、责任追究等。

资料来源:潘波:《说说“督察”与“督查”》,《秘书工作》2016 年第 7 期。

二、督查工作的特点

督查工作是保障决策执行的一项重要工作。基于这个工作要求,督查工作在具体的实施中具有以下三个特点:

(一)权威性

(1)身份的权威。秘书人员是在领导的授权下开展督查工作的,所以在这项工作中秘书人员代表的是领导。督查工作的权威性,是领导权威在秘书工作中的外放。

(2)决策的权威。秘书人员在督查工作中,具有一定的便宜行事的权力,即根据具体工作情况进行协调、决断。值得注意的是,这种决策必须在领导的授权范围内进行。

(二)时限性

(1)落实的时限。督查工作本身就是对工作效率、落实情况的一种督促。让承办部门或个人在指定的时间内完成,保质保量地完成,都是督查工作的重要任务之一。缺乏时限性的督查将毫无意义,甚至背离了督查工作的初衷。

(2)开展的时限。督查工作是针对决策的开展与落实而展开的一项工作。这项工作是决策工作的延伸阶段。

(三)协调性

(1)一对一的协调。督查工作,并不是秘书人员自己去处理某项工作,而是督促某项工作的落实与完成。在这项工作中,秘书人员要与其他部门之间进行良好的沟通与协调,显得尤为重要。

(2)多方协调。由于工作的复杂性,同一项工作在完成的过程中,可能需要不同部门之间进行配合,这时,也需要负责督查的秘书人员站出来,与不同的部门沟通与协调。

三、督查工作的方式

开展督查工作时,一般采取的方式:

(一)书面督查

在面对一些需要被各承办部门知晓的问题时,秘书人员可采取书面督查的方式进行督查。其中:工作进展、典型宣传、经验推广、存在问题、提出建议等,均可采取通知、简报等书面形式予以督查。

(二)会议督查

在面对一些涉及面广或承办归属不清晰的问题时,秘书人员可采取会议督查的方式进行督查。这种督查工作方式主要适用于在不同部门之间进行协调、协商,是督查工作中用来解决问题的重要手段。

(三)电话督查

在面对一些时间性比较强但内容相对简单的问题时,秘书人员可采取电话询问的方式进行督查。对于内容的判断,以能通过电话讲清楚为限。不能在电话中讲清楚的,则不宜采取这种方式。

(四)现场督查

在面对一些特殊问题或重大问题时,为了取得真实可靠的第一手材料,秘书人员可采取前往现场亲自查看的方式进行督查。由于现场督查费时费力,一般只针对关键节点开展,而非全过程。

四、督查工作的步骤

督查工作,是一项贯穿于工作过程始终的工作。督查工作,应随着工作的开展而依次进行,而非仅仅停留在工作的某一个阶段(见图 9—4—1)。对于工作节奏的把握,对于工作进程的把控,对于工作结果的反馈是秘书督查工作的三大重点。

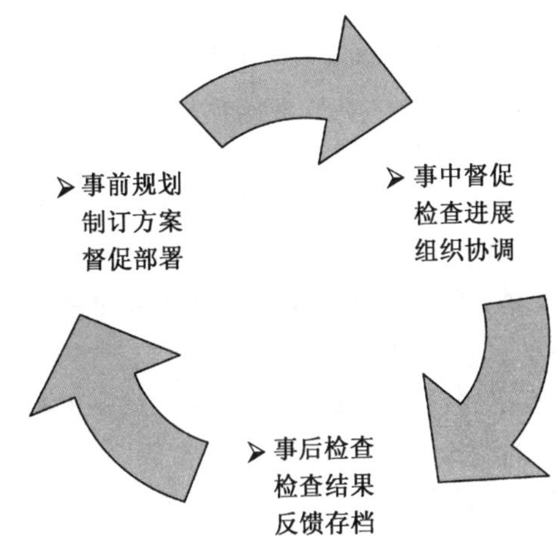

图 9—4—1 督查工作的步骤

(一)事前规划

秘书督查工作的开展应在所督查工作开展之前进行。

1. 制订督查工作方案

在督查工作正式开始之前,秘书人员应就该项工作拟订一个初步的方案。针对所要督查的工作,选定合适的督查形式,确定不同阶段的督查方向和重点,确定对执行不力的所要采取的相应措施。

2. 督促工作部署与准备

为了确保工作的如期开展,督查工作应先行,先督查承办部门或个人在工作前的部署与准备工作是否充分,是否为工作的顺利开展奠定了基础。此阶段的检查项目,包括工作计划是否制订,责任人员是否落实,前期准备是否完成等。

(二)事中督促

在工作进行的过程中,督查的重点在于把握工作节奏,即工作是否按期、按计划在开展。

1. 检查进展

每一项工作都是一项一项,逐步完成的。秘书人员的督查工作就是要通过对照工作计划,有个整体了解与把握。对所督查的工作的开展情况、完成情况进行跟踪式的检查。通过这种检查,督促有关部门如期开展工作。

2. 组织协调

能严格按照计划执行,那自然是最好的。然而,在现实工作中,往往会出现这样或那样的原因,让工作无法按计划去执行。面对工作中出现的阻碍、困难,秘书人员应第一时间前去了解情况,弄清问题所在,协助承办部门去解决问题。

微型案例

不着急,再等等

秘书小王是个慢性子,有句口头禅“不着急”。在别人看来火烧眉头的事,在他那里也是“不着急”。面对别人的催促,更是把“慢工出细活”挂在了嘴边上。

最近,张经理交代小王把下个季度的产品宣传工作盯一下。小王认真地收集了资料,根据产品宣传工作的方案,将整个工作流程仔细地梳理了一遍,细细地分了工,定了时间,也定了责任人。随后,小王将工作方案分发到了每个责任人的手中,并叮嘱他们要按时完成。

3天后,有人提醒小王,下个季度的产品宣传工作还没启动。正在埋头苦干的小王,笑着说:“不着急,再等等,他们肯定正在准备。”

一周后,又有人跟小王讲,设计部和广告部因为广告理念的事吵起来了。小王扶了扶眼镜:“不着急,再等等,灵感的火花都是撞出来的。”

10天后,张经理问小王,“宣传工作进行得怎样了?”小王刚想说“不着急”,忽然记起后天就是新产品的发布会了,只得含糊地回答道,“正在做”。张经理面露不悦,“据我所知,广告的方案还没有敲定。广告公司那边已经催了几遍了,再迟就来不及发了。你到底是怎么盯的?”小王一听,急得满脸通红,低着头,小声说,“我,我……马上去。”

小王一离开经理室,赶紧去找几个责任人去了……

问题:在督查工作中,如何处理“等”与“催”的关系?

(三)事后检查

工作的结束与完结,并不是代表督查工作的结束。相反,事后的检查也是督查工作必不可少的一个环节。督查工作对是工作开展和落实情况的跟踪式检查。过程的把握固然重要,但更重要的是结果是否达到预期。尤其是一些比较简单、单纯的工作,可能只有事后检查,而没有前面两项。

1. 检查结果

在工作完结后,秘书人员结合承办部门的工作计划与工作总结,将组织一次对结果的验收与检查,对工作的完成情况、落实情况,进行最后的核实与总结。

2. 反馈、存档

在检查结束后,对整个工作的开展情况、完成情况及其他相关材料进行汇总,根据工作的需要将汇总情况形成书面报告反馈至领导,让领导对该项工作的执行情况有一个全面且直观的了解。最后,将该项工作中所产生的所有资料进行整理、存档。

提醒您

督查工作中的“五不”

“勤于履职不松劲”，按照交必办、办必果、果必报的工作要求，积极开展督促检查，跟踪督办。

“勇于担当不推责”，在督查时雷厉风行、敢作敢为、勇往直前，而不是相互推诿或敷衍塞责，更不是前怕狼后怕虎，畏首畏尾。

“敢于碰硬不畏难”，把规矩挺在前面，遵守纪律，不越规矩，不违反规章制度，以问题为导向，指陈得失，不怕红脸出汗。

“严于律己不越矩”，为人正派，处事公道，以上率下，在督查中一碗水端平，一把尺子量到底。

“乐于奉献不怕苦”，面对繁重的督查任务，督查人员要有奉献精神和牺牲精神，不怕苦，不怕累。

资料来源：赵志超：《督查工作要做到“五不”》，《秘书之友》2016 年第 11 期。

小 结

关键术语

参谋工作　　参谋工作的规律　　督查工作　　督查工作的步骤

本章小结

1. 参谋，是对领导的决策提供辅助性服务与工作。参谋工作可分为三个阶段：(1)提供依据；(2)综合意见；(3)出谋划策。

2. 参谋工作的特点：(1)实践性，分为对实践有指导意义和对实施有可行保障；(2)全局性，分为全盘考虑和全面考虑；(3)代入性，分为代入领导角色和代入受众角色。

3. 参谋工作的步骤：(1)以问题为出发点，寻找线索；(2)以线索为切入点，开展调查；(3)以调查为基础，寻找解决之道；(4)寻找合适的机会，呈现给领导。

4. 参谋工作中的意识规律：(1)主动意识；(2)幕后意识；(3)超前意识。

5. 参谋工作中的内容规律：(1)实事求是；(2)可行可控；(3)先重后轻，先急后缓。

6. 参谋工作中的表达规律：(1)宜私不宜公；(2)宜曲不宜直。

7. 参谋工作的信息挖掘步骤：(1)甄别与选择；(2)分析与综合。

8. 参谋工作的预测推演步骤：(1)推理演示；(2)预测未来。

9. 参谋工作的选择优化步骤：(1)提供可选方案；(2)提供补充意见。

10. 参谋工作的总结归纳步骤：(1)总结经验；(2)发现规律。

11. 督促，是对工作进程的把握。检查是对工作结果的考核。督查工作，是秘书人员在领导的授权下,对各项重大工作部署的执行情况,各项领导决定、交办事项的办理情况进行督促检查工作的总和。

12. 督查工作的特点:(1)权威性,包含身份权威和决策权威;(2)时限性,包含落实的时限和开展的时限;(3)协调性,包含一对一协调和多方协调。

13. 督查工作的方式:(1)书面督查;(2)会议督查;(3)电话督查;(4)现场督查。

14. 督查工作的步骤:(1)事前规划,分为制订方案和督促部署与筹备;(2)事中督促,分为检查进展和组织协调;(3)事后检查,分为检查结果和反馈存档。

知识结构图

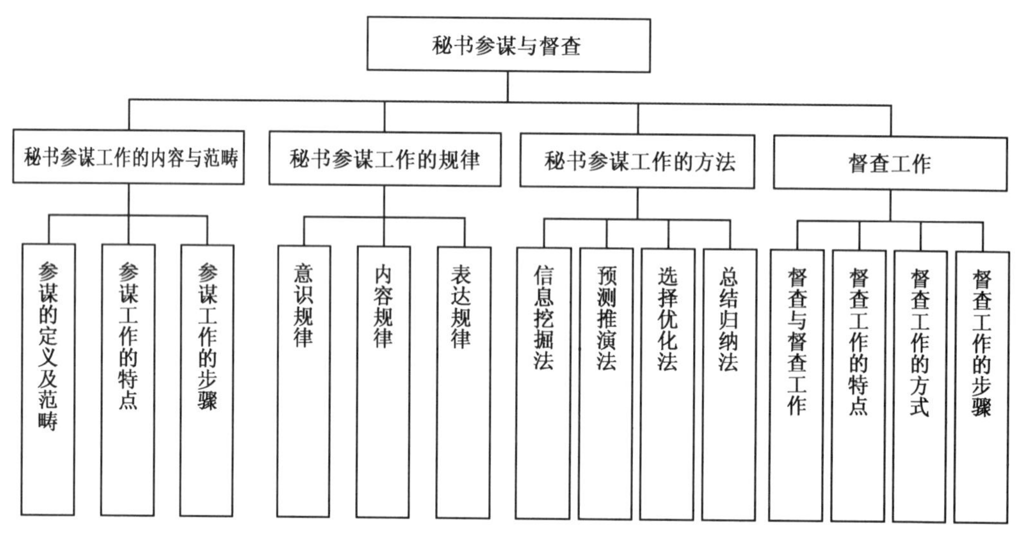

应　用

案例研究

案例一:

办公室主任的提醒

某经济欠发达地区一所高校出现了严重的人才流失现象,领导非常着急,苦于无法控制,办公室主任这样向领导提建议:"听说××省××大学前几年跟我们学校一样,这几年已经扭转了局面,据说他们学校的网站上有详细材料呢。"校长得到线索后自己到该校网站了解有关情况,受到很大启发,后来参照该校经验制定了切实可行的稳定人才和引进人才的政策,取得很好的效果。

资料来源:杨树森:《谈谈秘书工作中的参谋咨询问题》,《秘书工作》2007 年第 2 期。

问题：

1. 请你结合案例谈一下，如何让提建议变得更有效。
2. 结合书上的知识点，请你谈谈参谋表达方式的重要性。

案例二：

吃力不讨好的奚秘书

旅游产业，成为某市的一个新的经济增长点，近年来为该市的GDP做出了不小的贡献。然而，由于游客量的激增，相关的配套设施和管理显得严重滞后。每年旅游旺季，总会迎来一个投诉的小高峰。为了改变这种现状，该市计划进行一次旅游系统的清查、整治工作。秘书长让新来的小秘书奚沁负责这项工作的督办。

从此，奚沁开始了没日没夜的工作：一会儿去给旅游局帮忙查数据，一会儿去景区检查设施的安装，一会儿去参加餐饮行业的卫生检查，一会儿去参加旅游门票价格听证会。大家对于奚沁的帮忙，都表示感谢。奚沁也暗暗为自己的辛勤劳动收到了回报而高兴。

一天，秘书长向奚沁问起工作的进展。奚沁将自己近期的工作一一汇报后，秘书长不悦地说，“我是让你去督办，而不是让你去帮忙。你把别人的工作做了，可是你的工作呢？都做了哪些？”

问题：

1. 请你结合案例谈一下督办与帮办之间的区别。
2. 在督查工作中，秘书人员到底应该做些什么？

实验实训

训练项目一：参谋工作的步骤

1. 实训目标

(1)通过训练，让学生掌握参谋工作的基本步骤。

(2)通过训练，让学生了解角色意识在参谋工作中的重要性。

2. 实训内容

秘书小刘最近听到很多关于后勤部的负面消息：灯坏了，报修后至少要等一周，才有人来修；卫生间的水龙头总是漏水，使得地面上总是又湿又滑，好几位穿高跟鞋的女职员都因此摔了跤；员工卡丢了得等一周才能补回来……后勤部赵主任，是介绍小刘入职的师兄，多年来对他也颇为照顾。为此，小刘私下跟赵师兄提起这些问题，没想到对方也是一肚子苦水，公司拨给他的人手和经费只有那么多，实在是忙不过来。吐完苦水，赵师兄还托小刘，去总经理前面帮他们部门多要点人手和经费。第二天，小刘在办公室里“鼓捣”了一天。第三天，他来到了总经理的门前，他会怎么做呢？

3. 实训要求

(1)两人一组，分别扮演小刘和总经理。

(2)根据模拟情景，依据情景设计出脚本与台词。

(3)分组演练时，其他同学进行评论和补充。

(4)教师指导总结，要求学生掌握参谋工作的基本步骤。

(5)递交实训报告。

训练项目二:参谋工作的表达方式

1. 实训目标

(1)通过训练,让学生掌握表达对参谋工作的重要性。

(2)通过训练,让学生掌握参谋工作的所需的主要表达方式。

2. 实训内容

赛威公司是一家大型机械设备制造公司,它所制造的大型设备在业内享有盛誉。可是,最近在与公司最大的竞争对手强达公司竞争时,频频失利,不仅被抢走了新业务,连不少老客户也被挖走了。公司的张总急得头发都白了好多。秘书小王在收集各部门的月报时,发现售后服务部的月报表中,关于产品质量的投诉呈加速上升的趋势。经过一番调查之后,他发现公司近来在制造环节上的把关不严,没有严格履行零瑕疵的要求。此时,小王应当怎样将这件事告诉张总呢?

3. 实训要求

(1)两人一组,小组成员自行做好人员分工。

(2)根据模拟情景,依据情景设计出脚本与台词。

(3)分组演练时,其他同学进行评论和补充。

(4)教师指导总结,要求学生了解不同表达方式的特点与适用范围。

(5)递交实训报告。

训练项目三:督查工作

1. 实训目标

(1)通过训练,让学生掌握督查工作方案的制订。

(2)通过训练,让学生掌握开展督查工作的主要方法。

2. 实训内容

H大学每个学期都会要求全体在校生利用假期开展社会调查。一方面是为了让大学生走出校园,了解社会;另一方面也是为了大学生用自己的所学为社会做贡献。让为了确保每一名在校生都扎扎实实地做好这项工作,校学工处计划就此开展一次督查工作。

3. 实训要求

(1)分组进行,小组成员自行做好人员分工。

(2)各小组根据所提供的情景,制订一份督查工作方案。

(3)任务完成后,分组汇报方案制订过程和方案的可行性。

(4)教师指导总结,要求学生掌握开展督查工作的主要方法。

(5)递交实训报告。

复习思考题

一、单项选择题

1. 秘书人员在开展参谋工作时具有(　　)。

A. 定期性 B. 周期性 C. 程序性 D. 突发性

2. 在开展参谋工作的过程中，秘书人员的定位应是（ ）。

A. 执行者 B. 协调者 C. 思想者 D. 咨询者

3. 秘书人员在参谋工作中，需要代入（ ）。

A. 领导角色 B. 下属角色 C. 官方角色 D. 群众角色

4. 秘书人员应优先考虑为（ ）的工作提供参谋意见。

A. 紧急且重要 B. 重要但不紧急

C. 紧急但不重要 D. 既不紧急也不重要

5. 在开始参谋工作时，秘书应首先提前做好（ ）。

A. 心理准备 B. 数据准备 C. 方案准备 D. 语言准备

6. 最适合向领导提出看法或建议的场合为（ ）。

A. 座谈会 B. 调研现场 C. 乘车时 D. 办公室

7. 在督查工作中，“督”是针对工作（ ），“查”是针对工作（ ）。

A. 进展，结果 B. 步骤，效果 C. 难点，实施 D. 重点，落实

8. 督查工作的特点不包括（ ）。

A. 权威性 B. 协调性 C. 关联性 D. 时效性

9. 在开展督查工作时，对（ ）的督查最有利于提高工作效率。

A. 工作筹备 B. 工作计划 C. 工作方法 D. 工作难点

二、问答题

1. 秘书人员为什么要在日常工作中时刻保持参谋意识？
2. 结合参谋工作，谈谈你对“怎么说比说什么更重要”的理解。
3. 做好督查工作在实际工作中有哪些重要意义？
4. 结合秘书工作，谈谈过程督查与结果督查，哪个更重要。

参考书目

[1]曲克敏:《我国将开展秘书国家职业资格鉴定试点工作》,《光明日报》1998 年 6 月 5 日。

[2]中国高等教育学会秘书学专业委员会:《秘书学导论》,人民出版社 2007 年版。

[3]孟庆荣:《秘书工作案例及分析》,清华大学出版社 2007 年版。

[4]黄若茜、陈琼瑶:《秘书理论与实务》,清华大学出版社 2007 年版。

[5]葛红岩主编:《新编秘书实务》,高等教育出版社 2007 年版。

[6]中国高等教育学会秘书专业委员会组编:《秘书与会议组织和服务》,人民出版社 2007 年版。

[7]滕宝红:《会务主管日常管理工作技能与范本》,人民邮电出版社 2008 年版。

[8]李兵:《国外学历证书与职业资格证书衔接的比较与启示》,《职教论坛》2008 年 3 月。

[9]谭一平:《秘书人际沟通实训》,中国人民大学出版社 2008 年版。

[10]谭一平:《我是职业秘书》,机械工业出版社 2008 年版。

[11]赵锁龙:《管理秘书实务》,中国人民大学出版社 2008 年版。

[12]人力资源与社会保障部教材办公室:《秘书》(国家职业资格四级),中国劳动社会保障出版社 2009 年版。

[13]楼淑君主编:《秘书综合实训教程》,浙江大学出版社 2009 年版。

[14]金圣姬著,关启锐译:《沈夫人致后辈书》,现代教育出版社 2010 年版。

[15]杨群欢、李强华:《秘书理论与实务》,重庆大学出版社 2010 年版。

[16]罗春娜、张智:《秘书实务》,清华大学出版社 2010 年版。

[17]谭一平:《女秘书日记》,江苏文艺出版社 2011 年版。

[18]葛红岩:《新编秘书实务》,高等教育出版社 2012 年版。

[19]李兰英:《秘书导论》,上海财经大学出版社 2013 年版。

[20]钱明霞:《管理学原理》,华东师范大学出版社 2013 年版。

[21]杨忠慧等:《秘书基础》,中国财政经济出版社 2013 年版。

[22]陆瑜芳:《办公室实务》,复旦大学出版社 2014 年版。

[23]焦名海:《办公室事务管理实务》,重庆大学出版社 2014 年版。

[24]葛红岩:《新编秘书实务》,高等教育出版社 2014 年版。

[25]徐丽君:《秘书实务》,河南大学出版社 2014 年版。

[26]黄东民、张蕴启:《秘书理论与实务》,中央广播电视大学出版社 2014 年版。

[27]纪如曼、王广宇:《文书处理与档案管理》,上海财经大学出版社 2015 年版。

[28]黎长鑫:《网站营销全攻略》,北京理工大学出版社 2015 年版。

[29]刘晓红:《秘书理论与实务》,北京大学出版社 2015 年版。

[30]明理:《北大口才课》,中国华侨出版社 2015 年版。
[31]李强华:《办公室事务管理》,华中科技大学出版社 2011 年版。
[32]吴美:《现代秘书综合训练教程》,清华大学出版社 2015 年版。
[33]谭书旺:《办公室事务管理》,中国轻工业出版社 2016 年版。
[34]杨锋:《秘书实务》,中国人民大学出版社 2015 年版。
[35]杨锋:《秘书工作案例与分析》,暨南大学出版社 2016 年版。
[36]李兰英、肖云林:《商务礼仪》,上海财经大学出版社 2016 年版。